スポーツとナショナリズムの歴史社会学

戦前＝戦後日本における天皇制・身体・国民統合

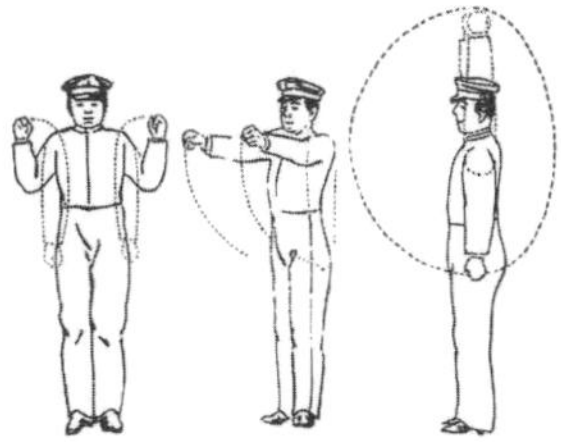

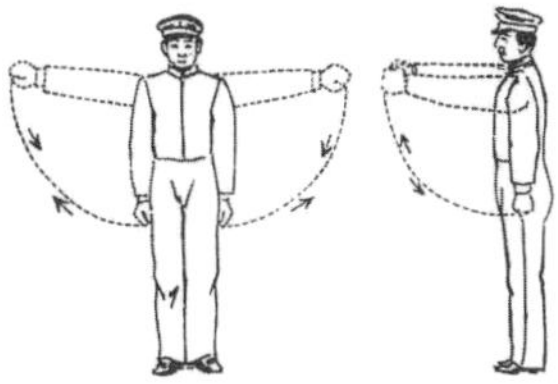

権 学俊
Kwon Hak Jun

The Historical Sociology of Sports and Nationalism

ナカニシヤ出版

はじめに

本書の課題とスポーツとナショナリズム研究の必要性

本書は従来政治学、歴史学、社会学、スポーツ社会学研究で充分検討が行われていなかった近現代日本におけるスポーツとナショナリズムとの関わりに迫り、その歴史的意味と社会的特質を総合的に解明することを目的とする。近代から現代にいたる長い歴史的なスパンの中で日本人の歴史と因縁の深い近現代日本のスポーツイベントに焦点を当てながら、スポーツとナショナリズムとの進行過程を天皇制、身体規律、メディア、国家主義との観点から歴史社会学的に跡付ける。ポピュラーナショナリズムの重要な一環であるスポーツ・ナショナリズムの分析を通して、スポーツや身体管理政策が近現代日本社会にいかなる影響を及ぼしたのか、日本人の生活や国民意識にいかなる意識を創出し、どのような「刻印」を残したのかを、複合的アプローチをとることで多角的・総合的に考察することが本書の狙いである。

スポーツイベントがグローバルな影響力を持っているにもかかわらず、ベネディクト・アンダーソンやアーネスト・ゲルナー、アンソニー・スミスなど、ナショナリズムをめぐる多くの研究では、ネーションそしてナショナリズムとスポーツの関係についてはほとんど触れていない。ノルベルト・エリアスやジョン・ハーグリーヴズのスポーツ論でも、ナショナリズムに関しては、メディア・イベント化されたスポーツの中での擬似的なアイデンティティが論じられる際に部分的に言及されているにすぎない。スポーツとナショナリズム問題を総合的に分析する社会科学的検討が行われているとは言い難い。

一方で、ここ十年の間、日本におけるスポーツとナショナリズムに関する研究は多方面で重要な成果を挙げてきた。

しかし、同時にいくつかの問題点も明らかとなっている。それはオリンピック、サッカーW杯等のメガスポーツイベントの場で発生するナショナリズムに偏った分析、政治・経済史と社会・文化史的研究の成果を取り纏める学際的なアプローチの不足、一国史の視野の域を出ない近現代史研究の地理・風土的限界等に集約される。また、近現代日本社会においてスポーツイベントの社会的影響力は極めて大きく、スポーツイベントが政治的、経済的、社会的に多くの人々の生き方や国民意識に重要な影響を与えているにもかかわらず、スポーツとナショナリズムとの関わりについて、近現代日本社会論を視野に収めた研究蓄積は極めて浅いと考えられる。

本書はスポーツイベントを象徴儀礼論的な視角から捉えていきながら、伝統的共同感情の喚起という機能にとどまらぬ複雑な統合メカニズムや機能・役割を備えた近現代日本のスポーツイベントとナショナリズムの多元性を捉える。

本書の視点

日本社会におけるスポーツとナショナリズム、「社会統合」「国民統合」を考察する際に欠かせない存在が「天皇制とスポーツ」との関わりであろう。近代日本の国家像構築の基底をなす「絶対天皇制」の支配構造は、戦争を経験しながら強化され、敗戦後も象徴天皇制として生き残り、近現代日本社会の歴史とともに歩んできた。日本社会における天皇制に関する分析も、著しい進展を見せている。特に、昭和天皇の死後、天皇制を歴史化する作業は急速に進んでおり、昭和天皇の戦後史に関する研究やそれを考察する議論は少なくない。

しかし、天皇制とスポーツとの分析を通して日本社会の特質を分析した研究蓄積は極めて浅い。日本における天皇制研究の側、スポーツ研究の側からこの問題を眺めてみても、天皇制とスポーツ、ナショナリズムについて総合的に考察した研究は少ない。近代日本における天皇制とスポーツとの関わりについては、入江克己の明治神宮競技大会に関する研究や坂上康博のスポーツを通した思想善導に関する歴史学的検討があるのみである。戦後日本における天皇制とスポーツの交わりを通して日本社会のナショナリズムの特質を分析するという研究成果は少なく、いまだ包括的研究がなされているとは言い難い。戦後初期、昭和天皇はＧＨＱ占領下における「東西対抗サッカー大会」や「新憲法施行記念都民体育大会」の支援、戦後天皇杯の再下賜や積極的普及、大相撲・野球の天覧試合観戦等、「象徴天皇制」を強化するためにスポーツを利用してきた。さらに、国民体育大会が昭和天皇・皇族と深く関わりを持ちながら、純粋なスポーツ大会としての性格から逸脱し、戦後日本社会における「象徴天皇制の公認と浸透」を増幅させる装置として、戦後政治に重大な意味をもたらしてきたことも、また無視できない事実である。多くのスポーツ協会・連盟には、皇族が総裁・役員としてスポーツ活動に深く関わっており、東京オリンピックをはじめ各種スポーツイベント等に、天皇・皇族が参加することで国民との間での儀礼的関係やパフォーマンスが展開された。これらの活動は、象徴天皇制の基盤強化と新しい皇室像の形成という効果を生み出していったと考えられる。本書では近現代日本の天皇制とスポーツとの特質を全面的に解明することはできないが、近現代日本社会における特有の国民意識を天皇制とスポーツとの関わりを通して抽出することを試みる。

また、本書は私たちの身体がただ自然的・生理学的なものではなく、歴史的なものであり社会的なものでもあるという視点から、近代的身体の歴史的性格と身体の国民化について注目する。近代国民国家における国民づくりと身体の規律化について分析しながら、日本において人々の身体は国家によってどのように認識されたのか、また日本政府は具体的にどのような政策と方法を通じて、日本人の身体と健康を育成・管理したのかを分析する。さらに、日本による植民地下の朝鮮においても、同じような政策が執られ、スポーツを通して朝鮮人の日本への同化が図られていたが、日本が行った身体の国民化、身体と植民地支配との関係を明らかにし、身体の動員と規律が解放後の韓国社会にどんな影響を及ぼしたのかについて触れたい。

さらに本書は、スポーツとナショナリズムの関係を、国家によるスポーツを通じた大衆動員、思想善導、そして「国民統合」という観点から国家がスポーツという手段を用い、いかに国民を操作していくか、操作しようとしていくかを検証するが、一方で、国家からの側面のみならず、民衆側からの観点・考察を試みている。これまで出された多くの研究では、国家のスポーツによる国民統制、ナショナリズム教化・国民統合の内容が主流であり、それを受け入れる民衆からのアプローチ・分析が不足している。国家がいかに国民統合・ナショナリズムの高揚のためにスポーツを利用したかについての分析も重要だが、スポーツとナショナリズムの検討をスポーツ政策遂行側からだけでなく、それを受け入れる民衆側の同意と抵抗、多様な対応、批判的な意識、国に対抗する民衆の自発的な対抗スポーツ運動にも注目する必要があるだろう。スポーツイベントを国の政策や政治、為政者たちによる「統治支配の道具」や「権力装置」として位置づけ、分析することもできるが、民衆の要求を媒介とした自己表現、あるいは主体を形成する場でもある点にも着目しなければならない。ネーションへの統合はもっぱら「上」から押しつける形態だけではないからである。

さらに、本書はスポーツとメディアとの関わりにも注目する。国家イベントはラジオやテレビといった様々なメディアとの強い結びつきを抜きには成立しない催事である。家庭の中に入り込んでくるメディアを媒介とした動員やメディアを通じたネーションへの意識の変化、そして社会統合・国民統合に本書は注目している。国家やメディアによる大衆動員という観点をふくめ、身体文化、とりわけスポーツする身体とナショナリズムの関係、スポーツする身体の躍動感とナショナルな権力作用の微妙な絡まりあいについても本書は分析する。

本書の構成

本書は、二部・十二章構成からなっているが、各章が一つの論文になっており、どの章から読んでも理解できるように構成を試みた。互いの章の一体感を損なわないように注意を払いつつ、近現代日本のスポーツ・ナショナリズムという問題が多角的・立体的に浮き上がるような書き方を心がけた。近現代日本社会のスポーツ論、国民統合と国家主義関連の研究として広く読んで頂ければ幸いである。

第一部の第一章から第六章までは、一八八〇年代から一九四五年敗戦を迎えるまでの戦前・戦時下のスポーツと天皇制、身体規律化について総合的に分析している。第一部では、戦前・戦時下の政治・社会を規定（支配）した絶対天皇制とスポーツとの関わり合いに焦点を当てながら、スポーツイベントの大衆的象徴儀礼が果たす国民統合の機能を考察する。近代日本における国民形成と兵式体操をはじめ、皇室のスポーツ奨励と戦前・戦時下における明治神宮体育大会、ラジオ体操と「身体」の政治、「幻の東京オリンピック」の祝祭性と政治性、戦時下国民体力の国家管理と健兵健民、植民地朝鮮における皇国臣民化政策と秩序化される身体について歴史の時間軸を貫いた分析を試みている。

第二部の第七章から第十二章までは、戦後初期から二〇二〇年東京オリンピック・パラリンピック大会までを対象とし、戦後日本のスポーツとナショナリズムという多面的な事象について総合的に考察した。戦後初期ＧＨＱ占領下における国民体育大会と天皇制関連の分析では、国民体育大会が象徴天皇制と関わる象徴儀礼を組み込んでいきながら象徴天皇の社会的「正当性」を客観化していく過程、国民との間での儀礼的関係やパフォーマンス等を通して国民統合と地域社会統合の機会としての役割を果たしていったことについて分析を行った。また、一九六四年東京オリンピックと二〇二〇年東京オリンピック・パラリンピックの持つ政治性や国民統合、国家意識・国家主義の高揚を分析した。第一部で分析した一九四〇年「幻の東京オリンピック」の論文と合わせて三つの大会の連続性に注目しながら読んで頂きたい。その他第二部では、高度成長期の日本社会特有の国民意識と政治性、スポーツのグローバル化における国民意識を明らかにするため、戦後自衛隊のスポーツへの介入、国民総スポーツ運動と国民主義エートス、日本スポーツにおける異質な他者と排外主義に関する分析を加えている。取り上げたテーマと内容が、近現代日本におけるスポーツとナショナリズムに関する全体像をすべて明確にしたわけではなく、積み残した課題も少なくないが、関連研究の端緒となれば幸いである。

目次

第一部　天皇制国家における大衆の国民化とスポーツ・身体

第一章　近代日本における国民形成と兵式体操

第一節　近代国民国家の形成と近代的「身体」の登場

新しい国家像に求められる「身体」

近代以前の個人は、無病長寿のため自らの身体を養成した。戦争などの各種負役のため個人は常に国家の動員対象ではあったが、だからといって、国家が個人の身体や養成法について介入したり、特別な干渉や統制を行使するということはなかった。

しかし、近代国民国家の形成、資本主義の成立などが、人間の身体に対する考え方を根本的に変化させる契機となった。近代化が進行する過程において、人々の身体はつくり替えられていった。近代医学・衛生など、様々な観点からに加え、何よりも近代の国民国家づくりの必要からそれはなされたのである。隣接国家間の競争や対立、それによる戦争が勃発する中、近代国民国家では、国家が必要とする「身体」、つまり立派な戦闘力を備えた軍人、兵士になりうる身体を持つ「国民」を養成することが国家生存の要であった。それまで地域や身分、言葉などにより何重にも分断され、まとまりを欠いていた人々を、近代国家の名の下に再編成し、それを支える「国民」を創出しようとす

図 1-1　初代文部大臣森有礼

る時、そして、強い国家統合を実現しようとする時、その一つの技法として、新たな「身体づくり」の必要が生まれ、「身体」は国民創出の重要な対象となった。つまり身体は歴史・社会の諸力によってつくり上げられた社会的・文化的産物であったのである。日本においても、近代化が進展する過程で、その身体のあり方、身体観は大きくつくり替えられざるを得なかった。和装の持つ運動上の不便さ、健康上の障害などが指摘され、洋装が取り入れられるようになり、従来の「養生」に代わって「衛生」が説かれるようになった。さらには体格の向上などを目指して「人種改良論」が叫ばれるようにもなったのである[1]。特に、二〇世紀に入り、国民の身体は、帝国主義時代の到来と欧米列強の植民地拡大、独占資本主義の形成と産業化の展開過程でさらに注目された。時代が要求する新しい国家像に国民の身体を変化させようとしたのである。

明治時代、国民づくりを真に理解し、日本人の身体づくりや「従順な身体」づくりの基礎を確立させ、その方法を初めて意識的に導入したのは、初代文部大臣森有礼である。森有礼は、イギリス、アメリカなどの留学経験と外交官として各国に駐在しながら、様々な哲学と思想に接する。彼が活動していた幕末から明治二〇年代初めまでの時期は、日本が欧米列強による植民地化の危機を脱し、近代国民国家としての枠組を形成した時期であった。世界中を回り、弱肉強食の実状を自らの目で確認した森有礼は、誰よりも早く近代国民国家づくりを意識し、国民国家の基盤を作っていった。

身体管理における「学校」という空間

森有礼の政策は、日本の近代学校制度を確立したことや師範教育の改革・兵営化、そして兵式体操を学校教育に取り入れたことなどが挙げられるが、これらの身体政策には、学校を中心として展開されたという特徴がある。

学校は生徒の身体管理に対する国家管理と統制・動員が最も具体的にあらわれるところの一つであり、最も効率的な空間でもあった。近代的身体の最も重要な特徴の一つは、身体が国家権力の精密な検査対象になり、より良い身体と健康が訓練によって育成される点である。学校で行われている健康診断、身体検査、予防接種、体力章、体育大会、体操、運動会、遠足などはそれにあたり、国家は学校教育・訓育を通じて、生徒の身体を国家の意図通りの「身体」へと変化させようとしたのである。近代学校でなされる身体の統制と管理は、大きく二つに区分することができるが、その一つは、体育と運動を通して学生の身体を「鍛練」することであり、もう一つは、身体を測定して保健と健康状態を管理・監視することである。学校は学生の身長、体重、清潔程度、健康状態、運動能力などを評価し組織化することによって、学生たちを「規律化」し、それを分類して監視する機能を担当した。つまり、学校は学生の身体を計画的・体系的に訓練し、練成された学生の身体の状態と健康を標準化された基準に沿って詳しく測定し、それを比較・分類して文章化して保管するのである[2]。国家は学生の身体を国家の資産として見なし、国家の目的のために徹底的に「順従する身体」に育てようとしたが、そのために学生の身体に対する統制・規律化、それを分類して監視する機能を担当したのが「学校」だったのである。

森有礼は文部大臣に就任するやいなや、この学校空間を通して本格的な「国民」形成と身体規律政策を展開する。「兵式体操」を導入し、運動会や遠足・修学旅行の実施を奨励すると同時に、兵式体操導入に伴う陸軍下士官を真似た洋装制服の導入、祝祭日儀礼の取り入れなどを徹底して行ったのである。この中でも、兵式体操は学校の生徒のみならず、一般の人々を学校に集め、実行させようという意図を明確に持っていた。一般の人々にまで兵式体操を実行させ、軍人を介して身体訓練を行おうとする姿勢からは、従来とは大きく異なる身体観に基づき、身体をつくり替えようとする意図が見てとれる。森有礼は兵式体操を国民国家にふさわしい「国民」をつくっていくための手段として、意図的に導入したのである[3]。

森有礼は日本における国民国家の創出を図った最も典型的な思想家・行政家の一人である。明治期において誰よりも早く、また誰よりも徹底して、等質的な「国民」をつくるための、国家の介在による統治管理の方式に着目し実践した独自の存在であった。

近代日本における国民国家を支える国民づくりの過程については、近年様々な観点から多くの研究成果が蓄積されてきた[4]。だが、近代化の一指標である「従順な身体」づくりと森有礼の兵式体操に関する研究は十分に議論されてこなかった[5]。

本章では、近代日本においてどのような身体が望まれるようになっていったのか、それはいかなる目的、方法でつくり替えられたのかということを、明治期における兵式体操に焦点を当て、明らかにしていくことを目的としている。特に、本章では初代文部大臣として兵式体操を学校カリキュラムに取り入れ、強力に推進していった森有礼の教育思想と身体管理を取り上げることにしたい。一体、なぜ彼はそれほどまで熱心に「兵式体操」を奨励し、推進したのであろうか。彼がいかなる理由と方法で兵式体操の導入を行い、いかなる身体をつくり、いかなる社会の形成を目指していたのかということを究明していきたい。そうすることで、その後日本で本格的に進められるスポーツ・身体管理を手段としたナショナリズムの教化と統制、スポーツイベントを通じたナショナルな統合機能、スポーツする身体の躍動感とナショナルな権力作用の微妙な絡まりあいが明らかになるであろう。

第二節　森有礼の留学と教育思想の形成

近代化の第一歩・教育への関心

森有礼はいかなる意図・目的を持って学校に兵式体操を取り入れ、生徒たちに徹底した身体訓練を課すようになったのか。それを明らかにするためには、兵式体操導入に至るまでの彼の教育観、さらに身体観の形成過程をたどる必要がある。

森有礼は幕末動乱期の薩摩藩下級武士の出身で、藩の海軍講学科教授機関である開成所で学び、一八六五年から藩の内命により留学生としてイギリスやアメリカに留学した。森有礼が生きた幕末から明治期前半にかけての時代において、世界各地に植民地を広げつつあった西洋列強の力は日本にとって大きな脅威であった。そのため森有礼はイギリス留学時より「国士」としての自分を認識し、弱肉強食の世界の中で日本という国家が欧米列強に互する近代国家として生き残り、独立を守るという大きな課題を担っていた。さらに、森有礼は、従来の日本の社会・文化を保持していくだけでは、西洋列強による植民地化を免れることは不可能であるため、西洋と日本の差異がどこにあるのかを明確にし、「国民啓蒙」を行うことを通じて、国家の独立を支える自覚的な「国民」を創出していくことが、当時の状況下では不可欠であると考えた[6]。

森有礼が日本の近代化と国民啓蒙を早く成し遂げるために、まず考えたのは「教育の普及」であった。かなり早い段階から教育について大きな関心を持っていた森有礼は、法的な整備と並んで教育の普及が日本の近代化には不可欠だと考えており、日本人に教育を普及させることが近代化の第一歩であると信じていた。その一環として森有礼は、幕末の一八六七年（慶応三年）頃渡米した際に教科書を収集している。また、一八七〇年（明治三年）から一八七三年（明治六年）までの米国少辨務使時代にも、日本の教育改革に関心を示し、アメリカで様々な活動を行っていた。森有礼は公務の傍らイギリスの哲学者・政治学者であるハーバート・スペンサーやジョン・スチュアート・ミルの政治哲学や教育論を研究し、各学校の視察も行っている[7]。

さらに、日本の将来の教育について強い関心を抱き、一八七二年（明治五年）には、米国の政治家や学者一五人に書簡を送って、日本の教育と日本教育策樹立に関する意見を積極的に求めている。この中で森有礼は、三育説に基づき、「日本の知的、道徳的、身体的な状況の向上」[8]について意見を求めたのである。この書簡の具体的内容は、①一国の物質的繁栄について、②一国の商業に対して、③一国の農業上・工業上の利益について、④国民の社会的・道徳的・身体的状態に対して、⑤法律統治上の効果について、の五点に対して教育がどのような影響を持つかということをたずねたものであった。この書簡に対して、米国の有識者一三人からの返信を得ることができ、これらの返信書簡を編集して、森有礼は一八七三年（明治六年）『日本の教育』としてニューヨークにおいて出版したのであった。この一事からも、森有礼が早いころから日本国家繁栄のために、教育という問題に関心を持っていたことを把握できる。[9]

また、森有礼は英米の教育に限らず、ウィリアム・ブルックスの影響から、ドイツの中でも特にプロイセンの教育制度にも関心を示していた。[10]多くの政治家、官僚らがややもすると政治や軍事といった領域を重視する傾向が強かった中、森有礼は「教育」に大きな関心を向けていたのである。彼は近代国家を支えるには教育を通しての国民づくりが重要であることを見抜いており、近代教育制度の導入を西洋諸国の単なる真似としてではなく、国家的な広い視野から国民教育の重要性を捉えていたのである。[11]

伊藤博文との面談と「新生社」での経験

そうした中、森有礼は憲法調査のために欧州に渡っていた伊藤博文と面談する機会を得る。詳しくは後述するが、日本の政治問題を含めた様々な議論の中で森有礼は、日本の発展・繁栄のためにはまず「教育」からこれを築き上げねばならない、という彼の教育方策を強く伊藤博文に披瀝したのである。この国家教育の方策に関する意見が伊藤博文に強い感銘を与え、伊藤は帰国後、森有礼を帰国させて文部省御用掛に任命し、文教の基本方策を立てさせたのである。[12]森有礼は外国で学んだ経験を生かして近代国家日本の外交官として活躍するが、その初期より薩長藩閥の政治家としてはめずらしく教育に大きな関心を持ち、教育行政に関わっていたのである。森有礼の教育観の基盤は、薩摩での育ち、西欧の精神性に触れた幕末留学時の経験を土台にしながらも、アメリカ少辨務使によって築き上げられたといってよいだろう。

さらに彼は留学した際、トーマス・レイク・ハリスの作ったキリスト教宗教団体「新生社」に参加している。ハリスはスウェデンボルグ流の神秘家であるとともに、日常卑近の実施の行を重んじ、実業を尊ぶ実際家であり、また社会主義者であった。「新生社」は厳しい規律と激しい肉体労働を通じて、自愛と自然的欲望の主体たる「自己」が十字架につけられる場であり組織であった。そこで、人は自己の財産を喜捨し、無報酬で社会のために働き、そして必要なものは社会から受け取って生きていた。それは一種のプラトンの国家論に近い形で最小限の自分のものの所有を許す共産体であった。ここでは自己が死に、人間の究極における一体性が生活の中に体感されることが目指されていた。[13]森有礼は「新生社」に到着して以来、厳しい規律と激しい肉体労働の日々を過ごし、「無私」の精神に至るために絶えざる厳しい修練を積み、禁欲的な修行生活をした。さらに、森有礼は欧米においてはキリスト教が、社会とその倫理と、さらに文明の根底をなしているのを見て、社会が真に堅固であるためには、キリスト教の信仰とモラルを欠くことができないと信じるようになったのである。[14]この「新生社」での経験が森有礼の内面に変化をもたらし、帰国後の彼の人生に大きな影響を及ぼしたと考えられる。

明六社の啓蒙活動と学校教育における身体・軍事訓練の重要性

新生社での経験は、帰国後に福沢諭吉、西周らと設立した「明六社」の啓蒙活動としてあらわれている。明六社の設立は、森有礼の教育観・思想を把握できる活動だが、森有礼は一八七四年（明治七年）明六社を設立、啓蒙思想家として雑誌の発刊など学術・文化の振興を促進する啓蒙活動を進めていく。彼の啓蒙論には、人々の自然観を認めつつも一方的にその権利ばかりを主張しているのではなく、それを「国家」との関係において打ち出しているという特徴がある。さらに森有礼は啓蒙活動により、欧米の男女平等、信仰の自由、精神の自由などを説き、そうした意識を広めることによって、人々を文明化された国民に育て、近代国民国家を早急に作り上げようとした。人々を啓蒙・教育し、旧弊を脱して合理的に考え、行動できる「自律した人間」をつくることを森有礼は目指していたと考えられる。しかも彼は、国家の独立があり、法が整備されて初めて人々の権利は保障されるとする考え方を持っており、ここに近代教育を受けず啓蒙されていない国民の政治参加、政治結社、そして憲法改正、言論と集会の自由の保障などといった、自由民権運動の主張との大きな差異が存在した。ともあれ、近代国家の建設には「教育」が不可欠であり、人々への教育こそが近代国家の基盤を作るという確信を森有礼は留学を通して獲得したのである[15]。さらに、商法講習所（現在の一橋大学）を開いて商業学校のもとを築き、西欧の実用的知識を積極的に広めようとした。

　しかしながら、教育の方法論として、森有礼がこうした知的啓蒙といった手段のみを考えていたわけではない。教育学者の木村力雄が「徳育と体育を一体的にとらえる見方は、彼の生涯を貫いた思想であった[16]」と評価しているように、森有礼は幼い頃から鹿児島で受けた教育やアメリカハリス農園での経験から、教育における「身体訓練」の重要性も一貫して認識していた。郷中教育やハリス農園での修行は、森有礼が身をもって体験し、強い影響を受けたものであったのである[17]。

　そうした身体訓練の学校教育における重要性を森有礼が口にした事例がある。一八七二年（明治五年）、駐米時の森有礼がマサチューセッツ州立農科大学を訪問したとき、後に札幌農学校へ来ることとなるウィリアム・スミス・クラークの案内で軍事教練を見学し、「ひどく感じ入った面持ちで、「これこそ日本が持つべき学校の姿です。日本にはこの種の学校が必要なのです。日本の若者が自分で食料を作り、自分で国を守ることを教えるような教育機関が必要なのです」と訴えるように言った[18]」とされる。また、体育・スポーツ研究者の木村吉次は、森有礼がこの駐在中に南北戦争を契機にボストンの学校で始められた軍事教練（military drill）を見ていた、あるいは少なくとも知っていた可能性が高いことを指摘している[19]。南北戦争を機に取り入れられた軍事教練は、自分たちが自ら国家を守っていこうとする勇気、「国家への忠誠」を持たせようとするためのものであった[20]。

第三節　国家主義の教育観と兵式体操の位置づけ

では、なぜ森有礼は学校における身体訓練の導入を前面に出し、「兵式体操」というものに注目したのか。そして、身体訓練を通して何を得ようとしたのか。また、いつから身体訓練の重要性と日本人の身体の改良について直接的に言及するようになるのか。

「自由主義者」から「国家主義者」への転向

森有礼は一八七三年（明治六年）に帰国したが、文部省入りが叶えられなかったため、教育における身体訓練の重要性についての発言を含め、直接教育に関して発言しなくなり、前述したように日本での啓蒙運動、つまり福沢諭吉・西周らとの間接的な教育活動に乗り出した。しかし、一八七四年（明治七年）以降、活発になった自由民権運動などの反政府運動を抑圧するために、新聞紙条例が改正され、自由な意見・批判が言えなくなり、その活動を停止せねばならなかった。森有礼にとって、自分の信条、精神に基づく自由な意見が言えなくなることは根本に関わる問題であった。[21]

一八七七年（明治一〇年）には、それまでくすぶり続けていた旧士族の不満が西南戦争として爆発し、植民地獲得競争が激化していた国際社会の中で日本の内的な脆弱さを暴露した。翌年には、政府の最高権力者大久保利通が暗殺されるなど混乱が続く。さらに、自由民権運動とこれを抑圧しようとする明治政府という対立軸に沿った亀裂がいっそう深まっていった。自由民権運動は反政府運動であり、森有礼から見れば、国家より人々の権利を主張するそのやり方は、現実離れした無謀な運動と映ったに違いない。なぜなら、森有礼は人民が十分に教化されていなければ、民主主義の運営は困難であるため、十分な知識がある人々、責任能力のある人々によって国家運営は行われるべきであり、一般の人々が十分に教化されるまでには時間がかかると考えていたからである。そのため森有礼は、英語公用語論まで打ち出し、啓蒙活動を強制的かつ早急に行おうとしたのである。

だが、森有礼にとって、非現実的で無謀と映ったであろう自由民権運動の主張は勢いを増し、それへの対抗措置として政府は弾圧を行っていく。こうした状況の中で、「自由主義的」啓蒙による文明社会への転換という森有礼の考え方は大きな変更を迫られざるをえなかった。[22] 日本という新しい国家をいち早く西欧列強と比肩するほどの近代国家にしようとするための大きな手段は「教育」であるが、その方法論が問題となる。森有礼はこのような社会情勢の中で、従来の自由主義的なやり方、つまり、個々人を啓蒙していくことにより近代国家にふさわしい「国民」をつくるというやり方では、急速な近代化などはできないと自覚したと考えられる。そして彼は、その方法論において大きな転換をせざるを得なかったのである。[23] つまり、森有礼は、明治一〇年代前半頃に「自由主義者」から「国家主義者」へ転向したのである。

しかしながら、森有礼は自由主義的な考え方を完全に放棄してはいなかった。一八七八年（明治一一年）後半頃に書かれた「教育令に関する意見書案」の中で、森有礼は田中不二磨案と思われる自由主義的な「教育令」のあり方について、若干の問題点を指摘しつつ、概ね肯定している。後に言及する「学校令」にあるような、国家による強制は見られない。この当時の森有礼には、自主自立を重んじる自由主義的傾向が色濃く見られるのである。

天皇中心の「国教」構想と儒教的徳育教育

こうした中、森有礼の自由主義的な考え方に大きな転換を与えたとされる出来事が起こる。一八七九年（明治一二年）、天皇中心の儒教的徳育教育を推し進めようとする動きが天皇の侍講元田永孚を中心とする政府の要職にあった人々によって発表されたのである。それが「教学大旨」である。教学大旨が出された意図は、天皇を中心に据えた儒教的徳育教育を行い、天皇への忠誠を誓わせることを通して人々の国家への忠誠を高め、国家統合を図ろうとするものであった。元田永孚も国家の分裂状況を収拾し、国民をまとめようとしている点で森有礼の関心と共通するが、その方法論では大きく異なっていた。元田らは、祭政一致の立場から「天皇」を中心とした国教を作り、天皇を国教の中心におき、国民をまとめていこうというものであり、徳育により精神的な忠誠を誓わせようとする政策であった。国家のためとはいえ、国教を作りそれを人々に強制するやり方は、人間の自然権である信仰の自由、精神の自由を犯すものであるがゆえに、信仰の自由は誰にも犯されない絶対的な自然権だとする考え方を身につけた森有礼には到底受け入れられるものではなかった。元田らのこのような動きに森有礼が強い危機感をもったことは想像に難くない[24]。

　では、信教の自由といった基本的な権利を踏みにじることなく、できるだけ急速に近代国家に必要な「国民」をつくるにはどうすればよいのか。森有礼はこの問題を悩み続けたと考えられる。こうした状況の中で、森有礼が選び取った方策が「道具責め」としての「兵式体操」の導入であった。園田英弘の言葉を借りれば、それは価値としてではなく、「制度として」国家に忠誠を誓わせる方法なのであった[25]。

身体訓練・兵式体操の浮上と具体化

　このような考え方に基づいて森有礼は、教育における「身体訓練」の重要性と日本人の「身体改良」、身体の積極的な教育的意味に直接的に言及するようになる。森有礼が兵式体操に初めて言及するのは、一八七九年（明治一二年）一〇月に東京学士会院第一三会で発表した「教育論─身体の能力」であり、翌月一四会で「生徒體育等ノ意見」[26]でもその重要性について強調している[27]。その後、一八八二年（明治一五年）に「学政片言」、一八八七年（明治二〇年）には「閣議案」「兵式体操に関する建言書」などを著し、兵式体操の役割と必要性を強く説くようになる。そうして時が経つにつれ、護国と愛国の精神をつくる手段としての「兵式体操」を強調していく。

　森有礼が、兵式体操について初めて言及した「教育論─身体の能力」において示したのは、教育の要は、人の能力を「排養発達」させることにあり、その能力は「智識」「徳義」「身体」であり、その三能力を育成するという三育説である。これはバランスのよい発達が望ましいとする当時流行していたスペンサーらの三育主義的な考え方を土台にしたものであり、「現今我國人ノ最缺所ノ者ハ、彼ノ至重根元タル三能ノ一、即身体ノ能力ナリ」[28]と指摘している。

しかし、森有礼の主張は、単なる身体の調和的発達を目指したものではない。従来の三育説に基づく「身体の能力」の育成は日本の旧習より、実施することが困難であることを指摘する。その旧習とは、「沃土」「暖気」「食料」「住居」「衣製」「文学」「宗教」の七因であり、[29]それらが身体の能力、そして気質まで損なったとし、前向きで力強い「気質」をつくり出すために「兵式体操」を導入するべきだと説くのである。森有礼独自の「身体の能力」は、従来の三育説に基づく「身体の能力」が身体面に偏ることを批判し、身体の健康のみならず、精神面の「敢為ノ勇気」を加えた能力を意味していることが特徴である。森有礼は、単に身体の壮健を目指しているのではなく、従来の弊を改め「敢為ノ勇気」を得るためには普通体操では事足らず、兵式体操が必要だと主張したのである。

なぜ、「身体の能力」を利用するのか。それは、身体の能力を欠く者に対して法令や理論忠諭では効果がなく、従来の教育方法を変えるにしても歳月がかかってしまうためである。また、「遊嬉《ゆうき》の業」に頼って進めることは不可能である。そこで、これらに代わる方法として「強迫体操を兵式に取り」、できるだけこれを広く行うことが最も良いと主張し、現にスイスやその他の国で行われている「兵式学校の制を参酌し、我国相当の制」を立てるべきであると結論づける。[30]強制的にでも兵式体操を導入し、身体の能力を引き出すことにより弊を改め勇気を得ることができるという考えであり、これは従来の日本において多くの人々が持っていた身体及び身体観と大いに異なるものであった。特に、スイスの国名を示しているが、スイスの学校で体操科が必修となるのは、一八七九年（明治一二年）五月からであり、その約五ヶ月後の一〇月に森有礼が「教育論—身体の能力」を演説したことからも、森有礼は徹底的に各国の「兵式学校」の制度を調査している様子が窺われる。[31]「教育論—身体の能力」の意味合いは、森有礼が初めて自分の教育政策を公に示したことであり、「我國人ノ最缺所ノ者ハ」合理的精神や地域よりも「身体ノ能力ナリ」との見解を示し、「敢為ノ勇気」を身につけさせる方法として、強制的な身体訓練を通して人々の気質を変えることが可能だとした点である。

そして、森有礼は論調を少しずつ変えながら、三年後の一八八二年（明治一五年）に「学政片言」を通して自身の考え方を明確に打ち出していった。森有礼は一八七九年（明治一二年）一一月、特命全権大使としてイギリス駐在を命ぜられ、一八八四年（明治一七年）二月までイギリスに滞在するが、その中で、先述したように、一八八二年（明治一五年）憲法調査のためフランスパリにいた伊藤博文に面会する。この会談では、憲法制定後の日本教育の指針について話し合いがなされたが、森有礼は会談後、自分の教育理念をまとめた「学政片言」を駐在先のロンドンから伊藤博文に送付するのである。この「学政片言」で、森有礼は気質と身体の関連について述べながら、日本の教育に関して最も急要なのは鍛錬法である、これは「人民の気質体軀を鍛錬するを指す」「気質の鍛錬とは専ら人心を着実にし風俗を敦厚ならしむるの義」「一人一己の体軀健康を保つは即ち全国富強を致すの大基礎」、身体が強健であれば精神もまた自ずから発達してゆるむことはない、身体を鍛錬することは気質を鍛錬する為に不可欠の一事である、と主張する[32]。この「人民の気質体軀を鍛錬」するための方法が「兵式体操」だったのである。

初代文部大臣就任と忠君愛国の手段としての兵式体操

一八八五年（明治一八年）年一二月、森有礼は初代文部大臣に任命されるが、文部大臣になった後一八八七年（明治二〇年）に出された「閣議案」でも、兵式体操を「忠君愛国」などの精神教育の手段として重視する。閣議案の中で森有礼は、全国の男子一七歳より二七歳に至るまで、学校に行っているか否かにかかわらず、全員に護国精神を養うための方法として兵式体操の実施を強調する。さらに、文部省は簡単平易な教科書を作成し、人々が暗唱したり講義したりするのに便宜を図った。また陸軍省は体操練兵の初歩を教え、各戸長または各郡が管掌して、ひと月に一度あるいは二度時間を限り、その区域内の人民を学校に集めた。そして、彼らを聴講または運動に従事させれば、「忠君愛国の意を全国に普及」させ、「一般教育の準的を達し」、最下等の人民にまで必要な品位を一定にすることができ、「国の全部を挙け奴隷卑屈の気を駆除して」、国勢を維持するために大いに役立つと主張した[33]。森有礼はかねてから国家の発展と教育との関係については強く主張していて、国の発展・繁栄のための教育を重要視していたのであった。

　また、同じ頃に立案された「兵式体操に関する建言案」でも、兵式体操をさらに徹底するための意見を述べている。森有礼は明治維新後、あらゆる文物がみな欧米を手本とし、智育はますます進歩して、まさに欧米諸国と比肩しようとしているものの、「体育」の進歩は最も遅れているとし、日本の富国強兵のために二つの提案をする。一つは、中学校以上諸学校の体操の管理は文部省から陸軍省に移し、純然たる兵式体操の練習をさせることによって、忠君愛国の精神を涵養すること、もう一つは、学齢を超える者及び学資がなく家にいる者が学校に行く者の何倍もある中、全国国民の体格の強弱を観察すれば体軀操練の必要があることである。よって、学校にいる者は学校で体育を施し、学校にいない者は「壮者の隊団を編んで郡区の郷勇」とし、陸軍に嘱託して一週二回の操練をさせるべきであるとした。この方法は郷勇を強くするだけでなく「臣民をして実に護国の大任あるを知らしめ」「尚武の志を養うに足」り、国家の万一の有事には人々は忠誠心を持ち勇敢に戦うに違いないと主張した。[34] ここで明らかなように、森有礼は国民の身体問題の解決のみならず、忠君愛国的な精神育成の手段として、兵式体操をより重視しており、単に学校のみならず一般の人々を含む日本社会全体にまで拡大することを計画していた。さらに、軍人を介して兵式体操を実行させようとした動きは、従来とは大きく異なる身体管理政策といえる。

　このように森有礼は自由主義者から国家主義者に変わった。森有礼は学校教育について「公」にまとまった発言をし、国家の教育への積極的関与を主張するようになった。さらに、「教育論—身体の能力」に見られる「社会論」から「国家論」へのスタンスの変化、つまり人々の啓蒙、文明社会化といった普遍的で漠然とした主張から、「国家」を意識した特殊的・具体的な主張をするようになったのである。[35]

　しかし、森有礼が目指したのは、元田らとは異なる意味での国家主義であったことがわかる。森有礼は人々への身体訓練を通じての国家への忠誠を身につけさせることを目指すが、彼の考える国家への忠誠とは「国家という政治「制度」への忠誠」であった。個人の自由は自然権として絶対なのであるが、それは国家というものによって保障されてこそ享受できるのであり、もし国家がそれを保障しないのであれば、個人の自由は奪われてしまうのであるから、個人はその権利を保障する国家に対して制度として忠誠を尽くさねばならない、という考え方である。さらに、国家への忠誠とは、精神的な絶対的忠誠ではなく、「制度として」の国家への忠誠であり、国家による強制的な教育を通じて早急になされなければならなかったのである。その方法こそが「兵式体操」だったのである。

第四節　学校令の発布と兵式体操の成立――学校の兵営化と体操教員の軍人化

学校における兵式体操の正式な取り入れ

日本で体操はいつから導入され、実施されたのか。体操が初めて実施されたのは徳川幕府の時代である。一八六七年（慶応三年）徳川幕府は、兵士らに基礎体力向上と軍事力増強のために、フランスから指導者を招いて体操を指導している。その後、一八六八年（明治元年）に明治政府はフランス陸軍士官数名を呼んで、伝習の新兵らの身体鍛錬のための本『新兵体術教錬』を著し、やがて身体に目を向けて、運動が奨励されるようになった[36]。明治初期、政府は体操に関心を持ち始め小学校の教科として「体術」科目を導入するとともに、体操書を翻訳し一般国民への普及にも努力した。

しかし、明治初期の段階では、多くの民衆は身体の鍛錬・体操と無縁であり、人々の身体は「養生」の対象として個人レベルで捉えられていた。実際、体操は名ばかりの存在に過ぎなかったのである。体操書を読んでも、実際にやり方もわからない、その意義も十分理解されていない状況、あるいは身体訓練がそれほど重視されないという風土の中で、体操はそれほど熱心には取り組まれなかった。他者の号令に従い、皆が一斉に身体を動かすなどということに縁のなかった人々にとって、そうした行為を行うことは兵隊のための訓練としか思われず、忌避されたことは容易に想像することができる。

その一方で、中等学校以上の段階では、学業ばかりに専念して身体の管理を忘れ、身体をこわす若者が多いなど、

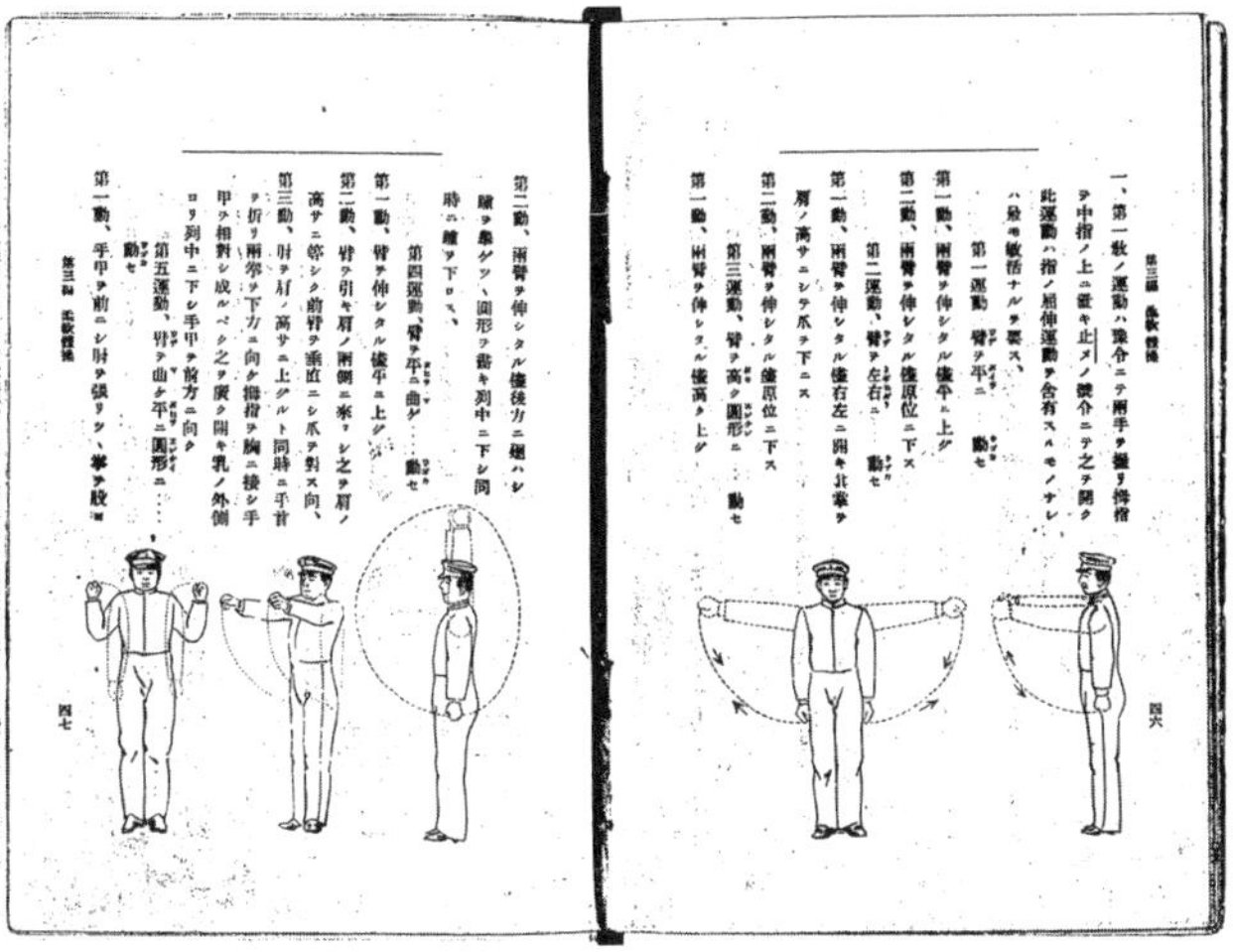
第三編　柔軟體操
一、第一教ノ運動ハ號令ニテ兩手ヲ握リ拇指ヲ中指ノ上ニ置キ止メノ號令ニテ之ヲ開ク此運動ハ指ノ屈伸運動ヲ含有スヘキモノナレハ殊ニ敏活ナルヲ要ス、
第一運動　臂ヲ平ニ　動セ
第一動、兩臂ヲ伸シタル儘平ニ上ケ
第二動、兩臂ヲ伸シタル儘原位ニ下ス
第二運動、臂ヲ左右ニ　動セ
第一動、兩臂ヲ伸シタル儘右左ニ開キ[illegible]拳ヲ肩ノ高サニシテ爪ヲ下ニス
第二動、兩臂ヲ伸シタル儘原位ニ下ス
第三運動、臂ヲ高ク圓形ニ　動セ
第一動、兩臂ヲ伸シタル儘高ク上ケ
四六

第二動、兩臂ヲ伸シタル儘後方ニ廻ハシ[illegible]ヲ[illegible]ゲツヽ、圓形ヲ畫キ列中ニ下シ同時ニ[illegible]ヲ下ロス、
第四運動、臂ヲ平ニ曲ゲ……動セ
第一動、臂ヲ伸シタル儘平ニ上ゲ
第二動、臂ヲ引キ肩ノ兩側ニ來ラシ之ヲ肩ノ高サニ等シク前臂ヲ垂直ニシ爪ヲ對ス向、
第三動、肘ヲ肩ノ高サニ上ゲルト同時ニ手首ヲ折リ兩掌ヲ下方ニ向ケ拇指ヲ胸ニ接シ手甲ヲ相對シ成ルベク之ヲ廣ク開キ乳ノ外側ヨリ列中ニ下シ手甲ヲ前方ニ向ク
第五運動、臂ヲ曲ゲ平ニ圓形ニ……動セ
第一動、手甲ヲ前ニシ肘ヲ張リツヽ、拳ヲ[illegible]
第三編　柔軟體操
四七

図 1-2　兵式体操（柔軟体操）の一部（西川政憲編『兵式体操法』大日本図書、一九〇一年、四六 - 四七頁）

知識偏重的傾向に対する批判が出てきていた。

こうした中、一八七八年（明治一一年）明治政府は、体育の普及と体操に本格的に取り組むべく「体操伝習所」を創設し、体操の研究や体操専門教師の養成に取り掛かった。当初、体操伝習所で伝えられた体操の内容は、棍棒、リング、輪などを使って身体各部位の調和的発達を図るいわゆる軽体操（普通体操）であり、招聘されたアメリカ人医師は医学的見地から体操を指導した。しかし実際は、普通体操のようなものであっても、体操＝兵隊の訓練として捉える風潮はまだ強く、体操の実施を避けねばならないくらいの状況であり、なかなか広がらなかった。[37] また、一八七九年（明治一二年）の「徴兵令」と一八八〇年（明治一三年）「教育令」改正の審議で、学校への兵式体操の導入が議論・提案されているが、それほど熱心に行われていないという状況にあまり変わりはなかった。

ところが、一八八三年（明治一六年）「徴兵令」の改正に絡んで、兵式体操の学校への導入問題はよりクローズアップされていき、体育の重要性・必要性が国家の立場から強く叫ばれるようになった。兵式体操を取り入れようという動きが徐々に本格化していったのである。兵式体操を取り巻く状況は、森有礼が文部省御用掛兼勤となった一八八四年（明治一七年）以降から変化し始め、翌年森有礼が初代文部大臣に就任した時から大きく広がり始めた。兵式体操は、森有礼による「中学校令」「師範学校令」の発布（一八八六年）によって本格化され、男子中等学校では兵式体操が「正式」に取り入れられ実行されるようになったのである。それに伴い洋装化も図られた。国家における男性主導の政治・経済・社会体制の構築は学校教育にもそのまま反映されており、身体管理の中心的対象は男子だった。その中で女子の初等・中等教育も徐々に拡大していった。ミッション・スクールや女学校が各地に開設する中、明治十年代頃から、女子に対する柔軟体操教育も始まったが、正課体育としてではなく、課外活動として教えられた。

　森有礼は諸学校令を出して教育制度を再編し、体育を制度として学校教育に位置づけ、男子生徒に兵式体操を強力に推進しながら兵式体操の振興に力をつくした。それまで不明確であった体操の内容や方法が詳細に示され、体系化されて有効に機能するように整備されたのである。兵式体操は元々陸軍において兵士の訓練のために行う集団的行動の諸形式で、実戦能力の育成よりも、秩序を守る習慣や精神を育てることを主たる目的にする体操であったが、このような過程を経て「学校」に導入されたのである。

軍隊的な形式の取り入れ

　兵式体操は退役軍人が指導する学校もあれば、体操教員が行うところもあった。しかし学校現場ではその指導法についての理解が乏しく、指導できる教員は少なかった。結局、森有礼は、陸軍に兵式体操を指導できる人材養成を任せたため、学校と陸軍との関係がいっそう強くなっていく。森有礼は体操伝習所伝習生の募集と養成を陸軍に委ね、体操教員の母体が従前の師範学校教員から完全に陸軍に移行したのである。同時に人選の条件として「精神気力」、身の「丈五尺二寸」以上が加えられ、何よりも「威重」の徳が重視される。ここに知性軽視、精神主義、体格抜群という資質を兼ね備えた体育教師像の原型が確立される。

　ところが、当時の陸軍には、学校側からの要求に応えていくだけの人的余裕もなく、森有礼による陸軍の利用は、体操教員の資質のいっそうの引き下げに帰結していく。すなわち、全国の師範学校に兵式体操の指導者を必要としたがら、一方で軍からの充分な士官の供給を牽けられ体操教員の養成は、軍人に有利な検定制度による短期養成に早々と切り換え、さらには陸軍教導団卒業生（下士官）に対する無試験検定に拡大される。そのため明治期の間に、大多数の体操教員が上等兵～下士官上りの退役軍人によって占められることになり、普通体育軽視、兵式体操重視の学校体育が形作られていくことになる。

帯刀をした軍人らが中心となり生徒を監督・指導する中で、生徒たちは陸軍下士官を真似たとされる洋装制服を身にまとい、本物のエンピール銃やスナイドル銃などを持ち、規律重視の集団訓練を繰り返した。さらには、行軍や発火演習も始められ、それまでの曖昧な位置づけの体操とは一変する。集団訓練の中で、生徒らは指導者への絶対服従が求められ、その一挙手一投足が監視され、大きな緊張が強いられた。そうした雰囲気の中で、森有礼が説く「従順」「友情」「威儀」（後に順良、信愛、威重）といった気質の教え込みが図られたのであり、そのような状況でこそ教え込みが可能だと考えられた[38]。

かくして、兵式体操は、文部大臣森有礼の奨励により学校教育の中に「公に」位置づけられることとなり、西欧のように兵式体操を採用してその集団行動による道徳教育を大きく期待した。そして、兵式体操は「体操科」の内容として採用され、普通体操とともに明治時代の学校体育の二大教材となった。兵式体操は、近代資本主義の発展に対応した明治政府の国家主義的教育再編の一環として採用され、中央集権的に実施されたのである。

森有礼が学校教育で兵式体操を奨励し、軍隊的な形式を取り入れた理由は、進んで行動しようという国民性をつくるためには、軍隊的な方法を利用するのが一番良いと考えたからであった。言い換えれば、国民に従順や友情、威儀の徳を持つようにして、忠誠のような精神を育成させようとしたのである。それが統一国家としての日本を形成するのに、必要だと考えたのであろう。それは後に学校体育と体育の軍国主義化への道を切り開くものであった[39]。兵式体操を中心とする体操は、従来の養生重視や普通体操の身体教育とはかなり異なるものであった。兵式体操は大正期に「教練」などと名前を変えるが、継続されていくのであり、森有礼が導入した兵式体操の影響は大きかったといえよう。[40]

このように「学校令」施行以降においては、兵式体操の徹底した実施や洋装化なども含めて総合的に身体訓練がなされた結果、養生中心の身体に対する考え方は大きく変えられていくとともに、生徒らの身体は個人のものから国家の管理下へ置かれるようになった。

第五節　師範学校の「兵営化」と連合運動会における兵式体操

師範学校の改革と軍隊式教育

兵式体操は日本中にどのように広がっていったのか、この問題を究明するためには師範学校と連合運動会における兵式体操の導入について検討する必要がある。

森有礼は特に師範学校の改革に抱負を持っており、師範学校に全面的な軍隊式教育、兵式体操を取り入れた。就任の翌年に公布された「師範学校令」は、森有礼の意向を色濃く反映しているが、師範学校令の公布に引き続き、同令に関連する文部省令などが制定され、戦前における師範学校教育ひいては国民教育の性格に方向づけがなされた。

森有礼が力を注いだのは、国民教化の最前線に立つ「教員の養成」（師範教育）であり、尋常師範学校（小学校の教員を養成）や中等学校教員を養成する役割を果たしている東京師範学校の徹底した「兵営化」であった。このため、森有礼は二つの手を打っている。一つが兵式体操の導入で、もう一つが軍隊式全寮制の採用であるが、森有礼は東京師範学校の徹底的な兵営化のため、陸軍を説得して、現役の陸軍大佐山川浩を東京師範学校長に迎えたのである。これを機に全国の師範学校がこれに倣うことになった。

師範学校の兵営化のためには、何よりも新しい教師像も必要であった。森有礼は、教育は護国の精神、忠武恭順の風を国民に植え付ける機能を担うものであり、国家の繁栄と富国強兵のためになすものであると認識していたため、学問と教育を分離する原則を打ち出した。さらに、教師に対しては、学問的知識の伝達者であるよりも、国家主義的人格の体現者、国家が必要とする目的を達成するための道具の役割を求めた。国家権力の意志を代弁し、伝達する役割が教師に課せられ、権力に対する服従性と命令者としての威厳を持つことを求めたのである。そして、このような考え方に基づいて教師の軍人化が推進され、師範学校で本物の兵式体操を本物の軍人によって教える道が開かれていく。

このような師範学校の兵営化と関わって森有礼が特に重視したものが地方視学政策である。森有礼は地方の教育を自ら視察してしばしば講演や訓示を行い、地方の教育を激励するとともにその指導監督に努めたのである。森有礼が文部大臣の時代から教育の国家管理が強化されたが、それは政府が単に法令を定めてこれを実施するにとどまらず、地方の教育を直接に視察監督することの必要を認めていたためである。この観点から、文部省に視学部を設けて視学官を置き、視学制度の強化拡充を図った。このことも森有礼の教育政策として注目すべきことであろう。

また、彼は文部大臣として地方の学事視察を行った際には、必ずといってよい程、その地方の兵営と「監獄」を視察している。「（前略）兵営のある処に至れば知事以下其の他の有力者や、教育者等を伴ふて兵営を訪ひ、必ず教練を観覧し、兵式体操に関し、軍隊の援助を各学校に与へんことを請ふて、兵式体操が形式に流るゝの弊に陥ることなきを期し、且つ実地に就きて兵式体操を奨励することを怠らなかった[41]」のである。

近代的身体を形成する仕掛け

このように日本では、森有礼が学校に兵式体操を導入しながら、子どもたち、そしてそれを指導する教員の再生産プロセスの中に規律・訓練的要素を取り入れていった。近代国民国家を形成する上で、森有礼は「軍人」をモデルとした身体を形成するため、様々な規律・訓練的要素を学校という空間を通して子どもたちの身体に刻み込もうとした。その仕掛けには、学校における兵式体操のほか、行軍、遠足会、修学旅行、運動会、地域組織や職場におけるラジオ体操なども含まれていた。特に、森有礼が文部大臣になってから師範学校における遠足会、行軍、連合運動会などが本格的に始まったことに注目したい。

一八八六年（明治一九年）二月、東京師範学校は「長途遠足」を実施した。これは、約十日間に渡って「一ハ兵式体操ヲ演習セシメ、一ハ実地ニ就テ学術ヲ研究セシムルノ目的」を以て生徒九九名、兵式教員五名、学術教員五名、および生徒取締、会計掛、医師等を合わせて総員一二一名で下総銚子まで往復するものである[42]。すると、地方の師範学校でも「行軍」や「遠足会」などが取り入れられた。東京師範学校の長途遠足は、『大日本教育会雑誌』の記事によると、「近時体育の論盛になりしより各地方に於て体育会或は運動会或ハ行軍など唱へ生徒を引率して山野を跋渉し或ハ軍隊の演習に擬し又或ハ腕力の輸贏を競争するに至る是れ其極に傾くものと云ふへし」という状況認識の下で、東京師範学校の長途遠足が一つの模範たるべきものとする意識があったのである[43]。ここで注目すべきことは、体育会・運動会・行軍など様々な名称の下、軍隊の演習に類似したことが「師範学校」で実施されていたことである[44]。

そして、一八八六年（明治一九年）秋になると、各地域の師範学校、小学校、中学校の各生徒が参加する「連合運動会」で隊列運動・兵式体操が登場する。運動種目の一つに「兵式体操」の演技が挙げられ、兵式体操・隊列運動の行進を行ったのである。連合運動会は、兵式体操・歩兵操練にとってまたとない格好のデモンストレーションの場になったのであり、それは逆に兵式体操が、連合運動会の形式化を進めるのに重要な役割を果たしたことを意味する。隊列を組んで行進をして、学校から連合運動会の会場に向かい、また運動会の演技種目として兵式体操関係のものを行い、運動会の終了後には、再び隊列を整えて帰校するという風景が各地に見られるようになったのである[45]。明治一〇年末から定型化していく連合運動会は明治二〇年代にさらに盛んになっていき、兵式体操なども活性化する。連合運動会は、森有礼の狙いが最もよく現実化できた場所として機能するようになったのである。

さらに、陸軍下士官の戦闘服がモデルで、師範学校や中学校、大学などで制服として詰めえりに金ボタンの学生服（軍服）が採用されるようになる。学校の授業に兵式体操を導入する際、当時の一般的な和服では非能率的で難しいと判断したため、機能的だった軍服が採用されたのである。導入を決めたのはやはり森有礼であった。近代的な身体行動を可能とする服装の改革が進められ、その内部の身体そのものも「規律」が与えられ、それが集団行動として統制されていったのである。

兵式体操、行軍、修学旅行、遠足、そして運動会などといった行事は、健康の向上とともに、上司の命令や規則に服従し、集団への従属感を高めるための道具であり、これらを通して規律訓練的身体性を学校文化の機軸にしようとする狙いを持っていた。学校文化はこうした身体の地平からその生成と再生産を見ていかなければならないと考えられる。

註

［1］安東由則「近代学校における身体観の生成過程―森有礼による兵式体操の導入を手がかりに」『日本教育社会学会大会発表要旨集録』五〇号、一九九八年、三〇頁。

［2］拙稿「戦時下植民地朝鮮における身体管理と規律化に関する一考察」有賀郁敏・山下高行編『現代スポーツ論の射程―歴史・理論・科学』文理閣、二〇一一年、六八‐九四頁。

［3］園田英弘「森有礼の思想体系における国家主義教育の成立過程―忠誠心の射程」『人文学報』三九号、一九七五年、一‐七三頁。

［4］西川長夫・松宮秀治編『幕末・明治期の国民国家形成と文化変容』（新曜社、一九九五年）と西川長夫・渡辺公三編『世紀転換期の国際秩序と国民文化の形成』（柏書房、一九九九年）の研究者の論考、佐々木克「天皇の巡幸と「臣民」の形成」（『思想』八四五号、一九九四年）、牧原憲夫「万歳の誕生」（『思想』八四五号、一九九四年）、吉見俊哉「運動会の思想―明治日本と祝祭文化」（『思想』八四五号、一九九四年）等の諸論文は、日本における国民国家形成過程を様々な角度から明らかにしている。

［5］森有礼に関する研究は、①初代文部大臣として教育行政・教育政策に関する研究、②森の外交論をテーマとした研究（森の国家官僚としてのキャリアの大部分は外交の分野であったため）、③日本の文明化のためには従来の日本の言語で

は不十分であり、簡易化された英語を採用すべきだと主張した「簡易英語採用論」に関する研究、④森の日本の歴史に関する見解についての研究、⑤森の道徳教育論、つまり国民国家の形成という森の課題における、道徳教育の位置、森の考える道徳教育に関する研究、⑥森の国家論、国家構想の形成とその内容、さらに国民的主体の形成という森の課題との関係を分析した研究、⑦森が「新しい伝統」「創られた伝統」の製作者の一人として、国民的主体の創出のために天皇に関して示した言説と政策など森の天皇観についての考察などがある。

〔6〕長谷川精一『森有礼における国民的主体の創出』思文閣出版、二〇〇七年、五頁。

〔7〕大久保利謙編『森有礼全集　第一巻』宣文堂書店、一九七二年、二〇七頁。

〔8〕大久保利謙監修『新修森有禮全集　第五巻』文泉堂書店、一九九九年、一九一頁。

〔9〕文部科学省ホームページ https://www.mext.go.jp/b_menu/hakusho/html/others/detail/1317609.htm（最終閲覧日二〇二〇年九月一一日）。

〔10〕海門山人『森有礼』民友社、一八九七年、三四頁。

〔11〕前掲「近代学校における身体観の生成過程―森有礼による兵式体操の導入を手がかりに」三一頁。

〔12〕後のこととなるが、一八八二年（明治一五年）に伊藤博文は、「今の人物を通観するに（中略）政治の進歩を謀る教育に基くの必要なるを説く者あるも。自ら奮て教育の事を擔當せんと欲する者あるを見す。縦令之あるも、其人自ら學を好む者に非されは竟に其事を成し得る能はさるとトするに足る」（木村匡『森先生伝』金港堂書籍、一八九九年、一三一頁）と森有礼を評している。有能な政治家にあって教育をその第一の職務にしようとする者が極めて少ない風潮の中、国家の近代化を考えるとき「教育」こそが、大事な鍵を握ると森は考え、それに同意した伊藤は反対を押しても森を後に文部大臣に抜擢したのである。

〔13〕林竹二「森有礼とトマス・レイク・ハリス」『日米フォーラム』九巻三号、一九六三年、五一頁。

〔14〕森有礼の妻、岩倉寛子は、森が自分の信仰については一度も話したことはなかったものの、聖書を随分熱心に研究し書生に講義をしてやったことを明らかにしている。さらに、生活はまったく信者と同じような謹厳なものであったと強調し、森がクリスチャンであったと述べている。また、森の文部省入りに対して、天皇の侍講元田永孚らは、森がクリスチャンであるとして強硬に反対している。前掲書『森有礼における国民的主体の創出』五九‐六〇頁。

〔15〕安東由則「身体訓練（兵式体操）による「国民」の形成―森有礼に注目して」『武庫川女子大学紀要　人文・社会科学編』五〇巻、二〇〇二年、八九頁。

［16］木村力雄『異文化遍歴者 森有礼』福村出版、一九八六年、一九二頁。

［17］薩摩では郷中という集団が組織され、集団的な教育訓練が実施されたが、ここでは常に武道を心掛けて磨き、誠心誠意忠孝の道を尽くす者が理想とされ、鍛錬主義といわれるほど心身の鍛錬が教育上の不可欠の条件とされた。武術については、毎日の基本演習の継続によって、これを自ら体得することを主眼にして練習を重ねたのであり、忠孝、礼節、清廉簡素、武勇剛健といった徳目の教育も重視されたのである。鹿児島県立図書館編『薩摩の郷中教育』鹿児島県立図書館、一九七二年、一四二頁。

［18］遠藤芳信『近代日本軍隊教育史研究』青木書店、一九九四年、六〇七頁。

［19］木村吉次「兵式体操成立過程の再検討」『体育学研究』四三（一）、日本体育学会、一九九八年、四五頁。

［20］前掲「身体訓練（兵式体操）による「国民」の形成―森有礼に注目して」八九‐九〇頁。

［21］同上、九一頁。

［22］同上。

［23］前掲「近代学校における身体観の生成過程―森有礼による兵式体操の導入を手がかりに」三一頁。

［24］前掲「身体訓練（兵式体操）による「国民」の形成―森有礼に注目して」九二頁。

［25］園田英弘『西洋化の構造―黒船・武士・国家』思文閣出版、一九九三年。

［26］前掲『森有礼全集』第一巻、一一九頁。

［27］天皇の侍講元田永孚による「教育大旨」が発表されたのが明治一二年八月で、森が発表した「教育論―身体の能力」は二ヶ月後の明治一二年一〇月である。これまでの研究では、この時の森の発表がかなりまとまった内容であるから、かねてから考えていた教育意見を披瀝したものだと強調されてきたが、「教育大旨」を契機に「教育論」を用意した可能性は低くないと考える。

［28］前掲『森有礼全集』第一巻、三二五頁。

［29］大久保利謙監修『新修森有禮全集　第二巻』文泉堂書店、一九九八年、一三五頁。

［30］「教育論―身体の能力」前掲『森有礼全集　第一巻』三二八頁。

［31］遠藤盛男『スイス国民学校の制度史研究―一九世紀以降におけるカントン・チューリヒを中心として』風間書房、一九八七年、一三四頁。

［32］「学政片言」前掲『森有礼全集　第一巻』三三三頁。

〔33〕「閣議案」前掲『森有礼全集　第一巻』三四六頁。前掲『森有礼における国民的主体の創出』六八頁。
〔34〕「兵式体操に関する建言案」前掲『森有礼全集　第一巻』三四七頁。前掲『森有礼における国民的主体の創出』六八頁。
〔35〕前掲「森有礼の思想体系における国家主義的教育の成立過程―忠誠心の射程」六五頁。
〔36〕金玉泰「近代学校体育における兵式体操―明治期と旧韓末を中心に」『国際基督教大学学報．I-A　教育研究』五〇号、二〇〇八年、三二頁。
〔37〕前掲「近代学校における身体観の生成過程―森有礼による兵式体操の導入を手がかりに」三〇-三一頁。
〔38〕前掲「身体訓練（兵式体操）による「国民」の形成―森有礼に注目して」八八頁。
〔39〕前掲「近代学校体育における兵式体操―明治期と旧韓末を中心に」三四頁。
〔40〕前掲「近代学校における身体観の生成過程―森有礼による兵式体操の導入を手がかりに」三一頁。
〔41〕木場貞長「森文部大臣の改革」国民教育奨励会編『教育五十年史』民友社、一九二二年、一〇一-一〇二頁。
〔42〕『大日本教育会雑誌』二八号、一八八六年、五七頁。
〔43〕『大日本教育会雑誌』三〇号、一八八六年、四六頁以下。
〔44〕前掲「兵式体操成立過程の再検討」四八頁。
〔45〕同上、四八-四九頁。

第二章　皇室のスポーツ奨励と明治神宮競技大会の誕生

第一節　国家のスポーツ・体育への関心と本格的な身体管理

体育・身体管理政策の本格的な登場

一九一〇年代から国民の身体文化への国家的関心は深まっており、民間中心に形成されてきた体育運動競技を国の政策として取り組もうとする動きが徐々に浮上していた。日本の支配層は軍事的＝経済的マン・パワー（兵力・労働力）の開発、そして「思想善導」に名を借りた天皇制ナショナリズムを浸透させるために、国家政策の一つの領域としてスポーツ・体育を組み込む必要を意識するとともに、スポーツ・体育を媒介にした民衆支配政策を積極的に繰り広げることになる。そうした政策は、すでに大正中期の臨時教育会議の一九一八年（大正七年）「兵式体操振興ニ関スル建議」や「通俗教育ニ関スル答申」、さらには一九一九年（大正八年）「民力涵養」政策によって具体化されている。つまり、それはスポーツ・体育を積極的に利用し、各種学校と地方公共団体、青年団、在郷軍人会等と連携協力して、「不平等、不利益を超階級的アイデンティティという体制の主張を支持する方向へと転換[1]」させることであり、中央のみならず、地方や県を包み込む全国ネットワークの確立を通して国家的イベントへの参加を強要し、天皇制ナショナル・アイデンティティの大衆的基盤を形成することであった。

一九一〇年代から始まった国家のスポーツ・体育に対する関心、そして国民の健康と体力を管理・統制しようとした動きは、一九二〇年代から国家政策として「本格的」にその姿を現した。一九二〇年代は戦前日本でスポーツ・体育が国民の間で活発に行われるようになった時期でもあったが、この時期から本格的にスポーツ・体育を通じての天皇制「国体」護持のイデオロギー強化、スポーツによる「思想善導」への傾斜が明確になった[2]。

第一次世界大戦と関東大震災からくる「危機感」

では、果たして日本政府はどういった社会的背景と状況の中で、国民の身体と健康、そして精神を国家の管理のもとに置こうとしたのだろうか。どうしてスポーツ・体育に対する国家的関心が高まったのだろうか。

その原因として考えられることは、国際情勢の変化や国内の様々な問題・事件が深く関わっていたということである。具体的には、一九一〇年代から一九二〇年代にかけて起こった大正デモクラシーと国内における自由主義的な社会運動の発展、植民地朝鮮の三・一独立運動を中心とする植民地解放運動の発展、ワシントン会議での日本の世界的孤立、戦後恐慌以来の経済的困難などがこの危機感の基礎にあった。特に、第一次世界大戦と一九二三年（大正一二年）九月発生した関東大震災、この二つの出来事は、政府と陸軍にとってはとても「衝撃的」なものであり、支配層に危機感を与えた。

第一次世界大戦では、これまでの戦争とは違う強大な集団軍隊が出現した。加えて、飛行機・戦車など新兵器も出現し、飛行機の発達と空襲という新たな戦闘形態によって欧米諸国は焦土化した。これにより、戦場と銃後といった従来の戦争の図式は大きく覆された。何よりも、第一次世界大戦は、政治・経済・社会など、国家の総力をあげた長期にわたる激烈な戦争として、一般国民までもが戦闘に巻き込まれた。こうした戦争の様相変化は、国民全体が戦争の主体であるという認識とともに、国民の政治的・思想的団結力と国民の身体とが、戦争の勝敗を決する重要な要因となることを政府に認識させた。国家総力戦段階の到来であった。さらに、第一次世界大戦は、日本が欧米列強と競争するためには、国民のより良い身体と健康を確保しないといけないという国民身体管理の奨励と衛生制度の改善の重要性を突きつけた。こうした欧米諸国との対比の中で、国民の体力向上が結果的には国力の増強につながるという考えが根底にあることで、スポーツ・体育と国民の身体は関連づけられたのである。

　また、関東大震災によって、東京は壊滅的な被害を受けただけでなく、流言蜚語に基づく朝鮮人・社会主義者に対する虐殺事件が発生するなど、社会が不安定な状態となった。関東大震災では東京市中が大火に見舞われたが、軍人をはじめとする多くの人々が、それに第一次世界大戦で空襲を受けたヨーロッパの都市の姿を重ね合わせ、戦慄したのである。関東大震災をきっかけとして、それまで観念的なものにすぎなかった空襲の恐怖を実感し、東京を空襲からどのように守るかという問題がクローズアップされてきた。「総力戦」となるであろう将来の戦争では、国家の政治・経済の中枢機能が集中する帝都・東京が、敵の第一の空襲目標となることは必至であった。歴史学者の土田宏成が強調しているように、関東大震災の災害は、いうまでもなく、それまでの帝都防衛の在り方や国民の思想善導に根本的な「修正」を迫るものであった[3]。

　政府と陸軍は、軍隊だけで国全体を守ることは不可能であると判断し、国民に精神の涵養と自己防衛の姿勢を求め、その手段として「体育」や「運動」を奨励しようとしていた。自分の身は自分で守るという身体文化への自覚と思想的団結に関する意識付けが必要であると感じたのだ。それだけでなく、災害が起こっても社会を維持できるように自立した集合体を構築すべきだと国民に求めたのである。

　国民全体が主体となった戦争の様相変化、国内の社会的不安定、そして帝国主義列強が領土や植民地獲得のために争って海外膨張政策を積極的に展開したこの時代に、先に起こるべき戦争を見据えると、国民の政治的・思想的団結力をはじめ、国民思想の善導や国民教化は緊急の課題であった。政府は全国民を思想的に結集し、資本主義の発展に伴って弛緩しつつある天皇制教育を補完するため「体育」や「身体管理」に関心を持ち始めたのである。さらに、関東大震災当時の東京全市の無秩序、混乱の有様を顧みて、どうしても平時から全市民自らの「総動員」の力で防御し、秩序を維持するだけの準備をして置かなければならぬということを政府は痛感したのである。[4]

体育・運動競技の重要性と「一九二四年」

さらに、日本の支配層が国民教育の最大事項として、「国民精神」と「体育」の重要性を強調した理由には、国民の「健康破壊」があった。帝国主義的海外進出をするためには、国民の強健な身体が必要だが、国内の保健衛生は深刻で、出生率は低下し、乳幼児死亡率は増加した。しかも、社会の近代化、低賃金・長時間労働のもとでの資本主義的工業化がもたらした結核性疾患が大きな社会問題となった。国民全体が戦争の主体であり、国民の健康状態が戦争の勝敗を決定する重要な要因となる新しい帝国主義段階において国民の健康破壊は、天皇制国家の再編・強化に役立てようとしていた政府や軍部にとって深刻な問題であった。そのため、一九二三年（大正一二年）大正天皇の名で「国民の精神作興に関する詔書」を発し、国民が質実剛健な思想を持つことを強く求めるとともに、強健な身体の育成が重視され、「体育の奨励」と「衛生制度の改善」が提唱された。

陸軍が健康な身体、健全な精神を保つために、体育・運動競技の重要性を訴えながら奨励したことも注目すべきである。その中でも、陸軍戸山学校教官の大井浩は、軍隊スポーツ研究の中心を担っており、一九二四年（大正一三年）の春に、「運動奨励に関する講習会」を開催したり、その後も、小規模な講習会を全国二〇あまりの府県で行ったりするなど、体育の普及に力を入れた。歴史研究者の高島航によれば、陸軍大臣を務めた宇垣一成も「スポーツは国民と軍隊双方に有用なもの」であると価値を認め、軍隊にふさわしい競技の調査研究を命じたという。[5] このように、陸軍がいっそう語気を強め、国民に対して国のために行動を起こすよう促していた。その理由としては、第一次世界大戦に加え、関東大震災の影響も挙げられると考えられる。

また、政府の様々な身体管理政策が一九二四年から本格的に実施されたことは注目できる。政府は、震災後の一九二四年一月から二月にかけて、秩父宮、賀陽宮の臨席のもとに、「全国体育指導者講習会」を開催するとともに、同年五月一二日には「日本体育連盟」を組織したが、この組織は民衆体育やスポーツを吸い上げ、第一次世界大戦後における潜在的兵力の確保とナショナリズム高揚を目的とするものであり、それはやがて、その頂点としての明治神宮競技大会の土台を支える下部組織ともなっていく。[6] 加えて、文部省による「全国体育デー」と「体育運動審議会」が制定・設置された。体育の普及発達を図るため制定された全国体育デーの活動内容は、体育講話会、運動競技、ポスター宣伝、登山、遠足であったが、一九二四年第一回全国体育デーには、全国で学校、学校衛生会、教育界、青年会など一万五四九五団体が参加した。こうして全国体育デーは、国家の主催行事として恒例化していくことになった。[7]

さらに、詳しくは後述するが、一九二四年には内務省による明治神宮競技大会が始まり、明治天皇及び昭憲皇太后を祭祀する明治神宮の外苑に建てられた競技場が舞台となった。これは国内での社会運動の発展を防ぎ、広い意味での国家総動員体制にむけて、国民精神とともに国民身体を国家の管理のもとにおき、動員していこうとする動きであった。

第二節　戦前日本における皇室・皇族によるスポーツ奨励とその狙い

皇太子裕仁のスポーツマンとしての儀礼

この時期、先頭に立ってスポーツを国民に積極的に奨励したのが皇室・皇族である。近代日本のスポーツと皇室が深く関わりはじめたのは一九二〇年代からである。[8]

幼い頃から体が弱いため数多くのスポーツに接した皇太子裕仁、スポーツ奨励のシンボル的な存在・秩父宮、野球に積極的な関心を持って次々と野球熱の高さを披露していった澄宮など、新しい皇室像の構築と国民との距離を縮めるために皇族はスポーツ活動を積極的に行っていた。[9]

病弱であった大正天皇の長男として誕生した皇太子裕仁（後の昭和天皇）は、幼い頃から弱い体質であった。そのため、側近たちは繊細な注意を払って、宮中の儀礼よりも、健康を第一とする養育方針や体質改善に取り組んだ。大正天皇に次ぐ君主として、強健な身体をつくり上げるために教育の中で特別力が注がれたのが、身体鍛錬のためのスポーツを用いることであった。そのため、ふさわしい環境作りのために校舎などが幼少期から整えられた。皇居内に設けられた幼稚園、学習院初等科の小学校生活、「御学問所」に通う皇太子裕仁の成長の過程には、常に屋外での活発な運動、スポーツの奨励が常にその中心に存在した。裕仁が体験した野外運動・スポーツは、フットボール、馬遊び、輪投げ、鬼ごっこ、汽車遊び、綱引きといった遊びから、御学問所の授業を通して徐々に乗馬、弓道、水泳、ホッケー、テニスなどへ移った。また、帝王としての心得を身につけさせるために伝統文化・相撲がテーマの一つとして取り上げられ、よく観戦をした。また、紳士的で、品格の高いものであるため、外国の王族たちとの交流にも役立つという理由から、ゴルフも特別な教育を受けた[10]。

そんな中、御学問所を卒業し、一九二一年（大正一〇年）三月から六ヶ月間にわたって行った皇太子裕仁のヨーロッパ訪問は、裕仁のスポーツへの興味や愛着をさらにかき立てた。それはスポーツの価値に改めて注目し、日本でスポーツを奨励する必要性を感じさせるものであった。皇室のスポーツ奨励は、ヨーロッパ外遊から帰国し裕仁が摂政に就任してから本格的に始まるが、皇太子裕仁は、多様なスポーツ体験を通して自分がスポーツマンであり熱心なスポーツファンであることを強烈にアピールしていった。一九二二年（大正一一年）宮内省のテニスコートでの台覧試合開催と東京で行われた英国皇太子ウィンザー公とのゴルフマッチは、皇太子裕仁がスポーツに対して強い関心を持っていたことを初めて行動としてあらわす出来事であった[11]。皇太子裕仁は、当時最も人気を集めていた野球にも積極的な関心を持っていた。一九二二年一二月自ら全国中等学校野球大会で史上初の二連覇を達成した和歌山中学を訪れ、ここで初めて野球を観覧する。その後も、皇太子裕仁は富士登山などを行うことによって、自分がスポーツマンであることを強烈にアピールしていく。

スポーツ奨励のシンボル的な存在・秩父宮と体育界との癒着

大正天皇の第二皇子、皇太子裕仁の弟である秩父宮は、皇族の中でもスポーツ奨励の最前線に立つスポーツマンとして、皇室によるスポーツ奨励のシンボル的な存在としてスポーツに強い情熱と関心を持って積極的に活動を展開していく。秩父宮は自らスキーや登山、ボートなどに勤しむだけでなく、中等学校野球戦、学習院の端艇競争大会、全国高校サッカー大会、ラグビー大会など様々な大会を台覧したが、彼の活動の中で何よりも注目しないといけないのが、一九二三年（大正一二年）大阪で開催された第六回極東選手権競技大会の総裁就任と明治神宮競技大会を主催するため一九二六年新たに新設された「明治神宮体育会」の総裁に就任したことであった[12]。

さらに、日本スポーツにおける秩父宮の位置を象徴する出来事が、一九二四年第八回パリオリンピック大会に出場する選手団とオリンピックに選手を派遣するため結成されていた大日本体育協会への積極的な支援である。政府のオリンピックへの支援は、一九二四年第八回パリオリンピック大会までは実現しなかった。一九二〇年ベルギーで開催された第七回アントワープオリンピック大会の頃には、「体育に従事して居る民間の遺方は、政府と手を繋ぐとか、政府に頭を下げると云ふことは一種の恥辱であるかの如く考へた人」があり、「又政府はさふ云ふ事業を国務として取扱ふのは不似合であると考へる[13]」状況であったのである。つまり、一九一二年第五回ストックホルム大会から一九二〇年第七回アントワープ大会までは、オリンピックへの選手派遣費用は、大日本体育協会と選手個人が負担せざるを得なかったのだ。

だが、オリンピックに関して、代表選手を派遣する大日本体育協会と政府、そして皇族の間に密接な協力関係が築かれたのが、一九二四年第八回パリオリンピック大会からである。この大会では、選手団の派遣に政府から六万円の補助金が拠出されたのである。この大会参加による決算額が、六万八三五〇円三一銭であったことからすれば、この国庫補助金の持つ意味は極めて大きいものであった。さらに、秩父宮による大日本体育協会への「大日章旗」下賜、そして文部大臣による訓示が行われたのである。秩父宮は四月に縦一メートル三三センチ、横二メートルで、旗竿

図2-1　第六回極東選手権競技大会（一九二三年）にて。一番右が秩父宮（秩父宮雍仁親王『秩父宮とスポーツ』秩父宮記念スポーツ博物館、二〇〇九年、七頁）

が三メートル六三センチという「大日章旗」を直接大日本体育協会に下賜し、日本選手団の出発の時にも選手団が入場行進の時に揚げる国旗、巨大な「大日章旗」も下賜したのである。[14] この大日章旗は、パリオリンピック大会の入場式だけでなく、その後も数多くの国際競技会などの入場式で必ず先頭に揚げられるようになるが、これもまた日本スポーツにおける秩父宮の影響力を象徴するものといえるだろう。[15]

　ここで、注目しなければならないのは、一九二〇年代から皇室と日本のアマチュアスポーツを統括する組織・大日本体育協会との「癒着」関係が本格化した点である。一九一一年に発足した大日本体育協会は、創立以来スポーツの「政治的中立性」を標榜しながら、国民に運動競技の奨励・指導することを目的としたが、実質的には国際オリンピックへの参加を頂点とするオリンピック種目の統轄組織としての性格を持ち、学生及びそのOBによって支えられていた。[16] しかし、オリンピックに選手を派遣するためには多額の費用が必要となる。それが財政的確立に苦慮し続けていた大日本体育協会の民間団体としての体質を「皇室」「政府」寄りへ導く原因となった。結局、大日本体育協会の第二代目会長となった岸清一は、就任と同時に財政的安定を図るために、協会の財団法人化を皇室・政府に積極的に働きかけた。この頃から皇室・政界との癒着・接近を急速に図っているのである。[17] このように、一九二四年パリオリンピック大会への政府の支援と秩父宮による「大日章旗」下賜は、スポーツを奨励しようとする皇室の思惑とオリンピック選手派遣に財政的に苦しんでいた大日本体育協会の考えが結合した結果であった。

再構築される新しい皇室像と女性スポーツ

皇族がスポーツに強い関心を持ち、スポーツ熱心である姿や様々な活動は、メディアによって国民に浸透し、大きな影響を与えることとなった。メディアによって大々的に国民に報道される皇族たちのスポーツ奨励とスポーツイベントへの積極的な関わりは、新しい皇室像のイメージ作りに大きく寄与した。スポーツを通して、丈夫な身体を披露し、国民との親和を図っていく、そして「自然人」としての皇族のイメージをアピールしていく戦略は、皇室と国民の距離を縮める効果も生み出したと考えられる。その時、皇族が行うスポーツ、そしてその報道のされ方は、国民が皇室に求めるものを反映した形でもあったといえる。これほどまでに時代の背景がスポーツに濃く反映されていたのである。メディアが伝えたスポーツに勤しむ皇族たちのスポーツへの関心と情熱は、威厳に満ちた重々しいイメージを払拭し、生身の人間的魅力に溢れた皇族の登場を象徴的にアピールするものであり、スポーツを通して皇室と国民の距離を縮める目的があったとされる。「国民の皇室」「平和主義の皇太子」といった新しい皇室像をアピール・形成していったのである。[18]

歴史研究者の坂上康博は、皇室とスポーツとの関わりについて大きく二点を指摘する。一点目は、皇太子裕仁や秩父宮らが台覧したスポーツ大会によって皇室と国民の距離を縮小するといっても、その距離は実際には決して消滅することはなく、むしろ両者の距離が「不可侵の境界線」によって明確に区分され、皇室の権威が厳然と保たれていた点である。坂上は、皇太子裕仁が得意とした乗馬や秩父宮が愛好したスキーや登山、これらは同時に、「軍事的」な実用性という点でも価値を有するものであり、軍人たる彼らの資質を披露するものであったと強調する。また、テニスやゴルフなどは、大衆的な文化とは一線を画した上流階級の文化としての気品を有する英国スポーツであること、そして最も大衆性を帯びた野球を実際に行ったのは当時小学生の澄宮のみであり、皇太子裕仁が愛好した大相撲も大衆性を帯びてはいたが、これは伝統文化の尊重という皇室のあり方とも合致するものであったと分析する。[19]つまり、皇族が関わったスポーツは、個人の趣味というより、社会的・時代的環境が求める緻密な戦略に基づいて採用されていたのである。

さらに、坂上は、単に伝統的共同感情の喚起という機能にとどまらぬ複雑な統合メカニズムを備えたスポーツイベントという「儀礼的空間」に注目する。皇太子裕仁らによるスポーツの台覧は、皇室にふさわしい「荘厳なる場面」でなければならず、その絶対的な権威を傷つけたり、不敬や無秩序を象徴するものであってはならなかったのである。それは皇室の絶対的な権威を崇め祝福する儀礼的空間であることが義務づけられた。こうして皇太子裕仁らによるスポーツの台覧の場は、私語はおろか咳払いさえ一切聞こえない厳粛な瞬間の到来、直立不動の姿勢、軍楽隊の吹奏に合わせた君が代の斉唱、玉座への最敬礼、奉迎文の朗読、万歳三唱、天皇杯と各種皇族杯下賜などの儀式を差しはさむことによって、皇室への「帰服」や「服従」を象徴する機能を果たすような空間として構成されていた[20]。このように、当時のスポーツ熱の高まりに乗じて、皇族のスポーツ活動は、皇室の権威を「再構築」する役割を果したのである。

男性主導のスポーツ・身体文化が深く根づいている中、一九二〇年代から、女性のスポーツ参加熱も高まり、女性のスポーツへの参入が本格化した。女性スポーツの実践主体となったのは、主として高等女学校、女学校の学生たちである。女学校での体育や課外活動が徐々に活性化し、多くのスポーツ種目が享受され、クラブ組織が結成されるようになったが、彼女らは自らの競技力を向上させるべく熱心に練習に励んだ。女学校のスポーツが大きく普及したことは、女性が出場する各種競技会の開催が増えたことに起因する。一九二二年第一回女子連合競技大会や第一回全国女子競泳選手権大会が催されたことから始まって、次々と庭球、水泳、陸上競技など、女性スポーツ競技会と各地区大会が開催され始めた。女性のスポーツ実践への参加者が増えるとともに、女性スポーツの競技化もいっそう進むことになったのである。だが、一九二〇年代に女性スポーツに対する国家体制への編入・統制や皇室・皇族と女性スポーツとの関わりはあまり見られなかった。スポーツ・身体管理の主な対象は「男性」であった。

第三節　天皇杯・東宮杯の登場と「象徴」の政治

国家のシンボルと天皇による名誉の象徴化

「国家」の実体は、目に見えない抽象性をもった構成物であるため、なかなかつかみにくい存在である。その場合に国家の「シンボル」「象徴」が目に見える具体物として有効に働くことになる。国民国家が近代に成立すると、国家の支配者たちは、国家のシンボルとして、国旗・国歌を制定するのは当然であった。加えて、国民国家という「想像の共同体」を創造するためには、具体的なイメージ・象徴が不可欠であった。さらに各国家間の差異を示すためにも、国家のシンボル・象徴は必要であった。国旗と国歌のイメージは国家とメディアによって繰り返し現れ、それらに対する国民の反応パターンを絶えず強化している。国家の操作によって、多くの人々は国旗・国歌を国家のシンボル・象徴として認めているだけでなく、国家の構成員としてのアイデンティティを作り上げているのである。

　近現代日本社会において、絶対天皇制と象徴天皇制の基盤を強化・確立していく過程の中で、天皇と皇族は果たしてどんな政治的象徴を使ったのだろうか。

　日本ほど勲章や賞が多い国はないと考えられるが、これは戦前から始まり、戦後になってますますその傾向が強まってきている。そこで大きな役割を果たしているのが天皇や多くの皇族である。天皇は競争と序列社会の最終的な判断者としてあらわれ、人々の名誉心という幻想に満足を与えるために「象徴」を使用する。それは叙勲という勲章方式から、園遊会への招待という選抜、スポーツ大会における「天皇杯」「天皇賞」から「宮内庁御用達」まで、日本人の名誉と序列の段階を規定している。

　この中で、スポーツ大会における天皇の名誉の象徴化、つまり「天皇杯」と各皇族杯は、天皇制のもと戦前から戦後へと連続している。皇族のスポーツマンとしての儀礼と象徴は、スポーツ大会における「天皇杯」をはじめ、各種の皇族杯と結びついた姿に現れている。政治的象徴の本来の機能は、象徴によって具現された一定の情緒的価値を民衆の中に自覚させることによって、特定の政治目的のために集団としての心理を強化し、凝集化し、ひいては統一的な集団行動として発現させることである。したがって、意識的に操作されるか、無意識的になされるかは問わず、政治における「象徴」の使用は、最も重要な統合手段の一つであるといわねばならない。ナショナリズムを高揚していくための、最も重要な役割を果たす統合手段の一つがやはり「象徴」である。

多くの人たちは、その国の構成員としてスポーツ大会に関わっていく過程で、天皇・皇族をはじめ、天皇杯と各皇族杯と接し、自然に天皇制とナショナルな感情を体験する。また、感情レベルでの国民的合意を形成し、日本人としての一体感を体得する。国民はスポーツイベントの共同体験を通じて、喚起される様々な記憶や連想を共有しており、その際、天皇杯と各皇族杯は不可欠な象徴として機能している。政治権力による天皇杯の強要は、いうまでもなく天皇制の象徴として「国民意識」の統合を目指している。

戦前初「天皇杯」下賜と各皇族杯の授与

日本のスポーツ大会における皇室からの優勝カップは、戦前昭和天皇の皇太子時代から数多く下賜されていた。では、どのようにして優勝カップ下賜が始まり、その歴史的な意味は何だったのだろうか。

戦前皇室からの初めての優勝カップは、一九二二年（大正一一年）皇太子裕仁が下賜した純銀製の優勝カップである「東宮杯」だ。皇太子裕仁は、同年一一月に東京帝大農学部運動場で開催された第一〇回全日本陸上選手権競技大会に出席し、自身のスポーツ奨励の意志を込めて十種競技の優勝者に東宮杯を授与したのである。[21]この大会で四〇〇メートルの優勝者には、先に来日した英国皇太子ウィンザー公より下賜されていたプリンス・オブ・ウェールズ・カップを授与されていたが、東宮杯の登場は、イギリス王室の模倣という色彩が強い。この英国皇太子のカップが、東宮杯登場の直接的なきっかけになったと見ていいだろう。[22]この他に、当時大衆的な注目度で最も人気を集めていた相撲と東京六大学野球リーグへの優勝カップ・東宮杯の下賜も、皇太子裕仁によるスポーツへの積極的な関わりを強烈にアピールするものであった。[23] 東京六大学野球リーグへ下賜された優勝カップ・東宮杯は、神宮球場の球場開きに皇太子裕仁が自ら出席し、野球奨励の目的によって下賜したものである。大衆的な注目度では、他のものとは比較にならぬほどのものだった。その後、一九二三年（大正一二年）第六回極東選手権競技大会には、大正天皇より純銀製の優勝カップ、戦前初の「天皇杯」が下賜され、皇室による強力な支援体制が実現されていく。[24] 戦前初の「天皇杯」下賜には、この大会の総裁に就任した秩父宮が大きく貢献していた。また、この大会に優勝カップを寄贈したのは天皇だけではなかった。その中には、文部大臣杯や外務大臣杯、さらには内務大臣杯も含まれていた。

当時下賜された東宮杯・摂政宮杯の中で、大衆的な注目を集めたのが大相撲の「摂政宮賜杯」であろう。これは一九二五年（大正一四年）四月、赤坂東宮御所において皇太子の誕生日を祝し、台覧相撲が行われたが、この時の下賜金によって同年一二月に誕生した財団法人大日本相撲協会が作ったものだ。以降、優勝力士に授与されるようになった。朝香宮も、全日本スキー選手権大会優勝杯として純銀製の朝香宮杯を下賜している。[25] 優勝カップによるスポーツの奨励がまさに皇室をあげてなされるようになったのである。同時に英国王室をモデルとした新しい皇室像作りという課題とも表裏一体の関係にあったといえる。

一方、競馬には天皇杯ではなく、「帝室御賞典」（一九四七年より天皇賞）が下賜されている。皇室と馬の関わり合いは明治時代から深く、明治天皇は馬の質向上などの目的で競馬の主催者に下賜金を贈っていたが、天皇賞の前身である「帝室御賞典」は一九〇六年（明治三九年）までさかのぼる。一九〇六年五月宮内省は、イギリス大使館を通じて日本レースクラブに御賞典（銀製洋盃）を下賜した。これがいわゆる「帝室御賞典」競走の創始である。一九〇七年一月には、池上競馬を初めて開催した東京競馬会にも御賞典が下賜され、帝室御賞典と名付け出走馬を内国産馬に限った。一九二三年（大正一二年）に旧競馬法でも帝室御賞典競走が定められ、年二回同競走が実施されるようになり、一九三七年（昭和一二年）日本競馬会の公認競馬にも「帝室御賞典」競走は引き継がれたのである。

戦前、天皇・皇族から贈られた優勝杯等はかなりの数にのぼっている。一九四五年一月には政府の銀回収運動に呼応して、各スポーツ団体が保有している賜杯などが政府に献納されたが、その際作成された目録には、極東選手権優勝に大正天皇杯一、陸上十種競技に東宮杯一、全国大学高専水上競技大会・全国大学高専陸上競技大会・日米対抗競技などに秩父宮杯四、全日本女子選手権に高松宮杯二、全国学生氷上競技などに久邇宮杯三、スキー選手権に朝香宮杯二、久邇宮杯盃一、計十四が記録されている。[26]

このように、戦前から国家的な儀礼として展開されたスポーツ大会における天皇や皇族の出席、極東選手権競技大会における秩父宮の総裁就任と戦前「初」の天皇杯の下賜、そして全日本選手権陸上大会や東京六大学野球リーグの東宮杯をはじめとする数多くの優勝カップの登場、秩父宮の大日本体育協会への大日章旗の下賜などは、皇室の開放政策の一端を担うものであり、皇室と国民との新たな関係を創出していこうとするものであったといえよう。さらに、国家的な秩序への同意を強化し、国家との一体感を推し進める装置として巧妙に機能していったと考えられる。

第四節　内務省と文部省の覇権争いと明治神宮競技大会の開催意図

この時期、もう一つ注目すべき政府によるスポーツ政策の動向は、明治神宮競技大会（以下、「神宮大会」と略す）の成立である。[27]神宮大会は大正期から昭和初期にかけて行われた戦前日本の唯一の総合体育大会として、天皇制体制下におかれてきた日本近代の体育・スポーツの総決算であり、昭和天皇をはじめ多くの皇族が深く関わった点からもこの大会を過去のものとして葬り去ることはできない。

一九二四年（大正一三年）第一回大会は、「内務省」の発案・主催によって、一〇月二九日から一一月三日までの六日間、明治神宮の外苑に建設された明治神宮外苑競技場で開催された。当時、国民の体育運動に関する業務は、内務省と文部省が激しく対立しながら次々と政策を立案していた。国民の体質改善のため、積極的な「保健衛生」増進策を進めた内務省と、公衆体育・民衆体育という名のもとで、学校と一般国民に身体を強健にするため広く国民体育を奨励した文部省の間では、神宮大会の主管庁になるための覇権争いが激しく繰り広げられていた。結局、神宮大会は内務省が覇権争いに勝った形としてようやく一段落つき、内務省の政策の一環として開催された。内務省は一八七三年（明治六年）に創設され、神社・地方・警察・土木・衛生及び社会福祉等の各行政部門を管理していた。さらに、殖産興業や鉄道、通信などにまで所管範囲を広げ、民衆の生活から、生産や消費、文化の向上に至るまでの各分野を近代化させる推進力となっていた。第一次世界大戦後、大正期におけるデモクラシーの思想が日本社会に広がることを恐れた内閣が、警察や衛生、神社や地方等、日本国内の重要な行政分野を管理下におく内務省に神宮大会の開催を認めたことは、内政治安の側面からすると当たり前の結果だった。さらに、内務省はすでに極東選手権競技大会、全日本選手権競技大会等のスポーツ大会を支援・開催した実績があり、文部省よりは有利な立場にあったといえよう。

　では、内務省はどんな目的を持って神宮大会を開催しようとしたのか。内務省が一九二五年に編纂した『運動競技全書』から内務省の意図が読み取れる。同書の主張は、大きく三つに分けられる。[28]一つ目は、欧米の文化が輸入され、衛生行政の進歩も顕著であるにもかかわらず、国内の保健衛生の状況は深刻で国民の「死亡率」は減少していないことである。第一次世界大戦後、劣悪な労働条件と長時間労働、そして蔓延する伝染病によって乳幼児と青年層の死亡率はむしろ増加したのである。二つ目は、欧米列強では減少している「結核」の罹患率が日本では三十年間変化がないことである。この時期、国民の健康破壊は深刻で、特に資本主義的工業化がもたらした結核性疾患は社会問題となった。日本社会に保健衛生思想が広がり、結核予防法、伝染病予防法、学校伝染病予防規程などの法律が改正されたのもこの時期であるが、結核の罹患率は減らなかったのである。三つ目に、明治時代から学校では智育に偏りすぎ、運動をおろそかにしていた国民に向かって運動競技を行うことの大切さが説かれている。また、欧米列強の運動競技の勃興と施設等スポーツ政策全般に関して言及し、日本が他国よりも遅れを取っていることを指摘しながら、イギリスの場合、ロンドンに大運動場があることによって家族でスポーツを楽しむ環境が構築されており、その甲斐あって一般の死亡率、乳児死亡率、結核死亡率が日本の半分以下であることを強調している。実際、明治初期から政府は体操に関心を持ち始め、小学校の教科として「体術」科目を導入したものの、身体管理はそれほど重視されない風土であり、学生・民衆にとって身体の鍛錬は無縁の存在であった。中等学校以上の段階では、学業ばかりに専念して身体の管理を忘れ、身体をこわす若者が多いなど、知識偏重的傾向に対する批判が出てきていたのである。

内務省の『運動競技全書』でも明らかになったように、内務省は積極的に運動を奨励することで、日本でも当時の課題だった保健衛生面での改善が期待できると判断し、神宮大会の設立のため積極的な政策を展開し続けたのである。つまり神宮大会は、国民の健康状態がなかなか改善しないという課題を抱えた内務省が、積極的な保健衛生政策の一環として開催したという面があるといえる。さらに、神宮大会は乳幼児と青年層の死亡率が上昇する中で、保健衛生を社会政策の根底に位置づける目的以外にも、国民精神の作興と民族精神の高揚を通して、大正期デモクラシー運動に揺らぐ「天皇制」体制の補強するという最も大事な狙いを持っていた。この点について詳しいことは、後述することにする。

第五節　明治神宮御造営事業と明治神宮外苑競技場の建設

数万人が集まる総合体育大会を開催するためには、大規模な競技場の建設をはじめ関連施設の整備が重要な課題であった。早くから青年団管理対策に着々と手を打っていた内務省は、神宮大会が開催される前の一九一九年（大正八年）から一九二三（大正一二年）年までの間に「明治神宮御造営事業」と神宮大会の開催場所である明治神宮外苑競技場の建設に、全国一道三府四三県、延二九七団体、一万六三四三人の青年を組織し、神宮大会開催の基盤を作っていた。[29] 一九一九年（大正八年）から本格的な工事が始まった明治神宮造営にあたっては、青年団による勤労奉仕が定着し延べ一一万人が参加したが、明治神宮の造営という国家的なプロジェクトに参加させることによって、青年団員の間で国民意識が高揚された。

明治神宮御造営事業と明治神宮外苑競技場の建設には、大蔵大臣、東京市長を歴任し、神社奉祀調査会委員及び明治神宮奉賛会副会長兼理事長を務めた阪谷芳郎と大日本体育協会会長を務めた嘉納治五郎が深く関与していた。造営計画は、神社奉祀調査会による「外苑計画考案」を経て明治神宮奉賛会によって、「外苑計画綱領」としてまとめられ、本格的に進められた。特に、嘉納治五郎はアジア初・日本初のＩＯＣ委員として初めて一九一二年第五回ストックホルムオリンピックに参加して以降、外国の様々な体育施設・運動場を視察し、明治神宮外苑競技場の建設について積極的に提言を行った。

さらにもう一人、一九二三年（大正一二年）に起きた関東大震災直後に結成された「帝都復興院」の総裁に就任し、関東大震災の翌日に内務大臣に就任した後藤新平も、東京市の「帝都復興」という側面から、明治神宮御造営事業と明治神宮外苑競技場の建設に深く関わっていた。一九二三年に発生した関東大震災後に、荒廃した東京市を理想の帝都として建て直す絶好の機会であると考えた後藤は、何よりも都市計画の一環として、東京の「公園化」計画を積極的に展開した。特に、後藤は日常生活の中に「運動」を取り入れる習慣がなかった日本に体育運動を奨励し、国民が使える大運動場の整備など施設が充実している欧米諸国と比較しながら、欧米最新の都市計画を採用して東京に体を動かせる公園の整備が必要だと強く主張した。そのような方針の中で、東京市全体での公園作りが始まった。

実際に「公園」という言葉を用いたのは、内務省復興局建築部の公園課長である折下吉延であり、外苑造営と都市計画を行うことを示唆した。折下は、従来は立入禁止だった芝生地を明治神宮全苑で導入し、一般公開した。さらに、車道と歩道を区別し、歩道の両側に立派な並木を植え、夏季には涼しき緑陰を作り、散歩に適するよう計画した「公園道路」を建設することにより、都市全体を運動可能なスペース・一大公園とすることに成功した。

では、後藤はどのような理由で「帝都」の建設を意図したのだろうか。それは、早くから「運動」を奨励していた欧米列強に比べ、日本では知育に偏ってきたあまり、市民が体を動かせる大運動場が少なく、ゆえに国民の健康状態が改善しなかったことに危機感を持ったためである。そこで、都市計画や保健衛生政策両方の舵取りを担う内務大臣の後藤が、東京市を「帝都公園化計画」に基づいた都市整備を行い、欧米列強に倣った「公共空間」としての公園造成を計画し、「震災復興」「保健衛生」の問題解決を同時に図ったのである。これは、欧米に倣った運動可能な空間を市内に取り入れることで、街全体を一大公園とし、市民が運動できるように計画したものである[30]。

結局、一九二三年に起きた関東大震災による被災者たちの収容施設として使用され、物価高騰などもあって工事が中断された明治神宮外苑競技場の建設は、一九二四年（大正一三年）三月に工事が再開され、同年一〇月二五日「明治神宮御造営事業」の一環として竣工されたのである。近代日本における最初の大規模スタジアムであり、当時、東洋一の陸上競技場といわれた競技場の誕生である。明治神宮外苑競技場の竣工を機に、第一回神宮大会が開催され、かつこの競技場は一九四〇年に予定されていた東京オリンピックの会場候補地でもあった。

第六節　天皇制絶対主義の強化と高まるスポーツ熱

国民の身体鍛錬と精神の作興

このような準備過程を経て一九二四年（大正一三年）から開催された神宮大会だが、内務省は大会の目的について次のように述べている。

> 明治神宮外苑に築造中の大運動競技場は大正十三年十月を以つて其の工事竣成の筈なりしを以て全國の選手を東京に集め神前に於て光栄ある全國的一大競技を行ふは啻に明治大帝の御聖徳を憬仰する所以なるのみならず國民の身體鍛錬並精神の作興上其の効果尠少ならずと信じたるを以て此の年を初めとし毎年同神宮例祭を機とし明治神宮競技大會開催の案を樹て關係方面と打合協議を重ね遂に同年八月之が根本計劃確立し経費としては保健衛生調査及奨励諸費中より金壱萬圓支出の件も略決定したるを以て文部省、陸海軍省、地方長官等に対し左記の通り

配慮方を依頼せり[31]

右記の内容は、一九二四年八月二三日に各地方長官宛に発せられた内務次官通達であるが、この内容は一九二四年に具体化した政府のスポーツ・体育による「国民統制」の動きを象徴的に示したものであった。一九二四年天皇制絶対主義体制のもとで天皇制権力を維持するため明治神宮の祭りの一部分として行われた神宮大会は、第一次世界大戦後、大正期におけるデモクラシーの浸透、自由主義に基づく政治的権利の台頭と社会主義に基づく社会改革の関心の高まりに対して、この思想が青年に波及することを極度に恐れた日本政府が作った大会であった。内政治安にあたる内務省は青年団体の監督指導を強化して政治社会問題から青年を隔離しようとし、これに加えて教育的・軍事的観点から国民体質の向上を目指す目的で、第一回神宮大会を主催したのである。[32] 明治天皇の「神前」に奉納されたこの競技大会の目的は、上記のように「国民心身の鍛錬」ならびに「国民精神の作興」「民族精神の高揚」であった。[33] さらに、開会式で内務大臣若槻礼次郎は次のように祝辞を述べている。

このときに當り毎年明治神宮例祭を機とし明治神宮競技大會を開催し、廣く各般の競技を行はんとするのは即ち明治大帝の御聖徳を偲び奉ると共にこの機運を促進し益々斯道の普及を図って、國民の剛健なる精神と身體とを鍛錬せんと欲するに外ならぬのである。一度この擧を発表するや幸に全國の賛同を得て内地は勿論、朝鮮、臺灣、満州等の各地よりも選手を参加せしめ、選抜せられたる参加選手の數は三千名を超え今日この盛観を呈している。これ實に明治大帝の御遺徳の盛なる結果であって（中略）[34]

内務大臣若槻礼次郎の祝辞は、国民の心身を鍛錬し興国の精神を発揚する、国民精神涵養とスポーツとを結び付け、思想の統制を暗示していることがわかる。さらに、帝国主義時代の状況や日本国内の情勢を如実に反映し、この大

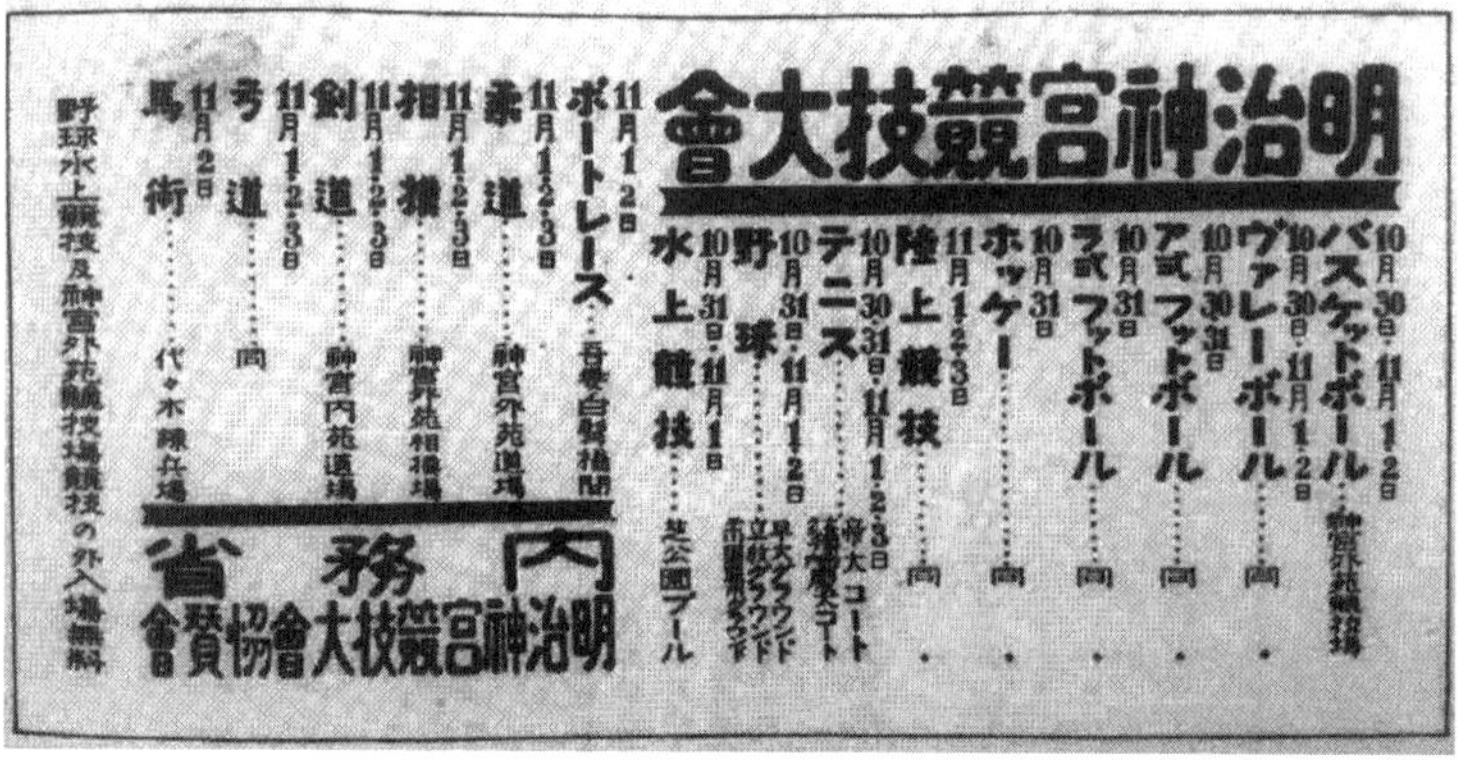

図 2-2　一九二四年第一回明治神宮競技大会の試合日程（内務省衛生局編『第一回明治神宮競技大会報告書』内務省衛生局、一九二五年）

会が朝鮮、台湾、満州といった植民地・占領地を取り込んでおり、植民地統治政策の一環として開催されたことが確認できる。神宮大会は大会開催当初から植民地の選手の参加が計画されており、巨大な領土を持つ「帝国日本」を体験する場として位置づけられた。内務大臣若槻の祝辞は、その時代の世相が色濃く表れており、近代日本を見る尺度の一つになると考えられる。こうして開会された第一回神宮大会には、選手三一四四名をはじめ、秩父宮をはじめとする皇族のほぼ全員が動員され、各会場に臨席するという徹底ぶりであった[35]。さらに、戦前における唯一の総合的なスポーツ大会として、内地・外地の国民が一堂に会して各種目の順位を競う点は当時では「画期的」であった。

　一九二五年（大正一四年）の第二回神宮大会で注目しておかなくてはならないのは、マスゲーム参加者と観覧者等動員された人数である。報告書によれば、この大会に何らかの形で参加した国民は五〇万人に及んでいる。当時日本の総人口が、ほぼ七千万人であったことを考慮にいれると、その影響力は多大なものであったと推測される[36]。この大会では初めて皇太子の臨席と「明治天皇頌歌」によるダンスが行われたが、第二回神宮大会には第一回神宮大会以上に皇族が参加し、各競技場に臨席している。第一回と第二回の神宮大会における多くの皇族臨席は、皇室がスポーツを奨励しているという認識を国民に植え付けるとともに、国体概念の浸透と拡大再生装置として役割を果たした。さらに、一九二五年一〇月、植民地朝鮮でも神宮大会の朝鮮版である「朝鮮神宮競技大会」の第一回大会が開催されたことも注目できる。これは、朝鮮における初の総合的なスポーツ競技大会の開催であった。この大会は日本の神宮大会の予選大会としても位置づけられていたが、何よりも植民地朝鮮における「内鮮融和」という朝鮮総督府の統治政策として開催されたのである。

神宮大会は一九二六年（大正一五年）の第三回大会から、主催が内務省から大日本体育協会の役員などを中心に新たに新設された「明治神宮体育会」に移され、名称も「明治神宮体育大会」と改められ、天皇制絶対主義を強化する措置として機能していった。特に、明治神宮体育会の総裁として秩父宮が就任したのは注目すべき点であろう。皇族が史上初めて体育協会の役人に就任したこと、つまりそれは、秩父宮自らが体育団体を本格的に管理・監督し、統制するという証しでもあった。寒川恒夫は、「この大会から秩父宮が大会総裁となるなどして皇室との関係が深まった[37]」と主張しているが、自らスポーツ大会を企画することで、国民に皇室・皇族の存在と国民に対する親近感をアピールしたのである。この大会では、これまで以上に神宮大会の開催目的とスポーツ政策が強調されたことが確認できる。明治神宮体育会がまとめた「神宮競技主催組織大要」では、大会の目的について「一、目的　明治大帝ノ御聖徳ヲ憬仰し、国民ノ身神鍛錬並に精神ノ作興ニ資スベキ諸般ノ施設又ハ事業ヲナヲ目的トス[38]」とし、その事業として神宮大会と全国体育デーの開催、日本国内のほとんどの権力組織を収斂させることが繰り返して強調されている。秩父宮の明治神宮体育会の総裁就任は、いっそうその国体主義を強化させたのである。第一回の神宮大会から定められたこの目的は、戦争のため大会開催が中止される一九四三年まで続いていく。

一九二九年（昭和四年）第五回大会の特徴は、何といっても「昭和天皇の臨席」と秩父宮の神宮大会の総裁就任である。天皇の行幸と秩父宮の大会総裁への就任によって、神宮大会は皇室の絶対的な権威を保持するイベントとして天皇制絶対主義に組み込まれた。神宮大会は、皇室を国民にアピールする儀礼的空間として、絶対天皇制の正当性と浸透を増幅させる装置として機能していった。また、一九三一年（昭和六年）第六回大会には、今日の天皇杯に相当する「聖恩之旗」が創設されるとともに、この大会より開会式の後、明治神宮遥拝のみならず、選手代表による明治神宮参拝が始まっている。第一回体操祭も開催され、あらゆる階層の国民が巻き込まれることになる。

競技力の向上

神宮大会が、日本列島のみならず植民地朝鮮・台湾、占領地・満州を含めた戦前日本の最大規模の総合競技大会としてスポーツ・体育の普及や「競技力の向上」に貢献してきたのも間違いない。神宮大会には、内地と外地から選手が参加し、一四の種目で優勝を争った。神宮大会の参加対象は、学生を含む一般をはじめ、軍人、女子、そして青年団体の国家体制への編入と監督指導を強化する目的として「青年団」が含まれた。特に、青年団は都道府県別に各一〇名程度選出され、一般及び女子は、全国を北海道、東北、関東、北陸、東海、近畿、中国、四国、九州、台湾、朝鮮及び関東州（満州を含む）の一二区に分け選出された。スポーツが漸く普及し競技団体も組織的に整えてなかった当時に政府主催の大会が毎年定期的に行われるようになったことは注目すべき出来事であった。

選手たちにとって神宮大会は、極東選手権大会と並んで、日本各地から集まる精鋭と鎬を削る絶好の舞台であり、競技力を高める役割を果たしたといえる。神宮大会は戦前最高レベルの競技大会として、また選手が競技生活を送る上で欠かせない重要な舞台として、走幅跳の元世界記録保持者の南部忠平と日本人女性初のオリンピックメダリスト人見絹枝等が揃って参加していた。一九二四年「第一回日本女子オリンピック大会」の開催、一九二六年「日本女子スポーツ連盟」創設と「国際女子スポーツ連盟」への加入など、日本女性スポーツの全国規模競技会の組織化と国際大会への参加が徐々に行われたが、そ

図 2-3　日本人女性初のオリンピックメダリスト人見絹枝（一九二八年アムステルダムオリンピックで女子八〇〇 m、左端）（独立行政法人日本スポーツ振興センター『スポーツ文化』六号、二〇一〇年、二〇頁）

の中で、神宮大会は女性選手の育成と全国各地に女性スポーツを広める中心的な役割を果たしていった。特に、人見絹枝の出現と活躍は、女性スポーツの社会的認知へ大きく貢献した。一流選手にとって、神宮大会は満員の観衆に注目されながら、全国の強豪と技を競う場、個々の記録やライバルとの競争を通して競技力を高める貴重な機会であり、その選手らは数多くの世界新記録を打ち立てた。神宮大会は選手にとって、日頃の練習成果を満員の観客に注目されながら発揮する絶好の舞台であった。そして、その白熱した競技に観客も熱狂し、さらなるスポーツ熱の高まりをもたらしたのだ。

また、一流選手らは神宮大会を通して国内で熾烈な競争を経験し、その結果オリンピックの舞台では過去の大会よりも好記録を出して成果を挙げた。日本は一九二〇年代以降、夏季オリンピックをはじめとする国際大会での成績が向上したが、その理由としては、神宮大会がオリンピックを意識した競技種目を採用したからであった。つまり、神宮大会は国際競技力の向上に役立ったのである。神宮大会は日本発祥で古くから親しまれてきた相撲、柔道、剣道、弓道などの武道系の試合を実施しつつも、オリンピック種目を積極的に取り入れて大会を開催したのである。

神宮大会は戦時下においては対外侵略的なナショナリズムを高揚するための一大装置として変貌していく。第五章で詳述するが、明治神宮遥拝のみならず、選手代表による明治神宮参拝が始まるなど、天皇制国家の国民の体と心を形成するための体育大会であり続け、あらゆる階層の国民が巻き込まれることになる。神宮大会は一九三七年日中戦争の全面的な開始によって、主催が厚生省に変わり、純粋な競技大会としての性格がより失われ、戦争に向けた軍事力錬成のための大会に変貌していく。大東亜新秩序建設の喧伝とともに国体主義に加えて軍事色を強めていき、競技種目に国防競技や銃剣道、滑空訓練といった種目が追加されるなど、政府のスポーツ政策の国家統制、戦争政策の拡大に伴って国家主義的性格をいっそう強めていった。神宮大会は体育を通した身体管理政策と「国民」形成を行った代表的なイベントとして一九四三年第一四回大会を最後に崩壊した。

註

〔1〕ヴィクトリア・デ・グラツィア（豊下楢彦他訳）『柔らかいファシズム―イタリア・ファシズムと余暇の組織化』有斐閣、一九八九年、二五八頁。

〔2〕坂上康博『スポーツと政治』山川出版社、二〇〇一年、三二‐四五頁。中村敏雄他編『シリーズ スポーツを考える 四　スポーツ政策』大修館書店、一九七八年、六二‐八三頁。

〔3〕土田宏成「帝都防衛態勢の変遷―関東大震災前後を中心として」上山和雄編『帝都と軍隊―地域と民衆の視点から』日本経済評論社、二〇〇二年、三‐三六頁。

〔4〕土田宏成「関東大震災後の「市民総動員」問題について―大阪の事例を中心に」『史学雑誌』一〇六編一二号、一九九七年、五九‐八〇頁。

〔5〕高島航『帝国日本とスポーツ』（塙書房、二〇一二年）参照。

〔6〕入江克己・鹿島修「天皇制と明治神宮体育大会　第一報」『鳥取大学教育学部研究報告　教育科学』三一巻二号、一九八九年、三五三頁。

〔7〕加賀秀雄「「明治神宮競技大会」成立の歴史的意義について」『総合保健体育科学』一八巻一号、一九九五年、七六頁。

〔8〕大日本体育協会『大日本体育協会史（上）』大日本体育協会、一九三六年、六四‐八五頁。

〔9〕坂上康博『権力装置としてのスポーツ―帝国日本の国家戦略』講談社、一九九八年、五一頁。澄宮の野球熱については、桑原稲敏『天皇の野球チーム―スコアブックの中の昭和史』徳間書店、一九八八年、六〇‐六三頁。

〔10〕坂上康博『昭和天皇とスポーツ―「玉体」の近代史』吉川弘文館、二〇一六年。

〔11〕前掲『権力装置としてのスポーツ―帝国日本の国家戦略』五五‐五六、六三頁。

〔12〕同上、三三‐三四頁。

〔13〕北豊吉「オリンピック大会と官民の後援」『アスレチックス』六巻七号、一九二八年、二一‐五頁。

〔14〕日本体育協会『スポーツ八十年史』一九五八年、一〇一頁。日本体育協会『日本体育協会五十年史』日本体育協会、一九六三年、三八‐三九頁。

〔15〕秩父宮が下賜した団旗は、一九二四年の第八回パリオリンピックから一九五六年の第一六回メルボルンオリンピックまで使用された後、一九五七年八月に新調され、もとのものは国立競技場に保存されていた。前掲、『日本体育協会

五十年史』四〇頁。

[16] 森川貞夫『スポーツ社会学』青木書店、一九八〇年、一八頁。拙稿「戦時下日本における国家主義的な身体管理と「国民」形成に関する一考察」『日本語文学』四三輯、二〇〇八年、五九二-六〇〇頁。

[17] 前掲『大日本体育協会史（上）』六四-八五頁、一〇二-一〇五頁。大日本体育協会は創立以来、その財源の多くは維持会員の寄付金であり、大会入場料・参加料などの自主財源はわずか一割にすぎず、維持会員四六四人の中の一九八人によって全体収入の六六パーセントが支えられていたのである。森川貞夫「大日本体育協会『組織改造問題』の一考察」『日本体育大学紀要』三号、一九七三年、一九頁。前掲「戦時下日本における国家主義的な身体管理と「国民」形成に関する一考察」五九四-五九五頁。

[18] 前掲『権力装置としてのスポーツ―帝国日本の国家戦略』。坂本一登「新しい皇室像を求めて―大正後期の親王と宮中」『年報・近代日本研究』二〇号、一九九八年、二〇-二四頁。

[19] 坂上康博「スポーツと天皇制の脈絡―皇太子裕仁の摂政時代を中心に」『歴史評論』六〇二号、二〇〇〇年、三九-四〇頁。

[20] 同上、四〇-四一頁。

[21] 岸野雄三編『近代体育スポーツ年表』大修館書店、一九九九年、一三六頁。

[22] 前掲『権力装置としてのスポーツ―帝国日本の国家戦略』五七-五八頁。

[23] 前掲「スポーツと天皇制の脈絡―皇太子裕仁の摂政時代を中心に」三二-三三頁。

[24] 前掲『日本体育協会五十年史』三八-三九頁。

[25] 同上、三九頁。

[26] 同上、六四-六五頁。

[27] 神宮大会の名称は、第一回と第二回が明治神宮競技大会、第三回から第九回までは明治神宮体育大会、第一〇回から第一二回までは明治神宮国民体育大会、第一三回は明治神宮国民錬成大会である。

[28] 以下、内務省編『運動競技全書　社会体育スポーツ基本史料集成　第七巻』（大空社、一九九二年）参照。

[29] 熊谷辰治郎編『大日本青年団史』日本青年館、一九四三年、一三七-一三九頁。

[30] 今泉宜子『明治神宮―「伝統」を創った大プロジェクト』新潮社、二〇一三年。

[31] 内務省衛生局編『第一回明治神宮競技大会報告書』内務省衛生局、一九二五年、一頁。

[32] 入江克己『昭和スポーツ史論―明治神宮競技大会と国民精神総動員運動』（不昧堂出版、一九九一年）第二章参照。

[33] 竹之下休蔵・岸野雄三『近代日本学校体育史』東洋館出版社、一九五九年、一六一 - 一六七頁。

[34] 前掲『第一回明治神宮競技大会報告書』九一、九二頁。

[35] 第一回神宮大会には、秩父宮が一番積極的に会場を訪問している。秩父宮は、外苑競技場及び相撲場、早大野球グラウンド及帝大テニスコートを訪れている。また、澄宮は外苑競技場及早大野球グラウンドを訪問した。久邇宮朝融王、賀陽宮恒憲王、東伏見宮邦英王、朝香宮妃久子女王、東伏見宮邦英王、山階宮茂磨王、北白川宮永久王、北白川宮美年子女王、北白川宮佐和子女王、竹田宮恒徳王などが外苑競技場及び柔道場、帝大テニスコートを訪問している。前掲『第一回明治神宮競技大会報告書』九四 - 九五頁。

[36] 報告書は「選手は、内地は勿論、遠く関東州、朝鮮、台湾より上京し、其の数五千六百四十六名、これにマスゲーム出場者を加ふるときは三万人に達する状況である。なお地方予選に出場した選手の見込数は約二十万人である。観覧者は正確に算することは出来なかったが、各会場を通じて無慮五十万人に上る見込である」と記している。内務省衛生局編『第二回明治神宮競技大会報告書』内務省衛生局、一九二六年、三頁。

[37] 寒川恒夫「国民体育大会の人類学―全国大会のシンボリズム」『体育の科学』三七巻八号、一九八七年、五九〇頁。

[38] 明治神宮体育会編『第三回明治神宮体育大会報告書』明治神宮体育会、一九二九年、五頁。

第三章　近代日本のラジオ体操と「身体」の政治

第一節　国家にとって「身体」とは何か

帝国主義時代が要求するラジオ体操

日本では一八六七年（慶応三年）、徳川幕府によって初めて体操が導入されてから、体操伝習所を設置するなど、国民に体操を普及させていくための努力を続けてきた。にもかかわらず、多くの国民は体操に対する関心と知識、理解が足りず、体操は日本社会に浸透していなかった。こうした状況の中、一九二八年から始まったラジオ体操は、めずらしくラジオというメディアを通じて多くの国民を巻き込んでいき、体操の大衆化を実現していった。

ラジオ体操といえば、小学生の夏休みを思い出す人が多いだろう。毎日早起きをしてラジオ体操を行い、カードにスタンプを押してもらうことは子どもたちの日常だった。小学校時代に校庭で、また夏休みのラジオ体操の会でというように、ラジオ体操はそのメロディーとともに日本人の体に記憶されている。ラジオ体操は、一年を通してＮＨＫラジオで放送され、場所と時を厳格に制限しない、暇さえあればできるということから多くの日本人に愛されてきた。小学校時代には全国一律にラジオ体操が教えられ、成人になっても会社などで接する機会は多く、ラジオ体操人口は、現在約三〇〇〇万人を超えている。音楽を聴くと自然と振りが思い出され、身体を動かすことができるという人が多いくらい、日本人にとってラジオ体操は最も身近な体操の一つであり、国民的な行事といっても過言ではない。

　集団での組織性という面から「日本らしさ」を感じるラジオ体操は、日本ではなくアメリカで生まれたものをモデルにしており、ラジオ体操の普及には、ニューメディアとしての「ラジオ」という存在があった。一九二〇年代に発明されたラジオ放送は、日本においては、一九二五年に放送が開始され、三〇年代に普及しはじめる。ラジオ放送体制が急速に構築されたことによって、ラジオ受信機という機器さえあれば、国民は同じ時間に同じ情報を共有することが可能になった。それは一つの全国規模の文化形成への媒介機能を果たした。新聞とは違って、ラジオは一瞬にして日本列島を隅々まで同一の情報でべったりと塗りつぶしてしまうことができたのである。一九三〇年代のラジオの持つそうした機能を如実に示したものがラジオ体操であり、学校教育、職場での取り組みといった国民生活の隅々まで浸透した。ラジオ体操の普及には、特に学校が重要な役割を果たした。

　ラジオ体操の誕生と普及には、独占資本主義の形成と欧米列強が植民地や勢力圏の拡大を図る膨張政策を競うようになった帝国主義時代の到来が深く関わっている。当時、欧米列強は植民地拡大のために対外進出を盛んに行っており、対外進出を行うにあたり、経済力と思想的団結、そして国民の身体は重要な戦力であった。特に、第一次世界大戦は、日本が欧米と競争するためには、衛生制度と国民の身体管理政策を改善しなければならないという課題を生んだ。こうした時代的背景のため、ラジオ体操は、簡易保険事業の一環として日本人の健康増進、体力向上を目的として創始されたが、同時に日本が欧米に伍する国力をつけるために、国民の身体を西欧的基準にしたがって壮健にするという役割も背負わされていた。また、ラジオ体操は、西洋近代の時間感覚のような日本における時間の近代化と細分化、時間規律の重要性、集団規範を身につけるための役割も果たした。もちろん、ラジオ体操は「産業化の展開過程」でも注目された。これは国家的に労働時間が拡大され、市場で要求される健康な労働力を担う身体の確保や生産の効率性が必要となったためであった。

国民国家と身体規律

国民国家においては、国民の衛生・健康状態が国力と密接に関わるため、国家は国民の健康増進に配慮しなければならなかった。特に、二〇世紀に入り軍国主義が広まった時期に、為政者たちは国民の身体が国家の資産であり、富国強兵を作る「核」であると考えるようになったため、国民の身体を国家の目的にふさわしい形に変化させようとした。この過程で国家は、国民は自身の健康と保健及び衛生について無知な存在だと規定し、国家が健康と体力鍛錬を指導しなければいけない啓蒙の対象と見なした。それだけでなく、国民の身体を特定の状態や目的にふさわしくするために鍛錬させ、また持続的な健康状態の点検を行った。もはや、個人は自身にふさわしい養成法を自主的に追及するよりも、国家が定めた「国民」の標準として規定した身体に合わせて、自身の身体を義務的に管理しなければならなかった。つまり、国民国家を支える「健全」な人的資源を再生産することが本格的に目指されることとなったのである。そして、そこには、一定の規律が作用し、動作と訓練が繰り返されることによって、個人の身体は国家の身体となっていった。

人々の身体に関する研究は、伝統的に生物学的・自然主義的な観点からなされてきたが、身体を社会の諸力によってつくり上げられる社会的・歴史的産物として捉えた人がミシェル・フーコーである。フーコーは、国家が国民の身体に注目し、国家的必要にふさわしく規格化する過程を体系的に分析するためには、生物学・自然主義的な観点からの身体分析の限界を克服し、社会的・歴史的に身体を捉える必要があると主張する。フーコーは、人々の身体を「社会」の構成物であり、権力が作動するものとして把握することによって、国家が人々の身体に行使する多様な権力の属性を理解することができる可能性を提示した。つまり、フーコーは生物学的で自然主義的な観点に支配されていた身体を「社会的探究の対象」と変化させたのであり、身体を近代社会の管理と規律の対象として見なしたのである。

ラジオ体操研究

近年、社会生活内で日常化されてきた種々のイベントが持つ統合機能についての検討がようやく進展してきた。ラジオ体操に関する成果もその一分野である。

津金澤聰廣は、全国中継放送は様々な形で企画され、全国意識の形成がはかられたが、なかでもラジオ体操の全国放送は、日本独特の組織化の成功例として注目されたと述べている。[1]ここでは、全国ネットワークによるラジオ体操の組織化に注目している。高橋秀実の研究成果も労作であるが、ラジオ体操に関する記述に限っていえば、戦前のラジオ体操と戦後ラジオ体操とを同一のものとして扱っているなど、事実誤認やバランスを欠く記述が見られる。[2]さらに、興味深い仮説が展開されているものの、それを証明する史料が提示されていない記述が多い。

ラジオ体操を本格的に研究した黒田勇は、ラジオ体操が軍国主義に組み込まれた点を認めながらも、ラジオ体操の導入目的はあくまで「個人」の健康増進であり、工業化が進む中での新しい身体づくりのために人々が「自発的」に取り組んだと論じている。また、ラジオ体操は戦争において大きな力を発揮せず、ラジオ体操が国民を動員していくことは「不可能」だったと論じている。[3]ラジオ体操が、欧米諸国に対する劣等感の克服のための健康づくりの運動として、そして「身体そのものの合理化」のための運動として、また、次第に戦争と結びつき、国家主義的行事に積極的に活用されたことは間違いない。ラジオ体操は全国一律の人々の身体を動作させ操作することによって、一人ひとりの身体を「国民」の身体として感じ、考え、行動するものとして集団化・集合化し、規律化する装置として機能した。少なくとも、軍事色強い号令一下、数百万の人が、日本列島のいたるところで、同時に、同一の情報に対して、同一の行動をもって反応する姿は、それまでの世界では見ることができなかった風景であり、ラジオ体操がナショナリズムを高揚し、無謀な侵略戦争を支える意識形成につながったことは否定できないだろう。

また、ラジオ体操に関する研究としては、史料を通じて各地方におけるラジオ体操の展開を論じ、地方公共団体や教育現場での実態を明らかにした研究などがある。[4]そして、ラジオ体操を歴史的・社会的視点から分析したものではなく、ラジオ体操の実施効果、健康体操としてのラジオ体操の特徴、ラジオ体操と健康意識・生活意識の変化といった、身体運動と関わった調査研究も数多くある。

本章では、これらの先行研究を踏まえながら、当時どのような時代背景からラジオ体操が作られ、いかなる目的のもと行われたのかということを検討する。ラジオ体操は、技術的には「ラジオ」というニューメディアの登場と急速な普及、それに伴うメディア・イベント化、近代的身体観の変容、社会的な就労構造の変化などが偶然だけではなく、ねじれて絡まった糸のように重なり合うことによって成立した。本章は、ラジオ体操の発明とその後の歴史的展開の意味合い、その役割や機能を明らかにすることを目的としているが、それに加えて、ラジオ体操がラジオというメディア・テクノロジーを介して「国民」という主体を形成し、国家的な装置の一つとして果たした役割についても検討する。それによって、九〇年を経てもなお、いまだ広く行われているこのラジオ体操は日本人にとって何だったのだろうか、言い換えれば、日本の近代化とニューメディアとしてのラジオ放送、そしてラジオ体操が日本人にとってどんな意味を持っていたのかということを明らかにしていきたい。

第二節　公共事業としてのラジオ放送と日本放送協会（ＮＨＫ）の創設

ラジオ放送の始まりと国家管理

世界最初のラジオ正式放送は、一九二〇年アメリカのピッツバーグのＫＤＫＡ放送局から開始した。イギリスでも、イギリス放送会社（ＢＢＣ）が設立され一九二二年からラジオ放送が開始された。日本においては一九一五年（大正四年）「無線電信法」が施行され、無線電信・電話は日本政府が管掌することとなり、一九一八年頃からはラジオに対する研究も本格化した。この動きは欧米諸国におけるラジオ導入の機運を受けて、日本もラジオ事業化に向けた法整備が本格化したのである。[5]その後、一九二五年（大正一四年）東京において、日本における最初のラジオ放送が開始された。世界的に日本のラジオ放送事業への取り組みは早いほうだった。

だが、一九二五年以前にも放送局による放送事業のほかに、様々な主体が色々な放送を実践していた。一九二〇年代に入ると、新聞社やアマチュア無線家、百貨店など異なる主体が、ラジオ放送という新しいメディアに着目しはじめた。竹山昭子によれば、「なかでも新聞企業は、ラジオの持つ速報性・同時性というジャーナリズムとしてのすぐれた機能に注目した」[6]という。彼らは博覧会の公開実験放送や衆議院議員選挙の開票速報を放送するなど、ラジオ放送が持つ未知の可能性を様々に実験していった。こうした動きは一九二二年頃から活発になっていった。

このとき政府や逓信省は、放送局が自由に伝えたいことを発信するというラジオ放送ではなく、放送形式から放送内容までの一切を「管理」できるラジオ放送を想定していた。そうした政府の放送像は、関東大震災の直後に逓信省が施行した「放送用私設無線電話規則」という省令によって実現することになる。この省令は、ラジオ放送の送り手にも受け手にも逓信大臣の許可取得を義務づけるもので、それまで実験放送という形で実質的に野放し状態だったラジオ放送を、今後は政府が積極的に「管理」し、政府が許可したラジオ放送だけを存続させ、その他のラジオ放送のあり方は禁止することを明確に宣言するものだった[7]。

ラジオ放送の急速な普及と「公共事業」

その後、逓信省は一都市一放送局という原則を立て、放送事業の許可を申請してきた新聞社や電機会社などに対し、合同して一つの放送局を組織するよう要求した。ラジオ放送を民間営利事業として考えた新聞社に対して、政府は「公共事業」としての放送を計画していたのである。結局、免許権を持つ逓信省の計画通り、ラジオ放送は公共事業のメディアとして形を与えられた。こうして、一九二五年（大正一四年）に東京・大阪・名古屋の三都市に、それぞれ単一の放送局が設置されることになったのである。

東京が関東大震災からの復興の最中で、活気をいまだ取り戻せていない中、特に大阪のラジオ放送は盛り上がった。

なかでも、新聞社のラジオ事業に対する熱意が旺盛であった。自社宣伝の要素も否めないが、ラジオに対する期待は大きいものであった。実験放送一日目、二日目と進むにつれてラジオ放送の反響は大きくなり、ラジオ放送開始前から多くの人が集まり閉店時間までラジオに聞き入っていた。その後、三局の放送によるラジオ聴取者は急速に増え、放送開始後一年半で約三〇万人の聴衆者を数えるに至ったのである。[8] 開局間もない頃は、ラジオの聴取可能地域が東京、大阪、名古屋地域十里以内であったことを考えれば、いかに急速にラジオが普及していったかがわかる。

　こうしてラジオ事業は順調に軌道にのりつつあったが、これはあくまでも三都市に限った話であり、地方においてはまだ聴取が不可能な地域が多かった。そこで、地方局新設のためには、これまでのような三局並立体制を一元体制へと移行し、財務基盤の充実、組織の充実が急務とされ、東京、大阪、名古屋の三局が合併し、「社団法人日本放送協会（ＮＨＫ）」が一九二六年誕生したのである。これ以降、約三〇年間にわたって日本の放送は、一つの放送事業者に独占されることになる。逓信大臣より交付された設立許可書と命令書では、設立許可日より五年以内に大体内地でのラジオ放送が可能となるようにすること、また、本部を東京におき、支部を関東、東海、関西、中国、九州、北海道の七支部体制を目指す事とし、放送局数も六局から一二局体制へと倍加し、聴取加入数三六万から一〇八万へと三倍に増やす計画が示された。[9]

　ラジオ放送が急速に普及した結果、ラジオ放送が始まって間もない一九二〇年代後半から一九三〇年代前半にかけて、野球の実況放送が大人気となった。甲子園での高校野球や東京六大学野球の実況放送が盛り上がっており、人気沸騰であった。この時代はラジオを通じて、スポーツや身体を動かすことについて意識されやすい時代であった。ラジオ放送の構築によって、国民が時を同じくして同じ情報を共有することができるという事は、「前代未聞」の出来事であった。

第三節　逓信省簡易保険局の簡易保険制度とラジオ体操の開始

アメリカへの保険事業視察とラジオ体操の実施提案

日本人にとって日常となっており、老若男女問わず親しみがあるラジオ体操は、どういった経緯で作られたのか。あまりにも「日本的」に見える日本のラジオ体操の起こりは、日本ではなくアメリカで考案されたものをモデルにしたものである。一八六八年に創業されたアメリカのメトロポリタン生命保険会社は、一九二五年（大正一四年）自社の生命保険加入者の健康増進・死亡率低下を目的として、放送局とともに柔軟体操にふさわしいピアノ音楽を流す番組を放送した。これがラジオ体操の起源といわれている。その結果、地域の死亡率が下がったと好評を得て広く普及したことから、郵政省の前身・逓信省簡易保険局が一九二八年（昭和三年）日本に導入したのである。

逓信省簡易保険局は、アメリカからラジオ体操が導入される前に、すでに一九二三年の時点で簡易保険局の監督課長猪熊貞治が海外の保険事業の視察に派遣されるなど、ラジオによる体操指導に注目していた。だが、日本においてラジオ放送の基盤がなかなか整っていない事から具体化することはなかった。その後、一九二五年に保険事業に関する調査を目的として、簡易保険局の企画課長進藤誠一がアメリカを含む海外へ保険事業の視察に派遣された。この出張では、メトロポリタン生命保険会社を訪問したが、ラジオ放送による体操に深い感銘を受けたという。猪熊・進藤のもたらしたメトロポリタン生命保険会社のラジオ体操の情報は、簡易保険局内に大きなインパクトを与え、保険事業にふさわしいものだという認識を定着させていく。ラジオ体操を日本でも保険事業のために取り入れようとした二人の考えは、当時旧チェコスロバキアで行われていた、国民が一斉に行う「ソコール運動」に注目していた簡易保険局長の田邊の考えなどとも一致した。そして、猪熊・進藤は、ラジオを用いた体操事業、ラジオ体操の実施を本格的に提案したのである。[10] 老若男女を問わずに誰でも、どこでもできる体操、リズムに合わせて愉快にできるもの、器械を用いないで簡単にできるものという要素を含んだラジオ体操の実施が決定したのである。

ラジオ体操の導入背景と実施目的

なぜ、郵政省の前身・逓信省がアメリカの保険制度とラジオ体操に深い関心を持って実施しようとしたのだろうか。ラジオ体操は、日本社会の保健思想の広がり、特に第一次世界大戦後の「保健衛生思想」の拡大を背景の一つとしていた。ラジオ体操を実施することで、当時の日本人の運動習慣の身につきの低さという欠点を補い、体力の向上を目指した。またそれは、単に体を鍛えるという意味ではなく、日本人を欧米人と比較した際にあらわになる体格の悪さ、死亡率の高さの改善を意味するものであった。西洋と異なり、体を鍛えるという習慣がなかった日本人の健康状況は深刻であり、欧米列強と競争している日本にとって、国民の健康改善は緊急課題であった。それはこの時期、結核予防法、トラホーム予防法、健康保険法、伝染病予防法、学校伝染病予防規程などの法律が改正されたことからも理解できるだろう。逓信省簡易保険局がラジオ体操の構想を進めたのは、ラジオ体操を用いて体を鍛える習慣を作るとともに、国民健康増進、保健衛生の拡大を背景としたことであった。

そしてもう一つの理由は、国民の健康状態の改善という保険事業に直接関連する「簡易保険制度」であった。「簡易保険制度」とは、もともと一九世紀中頃にイギリスの民営保険会社によって始められた労働者や一般庶民のための保険制度であるが、日本では、逓信省が一九一六年から国民の健康状態の向上・国力増進を目指し、生命保険の導入、簡易保険事業を行っていた。だが、簡易保険事業の主たる対象は、いわゆる新たに社会階級として登場しはじめた工場の労働者たちなどを含む低中所得者層であり、彼らは金銭的な問題から医療を十分にうけることができない層であった。また、問題は簡易保険契約数が増加していく中で、[11]簡易保険に加入した階級の「死亡率」が極めて高いことであった。死亡率が高いことによって、支払われる保険料が多くなり、保険制度の存続自体が難しい状況になってしまったのである。さらに、逓信省は、低中所得者層に生命保険の理解を得ることは容易いものではないと判断していたが、その際簡易保険のさらなる普及と健康増進のため起爆剤となるべく考案されたのが「ラジオ体操」だったのである。[12]逓信省がまとめた『逓信事業史』は、簡易保険制度について次のように触れている。

> 簡易保険局に於ては生命保険の公共的性質と、その被保険者の大多数が所謂中産階級以下に属し且つその健康状態が一般に不良なる事実に鑑み、その健康の保持並びに増進に努むることが被保険者の幸福を増進する上に於て肝要なるのみならず、一面に於いて簡易保険事業そのものの健全なる発達に資する所以であり、同時に生命保険の公益的目的を達成する所以であるとの見地から、事業創始の当初より被保険者の健康維持並びに増進の為には特別な努力を払ひ、健康相談所の設置、巡回健康相談の施行、保健印刷物の頒布及び結核予防運動の助成等各方面に亘って著しき活動を続け来つたのであるが、特に昭和三年は国を挙げて祝福慶賀し奉るべき御大礼の記念奉ると共に、この時期を画して、被保険者並びに一般国民の健康状態改善を促し、その幸福を増進せんとする奉仕的施設に就いて種々考究の結果、（一）健康増進を目標とする家庭生活の改善に関する懸賞論文を募集し、その当選論文を刊行し広く各家庭に頒布して家庭生活の改善に資すると共に、（二）時世の要求を洞察して国民保健体操を創始しこれが実行を奨励し以て国民の元気作興の原動力たらしめんとする二大施設を実施したのである。[13]

つまり、簡易保険は、その加入者を増やすばかりでなく、被保険者の健康の保持増進もまた事業の使命であり、そのことが死亡者を減少させ、簡易保険事業の収益性を改善し、保険事業が発達することにもなるということである。さらに、簡易保険事業は、単に生命保険事業にとどまらず、健康増進、病気予防のための啓蒙活動にも重点を置いていた事がわかる。ラジオ体操は簡易保険事業の宣伝イベントとしての性格を持っていたことは確かだが、その本質的な部分を占める事業でもあった。欧米諸国の人と同等の身体的強さの獲得や国民の健康増進による保険料の削減、健康な国民の生成という狙いがあったのである。

国家的「記憶」とラジオ体操

ラジオ体操構想が本格的に動き出したのは、一九二八年（昭和三年）の昭和天皇の即位式・御大典記念に、逓信省簡易保険局が「何か大きな国民的事業を起こしたい」[14]と企画してからであった。すでに体操研究所を設置して、一般人を対象とした体操の普及を準備していた文部省は、これを提案した簡易保険局にすぐに協力することを決め、昭和天皇即位の記念事業の一つとしてラジオ体操の放送が東京中央放送局から開始されたのである。このことから、高橋秀実は「天皇に奉納されたもの」[15]という側面を強調するが、人々がラジオ体操をそのように捉えていたかは疑問であり、奉納されたという資料は見つかっていない。

昭和天皇の即位式・御大典記念という、国家的式典とラジオ体操が結び付けられて開始されたことには大きな意味がある。それはつまり、国家の記念日と一つの事業が開始される日付が重ね合わされることによって、その事業の起源を思い起こし語ることが、国家の大きな物語、国民の完全なる忘却を防ぎ、国民的記憶をたえず想起させる仕掛けとなるのである。こうした仕掛けは、人々を取り巻くささいな事柄や個人的な記憶の中にとどめられる私的な何かの日付すら、国家の記憶や歴史的経験と関連した一つの大きな連なりの中に自己を位置づけることを可能にするのであった。自分の生活上のささいな出来事を国家の大きな事件に重ね合わせて語ることによって、自己の鍛錬方法の改善が最終的には国家の国力の発展に寄与しうる、大きな物語に組み込まれたものとして自己を物語ることが可能になるのである。

第四節　学校教育とラジオ体操の国民生活への普及

逓信省と文部省のラジオ体操の奨励政策

こうしてラジオ体操は一九二八年（昭和三年）にスタートを切ったのだが、東京中央放送局からの電波の到達範囲は関東周辺に限られていた。一九二八年のラジオ受信機普及は五〇万台程度で、全国放送網も整備途中であり、全国にラジオ体操を普及せしめるには至らなかった。そこで、簡易保険局は保険協会と提携して、ラジオ体操の普及のために大々的なイベントを展開する。

まず、逓信省は全国にある郵便局という全国規模の巨大なネットワークを利用できた。一九二八年時点で郵便局数は九三九三もあり、その郵便局員や全国での講演会を通じて、ラジオの普及以上にラジオ体操は普及することになる[16]。一九二八年放送開始に先立ち、簡易保険局は、全国の各逓信局にラジオ体操に関する各種通達を出し普及促進を命じた。そして、各逓信局が管轄下の郵便局あてに通達を送り、各郵便局員がラジオ体操の要領、図解、伴奏楽譜などを持ってその宣伝に努めることになった。ラジオ体操を考案した委員たちも、全国各地でラジオ体操の普及のため実演と講演会を次々と開催した。そして、体操発表とともに宣伝ビラ、体操図解、パンフレットなどの印刷物何百万枚を全国の学校、工場、会社、青年団などに配布した。体操の練習のため、蓄音器レコードを調製して諸団体に寄贈しただけでなく、規範実演と各学校等における体操実習の景況を撮影した映画フィルムを調製し、映画講習会、体操講習会などの集会に映写して体操の勧励と練習の指導に利用したのである。

文部省による学校におけるラジオ体操の奨励政策も普及の大きな原動力となった。先述したように、学校は個人の身体に対する国家管理と動員が最も具体的に現れるところの一つである。また、忍耐強く順従的な国民の態度を注入する場としても機能し、個人の身体を、訓育と教育を通じて国家が意図する「従順な身体」に仕上げる役割を担当してきたといえる。このように学校におけるラジオ体操の広がりは大きな意味を持っていた。

日本において正式に学校放送が開始されたのは一九三五年からであるが、学校教育にラジオ体操が登場するのはもう少し前の一九三二年であり、その時点ですでに教科書に掲載されていたのである。ラジオ放送開始後三年ほどで、ラジオ体操が教科書にまで登場し、ラジオ聴取の奨励と「朝はラジオ体操を行う」という概念を子どもに教育していたことが窺える。

ラジオ体操の普及は、学校放送受信施設の急速な普及と深く関わっている。学校放送開始年たる一九三五年の学校放送受信施設率は、東京二四・一パーセント、大阪二三・三パーセント、名古屋二一・一パーセントで三大都市圏において二割を超える程度であり、広島一五・四パーセント、熊本一二・三パーセント、仙台九・九パーセント、札幌六・二パーセントで、全体としては一八・七パーセントの普及率に止まっている。それが、わずか三年後の一九三八年においては、東京七五・五パーセント、名古屋七四・六パーセントで七割を超え、大阪六八・〇パーセントで七割弱、広島六二・一パーセント、熊本五五・四パーセント、仙台五八・二パーセント、札幌五六・八パーセントで、全体で六六・二パーセントと六割強を超える普及率となったのである[17]。学校という共同体で、学校放送受信施設がいかに速いスピードで普及していったのかがわかる。学校を媒介してラジオ体操が普及し、学校でラジオ体操実施に積極的に取り組む子どもが、家庭や地域にその文化を持ち帰ることを通じて周りの人々に広まっていき、国民自ら能動的に取り組むという、国家にとっての好循環が生まれたと考えられる。

学校だけでなく、一般家庭におけるラジオ普及率も次第に高くなった。音声が聞こえさえすれば、同時に何人も共有することが可能であるというラジオ受信機の特徴から、ラジオ体操は国民の中にさらに浸透していった。ラジオ普及率の低い地方では、ラジオ体操を行うために、レコードにより集団的に行う方法や、ラジオ受信機のある家庭に行き、みんなで体操をするという風景が町の中で見られるようになったのである[18]。

「ラジオ体操の会」の誕生と集団化

こうしてラジオ体操が徐々に広まっていく中、ラジオ体操を全国国民に普及させるための組織「ラジオ体操の会」が誕生することによって、ラジオ体操は軌道にのり国民生活に急速に浸透、集団化が生まれるようになった。ここで一つ強調したいのは、明治以後、体操は学校や軍隊を中心に広まり一部の愛好者を作っていたものの、学校外でスポーツに触れ、身体活動に参加できる者は限られていたということである。身体や健康、衛生への関心が高まりなが

図 3-1　ラヂオ体操の会　一九三一年（昭和六年）（郵政博物館ホームページ https://www.postalmuseum.jp/column/collection/radio-exercises.html（最終閲覧日二〇二一年二月一日））

ら、社会的基盤やインフラストラクチャーが充分に整備されていなかったものの、ラジオ体操は新しいメディアとしてその限界を突破する可能性を秘めて成立したのだった。[19]

ラジオ体操の全国組織化・集団化に大きく寄与した「ラジオ体操の会」の始まりは、一九三一年である。東京市内約三〇〇の各小学校を主要会場として、三週間にわたってラジオ体操が行われたのをきっかけとする。ここから、現在まで続く朝の「ラジオ体操の会」が始まる。「ラジオ体操の会」は発足当初から、「夏休みで規律的緊張味を欠く児童に精神的と保健的の両方面に良い効果があるに違いない[20]」、「身体を壮健にすると共に、大いに国民精神の発揚しその中でも特に小学生を作興する」[21]という目的が掲げられたが、最初の時点では、近所の町会や青年団に応援を求め、参加者も百数十人という規模であった。

しかし、その後、東京府、東京市、簡易保険局、東京逓信局、東京中央放送局、在郷軍人会、青年団連合会、少年団が主催団体として名を連ねて全国的規模に成長した。この三週間に参加した人々は延べ約三五〇万人にものぼったが、この成功を機に翌一九三二年には「ラジオ体操の会」を東京だけでなく、全国的な規模で実施し、会場数は一九三三、夏の期間中に参加した延べ人員は総数約二五九三万人と約六倍も急増したのである。これには警視庁が主催に加わり、内務省をはじめ文部省、帝国在郷軍人会本部などが後援団体として参加したことが背景にあり、その後もラジオ体操参加人員は増加していった。[22]こうした集団化によって、ラジオ体操の意義も変化してくるのである。ラジオ体操の集団化については再び触れることにする。

第五節　ラジオ体操と近代的身体・社会的身体

不健康と健康報国論

ラジオ体操は国民が体を鍛えるという気風が足りない点を補い、体力の向上をめざすものであった。しかし、単純に身体を鍛える事の重要性ばかりが説かれていたわけではない。欧米列強と競争していく日本にとって「健康の改善」が緊急課題であり、ラジオ体操を通して身体を改善しないといけないと説得を試みる。このような意識形成には、先述したように、第一次世界大戦と帝国主義的海外進出が大きな理由となっていた。

簡易保険局に寄せられた感想文をまとめた『国民保健体操講演集』の中には、このような社会的雰囲気を反映するものが多くあった。当時の山梨県知事鈴木信太郎は、「不健康は不道徳」というタイトルの寄稿文の中で、「自分の健康に注意して絶対病気にならないようにするのが国家社会に対しての義務」とし、「不健康は自分一人の不幸であるばかりでなく、社会的にも不道徳である」、さらに「不健康は国に対してもすまないし、社会的にも不道徳である。愛国心のない人であるといっても差し支えないと思う」と述べている。[23]この本には感想文の外にも、教育関係者や医療関係者の講演もおさめられているが、この中にはひとしく日本国民の体力の劣等性があげられ、「健康増進」の必要性を説いているものばかりである。[24]この時期の国民は「健康になるかどうか」を自分で決定することができなくなっており、「健康」とは、国家に利益をもたらす献身的な行為を意味するものであった。このような健康報国論の主張は、個人的見解であったわけではなく、この時代状況を反映したものであったといえよう。

文明の進歩により導入されたラジオ体操の普及による国民の体力向上こそ、「国力の増大」につながり、ひいては欧米諸国に比することができるという考え方に、当時の国際政治の常識、弱肉強食、適者生存の論理がその根底にあり、ラジオ体操の普及にも当然、この概念はあると考えられる。そのため政府と識者達は、国家の強さと国民の身体を関連付けることによって、欧米諸国と対比し、日本における国民健康増進を唱えたのである。

近代的時間感覚と時間規律の重要性

健康増進・体力向上の他にもう一つラジオ体操が目指した目的は、身体の近代的時間への同調、つまり近代的時間感覚と時間規律の重要性、集団規範を身につけるという点にあった。西洋近代の時間感覚である「時間の細分化」は、中世のベネディクト派修道院の時間に厳密な生活に起源を持つとされるが、その後、一七世紀には学校や工場で実行されるようになったという[25]。そして、こうした時間の再編成もしくは細分化は、日本においては明治以降、学校や工場などの近代制度によって進められ、その規律・訓練はとりわけ近代学校制度による子どもの囲い込みによって大きく進んだ。

これを最も一般的な形で、最も早く指摘したのは、社会学者の真木悠介であろう。真木悠介は、日本の近代化の初期の工場労働において、労働者が時間通りに出勤し時間にしたがって操業するという習慣が形成されることだけのためにも一〇年から一五年がかかり、女工たちは仕事中に仲間と話をしないという就業規則に何年間も慣れることができず、このことを要求する外国人監督官をただ「いばっている」としか理解できなかったと強調している[26]。前近代の共同体においては、仕事中に仲間と話をしないことの方が、よほど不自然な態度であったと、近代的工場労働への時間意識の適応の問題を指摘しているのである。一社会の基礎的な産業部門と経済システムが、分単位までに精緻化された活動の時間的編成を持つということ、そして一社会全体の生活が一般に時計的に再編されていることは、近代社会の特質であった[27]。明治時代にはそれまでの自然の移り変わりに基づいた時間感覚から西洋近代の時間感覚へと、国家をあげて急速に時間の再編成を行ったといえるが、それは工場と官庁、そして学校での近代人の「生活の時計化」「規則正しい」生活と家庭・社会生活における時間厳守、時間の最大効率利用などの生活改善運動として一般社会へ拡大していく。日本の近代化は、西洋近代の特定の時間感覚への移行としても捉えることができるが、こうした時間の再編成過程で、それを日本人に最もリアルな形で示すことができたのは「ラジオ」であった。

国民の生活時間の管理者と「社会的な身体」

ラジオは、テレビ同様、速報性・同時性という特性から、国民が同じ時間に同じ体操を行うという従来不可能であったことを可能にした。近代日本は、毎日決まった時間に正確に日本全国で放送されるラジオ放送によって初めて、日本中の時間が単一に、そして普遍性を持って進んでいるということをリアルに認識できるようになったといえる。ラジオは時間告知によってのみ時間の管理者になったのではない。毎日の番組とそのつながりの繰り返しによって、その時間の流れに人々の生活を同調させていったのである。そして、毎日定時刻にラジオ体操を行うことが「規則正しい」生活、「規律的な」作業への努力の象徴的行為として意識されることとなる。このことにより、時間感覚を身につけることや国民に「一体感」をもたらすことができる。こうしてラジオとラジオ体操番組は、国民の生活習慣に入り込むことによって、国民の生活時間の管理者となっていくのである。[28]

さらに、それに重なる形でラジオ体操の内容自体が規則正しいリズムによって行われ、「近代的生産様式」のリズムを象徴していたということができる。前代の農耕社会が、日の出・日の入りにあわせた不定時刻制であったのとは対照的に、定義的に「朝」を告知し、「歓びをもって」時計化を進めるラジオ体操には、夜警国家的な形態から福祉国家的な形態への移行の萌芽をも見てとれよう。一九二〇年代といえば、都市新中間層が成立し始める時期であるが、この時期のラジオ体操の広がりは偶然の一致などではなく、近代化の進展という見地からはむしろ必然的なことといえよう。

ラジオ体操を通じて子ども達が規律的な規則正しい生活を行い、健康増進するという事実は、大人たちにも歓迎されるべきものであった。感想文の中で、「一日中の行事がラジオ体操に始まってラジオ体操に終わると云ふ行動に律せられまして其の間に於ける諸作業が余程規律的に履まれるようになりました。殊に早寝早起の実はぴったり挙がる様になりました」[29]とラジオ体操によって、生活そのものが規律正しくなったとしている。また、「仕事を始める前にこのラジオ体操を一度二度やりますれば、其の仕事をする能率が高くなりまして其の仕事の準備運動となります」[30]

と、近代的生活様式が要求する物事の「能率」が上がり、ひいては生産力の向上につながるという考えがあった。さらに、労働力として日々同じ仕事をする中でラジオ体操を行うことにより「気分転換」の効果を見出すものという考えもあった。

このように、ラジオ体操は、個々の身体を近代的生産リズムへ同調させる仕掛け、あるいは、個々の身体を「社会的な身体」に変換する仕掛けとして意識されていたのである。ラジオ体操は、それまで学校内部の生徒だけに限られていた体操を、広く一般国民が行えるように工夫し、生理的な効果と精神上の効果が得られるように作られたため、各地の家庭や職場などで積極的に取り入れられ、これを行った国民からはかなりの評判を得たのである。[31]

第六節　ラジオ体操の思想善導と国家主義

「ソコール」運動と民族的アイデンティティの覚醒

第一章で詳しく述べたように、確かに日本では、一八八五年に文部大臣に就任した森有礼が学校に兵式体操を導入しながら、生徒たち、そしてそれを指導する教員の再生産プロセスの中に規律・訓練的要素を取り入れていった。[32] 近代国家を形成する上で、森有礼を中心として、国家は軍人をモデルとした身体を形成するため、様々な規律・訓練的要素を子どもたちの身体に刻み込もうとしたが、それは吉見俊哉のいうように「天皇のまなざし」[33]を取り入れた仕掛けであった。ラジオ体操もその仕掛けの一つであった。

ラジオ体操を考案した簡易保険局は、アメリカのメトロポリタン社のラジオ体操が日本のラジオ体操のモデルのすべてではなく、大きな構想の一つのきっかけであったということを強調している。[34] 簡易保険局がラジオ体操を考案した際に注目したのは、民族意識を高める目的で行われた旧チェコスロバキアの「ソコール」運動の成功であった。ソコールは、一八六二年に結成されたチェコスロバキア人の民族の誇りを強く意識した体操家の団体で、民族意識の覚醒と民族復興をめざした組織であった。ソコール運動が一九一八年のチェコスロバキア共和国成立に大きな影響を与えたと、当時の日本の政治家は認識していたのである。ソコール運動は、当時日本ではよく知られていたが、その中の集団体操がおもに当時の日本官僚たちの心を動かした。彼らはチェコスロバキア人による集団の身体運動が民族的アイデンティティを覚醒させ、独立を勝ち取ることになったという判断をしていたのである。

また、ラジオ体操開始は、逓信省・簡易保険局だけによるものではない。当時、文部省では一九二三年と一九二四年のアメリカ視察の際、国民体育の充実ぶりを確認し、日本での普及を考えていた。そして、レコードを通しての体操を試みていたが、なかなか永続的なものにならず悩んでいた。当時ラジオ体操の実施を文部省も願っていたが、文部省単独では困難であると思っていたところに、簡易保険局からラジオ体操実施に関する話があったのである[35]。文部省が、チェコスロバキアのソコール運動などを知り得たのち、日本においても国民体操の普及をイメージしていたことは間違いないと考えられる。

国民としての「連帯感」と国家的装置

ラジオ体操は、家族や職場に集う人々が全国一斉に「同じ時間」「同じリズム」「同じ動き」で行う集団的・共同的な体操であったため、人々に日本国民としての「連帯感」「国民精神の統一」を感じさせる国家的な戦略、国家的装置としての役割も果たした。イギリスではラジオ放送によって、国王によるクリスマスの挨拶やサッカーのラジオ放送等を通じて徐々に英国国民としての連帯感が生まれ「国家」を国民にイメージさせたが[36]、日本においても同様で、ラジオを通じて国民が同時刻に同じ体操を行うことによって、強烈に「日本国民」としての連帯感が高まったであろうことは想像に難くない。

ラジオ体操は「民族精神」と「国家」観念の涵養の役割を果たしていく。戦時下ラジオ体操は、「我国民精神を作興し、我国民の古来からの美風である隣保共同の精神、即ち、共同一致の精神を発揮する上にも多大の効果がある[37]」と、その集団性によって協同性や民族精神の象徴行為として認識されるようになったのである。

ラジオ体操の名のもとで日常の暮らしの組織が形成され、さらに「国家」と「天皇」を自覚する行為も重ねられていったが、その代表的な出来事が明治神宮競技大会（以下、神宮大会）におけるラジオ体操の実施であった。ラジオ体操が放送されてから五年を経た一九三三年第七回神宮大会の会期中に、「第二回全日本体操祭」が神宮外苑で実施されたのである。第二章で先述したように、神宮大会は、第一次世界大戦後、自由主義に基づく政治的権利の台頭と社会主義に基づく社会改革の関心の高まりを危惧した政府が作った大会で、常に「国民心身の鍛錬」ならびに「民族精神の高揚」が目指された。この大会に体操祭を組み込み、その体操もラジオ体操とすることで、全国民が参加できるようにした。こうしてラジオ体操を媒介として身体の国民総動員の象徴的祭典が成立していった。この式典とラジオ体操は、全国に放送されているが、この大会で文部大臣鳩山一郎は次のような式辞を述べている。彼の式辞からは、支配層が「ラジオ体操」をこれまでどのように見て、また今後どのような意味を与えようとしていたのかが把握できる。

> 誠に体操は体力向上、健康増進の途であるとゝもに、協力の精神を養成する特段の好成果をもたらすものといはねばなりません。若し現代最も大なる欠陥ありとしまするならば、それは個人各自の実利、実益のみ考へて、他と協力する全体と全体力との精神を忘れていることであります。協力心の欠如は石垣の一分子たるに甘んぜず、列を離れた石のように、社会に又団体に破壊の割れ目を生ぜしむると共に、また自己自らを失ふものであります。私は体操が此の協力心を養ひ、併せて堅固不抜なる協力の精神と必ず相併ぶべき強壮、撥刺たる健康体を培ひ、世界に比類なき大和民族の底力ある進展をいやが上にも旺盛ならしむるに、有力なる修練の一方途なることを固く信ずるものであります。（中略）茲に本日の体操祭に当たりまして、全国津々浦々に亘り数百万人の国民が同じ号令の下に一糸紊れず、同一の運動を行ふことを考へますると、実に壮快極まりないものがあります。さうして其れが共同の精神と強壮なる身体との全国一斉に展示せられる一大修練の活画図であります。[38]

鳩山は団体精神の欠如を指摘したうえで、「愛国」の精神と「不撓不屈の体力」によって国難を排していかなければならない、また「協力の精神を養成」や「大和民族の底力」を発揮するといった精神性の役割をラジオ体操に期待していたのである。国民体力総動員運動の体制化が着実に浸透していくのである。

たしかに、身体の動作によって国家あるいは民族を表現するということは、この時代にはすでに広く知られていた。もちろん、現在でもそれに変わりはない。集団による体操や行進・踊りなど、身体の集団性によって国家や民族を実体験する、またそれを見る者に目に見えるものにして示すというのは、確かに民族的あるいは国家的アイデンティティを確認する仕掛けであるし、そのように利用されてきた。それはチェコスロバキアに限らず、スウェーデンやデンマークの国民運動の例でもあったし、現在の新興国のマスゲームも同様である。[39]

戦時下と敗戦後のラジオ体操

ラジオ体操は戦時体制下に入ると、ますます熱を帯び、次第に日本人のアイデンティティを確認する体操になっていき、身体を通じて明治大帝の神霊に対する神事の意味を持ちつつ、国家の危機を乗り越える祈りの場となる。一九三七年ラジオ体操は、文部省の「国民心身鍛錬運動週間」の中で普及奨励されるとともに、文部省・内務省の「国民精神総動員強調週間」中に「国民朝礼の時間」番組の中で放送されるなど、総動員体制を象徴する身体運動となっていった。また、一九三九年には「ラジオ体操の会」に参加した人々が延べ一億八六〇〇万人を記録した。[40]しかもラジオ体操は、日本の統治下にあった植民地朝鮮・台湾をはじめ、そして占領地にまで広がりを見せながら盛大に行われた。

戦時中ラジオ体操は、集団的行動、全国的統一という精神主義的なものが強調され、挙国一致という国家目標へと収斂されていった。ラジオ体操は、総力戦を意識した政策として、健康で屈強な国民の生成や日本人としてのアイデ

図 3-2　旧占領地でのラジオ体操。東京、マニラ、香港、グアム、バダビヤ（ジャカルタ）、ラングーン（ヤンゴン）におけるラジオ体操の様子（『写真週報』二五〇号、一九四二年、二〇頁）

ンティティを確立させることによってまとまりのある群体を作ることが狙いであった。ここでは上からの強制といった状況が見られた。

国家総動員体制において、ラジオ体操はより国家への忠誠を表現する力強い体操としての役割が求められた。「生活時間の管理者」「産業生産の効率性」という意味合いは薄れていき、ただ社会秩序に馴致する身体、戦争にふさわしい身体、国家への動員の象徴としての意味しか残らなくなったのである。身体の動員は徹底され、すでにラジオ体操を超えてしまい、次から次へと国家を表現する体操、個々の身体を国家へと動員することを象徴する体操が考案されていく。ラジオ体操によって達成すべき「健康」は、個々人の価値から「国家的価値」へと転換されたのである。

太平洋戦争に突入してからラジオ体操はさらに拡大した。しかし、そこには、ラジオの共時性を象徴的に利用する必要もないほど、メディアを通じなくとも日本人個々の身体は、具体的な地域、組織において国家と一体化していた。ラジオ体操は、人々が自分たちを「国家」やある一定の集団の一構成要素であり、社会的実体の一部分として認識するものとして機能した。そこには、国民の健康のためという建前的な大義名分のもとで、個々の身体を「共有」させるラジオというメディアがあった。ラジオ体操が日本全国同じ時間に、同じ動作をさせることにより、軍国主義・全体主義推進の一翼を担った側面は否定しきれない。ラジオ体操は、戦時中も国民精神高揚、健康増進のために変わらず放送された。ラジオ体操の放送は、戦争末期には空襲警報の発令などにより中止せざるを得ない日もあったが、敗戦前日まで続けられ、国家総動員体制の象徴的行為としての役割を果たした。

敗戦後ラジオ体操は、軍国主義・ファシズム的象徴・要素が強いとしてＧＨＱから中止された。日本全国を同時に動員できたラジオというメディアがファシズムに極めて親和的なメディアであったことはいうまでもないが、それを通して日本人が同時に体操をする、つまり日本全体で一つの行為に個々の身体を同調させるというラジオ体操は、なおさらファシズムに親和的であった。ラジオ体操は、一九五一年「ラジオ体操第一」という新しい形で復活する。これは現在も行われているラジオ体操第一である。一九五二年には「職場のための体操」という形で「ラジオ体操第二」が誕生した。その後しばらくは、ラジオ体操第一・第二の二種類が「ラジオ体操」として続けられることになる。

一方、朝鮮特需などで日本は高度成長期に入り一九五六年には「もはや戦後ではない」と経済白書が宣言する中、日本の経済は世界でも例を見ないまでの高度成長を遂げていく。そして、就業構造の変化とともに都市新中間層の人数も飛躍的に増大していく中で、工場や職場の毎朝の朝礼、始業式に準備運動などとして取り入れられていったのが、現在のラジオ体操である。戦後の急速な経済成長を遂げる日本の状況下でのラジオ体操は、国家に捧げる国力としての体力作りのための体操から、工場などでモノを生産する身体を支える体操へとその機能が変化していた。戦前での機能であった「欧米に匹敵する壮健な肉体作り」、「戦闘する身体」の養成は一般には不要となり、変わって求められるのは工場や職場などでの「仕事で倒れないような壮健な肉体作り」、「生産する身体」、そして個々の生活者に準拠した「生活する身体」であった。ただ、時間感覚を養成し、一律な共同作業を行う「身体感覚の養成」というその現実的な意味合いにおいては、初期のラジオ体操も戦後のラジオ体操も同じ役割を担っていたと考えられる。

註

[1] 津金澤聰廣『現代日本のメディア史の研究』ミネルヴァ書房、一九九八年、一二八頁。

[2] 高橋秀実『素晴らしきラジオ体操』小学館、一九九八年。

[3] 黒田勇『ラジオ体操の誕生』青弓社、一九九九年。

[4] 例えば、奥村隆史「岐阜県にみられる「ラジオ体操」の展開―歴史的意義の考察を加えて」『岐阜県歴史資料館報』二一号、岐阜県歴史資料館、一九九八年、七二‐九一頁。

[5] 日本放送協会編『日本放送協会史』日本放送協会、一九三九年、五頁。なお、ラジオ放送の展開については本書でかなり詳細に記載されている。

[6] 竹山昭子『ラジオの時代―ラジオは茶の間の主役だった』世界思想社、二〇〇二年、一三頁。

[7] 山口誠「ラジオ放送の出現と一九二〇年代の社会」有山輝雄・竹山昭子編『メディア史を学ぶ人のために』世界思想社、二〇〇四年、一五五‐一五六頁。

[8] 前掲『日本放送協会史』一〇‐一七頁。

[9] 同上、一九‐二五頁。

[10] 猪熊は「米国メトロポリタン生命保険会社が、国民の健康保持に基く社会的幸福増進事業の一新方法として、放送無線電話を利用するに至ったことは、生命保険会社の事業史上に特筆されるべき事柄の一つである」と前置きし、その内容を紹介している。ラジオを利用した体操事業を紹介するとともに、ラジオ体操の導入を促す内容であった。猪熊貞治「放送無線による保険事業宣伝」『逓信協会雑誌』（一九二五年七月号、一九二五年）、進藤誠一「健康体操放送を開始せよ」『逓信協会雑誌』（一九二七年八月号、一九二七年）参照。

[11] 簡易保険は、創設後保険契約件数を伸ばしていき、一九一六年には二六万六九五四件であったが、五年後の一九二一年には一一五万七九二二件、一九二六年には二〇五万七一一六件、ラジオ体操が始まった一九二八年には二五〇万二五八五件、一九三四年には三一五万八八一件を数えた。橋詰良一『生活改造資料』婦女世界社、一九二〇年、八二〇頁。

[12] 明治維新後、西洋の近代制度が急速に流入する中、生命保険もイギリスの会社によってもたらされ、日本人にも販売されることになったのだが、それに対する日本人の反応は「無知」に近いものであった。その後、一九一六年から日本

政府による簡易保険も実施されたが、日本人に生命保険思想を理解してもらうことは大変だった。そこで、簡易保険の普及のため、様々な手段が取られることになる。「保険」というアイディアを知らせ、次に理解させ、そして加入の説得をするという方針は確立していた。そして、この説得には、各郵便局の局員による戸別訪問がとられていた。また、生活改造博覧会など様々な博覧会、講演会も実施されていた。こうして、ラジオ体操が開始される前の約一〇年間に、簡易保険は徐々に日本人の中に浸透していったのである。Mahasanskruti HP: http://www.mahasanskruti.gov.in/ArtandCulture/List/68（最終閲覧日二〇一三年五月一二日）。

[13] 逓信省編『逓信事業史 第五巻』逓信協会、一九四〇年、七〇二頁。

[14] 簡易保険局編『ラヂオ体操を語る』簡易保険局、一九三六年、四頁。前掲『日本放送協会史』二〇八頁。

[15] 前掲『素晴らしきラジオ体操』六六頁。

[16] 「郵政、電話、電話及び放送」内閣官房編『内閣制度七十年史』大蔵省印刷局、一九五五年、五五一頁。

[17] 前掲『日本放送協会史』二〇七頁。

[18] ラジオ体操五〇周年記念史編集委員会編『新しい朝が来た―ラジオ体操五〇年の歩み』簡易保険加入者協会、一九七九年、五八頁。

[19] 竹村洋介『近代化のねじれと日本社会』批評社、二〇〇四年、四四頁。

[20] 面高叶「ラジオ体操の会を作った頃」『放送』六巻一〇号、一九三六年、三九‐四二頁。

[21] 中山龍次「挙国一致のラヂオ体操の会」『放送』五巻一一号、一九三五年。前掲『ラジオ体操の誕生』二〇四頁。

[22] 津金澤聰廣編『近代日本のメディア・イベント』同文舘出版、一九九六年、一〇九‐一一〇頁。

[23] 「不健康は不道徳」逓信省簡易保険局編『国民保健体操講演集　二』簡易保険局、一九三〇年、五九頁。

[24] このような主張については、小倉春之助「体育と体操」前掲『国民保健体操講演集　二』一一‐一四頁と大野清七「体育国策論」前掲『国民保健体操講演集　二』二〇頁を参照。

[25] エビエタ・ゼルバベル（木田橋美和子訳）『かくれたリズム―時間の社会学』サイマル出版会、一九八四年、八八頁。

[26] 真木悠介『時間の比較社会学』岩波書店、一九八一年、二六八頁。

[27] 前掲『近代化のねじれと日本社会』四九頁。

[28] 前掲『近代日本のメディア・イベント』一〇三‐一〇四頁。

[29] 河村民子「二児と共に立つ」簡易保険局編『国民保健体操を語る』簡易保険局、一九三〇年、一一‐一二頁。

[30]「国民保健体操に就いて」逓信省簡易保険局編『国民保健体操講演集 二』簡易保険局、一九二九年、五三頁。

[31] ラジオ体操開始後、健康増進が進んだ事例を受けて、簡易保険局も統計的調査を一九二九年と一九三〇年に実施した。結果は、ラジオ体操を行うことにより、各器官の症状はある程度回復する。男子において効果は大である。年齢、所属、勤務年限の違いにより効果の違いはない、二回の調査内容に整合性が認められる、というものであった。調査方法は、体操実施前にカードを配布して胃腸、消火器、月経異常など計七項目で、体操実施後どのような症状改善されたかを自己記入するというものであった。「国民保健体操の実施効果に関する調査（二）」（『調査時報』簡易保険局、一九三〇年）参照。

[32] この点について、吉見俊哉は「すなわち森は、一方で、この国の子どもたちが近代的な身体技術を獲得した主体へと残らず調教されていかなければならないと考え、他方でそうした主体の力能が天皇を頂点とする国家的な共同性のなかに一元的に収斂されていかなければならないと考えていた。そして、これら二つの相互に連動する国民＝国家的な身体工学が試され、作動させられる理念的な装置として学校をとらえていたのだ」と述べている。吉見俊哉「ネーションの儀礼としての運動会」吉見俊哉他『運動会と日本近代』青弓社、一九九九年、二〇-二一頁。

[33] 同上、二六頁。

[34] 前掲『ラヂオ体操を語る』六頁。

[35] 前掲『ラヂオ体操を語る』一四頁。前掲『ラジオ体操の誕生』一五頁。

[36] 前掲『ラジオ体操の誕生』一二四-一二六頁。

[37] 中山龍次「一億人の今夏ラヂオ体操の会」『放送』六巻一〇号、一九三六年、一〇五頁。

[38] 明治神宮体育会編『第七回明治神宮体育大会報告書』明治神宮体育会、一九三四年、四七四-四七八頁。

[39] ヘニング・アイヒベルク（清水諭訳）『身体文化のイマジネーション—デンマークにおける「身体の知」』（新評論、一九九七年）参照。前掲『ラジオ体操の誕生』二〇八頁。

[40] ラジオ体操の会参加延べ人数を見ると、一九三二年には二五九〇万人、三三年には四四〇〇万人、三四年六二〇〇万人、三五年七三〇〇万人、三六年九〇〇〇万人、三七年一億二二〇〇万人、三八年一億五五〇〇万人、三九年一億八六〇〇万人まで増加したのである。前掲『ラジオ体操の誕生』二一三頁。

第四章　「幻の東京オリンピック」の祝祭性と政治性

第一節　オリンピック招致を取り巻く国際的環境

日本には近代歴史の中で一度招致が決まっていながら、戦時体制へと突入していく中で「返上」せざるを得なかった一九四〇年第一二回東京オリンピック、つまり「幻の東京オリンピック」の存在がある。日本がオリンピック招致に注目し始めたのは一九三〇年頃からであるが、この時期は、世界的にドイツ、イタリア、スペインのファシズムが猛威を振るった時代であり、アジアでは日本がファシズム化にいっそう邁進していた。一九三一年に発生した満州事変は、世界恐慌の影響で日本経済が深刻な不景気にみまわれ、満州を植民地化して危機をのがれようとする軍部らの動きであったが、政府の不拡大方針にもかかわらず、関東軍は戦争を広げて全満州を占領、事実上日本の傀儡政権国家である満州国を作ったのである。

しかし、中国の訴えで国際連盟は、調査団を派遣し日本軍の行動を不当とし、満州国も認めなかったため、日本は一九三三年国際連盟を脱退した。その後、日本はワシントン条約廃棄、ロンドン軍縮会議脱退と独自の力による政策に踏み出し、世界的にいっそうの批判を受けて孤立している中で、一九三六年に開催された国際オリンピック委員会

（以下、ＩＯＣ）ベルリン総会で、一九四〇年第一二回オリンピック大会の開催権を獲得したのである。

オリンピックの歴史にようやく足跡を刻んだにすぎなかった日本が、一九四〇年に開催するオリンピックを招致しようとした背景には、どんな理由と狙いがあったのだろうか。その一つは、東京市に莫大な被害を与えた関東大震災からの帝都東京の震災復興事業の意味合いがあった。また、オリンピックや万国博覧会などの国際的なビッグイベントの開催を通して、世界の注目を引き、国際的地位の向上によって、孤立を緩和・解消しようとする政府の狙いがあったと考えられる。満州事変をきっかけとする国際連盟からの脱退と国際社会からの孤立状況を脱するために、オリンピックを利用し、国際社会における日本の宣伝と正当性の認知の拡大を狙おうとしたのである。

しかし、東京オリンピック招致と準備に関わった、政府と東京市、そして軍部と大日本体育協会をはじめとする関連団体には、オリンピック開催に対する様々な期待と思惑が存在した。そのため、東京オリンピック招致活動の過程や招致成功後の準備段階においては、次第に関連組織同士の対立や矛盾、不一致が発生し、せめぎあいが続いたのである。

無論、日本が東洋で初めてのオリンピック開催地であることは、東洋の「盟主」であるという帝国主義的な構想にもつながったが、一九四〇年の東京オリンピックは、決して国際競技力の向上やアスリートの世界進出といった「スポーツ振興」を目的としたスポーツ界によるものではなく、上記のような東京市の構想から生まれたのである。

このような時代的背景のため、一九四〇年第一二回東京オリンピックは、スポーツ界からの内発的要求よりも、国際政治、国内政治の影響と軍事・経済・社会に翻弄された典型的なものとなった。結局、一九四〇年第一二回東京オリンピックは、日中戦争戦局の悪化とそれに伴う日本国内の物資統制や資材調達が困難になったことによる競技場の建設不可、ＩＯＣを含む国内外からのオリンピック返上世論の高まりにより、一九三八年七月一五日に「返上」が決定した。「幻の東京オリンピック」となったのである。大会開催の断念によって、世界に対する「帝都」としての東京の誇示と孤立からの脱却、関東大震災からの帝都復興の証明、オリンピック開催による国民のナショナリズムの醸成から生じる国威発揚、さらには「皇紀二千六百年祭典」と繋げた大きなインパクトを与えるイベントとしての利用を目的に展開された一九二九年からの招致実現構想は儚くも散ったといえる。

日本における「幻の東京オリンピック」とその時代に関する橋本一夫の研究は、この分野の著書として初の単行本である。橋本一夫は、東京オリンピック招致と返上過程に触れながら、陸軍がナチスドイツのようにオリンピックを一大プロパガンダの場として考え、日本の立場を国際的なアピールのチャンスとしていたら、東京オリンピックはかなり異なった展開を見せたであろうと指摘する。[1] 古川隆久は、紀元二六〇〇年奉祝イベントとしてオリンピックや万国博覧会の開催が大きく関わっていたことを指摘しながら、皇紀、万国博覧会、オリンピックという、相関連していた言葉や構想を軸に日本近代史を捉えなおそうとした。[2] 池井優は日米外交史の視点から、招致経過から返上までをコンパクトにまとめている。[3] 青沼裕之はイギリス外務省の資料を渉猟し、イギリスが東京大会のボイコットや返上へ積極的に動いた点を実証している。[4] 町村敬志は、一九四〇年と一九六四年東京オリンピック開催を都市論として、開催国の対米GDP比（一人当たり）で、二割国型、六割国型、一〇割国型と首都、首都以外とをクロスして分類したもので、メガ・イベント開催を介したグローバル時代における都市の動向を分析している。また、オリンピック開催自体が開催都市自体の内部的格差拡大の契機であることを指摘した点は、極めて大きなインパクトがあり、都市社会学からの視野でオリンピック研究の新たな分野を開いたと評価できる。また、波多野勝と鈴木明の研究成果もある。坂上康博、高岡裕之編著の『幻の東京オリンピックとその時代―戦時期のスポーツ・都市・身体』は、幻の東京オリンピックの包括的分析、すなわちスポーツ史上の位置、国際政治の力学、都市空間の変容等々にわたる分析を行っている力作である。[5]

その他、事実経過だけであれば、公式の報告書もいくつかあるが、[6] それらは公式の報告書という性格上、歴史観や当時の社会の評価、あるいは第一二回東京大会それ自体の評価などについて様々な制約を有している。これらの研究は、一般的に経緯の記述は詳細であるが、それらを取り巻く国際・国内情勢との関連で、第一二回東京大会がいかなる性格を有したのか、開催の狙いと目的は何だったのかという点での分析があまりなされていない。しかも、小説風に推測的記述をしている研究が多い。それ故、全体的なイメージの把握には大きな問題があると考えられる。

そこで、本章ではこれらの先行研究を踏まえて、東京大会が決定しながらも、日中戦争の勃発と進展により、やむなくＩＯＣへ返上されるに至る過程を政治・経済・社会・軍事的諸背景との関連から究明する。「幻の東京オリンピック」の持つ政治的・社会的意味と機能を歴史社会学的視点から追うことを目的とする。

第二節　東京オリンピック招致過程と東京市・大日本体育協会の対立

オリンピック招致案の浮上と体育界の消極的な態度

一九四〇年オリンピック大会を東京で開催したいとの考えが最初に表明されたのは、一九二九年にまで遡る。この年、来日した国際陸上競技連盟会長エドストローム（後に国際オリンピック委員会会長）と日本学生陸上競技連盟会長山本忠興（早稲田大学教授）との会談の際であった。[7] その翌年一九三〇年（昭和五年）五月、オリンピックを東京に招致しようとする計画は、永田秀次郎が東京市長に再度就任したあたりから本格的に動き始めた。永田は官僚としては当時最高位にあり、大臣級といわれた東京市長に二度就任した人物で、就任の翌月ドイツで開催される第三回世界学生陸上競技選手権大会に日本選手団の総監督として渡欧する山本忠興教授に、一九四〇年第一二回オリンピック大会招致の意向を伝え、ヨーロッパ側の反応を探るように打診したのである。[8] 同年秋に帰国した山本総監督から、可能性ありとの報告を受けた永田市長は、オリンピック招致に向けて積極的に動いた。一九三一年一〇月永田市長の意向を受けた東京市会は、寺部頼助らの市会議員による「国際オリンピック競技大会開催に関する建議」を満場一致で可決した。[9] つまり、オリンピック招致が東京市の「正式」な意向となったのである。

その後、永田は諸主要外国駐在大公使へ働きかけるのと同時に、大日本体育協会の幹部や、財政面を考慮し東京商工会議所、その他の競技団体の関係者と懇談会をもち、オリンピック開催への協力を依頼し、翌一九三二年国際オリンピック委員会総会へ正式招請状を送ったのである。

しかし、オリンピック招致案は、当時のスポーツ界の状況に照らし合わせてみれば「突飛なもの」であり、当時オリンピックの普及・促進に邁進し、開催にあたって必ず協力が必要となる大日本体育協会は消極的な態度を示していた。その理由として真っ先に考えられるのは、日本が当時置かれていた物理的、経済的、競技的要因などから客観的に開催が難しいという判断があったことが挙げられる。オリンピックの歴史に名を刻み始めたばかりであった日本の競技力や経済力の面から、開催国に名乗り出るほどの実力を物理的に有してはいないと憂慮した大日本体育協会は、この大会招致に関して、一貫して消極的な姿勢を示していたのである。しかも、競技施設や宿泊施設などのインフラ整備、大会運営の組織面でも、日本がオリンピックを開催できる状態ではなかった。大日本体育協会は、日本の状況を客観的に判断し、招致に対して批判的であった。したがって、当初日本のスポーツ界の総意を無視した、東京市の独断的な招致活動に対して、日本のスポーツ界の反応は「きわめて冷淡かつ消極的」[10]であり、招致運動の初期、東京市長永田らの計画は、オリンピック大会への選手選考、派遣を一手に引き受けていた大日本体育協会から白眼視されていた[11]。初期段階では、大日本体育協会の嘉納治五郎名誉会長や同会の岸清一会長といった体育協会の指導者たちも消極的な考えを表明しており、東京オリンピック招致・開催は、日本のスポーツ界よりもあくまで東京市の中から構想されていたといえる[12]。

こうした背景もあって、東京オリンピック招致過程は、オリンピックの理念とはほど遠い様々な組織間の権力闘争のあり様であり、大会開催に向けた道のりの中でも東京市と大日本体育協会は対立の歴史を経ているのである。

苦戦する招致活動と「皇紀二千六百年」

こうした状況の中、一九三二年七月、東京市会は、第一〇回ロサンゼルスオリンピック大会の直前に開催されるＩ

ＯＣ総会に向けて、国際オリンピック競技大会に関する実行委員会の設置を決議する。この総会で東京は初めて立候補を表明し、候補都市として登録した。

　しかしこの時点で、すでに一〇都市の立候補があり、日本は苦戦を強いられることとなった。ＩＯＣ委員として総会に出席した大日本体育協会の岸清一会長は、帰国後、天皇に進講した「第十回国際オリムピック大会に就て」を通して、東京がローマを追い越して第一二回オリンピック大会を日本に持ってくることは非常に困難であると報告したのである。その理由は、東京が今回初めて立候補したのに対し、他の都市はいずれも一〇年来の候補地であり、しかもローマは大理石で各種の競技場を建設中であり、首相ムッソリーニ自らが各国に対し熱心に運動を進めており、またローマで開催すれば、ヨーロッパ諸国から極めて近く、遠隔地東京に比べ旅費が安く上がる利点があるからであった。[13]当時、ローマは開催地として一番有力視されており、地理的条件や気象条件などを理由に東京がローマを追い越すことは困難だとされていた。その後日本は、一九三三年六月ウィーンＩＯＣ総会、続く一九三四年六月アテネＩＯＣ総会でも再度立候補声明と東京招致の働きかけを行ったが、ローマが有力であり、一九四〇年大会の開催地は一九三五年のオスロＩＯＣ総会で採決する旨が決定され、日本はオスロ総会に向け猛運動を展開することになった。[14]

　様々な条件で圧倒的に不利な状況に置かれた日本は、オリンピックを招致するために色々な策を講じた。苦戦を強いられていた日本側がとった一つの奇策は、開催が有力視されていたイタリアの首相ムッソリーニを直接説得、最大のライバルであるローマに辞退してもらうことであった。日本は副島道正・杉村陽太郎（当時イタリア大使）両ＩＯＣ委員が、ローマでムッソリーニと交渉し、一九四〇年が「皇紀二千六百年」にあたる重要な年であることや日本がアジア初のオリンピック開催地となることの重要性を説明し、立候補辞退を懇請したのである。[15]この要請に対して、ムッソリーニより「考慮する」との確約を得たが、イタリア内でも一〇年来のローマ招致運動があり、一九四〇年招致が有力視されている中で、相当な譲歩条件がなければ、ムッソリーニも譲歩しなかったと考えるのは当然のことである。

無論、日本がこの第一二回東京オリンピック大会開催に固執したのは、皇紀二千六百年の国威宣揚記念行事として、欧米列強の専有物であるオリンピックと万国博覧会を東京で開催することが国策上絶対に必要だったからという理由による。この点で、オリンピック外交でなく、強引な招致活動を行ったことも否定できない。

ここから東京招致の猛運動が開始されたが、東京開催における最大の障害は、これまでのオリンピックは欧米中心で開催されてきたが、日本は欧米から遠く離れているため、旅費・移動日数がかさんでしまうという問題であった。しかも日本は新参であった。これらの不利を何としても克服しなければならなかった。そして、一九四〇年が「皇紀二千六百年」であることから、あくまでもこの年の開催に拘り、各国政府に対し特別の配慮をするように政治的活動を積極的に展開していく。さらに、日本はＩＯＣ総会での採決へ向けて、ＩＯＣ会長ラトゥールの日本招待という前代未聞の方策をとった。しかも日本はＩＯＣ会長ラトゥールに対して、一九四〇年第一二回オリンピック大会出場する役員ならびに選手遠征費補助の支援、そして東京滞在中の各選手の食費及び宿泊費の補助などを約束した。このような日本の積極的な支援体制にラトゥール会長も東京開催の決意を固めたのである。こうした勧誘策もＩＯＣでは初めてのことであった。

こんな中、イタリアが立候補を辞退し、日本は最有力候補に躍り出た。ムッソリーニは日本に対し、「イタリー政府は来る一九四〇年に開催さるべき第一二回オリンピック大会をローマに招致する運動を断念し之を東京に招致せんとする日本の希望を支持するに決した[16]」と正式に通告してきたのである。

ムッソリーニとの政治的妥協と東京オリンピックの決定

なぜ、イタリアは一〇年来のオリンピック招致活動を諦めて日本に譲歩したのか。プロパガンダとして利用することができるオリンピックをなぜ手放したのだろうか。

その背後関係の全貌は、依然として明るみに出ていない。だが、田原淳子は、ＩＯＣ委員の杉村と副島が、日本

東京朝日新聞 夕刊

第十二回オリムピック大會

伊國首相の讓歩

東京開催確實

副島伯と杉村大使の努力で

ローマを見合はす

恰も皇紀二千六百年

副島伯欣然と語る

図 4-1　副島・杉村両委員の説得でムソリーニからローマ開催見合わせの同意を得たと報じる一面トップ記事（『東京朝日新聞』一九三五年二月一一日付夕刊一面）

はエチオピアに対して武器等の通商が可能であることを度々申し入れたこと、そして一九四〇年のオリンピックを日本に譲渡した暁には、一九四四年のオリンピックをローマで開催できるように、日本が全力を尽くすと約束したことが大きな要因だと分析する。[17] つまり、イタリアが日本と同じくファシズムを推進し、一九三五年にエチオピア侵攻を開始してから国際的に孤立していき、一九三七年の日独伊防共協定の成立、国際連盟脱退など、日本との軍事的結びつきを強める中で、第一二回のオリンピック誘致活動が展開されたということに注目しなければいけないのである。当時の政治的情勢を考慮に入れれば、イタリアと日本の間で何らかの「政治的取引」がなされていたとしても不思議ではない。ムッソリーニには、ファシスト国家として提携できる可能性が大きい日本に譲歩し、この際恩を売るのが得策であるというしたたかな計算が働いたと考えられる。ともあれ、政治的に中立を謳うオリンピックがＩＯＣ委員を介した直接的な政治の介入によって方向付けされていたということをここでは確認しておきたい。

ところが、意外にもロンドン市が立候補したが、これに対して、ＩＯＣ会長のラトゥール自らが全委員へ向け「東京支持」を打電した。[18] まさに前代未聞の連続であるが、この打電は、ヨーロッパやアジアのファシズム国の動向からは遠かった南北アメリカや東アジア以外の国々のＩＯＣ委員には大きな影響を与え、ロンドンは投票が行われる直前、辞退したのである。ラトゥールがこのような行動をとったのは、一九三六年に来日し、日本各地を回りすっかり親日派となったからだという理由があった。そして、一九三六年七月三一日、ベルリンオリンピックの開会式前日のＩＯＣベルリン総会で日本代表嘉納治五郎は、アジアで開催する意義を訴えた。その結果、投票でヘルシンキを破り、一九四〇年第一二回オリンピック開催国として正式に「決定」されたのである。また、日独防共協定交渉（一九三六年一一月調印）と並行してヒトラーの理解と支持を得たことも、日本の招致成功の重要な勝因の一つであった。

歓喜する国内と続く混乱・対立

日本ではオリンピック招致正式決定を受けてその喜びを伝える報道が続けられた。新聞は、「萬歳‼」、「吾等の待望實現　東京遂に勝てり！」、「東京に歓喜！」[19]、「オリンピックが来る！六百万市民の歓呼　街に溢る祝賀気分」[20]の見出しで国民の歓迎ぶりを報じた[21]。さらに、『東京朝日新聞』の社説では、「その実力において、誠意において、かつは諸般の整備において、日本が、完全にその成果を挙げ得べき資格と信念とを認めしめたことは、わが国家国民の無限絶大な誇負でなければならない」と強調している[22]。

その後、成立した「第一二回オリンピック東京大会組織委員会」は、政府、開催都市、スポーツ団体三者の協力関係の必要性を大前提とし、国際オリンピック委員、東京市長、大日本体育協会会長、各省次官、東京市議会長、日本商工会議所会頭、東京市助役、大日本体育協会副会長からなる一八名で構成され、東京オリンピックの本格的な準備に入った。一見すると、順調に滑り出したかのように見えるこの東京大会組織委員会は、実際のところ機能していなかった[23]。東京オリンピック招致後も、単一の統一的な意思によって矛盾なく推進されていったというよりも、オリンピック準備に関連する組織間の対立や矛盾が激しくなり、オリンピック開催の位置づけも実のところは最後まであいまいなまま、招致から開催準備へと事態が進んでいくことになった。特に、東京市と大日本体育協会の対立が激しくなった。オリンピックは都市が主催するのだが、競技はＩＯＣの指示に基づいて大日本体育協会がマネージメントする。そうでないと運営できないが、開催費用は東京市と政府、一般寄付、入場料収入で賄われることになっている。特に、競技場新設の費用の場合は、東京市が負担しなければならなく、そこに東京市の発言力が増大する。競技者の立場からの主張を譲らない大日本体育協会に対して、経済的に負担を強いられる東京市は、利益の誘導をかたくなに主張した。そのため、大日本体育協会側は、経済問題に遠慮をして十分な発言力を持てずにいたのである[24]。また、文部省は静観を決めこみ、各省次官は政変ごとに異動するため、組織委員会自体が常に流動的であった。このことを指摘して鷺田成男は「形式にのみ重きを置く官僚システムの失敗」であると断じていた[25]。

東京朝日新聞
號外
スポーツ精神の華
歴史的な劇的感激篇
東京決定の委員會
ベルリン本社至急三十一日發
オリムピック東京大會！
抑へ難し四年後の興奮
ベルリンの日本人
みんな萬歳だ！
我選手も元氣百倍
天晴れ芬蘭
スキー聯盟と紛争
冬季大會未解決の因
＝ベルリン・東京無線電送寫眞＝
いまぞ想ひ起す
廿四年の苦闘
感慨を語る嘉納翁
マイクの前で
私は泣いた
商船隊を繰出し
各國遠征に利便

図 4-2　一九四〇年オリンピックの東京開催を報道する号外（『東京朝日新聞』一九三六年八月一日付）

そして、その混乱ぶりを露呈していたのが、主競技場建設予定地の確保問題であった。埋め立て地の利用を目指す東京市が真っ先に競技用建設用地として提案した月島（芝浦七号埋め立て地）は、利便性の問題からほとんど開発が進んでいなかったため、競技本位の開催を目指す大日本体育協会は風速が強く競技には適さないこと、埋め立て地での大競技場建設に関する技術的な問題から猛反対した。その後、明治神宮外苑競技場案が一九三六年に正式に承認され、招致計画が作られたが、東京市はベルリン大会の視察と実地調査の結果、国家の威信を世界に示すには、一二万人規模の競技場の建設が不可欠であると主張した。ＩＯＣも少なくとも観客収容数一〇万人の規模への改修を主張し続けた。結局、明治神宮外苑競技場案は、明治神宮と内務省神社局が難色を示し、「不可能」になった。明治神宮外苑競技場は拡張するにしても手狭であったためである。

　その後も、候補地を管轄する陸軍、大蔵省、通信省など関係省庁の葛藤や内務省神社局、東京市の主導権・利権争い、さらには競技運営上の大日本体育協会の主張が複雑に絡み合い、当初の明治神宮外苑競技場案から二転、三転して、選手村設置予定地であった駒沢ゴルフ場跡に主競技場用地が決定したのは、一年一〇ヶ月後の一九三八年四月であった。大会組織委員会は混迷し、各機関の主導権争いは次第に顕著になり、政府も積極的関与を見せなかったのである。

第三節　「帝都復興」とイベント都市としての「祝祭性」

関東大震災と帝都復興

　スポーツに造詣が深くなかった東京市長永田は、なぜ、どのような背景から東京オリンピック招致を構想したのか。彼がオリンピック招致を目論んだ動機には諸説があるが、東京市がそれを推進していく招致の目的の建前としていたのは、日本選手の「競技力誇示」であった。東京市の大会報告書によれば、アジア初のオリンピックを開催する目的は、世界的水準に到達しつつある日本選手の競技力の誇示にあると強調していたのだという[26]。

　しかし、当時のスポーツ界の状況に照らし合わせていえば、これは説得力が足りないまったく突飛なものであったと判断できる。オリンピックへの国内派遣母体であった大日本体育協会の名誉会長嘉納治五郎や会長岸清一が、オリンピック招致に極めて「消極的」であった理由の一つは、国内スポーツの普及が不十分で、日本が開催国に名乗り出る競技的実力を有していなかったからである。一九一二年以来オリンピックに代表選手を派遣してはいたものの、それは陸上競技の一部の種目に限られていた。スポーツ界のオリンピック招致への反応は時期尚早論が大勢を占めたのである。

　では、東京市の東京オリンピック招致の「真」の目的は何だろうか。まず、東京オリンピック招致の目的・発端は、一九二三年東京を中心に襲った「関東大震災」からの帝都復興と関連している[27]。東京市は震災復興が財政難により計画通り進まず、オリンピック開催を契機として政府からの支援金をさらに確保し、それを通して「完全」な帝都復興を進めようと構想していたのである。

もちろん、関東大震災からの復興問題は東京市だけの問題ではなかった。甚大な被害を受けて、政府はすぐに関東の復興に向けた動きを見せていた。震災の翌日一九二三年九月二日には、山本権兵衛が新たな内閣総理大臣に就任、復興事業を担う特別機関である「帝都復興院」を正式に誕生させた。帝都復興院の総裁には、元東京市長であった内務大臣後藤新平が就任し、関東大震災の復興事業は後藤新平とそのブレーンたちによって推し進められた。帝都復興院は後藤を中心に、被害を受けた関東地区の復興に向け全力をあげていくこととなるが、後藤新平の腹心として東京復興計画に尽力した東京市長が永田であった。復興計画は議会通過に際して大幅縮小を余儀なくされたが、広いグリーンベルトを有する昭和通り、リバーサイドパーク（ウォーターフロント）の隅田公園などが整備され、東京の中心部の都市形態が確定されたのである[28]。

しかし、復興事業の指揮に当たっていた永田は、翌一九二四年九月に市議会との対立から辞任する。復興作業は、消失区域全域の区画整備と幹線道路の新設、上下水道、ガスの整備などが行われ、帝都復興事業でインフラ整備もある程度整えた。東京の再建を祝う行事である「帝都復興祭」も盛大に行われるなど、徐々に東京市は復興しつつあったが、永田が考える「完全な形」での帝都復興とは距離があった。そのくらい関東大震災の被害は甚大なものであった。そして、復興事業が一段落した一九三〇年、永田が再び市長の座に就いたのだが、永田は関東大震災からの復興、その復興を成し遂げたことをアピールするためのイベントとして、オリンピックの招致・開催を決断したのである。

一九三一年一〇月東京市会が可決した招致建議は、オリンピックが「復興成れる我が東京」において開かれることの意義を強調し、この事業が「帝都の繁栄」を招来するものであることを謳っていた。しかし、大日本体育協会は、スポーツ界の状況を無視した東京市の独走に好意を持っていなかったのである。

「皇紀二千六百年」の奉祝イベント

一九三〇年から二期目の東京市長を務めていた永田は、帝都東京振興の次策を模索していく中、オリンピック招致の示唆を得た。橋本一夫によれば、東京市長に復帰した永田は、「帝都復興祭の次が問題だ。紀元（皇紀）二千六百年の記念事業として東京市が何をやるかだ[29]」と独話したという。皇紀二千六百年の東京では、「日本の首都にふさわしい大規模な慶祝行事が要求される。暗くなりがちな世相を吹き飛ばすためにも、人びとがわき立つような催物がやれないものか[30]」というのが永田の考えであった[31]。この点について、歴史学者の古川隆久は、永田が内務官僚ＯＢや右翼運動家とともに一九二六年（大正一五年）から、毎年紀元節に神社に参拝し、建国神話を再確認することで愛国心を養おうという「建国祭」という運動を積極的に展開したことから、「皇紀」に敏感であったことを指摘する。紀元二千六百年まであと一〇年というこの時期、永田が少なくとも建国祭運動の一員として何か国家的プロジェクトを模索していたとしても不思議ではないと強調する。だが、紀元二千六百年記念にオリンピックを、というアイデアは永田のものではなく、スポーツ好きの市秘書課員、清水照男が、オリンピックがまだアジアでは開催されていないので、紀元二千六百年にあたる一九四〇年のオリンピック大会の東京招致をと永田に説いたという[32]。結局、永田は「皇紀二千六百年」にあたる一九四〇年に挙国体制で行われる奉祝イベントとして一九四〇年開催予定の第一二回オリンピックを東京で開催しようと企図したと考えられる。

重要なのは、最初は「皇紀二千六百年」の祭典と東京へのオリンピック招致が一体のものとして位置づけられるだけでなく、さらにそれらが震災からの「帝都の復興」を祝った復興祭の延長線上に位置づけられていたということである。関東大震災の復興作業と東京市の都市振興にあった招致活動は、やがて「皇紀二千六百年」の奉祝イベントとして国家事業化していくのである。

こうして、オリンピック招致は、スポーツ振興そのものよりも、東京復興の一つの手段として、「皇紀二千六百年」の祭典として動き出した。国際的イベントとして万国博覧会も招致されることになった。東京市は都市振興の立場か

朝日新聞

晴の紀元二千六百年式典

両陛下臨御・輝く盛儀

宮城外苑に漲る赤誠

勅語

内閣總理大臣壽詞

聖なる歴史の一瞬！

荘厳胸うつ式典拝観記

聖旨を奉體

図 4-3　紀元二千六百年式典を報じる新聞（『朝日新聞』一九四〇年一一月一一日付 臨時夕刊）

らいち早くオリンピックと万国博覧会に目を付け、皇紀二千六百年の目玉にしようと考えたのである。

また、東京市にとってオリンピック招致は、国際都市としての東京の認知、それに伴う都市インフラの整備、そして観光資源開発などの都市振興策の狙いもあった。オリンピック招致の理由の一つは、開催が東京市にもたらす経済効果にあったのである。そのために、オリンピック開催の施設建設、交通網や宿泊施設の整備などが具体的に計画され、東京を中心とした都市美観工事やホテル建築もある程度実現した。国際的土産品の新製、職員への英語教育などの計画が実行され、政府からは延べ五五万円に及ぶ補助金が出された。

オリンピック開催決定によって、それに必要なスポーツ施設の建設は、何よりも必要な事項の一つであった。その一つに、戸田ボートコースや芝浦自転車競技場などが建設された。その他、都市計画の一環にスポーツ施設建設が含められた。オリンピックの返上によって途中で中断された競技場もあり、予定された振興効果はすべて達成できなかったものの、一部の施設は、戦後一九六四年東京オリンピックの施設として使用された。例えば、ボート競技会場として、「幻の東京オリンピック」準備過程で作った戸田ボートコースが改修の上で使用されたのである。

一九四〇年東京で、オリンピックと同時に万国博覧会開催も計画されていったように、東京へのオリンピック招致は、関東大震災からの復興を祝うと同時に、「帝都」という東京の地位をめぐる新たな自己意識と結びついて浮上してきた構想・表れといえよう[33]。それが「皇紀二千六百年」の祭典と一体のものとして位置づけられていったのだが、逆にいえば、オリンピックである必然性は建前以上のものではなかったのである。つまり、一九四〇年のオリンピック開催計画を、日本近代のスポーツ史上だけでなく、「帝都」でなされてきた公的祝祭の系譜上に位置づけていく必要があるのである。実際、東京は明治以来、内国勧業博覧会や天皇巡行、奠都三十年祭などのイベントから日清・日露の祝勝大会、明治天皇の崩御や大正天皇、昭和天皇の即位式まで、次々に催される「国家儀礼」で常に主舞台となり、またそうなることで近代日本の「ナショナルな国土空間」の特権的な中心としての地位を確立してきた。そうした意味では、一九四〇年に計画された「皇紀二千六百年祭／オリンピック／万国博覧会」の同時開催は、明治以来のイベント都市としての東京が行き着いた地点と見なすこともできる[34]。

第四節　東京オリンピックの政治的利用と皇国ナショナリズムの高揚

皇国精神の高揚と平和の祭典との乖離

一九三一年から一九三八年というオリンピックを返上するまでの時期は、後進資本主義国のドイツ、イタリア、そして日本がファシズム化して強引な侵略を行っていた時代であった。一九三六年ベルリンオリンピック大会を開催したドイツや一九四〇年オリンピックを開催しようとした日本にとって、オリンピック開催は世界に対する「帝国」の誇示であると同時に、国内的には、侵略国としての合理化の立場から、ナショナリズムを形成・普及させることが喫緊の課題であった。それゆえ、当初東京復興・振興で出発したオリンピック招致・準備は、次第に「皇紀二千六百年」記念行事として、そして、中国侵略を続けるための軍国主義的ナショナリズムの強化へとその重点が移行することになる。つまり、「皇国ナショナリズム」の高揚策としての性格を前面に出して行くことになった。オリンピック開催が最大限に利用されたのである。

しかし、東京オリンピック開催自体に「反対」する意見も少なくなかった。すでに東京大会開催が決定する以前から、東京でオリンピックが開催されても参加する権利のない満州国の体育界では、東京招致に反対する声が上がっていた。関東軍からも「体育ハ国民体育ヲ目的トシ「オリンピック」参加ノ如キヲ目的トセズ」というオリンピックに対する冷淡な態度が表明されていた。[35] また、オリンピックの主競技場の建設候補地となった神宮外苑では、内務省神社局側から神宮が明治天皇を祀る聖地であることを理由に、ほとんど実現不可能な厳しい条件が組織委員会側に提示されていくのである。[36] こうした戦時下軍部の意識こそが、オリンピック開催を通して「皇国精神の高揚」、帝国主義的な「国威発揚」の場として利用しなければならないという強い思想として現れたのである。

オリンピック理念をインターナショナルな「平和の祭典」として理解する側からも反対の意見は出された。一九四〇年に開催予定の第一二回東京オリンピックが、平和でより良い世界の実現に貢献するオリンピックの理念から大きく乖離していたからである。

軍部の意向反映と「国民精神の発揚」

このような反対を意識した東京市は、軍部の強い意志を反映していく。一九三六年一二月、文部大臣平生釟三郎が斡旋した懇談会により、東京招致の正式決定を受けて正式に結成した組織委員会では、第一に、皇紀二千六百年において「国民精神の発揚」とその実相を海外に示すこと、第二に、各方面の協力を結集し「挙国一致」の事業とすること、第三に、浮華軽佻を戒め、「団体精神」の強化と青少年の「心身鍛錬」に努めることが確認されたのである。[37] さらに、大日本体育協会からも、東京オリンピックは「日本精神の精華を全世界に意識せしむると共に、日本文化の真価を紹介する絶好の機会」とすることや、「御祭り騒ぎをする様な事は之を避け」ることなどの基本方針を示した。さらに一九三六年末、文部省、陸軍、東京市、大日本体育協会などの関係者の間では、「オリンピック東京開催ニ就テハ啻ニ運動競技ノ国際的大会ヲ実行スルノ観念ノミニ捉ハルルコトナク我国現在ノ諸情勢ヲ深ク省察シ且建国二千六百年ニ行フ特殊ノ意義ニ鑑ミ国民精神ノ発揚ト古今諸文化ノ示現ニ留意」すべきことが合意されていったのである。中村哲夫は、東京オリンピックに対するこうした方針が、陸軍の意向を強く意識したものであることを示し、総力戦体制下で国民統制を強めていた軍部が、そのシンボルとなるべき「皇紀二千六百年」のイメージが「オリンピック」の側にひきずられて「はしゃぎ」気分になるのを嫌ったのではないかと論じている。[38]

さらに、一九三六年文部省は文部大臣平生釟三郎述として『オリンピック東京開催と我国民の覚悟』を発行したが、この本の主要な論点は、日本国家概念と光輝ある武士道精神を発揮する、お祭り騒ぎに走りすぎる嫌いなしとしない、そして皇国のために犠牲となることを以て臨むというものであり、皇国民として武士道精神に則り、華美に走らずにオリンピックを迎えるというものであった。[39] ベルリン大会でのヒトラーのオリンピックを目の当たりにした直後であり、ここには主担当大臣として東京大会への決意が込められている。決して華美祭礼に走らず、「皇国」のために、武士道精神を以て臨むというものである。皇国史観的イデオロギーである。これは文部省だけが述べていたわけではなく、陸軍もほぼ同じ思想に立っていたし、国内の雰囲気が大旨そちらの方向に向いていたのである。

オリンピックの理想、オリンピズムはまったく出てこずに、もっぱら日本の「皇国イデオロギー」の高揚のみであり、オリンピックの政治的利用以外の何物でもないというべきであろう。しかも、東京オリンピックの構想には、東洋で初めての大会を開くという主張と表裏をなして、その東洋の「盟主」として日本があるという帝国主義的な意識が伏在していたのである。

第五節　オリンピックの返上と「皇紀二千六百年」の奉祝記念事業

大会開催の賛成論と中止論の激化

東京市が開催準備に入った一九三六年八月から一九三八年七月の大会返上までの丸二年は、世界の、そして日本の軍国主義、ファシズムの台頭期であった。そして、日本では中国侵略での戦局が厳しさを増すにしたがって、オリンピックの開催論と中止論とが激しく対立した。

一九三七年七月、北京郊外で日本軍と中国軍との間で起きた衝突事件・盧溝橋事件が発生した。この事件によって日本は中国との全面戦争へ突入していき、戦局はいっそうの混沌を極め、終結はまったく見えない状況となっていた。日本と中国との間の戦争が泥沼化するにつれて、国内では徐々にオリンピックを開催するべきかどうかという議論が出ていた。と同時に国外では、日本と中国との戦争を問題視する動きが高まりを見せ、日本がオリンピックの開催地としてふさわしいかどうかが問われるようになった。東京オリンピック開催に反対する国際的な反発も強まったのである。

それに先立つ一九三七年三月、衆議院予算総会において、代議士河野一郎は「今日のような一触即発の国際情勢においてオリンピックを開催するのは不可」との意見を主張した。これに対して、政府は「東京大会の開催を十分援助する」と言明した。[40]これは国内外に、オリンピック中止宣言とも受け取られて、そのニュースは世間を駆けめぐった。こうした動向に危機感を感じた実行委員会は、すぐ海外に対して実行声明を発信し、中止の風評を否定した。

その後も河野は二度、オリンピック大会中止を要請する質問を議会で行っているが、これに対する政府の答弁は、最初の否定から留保、そして返上もあり得る、という内容に変わっていく。この間、大日本体育協会をはじめとするオリンピック組織委員会は、関係各所への交渉を重ねたものの、オリンピック開催の決定権はまったく手元から離れていた。この辺りから、戦局の厳しさを反映しつつ中止論が公然と台頭し、推進論と対抗するようになった。

さらに、盧溝橋事件後の八月に陸軍省が、「支那事変の進展に鑑み技術の訓練、馬匹調教に長時間を必要とする馬術選手に現役将校を推薦せることはこの際不適当」[41]と発表したことの反響は大きかった。陸軍がこれまで率先して現役将校をオリンピック馬術競技の代表選手として選抜、派遣したことは、関係者を安心させた。しかし、戦争激化を理由に練習に多大な時間を割かれる馬術選手の推薦を、不適当と判断、その推薦を「中止」するという発表によって、状況は大会開催に不利な方向に流れていき、世間ではオリンピック返上が一気に噂されるようになったのである。

国際的に広がるボイコットと反対の動き

国際的にも各国から東京大会反対の主張や運動が高まっていた。特に、日独伊防共協定を巡って日本と対立していたイギリスは、東京大会のボイコットや返上へ積極的に動いたが、これらの出来事によって当時の日本の立ち位置が鮮明化される。[42]大会開催権で日本に負けたフィンランド、日中戦争の当事国である中国、そして中国大陸に大きな利権を持つために日中戦争に否定的態度を取り続けていたアメリカからも開催都市変更が要請された。日本への国際的抗議と開催への否定的な意見もますます高揚し、東京オリンピック大会に対する海外でのボイコット、返上要求はいっそう強くなっていった。一九三六年ベルリン大会では、ユダヤ人迫害、ナチスによるオリンピックの政治的利用に対して、海外からボイコット運動が起きたが、一九四〇年東京大会に対しても軍事的侵略にボイコットないし中止要請があったのである。オリンピックボイコットが、スポーツそれ自体の問題ではなく、外的な政治的・軍事的な事情から発しており、この点でオリンピックの政治的利用が問題化されている。

こんな中、一九三八年三月のエジプトのカイロ総会では、東京オリンピック大会の準備状況報告と開催に関する各種問題の検討が中心議題となり、主競技場の建設が進まない日本に対して、「日本果して一九四〇年大会を準備する用意があるやを質問し、（中略）大会開始の際に日支紛争が終結し居らざる場合の不便を考え、日本自身の為にも将又ＩＯＣの為にも日本に対し大会開催履行の断念を勧告すべきと考へられた」[43]が、ＩＯＣ委員嘉納治五郎は、大会開催中止の勧告について、日本は必ず大会を開催すると答えた。消極的な態度から招致活動が本格的に始まって以降、積極的な招致活動を展開し、その後も全力でオリンピック準備に関わっていた嘉納としては当然の答えだった。そして会期は最終的に一九四〇年九月二一日から一〇月六日までと決定された。

しかし、カイロ総会直後、もし日本が開催できないときは、別に移す権限を執行委員会に一任するという会議も開かれたのである。ＩＯＣも日本の準備状況には、相当の危機感を抱き始めた証拠である。カイロ総会直後には、ＩＯＣ会長のラトゥールがベルギー駐在日本大使栗栖三郎を訪問し、東京開催抗議の電報がすでに一五〇通も届いていること、戦争が終結してない中での開催は多くの国の不参加を招き、たとえ大会を開催しても悲惨な結果が予想されると返上を勧告したのである。[44]

戦争の激化と東京オリンピック大会開催の「中止」

日本ではオリンピック開催を放棄すると、国際的信頼を失ってしまうという開催賛成派は少数であり、大会返上論の世論はますます高くなった。海外での戦争は多くの困難を伴うものであり、日中戦争は拡大の一途をたどり、収拾の見通しさえ立たなかった。特に日本の場合、資源を有しない国であるため、戦争が長引けばそれだけ、戦争物資・生活物資の補給は死活問題であり、また、国民の思想や身体の管理も大きな負担であった。開催反対派は、オリンピック開催に物資と予算、人員を割いてはいられないため「中止」にするべきであり、中止にするのであれば、できるだけ早く開催権を返上し、次の開催地を決めるべきであると主張した。

このような状況の中、一九三七年一〇月には「鉄鋼工作物築造許可規則」が出され、軍事施設以外での鉄鋼使用に規制がかかり、オリンピック返上への流れが加速していく。一九三八年一月には、国民身体管理を目的として厚生省が設立され、一九四〇年四月からは「国民体力法」が公布されて、一七歳から一九歳の男子の身体検査を義務づけたり、ツベルクリン皮内反応検査を全員に実施するなど、国民の体力と健康を国家が直接に管理するようになった。しかも、一九三八年四月には「国家総動員法」が公布され、国民経済・生活が政府統制下に置かれるなど緊迫した状況となった。日中戦争遂行と軍備拡充が至上命題となったのである。

その後、近衛内閣は、一九三八年六月二三日企画院の「昭和一三年ニ於ケル重要物資需給計画改訂ニ関スル件」を承認して、「戦争遂行ニ直接必要トナラザル土木建築工事ハ現ニ着手中ノモノト雖モ之ヲ中止ス」としたうえで、官公庁舎、事務所、学校新築の禁止を始め、百貨店、旅館等商業又は事務を目的とする建築の中止、住居新築の制限が出された。もちろん、万国博覧会とオリンピックも工事中止対象として明記されたのである。[45] そして同年七月には、鋼材、銑鉄、皮革、木材など三三品目を戦時重要物質として国内に向けて消費制限を強化する省令も公布された。新たな陸上競技場の建設には一〇〇〇トンの鉄鋼を要するが、鉄もすべて軍需優先にされ、一般への供給が終止されたのである。また、東京市の起債認可にも困難が生じ、大会開催は物資・財政面からも開催が危ぶまれた。これでは主競技場が建設されず、オリンピックは開催できないのである。

結局、戦局の悪化と、そのことによる資材調達が困難になったことを受け、一九三八年七月一五日、政府は東京大会の開催を断念し、オリンピック大会開催の返上を確定し、内閣書記官長から次のような発表が行われた。

> 第十二回オリンピック大会に付いては政府は現下挙国一致物心両方面の総動員を行ひ、聖戦目的の達成に邁進しつつある状勢に鑑み、之が開催を取止むるを適当と認め、その旨第十二回オリンピック大会組織委員会に通達することとなりたり[46]

こうして、結局、皇紀二千六百年を記念し、アジアで初のオリンピック大会の開催、日本の国威を発揚しようとした一九四〇年の東京オリンピック大会は、遂に「返上」となった。国際的孤立解消よりも、海外における当面の侵略戦争の勝利が至上課題化された結果である。

こうした政府の返上決定の裏には、当時ＩＯＣ委員副島道正の働きかけが大きく影響していた。閣議決定の中心的な人物は副島であった。副島はオリンピック中止の判断が遅れ、最終的に開催の直前に準備が間に合わず、結果的に開催ができなくなれば、当然どこの国でも開催ができなくなる。そうなれば、日本の信頼は低下するだけでなく、永久にオリンピックに参加できなくなる可能性もあるということに危機感を強く持っていた。副島は早い段階で日中戦争が長引くことを見込んで、中止するか否かについての決定を政府に求めたのである。また、政府にオリンピック開催を積極的に支援していく意向はあるのか、そしてできるだけ早く「開催」「中止」の意思を表明する責務が、国際信義の点から考えてもあるのではないかと政府に質問した。政府はこれら二つの質問について、はっきりと反論できる要素もなく、中止の決定に動き出したのである。[47]

翌日、東京市オリンピック委員会は、緊急会議を開催し、政府の中止決定が唐突であると批判も出された。規模を縮小して開催する案も出されたが、政府の決定は如何ともし難かった。前日の七月一四日には、同時期に開催を予定していた万国博覧会も日中戦争終了後までの延期を余儀なくされた。オリンピック委員会は、挙国一致のもとでオリンピックを断念することは、断腸の思いとしながらも、次期オリンピック大会の東京招致を誓う声明を出し、その活動に幕を下ろしたのである。かくしてオリンピック東京大会は「幻」と消えたのである。

中村哲夫は、一九四〇年の東京オリンピック計画の挫折の背景として、単に中国大陸での侵略戦争の激化によって「平和の祭典」などやっている余裕がなくなってきたということだけでなく、もともと「オリンピック」と「皇紀二千六百年」の間には、理念の中身において決定的な矛盾があったと論じている。ナショナリズムや皇国民イデオロギー高揚のための「皇紀二千六百年」祝祭と、政治的枠組みを超越した国際性・平和性を理念とするオリンピックは本来「対極的」存在であった。関係者のこの矛盾した思惑や理念が最後まで複雑に絡み合い、混乱を招き、オリンピック返上という事態が生じたのである。[48]

「皇紀二千六百年」奉祝行事とスポーツイベント

東京オリンピック返上は、国民には大きな違和感を持たずに受け入れられた。というよりも、当時一般国民にとって「オリンピック」とは何なのか、十分に浸透していたわけではなかった。また、軍部が以前から戦局の重大さを訴え、それが国民にも浸透していたからである。東京の返上を受けてヘルシンキが第一二回オリンピック大会の開催地を引き受けたものの、その後、国際情勢の不安定化の中で、一九三九年九月に第二次世界大戦が勃発したため中止となった。一九四四年の第一三回ロンドン大会も大戦のため実現不可能となった。

皇紀二千六百年にあわせて、奉祝記念行事として企画された第一二回オリンピック東京大会と万国博覧会は、戦局の極度の悪化で中止されたが、二つのスポーツ大会がその代替案の記念行事として行われた。

その一つが東亜競技大会である。大日本体育協会は、返上した東京オリンピックの代わりに新たな方向性を模索、一九四〇年に東亜競技大会の東京開催を推進したのである。極東選手権競技大会が消滅してから新たに誕生した一九四〇年の東亜競技大会には、日本を含め、満洲国やフィリピン、中華民国（汪政権）、ハワイが参加し開催された。この大会は実際、官民一体の「恩賜財団紀元二千六百年奉祝会」と東京市、大日本体育協会が大会の主催者として名を連ねており、後援は厚生省、文部省、外務省、鉄道省、祝典事務局、国民精神総動員中央連盟であった。開会式・閉会式には、この奉祝会の総裁を務めた秩父宮が台臨するなど、紀元二千六百年奉祝行事として位置づけられた。

もう一つのスポーツ大会は、一九四〇年第一一回明治神宮国民体育大会である。東亜競技大会とは違い、国内の大会として明治大帝の御聖徳を憬仰、身体鍛錬、民族精神の作興を目的したこの大会も「紀元二千六百年奉祝第一一回明治神宮国民体育大会」として、奉祝大会として規模を拡大し、皇紀二千六百年の祝祭行事の一つとして盛大に行われた。

市民体力増強計画も実施することになったが、この計画は市民の厚生施設としてだけでなく、オリンピック再招致の基礎として各種の体育施設を建設する計画であった。すなわち、オリンピックや万国博覧会と関わった計画であった[49]。

さらに、一九四〇年には神武天皇と皇后を祀る種々の大きな記念祭典「皇紀二千六百年」奉祝行事が日本中で開催された。政府は一九三五年から「皇紀（紀元）二千六百年祝典準備委員会」を発足させ、宮城（皇居）外苑整備事業をはじめ、神武天皇と皇后を祀る橿原神宮や皇族関係陵墓の拡張整備、代々の天皇陵の参拝道路の改良など、記念行事の計画・推進を進めていた。神国日本の国体観念を徹底させようという動きが時節により強められていたため、これらの行事は押し並べて神道色の強いものであった。橿原神宮の整備には、全国の修学旅行生を含め一二一万人が勤労奉仕し、外地の神社である北京神社、パラオの南洋神社、満州国の建国神廟などの海外神社もこの年に建立された。その他、新東亜建設大展覧会、新東亜建設大会、奉祝美術展や演劇、音楽、舞踊などを扱う芸能祭、国史館の建設、日本文化大観の編纂など多くのイベントが企画・開催された。

政府は長引く戦局と窮乏する生活による銃後の国民の疲弊感を、様々な祭りや行事に参加させることで晴らそうとし、一九四〇年には年初の橿原神宮の初詣ラジオ中継に始まり、紀元節には全国一一万ものの神社において大祭が行われ、また、展覧会、体育大会など様々な記念行事が全国各地で催されたのである。

皇紀二千六百年奉祝イベントのクライマックスは、何といっても新装された皇居の宮城前広場で、昭和天皇と皇后を迎え、約五万人以上が参加した政府主催の「皇紀二千六百年祭典」であった。式典に合わせて「皇紀二千六百年奉祝曲」が作曲され、一一月一四日まで関連行事が繰り広げられ国民の祝賀ムードは最高潮に達した。まさに日本の「国体」は、この年を持って絶頂に達したといっても過言ではない。この日を中心に行われた皇紀二千六百年奉祝行事の参加者は、政府の公式記録によれば延べ五〇〇〇万人に達したのである。

日本が待望のオリンピックを東京で開催するのは二四年後の一九六四年であり、オリンピック担当の国務大臣が一九四〇年代東京オリンピックの「中止論」を唱えた河野一郎であったのも歴史の皮肉であった。

註

[1] 橋本一夫『幻の東京オリンピック』日本放送出版協会、一九九四年。

[2] 古川隆久『皇紀・万博・オリンピック―皇室ブランドと経済発展』吉川弘文館、二〇二〇年。

[3] 池井優『オリンピックの政治学』丸善、一九九二年。池井優「一九四〇年東京オリンピック―招致から返上まで」入江昭・有賀貞編『戦間期の日本外交』東京大学出版会、一九八四年。

[4] 青沼裕之「オリンピック大会を自然死させよ！―戦前二つのオリンピックをめぐるイギリス協調外交」有賀郁敏他『近代ヨーロッパ探求⑧　スポーツ』ミネルヴァ書房、二〇〇二年、三一九‐三六一頁。

[5] 波多野勝『東京オリンピックへの遙かな道―招致活動の軌跡1930-1964』草思社、二〇〇四年。鈴木明『一九三六年、ベルリン至急便―東京、遂に勝てり！』小学館、一九九四年。坂上康博・高岡裕之編『幻の東京オリンピックとその時代―戦時期のスポーツ・都市・身体』青弓社、二〇〇九年。

[6] 東京市役所編『第十二回オリンピック東京大会東京市報告書』一九三九年。永井松三編『報告書』第十二回オリンピック東京大会組織委員会、一九三九年。東京百年史編集委員会『東京百年史　第五巻』東京都、一九七二年。

[7] 日本体育協会（鈴木良徳編）『オリンピックと日本スポーツ史』一九五二年、三〇頁。

[8] 前掲『第十二回オリンピック東京大会東京市報告書』四頁。

[9] 寺部頼助『オリンピック物語』洋々社、一九五六年、一〇六頁。

[10] 前掲『幻の東京オリンピック』一八頁。

[11] スポーツ界全体の雰囲気も東京オリンピック招致に対して悲観的であった。例えば、一九三一年三月、大日本体育協会主事の高島文雄は、体協機関紙に掲載した小論の中で、①ヨーロッパから遠隔の地理的な障害、②競技場・宿泊施設の不足、③通訳などの人材不足、といった面から大会招致に悲観的な予測をしている。高島文雄「日本に於てオリンピックを開催し得るや」『アスレチックス』一九三一年三月号、一九三一年。さらに、大日本体育協会理事の郷隆も「東京招致運動の経過を歴史的に見ますと、よくオリムピックを知らない、責任のない人々が真っ先に東京招致に乗出している。（中略）体協など、打ち明けた話ですが、あまり先走ったり、熱心にやらなかった。来ることは無論結構だけれども、開くに当っては非常な困難が数々横たはってゐるし、果して各国に較べて遜色のない程度に出来るかどうか、自分自身責任がありますから非常に疑懼の念を有って居った」と述べている。前掲『幻の東京オリンピック』二一一‐二一二

頁。

［12］津金澤聰廣・有山輝雄編『戦時期日本のメディア・イベント』世界思想社、一九九八年、二六－二七頁。

［13］岸清一「第十回国際オリムピック大会に就て」大日本体育協会編『第十回オリムピック大会報告書』大日本体育協会、一九三三年。

［14］運動の第一は、東京がヨーロッパから離れているため経済的負担により賛成をためらう国を考慮し、東京市会は第一二回大会の開催に限り、各国選手派遣費補助として一〇〇万円を支出する建議案を満場一致で可決した。第二は、オスロ総会に際し日本の風景・文化・産業・スポーツ施設を紹介する豪華な写真集「Nippon」を作成し、配布する準備を行った。第三は、当面のライバル、ローマに開催を辞退してもらうようムッソリーニに働きかけることであった。

［15］中村哲夫「第一二回オリンピック東京大会研究序説I―その招致から返上まで」『三重大学教育学部研究紀要』人文・社会科学、三六巻、一九八五年、一〇七頁。

［16］前掲『第十二回オリンピック東京大会東京市報告書』三四頁。

［17］田原淳子「第一二回オリンピック東京大会招致のためのムッソリーニに対する説得工作」『日本体育学会大会号』四九号、一九九八年、一六七頁。同「イタリアからみた一九四〇年第一二回オリンピック競技大会―日本との利害関係とオリンピック大会の意味」『日本体育学会大会号』五四号、二〇〇三年、一九一頁。

［18］「ラ伯も今や懸命」『朝日新聞』一九三六年七月一九日付。

［19］『東京朝日新聞』一九三六年八月一日付。

［20］『讀賣新聞』一九三六年八月二日付。

［21］社会主義者の山川均は、当時の新聞の様子を、「「オリムピックは日本の手に！」「東京に揚る凱歌！」「日本勝利！」「歴史的な劇的感激！」―なにしろ新聞が二ページ大の号外を出す騒ぎだからただ事ではない。新聞の節穴から窺いていると、日本全国が、日本勝った勝ったといって踊っているかのように見える」と表現した。山川均「国際スポーツの明朗と不明朗」『文藝春秋』一九三六年九月号、一九三六年、八二頁。また、鷺田成男は、「ベルリンから電波がその喜びを伝えてきた。街には号外の鈴の音が都会の騒音を更に掻き立てる。戸毎に日の丸の旗が翻えり、巷を行く若い女の頬にも歓喜が溢れ、一瞬、東京は興奮のルツボと化した」と東京オリンピック招致の喜びを伝えている。鷺田成男「失われた東京オリンピック」文藝春秋編『「文藝春秋」にみるスポーツ昭和史 第一巻』文藝春秋、一九八八年、二九六頁。

［22］『東京朝日新聞』一九三六年八月二日付。

[23] 最上喜六「五輪大会準備第一年」『文藝春秋』一九三七年四月特別号、一九三七年、三〇〇‐三〇六頁。

[24] 前掲「失われた東京オリンピック」二九八‐二九九頁。

[25] 鷺田成男「東京オリムピックに警告す」『中央公論』一九三七年一〇月特別号、一九三七年、一七一‐一七三頁。

[26] 前掲『第十二回オリンピック東京大会東京市報告書』四頁。

[27] 一九二三年九月一日、日本は関東大震災に見舞われ、東京は壊滅的な打撃を受けた。被災者は三四〇万人に及び、全焼三八万一〇九〇世帯、全壊八万三八一九世帯、半壊九万一二三一世帯など被害額は推定約五五億円余にも及んだ。一九二二年度の一般会計予算が約一五億円であるのと比較すれば、その損害額がいかに莫大であったがわかる。

[28] 越沢明『東京都市計画物語』日本経済評論社、一九九一年、一六頁。

[29] 前掲『幻の東京オリンピック』一二頁。

[30] 同上、一二‐一三頁。永田が当時、実のところ何を考えていたのかを知るのは、そう簡単なことではなく、もっと総合的な分析が必要であろう。ただ、本格的な招致活動が始まってから、昭和天皇が招致活動に関心を示し、ＩＯＣ委員として総会に参加した大日本体育協会の岸会長が天皇に招致活動について報告したことから考えると「皇紀二千六百年」との関わりは深くあったといえよう。

[31] 「皇紀」とは、明治政府が定めた日本独自の紀元で、一八七二年に明治政府が、初代天皇とされる神武天皇が即位した年を、古事記と日本書紀の記載から西暦紀元前六六〇年と決め、その年を皇紀元年とした。「皇紀二千六百年」という言葉は、神武天皇の即位が西暦の紀元前六六〇年に行われたとし、この年を日本の建国元年とする紀年法で二六〇〇年たったことを意味している。紀元（皇紀）元年が天皇制の始まりとなるから、紀元年は、天皇の歴史と国の歴史が一致する結果となる。すなわち、世界の歴史における日本の卓越性を、天皇をシンボルにして表現した言葉なのである。

[32] 前掲『皇紀・万博・オリンピック—皇室ブランドと経済発展』六五‐六七頁。

[33] 前掲『戦時期日本のメディア・イベント』二八‐二九頁。

[34] 同上。

[35] 同上、三〇頁。前掲「第一二回オリンピック東京大会研究序説Ⅰ—その招致から返上まで」参照。

[36] 中村哲夫「第一二回オリンピック東京大会研究序説Ⅲ—その招致から返上まで」『三重大学教育学部研究紀要 人文・社会科学』四四巻、一九九三年、六七‐七九頁。前掲『戦時期日本のメディア・イベント』三〇頁。

[37] 前掲「五輪大会準備第一年」三〇〇‐三〇六頁。

［38］中村哲夫「第一二回オリンピック東京大会研究序説Ⅱ—その招致から返上まで」『三重大学教育学部研究紀要 人文・社会科学』四〇巻、一九八九年、一二九－一三八頁。前掲『戦時期日本のメディア・イベント』三一頁。ここで一つ指摘したいのは、オリンピックは単にインターナショナルな平和の祭典と見なせず、むしろそもそもナショナリスティックな「国民精神の発揚」の場でもあると、当時日本の多くの論者が指摘していた点である。しかし日本の軍部は、ナチスドイツのように民族精神の高揚、国民統合、一大プロパガンダの場としてオリンピック自体を利用しようとしなかったのである。

［39］文部省『オリンピック東京開催と我国民の覚悟』文部省大臣官房体育課、一九三六年、一－一二頁。

［40］前掲『第十二回オリンピック東京大会東京市報告書』二〇一頁。

［41］同上、二〇二頁。

［42］前掲「オリンピック大会を自然死させよ！—戦前二つのオリンピックをめぐるイギリス協調外交」三三〇－三五四頁。

［43］前掲『第十二回オリンピック東京大会東京市報告書』二〇五頁。

［44］この点については、田原淳子『第一二回オリンピック競技大会（東京大会）の中止に関する歴史的研究』（中京大学大学院体育学研究科博士論文、一九九四年）参照。

［45］石川準吉『国家総動員史　資料編 第一』国家総動員史刊行会、一九七五年、二七二－二七四頁。

［46］前掲『第十二回オリンピック東京大会東京市報告書』二一〇－二一一頁。

［47］田原淳子・木村吉次「第一二回オリンピック東京大会の中止過程における副島道正の役割」『日本体育学会大会号』四二A号、一九九一年、一一五頁。

［48］前掲『戦時期日本のメディア・イベント』三〇頁、前掲「第一二回オリンピック東京大会研究序説Ⅰ—その招致から返上まで」参照。

［49］前掲『皇紀・万博・オリンピック—皇室ブランドと経済発展』一四九－一五〇頁。

第五章　戦時下における国民体力の国家管理と健兵健民

第一節　戦争と求められる国民体力向上

日本は一九三一年満州事変を皮切りに、一九三七年七月盧溝橋事件で全面的な日中戦争に突入した。その後、日本はドイツ・イタリアと「日独伊三国同盟」を結び、戦争への道をたどり、結局一九四一年の日米開戦へと進んだ。この時期、国家神道に基づき、日本歴史を万世一系の現人神である天皇が永遠に君臨する神国の歴史として描く「皇国思想」が本格的に出現し、一五年に及ぶ日本の侵略戦争の正統的歴史観として支配的地位を占め、国民統合・動員に大きな役割を果たしていったのはいうまでもない。無論、政府が皇国思想に基づいた思想善導・思想統制だけを国民に強制したわけではない。むしろ、労働力・兵力となる「人的資源」としての価値を強要した。戦時体制への移行によって、軍部の政治への発言力がさらに増し、強い軍隊が育成されるとともに、軍部は健康な若者たちの育成に力を注いだのである。戦時下日本においては、健康であるだけではなく、「強健」であることが求められていたが、「単なる体型の偉大」ではなく、「著しく機能的、体力的な優秀」[1]が着目されたのである。とりわけ、体力及び精神力に関しては、さらにいっそう強健さが求められるようになっていった。

日本は戦争に勝利するため、人的及び物的資源を統制し、運用する広汎な権限を政府に与える「国家総動員法」を制定するとともに、様々な国民体力管理政策を展開していく。国民の心身鍛錬や体力強化政策は、一九三八年新しく発足した「厚生省」と「日本厚生協会」によって展開されたが、特に、厚生省は総力戦体制下の人的資源確保・国民形成をめざす中核的な機関として機能し、これまで内務省と文部省が実施してきた政策とは大きく異なる身体管理政策を展開した。政府は国民を人的資源として活用するため、極端な優生学的人口政策を実行したが、国民（特に男性）には健康と強力な体力・精神力の持ち主であることが義務づけられ、改善の見込みがない病者・障害者は社会から「排除」された。

このような時代的状況の中、日本のスポーツ・体育も、日中戦争を境に総力戦体制の動向に即した戦時体育を展開する。スポーツ・体育は国民精神との融合が図られ、「スポーツのためのスポーツ」が否定され、日本精神に基づく心身の錬成が国民の義務となり、スポーツ活動は全体主義的な総力戦的思想を根底とした競技内容へと変質していった。この時期ほど、極端な形でスポーツ・体育が重視され、しかも歪められた時代はない。

本章では、国民の身体に関するスローガンや規律が多くの国民の生活に浸透していった一九三七年の日中戦争開始以降の時期を主な検討対象とし、戦時下国家による健康管理と統制、特に厚生省と日本厚生協会が国民の身体をどのように統制し、規律化・管理したのか、その歴史と特徴を明らかにしたい。また、厚生省主導で行われた近代日本のスポーツ・体育の総決算大会である神宮大会における心身鍛錬、民族精神の高揚政策をはじめ、各競技団体や競技スポーツなどがどのように国民身体管理を行い、戦争に協力したのかを検討する。戦争への総動員を最大の課題としたこの時期には、健康（健兵、健母など）衛生、規律など近代性を表わす観念が国民に向かって強調され押しつけられた。政府が求めた「健康」の理念について論究する。

第二節　総力戦体制下における陸軍の「衛生省」要求と厚生省の成立過程

国民の体力低下と陸軍の危機感

日中戦争による総力戦体制への転換は、その一環として軍事力・生産力と密接する青少年主体の国民体力問題を提起し、一九三八年陸軍主導で新しく体力局を含む「厚生省」新設と日本厚生協会の発足を試みた。以後、厚生省は国民体力の強化という国策を推進していく。では、厚生省はどのような過程を経て設立されたのか。

それは一九三六年六月一九日閣議にまでさかのぼる。二・二六事件後に成立した広田弘毅内閣の閣議の際、陸軍大臣寺内寿一、海軍大臣永野修身等は、当時最大の人口を抱えていた農村部における衛生問題や伝染病の拡大の深刻さを指摘しながら、閣議に早急な衛生対策の必要を求めるとともに、衛生行政を内務省衛生局が所轄するのではなく、新たに専門の「衛生省」を設置するべきだと強く要望した。

なぜ、軍部は新たに「衛生省」設置を強く主張したのであろうか。一言でいえば、戦争に伴う丈夫な「人的資源」の確保が必要とされたからである。日本の場合、満州事変をきっかけとする軍備の拡張と対外的侵略の拡大として、陸軍に膨大な数の人的資源を投入せざるをえない状況が生じたのであった。その供給源はいうまでもなく、当時最大の人口を抱えていた農村部であった。

しかし、昭和恐慌下の農村での貧しい生活と「衛生」知識の欠如、結核、過重労働のための農民疾病が多発しており、食生活の貧困は国民、特に徴兵対象の青年の栄養失調を招き、体重・体力が低下していった。そのことから、国民の体力問題が議論されるようになったのである。特に、農村の疲弊と医療の不完全による「非保健楽土の非安全地帯」で育った農民は、徴兵検査で壮丁の体力が悪化したことが表面化したのである[2]。衛生省を設置するべきとの要求は、当時における都市化・工業化・高学歴化などの趨勢の中で生じていた国民の身体や思想・精神の変化が、総体として陸軍の要望する国民のあり方から遠ざかりつつあることに対する、陸軍の危機意識を示すものであった。

陸軍大臣寺内が主張する「衛生省」の所轄事項は、「人口と食糧及び生活資源の分布調査、移植民の人的事項」「国民の勤労能率及び持久性増進に関する事項」「国民生活必需条件に関する事項」「服装居住その他の合理化統制に関する事項」「環境への服合に関する事項」「衛生教育（心身鍛冶、能率増進、防空、防疫等）に関する事項」「社会衛生事業の指導監督」「病院、医師等人的資源の統制運用に関する事項」「生活科学研究機関の指導監督」というものであった。単に、保健、防疫、医療といった衛生行政のみならず、労働、体育、移民・殖民活動を含めた人口政策や国民生活の統制政策など、その管轄は多岐にわたっている。[3]つまり、陸軍大臣寺内が希望した「衛生省」とは、既存の衛生行政の拡大強化を求めるというレベルのものではなく、国民生活全般を統制強化し、「衛生国策」の遂行を目指す動きで、抜本的に国民の体力を強化し、戦争に備える「国民」を創出するために国民生活を科学的に管理する「広義国防」の国家機関であった。[4]

「厚生省」の成立過程

陸軍大臣寺内が中心となって提唱した衛生省構想は陸軍主導で進められた。陸軍が衛生省構想を推し進めたこの時期は、満州事変や日中戦争といった対外的侵略が拡大する中で、その政治的影響力をますます増大させつつあり、国防を輔弼する軍部は実質的に内閣の存続を左右した。その後も、陸軍は「保健国策」樹立と国民の健康を管理するための独立官庁の設立を主張するアピールを次々と発表した。この時厚生省設立の中心にいたのが陸軍軍医中将・小泉親彦（陸軍省医務局長・陸軍軍医総監）であった。

一九三七年五月一四日、陸軍軍医中将・小泉親彦のもとで、衛生・体力・学務・業務・社会・保険・交通・移住・民事の九局からなる「衛生省」案が作成・発表されたが、日中戦争の勃発によって陸軍は、衛生行政と体力強化政策を中心とした新たな「保健社会省」案を作成した。陸軍大臣寺内が進めるこの政策に積極的に賛同した人が小泉であったが、小泉は徴兵検査における不合格者の増大傾向を根拠として国民「体位」＝「体力」の低下を問題とし、衛生軽視の政治、無力無統制の衛生行政機構の刷新を強く要求したのである。[5] 結局、日中戦争の拡大とそれに伴う国民身体管理・統制政策の必要性から衛生省の設立が望まれるようになったため、「衛生省」から体力局を筆頭とする「厚生省」への省名変更など修正がなされた上で、陸軍の意向が強く反映、貫徹される形で一九三八年一月「厚生省」が新設・発足されたのである。[6]

以上のように、厚生省は陸軍の「衛生省」設置要求と、日中戦争の影響を背景に実現したものであったが、厚生省発足直後の一九三八年四月には国防目的のため、人的及物的資源の統制運用を行う「国家総動員法」が公布されるなど、日中戦争は長期化・総力戦化の道をたどることとなる。厚生省は創設と同時にこうした総力戦への対応を迫られたのである。厚生省の機構は、体力局（人口局、健民局に変遷）、衛生局・予防局（衛生局に変遷）、社会局（生活局に変遷）、労働局・職業局（勤労局に変遷）などがあった。そして、逓信省簡易保険局の業務が移管されるとともに、文部省の所管であった学校体育以外の体育運動に関する業務も厚生省の所管に移された。この機構の中で「国民身体」管理政策の中心は、「体力局」であった。「国民体力の国家管理」こそが、厚生省設置の最も重要な目的なのであり、体力局が厚生省の中で一番重要な部局として機能したのである。体力局には「企画課」「体育課」「施設課」の三課が置かれたが、このうち企画課は、厚生省設置の目的が集約されている課として、国民体力向上の企画、体力検査、妊産婦、乳幼児及び児童の衛生・死亡率などに関する重要な事務を扱うことになった。体育課は体育運動を、施設課は国立公園などの公園や体力向上施設を所管とするが、ここでいう体力の向上とは、単に身体の鍛錬だけではなく、心身の鍛錬を意味していた。[7]

国民身体関連政策を所管した厚生省体力局は、「人的資源の確立」や「国民体位向上」に向けて強力なトップダウン型の国民体育政策を打ち出していき、国民は「望むと望まざるとにかかわらず、国民として体育をしなければならない」[8]状況に置かれていたのである。[9] 体力局は一九四一年八月に人口局、一九四三年一一月には健民局へと改組されるが、体力強化から人口増殖へ、そして健民健兵の創出へというように、この名称の変化こそが厚生省が歩んできた軌跡の象徴なのである。以上のように、厚生省は陸軍の衛生省設置要求と、日中戦争の影響を背景に実現したものであった。

第三節　厚生省の「健兵健民」政策と管理される国民の身体

「国民体力法」と「国民体力向上修錬会」

厚生省は体力向上について、どのような政策を打ち出していくのであろうか。厚生省は、一九三八年に文部省から体育運動審議会と社会体育業務を、一九三九年には明治神宮体育会から神宮大会の主催権を引き継いだほか、一九三九年には「体力章検定制」と大日本体操、一九四〇年には「国民体力法」「国民優生法」を制定・実施して、戦時下国民体力問題の中心機関となった。[10] この中で日本医療団・国民健康保険制度と並び、「健兵健民」政策の主要な柱とされたのが、一九四〇年四月に公布された「国民体力法」と「体力章検定」を基本とする国民体力管理制度であり、社会体育も学校体育もこの二つを軸に展開していく。国民の身体は厚生省の精密な検査・管理対象となり、戦争のため強健な身体鍛錬が強調された。

「国民体力法」は、一九三六年の徴兵検査の結果、壮丁の体格低下・合格率低下が指摘されてから制定の必要性が論議され始め、一九三七年日本学術振興会の「国民体力管理法制定」に関する建議を契機に、一九三八年から一九三九年にかけて行われた準備調査と、国民体力管理制度調査会などでの検討を経て作成されたものであった。この法案の最初の名称は「国民体力管理法案」であったが、一九四〇年名称を「国民体力法」に修正され制定された。[11] 国民体力法は、青年男子の心身の全面把握を目指したもので、異常や疾病の有無から身体的・精神的機能や能力にいたるまで、毎年一回市町村・学校・企業などが二五才までの男子と二〇才までの女子を対象に体力管理医による疾病中心の定期検査・体力検査（徴兵検査に準じたもので身体計測・運動機能検査・疾病異常検査からなる）を行うことを義務づけるものであった。また、その記録を各自の「国民体力手帳」に記入して処置を指導すると同時に、検査結果から国民体力の国家的管理と計画を目指したものであった[12]。

　これは未成年に対して国費による一種の健康診断を行うものといってよいが、高岡裕之が指摘しているように、それが単なる健康診断ではなかったのは、①体力検査の受検および「国民体力手帳」の保持が被管理者・保護者の「義務」とされたこと、②運動機能検査として「荷重速行」（二五キログラムの俵を担いで三〇秒間に移動し得た距離を測定する）が設けられ、機能面からする「体力」の把握が試みられたこと、③政府は体力検査の結果に応じて、被管理者の体力向上に関して「必要なる措置」を行うことができる、ということなどが理由として挙げられる。これらにより、未成年者の「体力」状況を持続的に把握するとともに、結核と花柳病、性病などの疾病に対する早期発見体制の構築が目指されたわけである[13]。

　この特徴からもこの法案が、国民の体力を総合的に把握し、体力の向上を図ることを目的として公布されたものと把握できるが、同法は「帝国臣民タル未成年者」を「被管理者」とし、保護者・市町村長・事業主・学校長・幼稚園長に対し毎年体力検査を受けさせることを義務づけたのである。こうして一九四〇年中に一七歳から一九歳の男子約二〇〇万人が受検し、動員された医師らおよそ一万八〇〇〇人によって要精検被管理者五万六〇〇〇人あまりが選別された[14]。

　ここで、一つ触れないといけない重要な点は、この検査で「筋骨薄弱」と認定された者は、一週間の体力向上の修錬会に参加しなければならなかったことである。厚生省がいかに健康な心身を強要したのか、身体的弱者がいかに管理されたのかがよくわかる。

　「国民体力向上修錬会」と呼ばれたこの修錬会は、道府県が国費を得て開くもので、「筋骨薄弱者」対策であった。これは筋骨薄弱と見なされる一七、一八歳の青年を学校・寺社などに一週間収容し、「体力」向上の短期集中指導を行うという企画であった。参加者は体力検査と個別的生活指導、体力鍛練方法の修錬、作業、日常生活の指導と保健および精神の講和（結核予防、性病予防、栄養の常識、国民体力法の意義、国民優生法の意義、体育運動の必要性、皇国青年の心構え）を受けることになっていた。ただし、その対象は、昼間通年制の学校に在学する学生・生徒などを除いた勤労青年のうち事情が許す者とされ、その参加目標とされたのは一九四一年度の場合で五万人であった。また、体力検査で結核や性病が発見された者には療養が義務づけられたのである[15]。

「体力章検定」と達成すべき「標準」体力

厚生省は一九三九年七月、厚生大臣の諮問機関として、保健衛生調査会と国民体力管理制度調査会を統合して「国民体力審議会」を発足させる。この審議会の目的は、さしあたり国民体力管理法案・国民優生法案を作成することであったが、この審議会が積極的に進めたのが、一九三九年から厚生省により実施された「体力章検定」制度であった。体力章検定制度は、国民体力法とともに、国民の体力管理政策の産物として総力戦体制下における「体力」行政の機軸となった制度であるが、その役割はまったく異なるものであった。

厚生省体力局は一九三九年一〇月一日から一二月一〇日、第一回「体力章検定」を実施した。この制度は数え年一五歳から二五歳の男子を対象に、「日本人の一人前の体力としてはこれ迄に達せねばならぬと云ふ具体的な体力修練の目標」[16]を設定し、この標準に合格したものに「体力章」を付与するという一種の運動能力テストであった。つまり、この制度の登場によって走・跳・投・運搬・懸垂という五つの領域において、青年層が達成すべき「標準体力」が明示されることとなったわけである。こうした体力章検定は、すでにドイツ、ソ連、アメリカ、フランス、スウェーデンなど欧米諸国においては行われていた。

先述したように、近代的身体は、近代国家の形成、資本主義の成立などと密接な関係がある。近代国家では国家が必要とする軍事力、そして市場が要求する労働力を担う身体が必要となり、そのため、近代的身体には一定の「規律」が作用する。規律というのが規則と訓練が結合したものだとすれば、身体規律は、体位向上、つまり身体の量的・質的能力を高めるための訓練の反復を通じて形成される。この過程で「身体の標準」が提示され、この標準を達成するための努力が個人的にも国家的にも展開されるが、[17]厚生省も達成すべき国民の「標準体力」を提示したのである。厚生省によって動員された身体は自然的な身体ではなく、国家によって「錬成」された身体だった。

　徴兵適齢年齢の男子を対象とした体力章検定の目的は、「直接に国防力の充実、労働力の拡充などに関係の多い種目を選んでその標準を制定し、国民をして常にそれに向かって修練せしめる」[18]という言葉に集約されているが、体力章検定は国防年齢層の青少年を対象として、総合体力を錬成し戦技基礎能力の養成を目的とするものだった。日本においても大正末期から一部の地域で実施されていたが、全国的な規模で実施されるようになったのはこの時からである。体力章検定種目は、一〇〇メートル走、二〇〇〇メートル走、走り幅跳び、手榴弾投げ、運搬、懸垂、水泳、行軍などであった。また一九三九年には、一二歳から一九歳までの勤労成年男子の青年学校への就学が義務づけられたが、ここにも戦時教育の確立とともに、教練重視の教育政策が示されたのである。[19]原案では、数え年一五歳から二五歳の男女を対象としていたが、その後、男子に限定され戦場運動と筋力的作業能力に関する運動能力検査で、三階級の合格基準を設定して総力戦体制下の体力向上の目標とした。そして、厚生省は、この検定の普及徹底を企画し、体力章検定の合格者にバッチを与え、またこれに合格すると神宮大会出場資格を付与するなど、全国的かつ強力に実施された。しかも、戦局が不利になると、一九四三年には「女子体力章検定」も実施されるなど、国民の軍事的能力向上の一翼を担った。[20]遅れて実施された女子の検定では、「健康な母体」をつくることが最も重視され、検定種目も男子とは異なる運搬、体操、短棒投などが行われた。

　実際、体力章検定には、軍事研究の最新の成果が取り入れられていた。体力章検定と陸軍戸山学校「兵運動能力到達標準」を比較してみると、前者の初級標準は後者の「本業基本教育末」における到達目標にほぼ相当する。これが意味するところは、体力章検定の「初級」程度の「体力」が、陸軍が兵士に求める「基礎体力」であったということである。[21]

さらに、厚生省は一九三九年から国民体力向上策のため、新しく制定した「大日本体操」の奨励を本格的に進める。一九二八年から始まったラジオ体操放送以来、体操は民衆の生活習慣となる可能性を増してきたが、身体鍛錬の重要な手段として兵式体操をはじめ、様々な体操が紹介された。大日本体操の奨励以後には、「大日本厚生体操」「大日本国民体操」など、国民体育の生活化、体力の錬成と志気の発揚を目指す体操の制定と全国的普及策が続いた。これらの体操は、従来外国の体操を直輸入してきた日本にとって、日本独自の事情を考慮して創作された体操であり、皇国思想や舶来忌否の時流を反映して日本の「神話」や生活内容にヒントを求め、その形式を加えた体操にすぎなかった。「皇国体操」「建国体操」さらに「みそぎ」などとともに、体力養成より「神がかり」的自己満足にはしる傾向が見られたこの時期ほど体操が職場・学校などの日課に位置づけられ、隣組制度などで全国的に実施されたことは、他に例をみない[22]。

第四節　健民運動と排除される国民身体

健民運動と皇国臣民の責務

このように戦時期厚生省は様々な国民身体管理政策を積極的に進めたが、一九四一年一二月太平洋戦争の勃発とともに、厚生省の身体関連運動はいっそう強化され、一九四二年四月から新しく「健民運動」が大々的に展開された。「健民運動」とは、一九四二年四月に厚生省人口局（一九四一年八月に体力局が改組）が決定した「健民運動実施要綱」に基づき行われた官製国民運動であり、健民運動の直接の源流となったのが、陸軍主導による国民体力向上政策であった。日中戦争の長期化と太平洋戦争の勃発は、人的資源を育成するための新たな身体管理政策を誕生させたのである。

「健民」「健兵」という語が医療・保健行政をはじめ、一般社会で頻繁に使用されるようになったのは、一九四一年七月第三次近衛内閣が発足し、厚生省設立の推進力であった陸軍軍医中将小泉が厚生大臣に就任してからである。その後、東条英機内閣が一九四一年一〇月に成立し、同年一二月太平洋戦争が始まると、政府・軍部は総力戦体制をさらに強化する必要に迫られた。こうした情勢を背景に、厚生省は同年一二月二〇日付で「戦時緊急対策に関する件」[23]という通牒を発した。この通牒では、戦時労務動員体制の強化徹底、民族政策の確立、軍人援護事業の整備拡充、国民生活の確保対策の強化などが強調されたが、この中の一節で「健兵健民対策の整備強化」がうたわれ、医療法の制定、医療営団の設立、国民体力管理制度の拡充強化、国民保健の指導網の確立・改善、乳幼児の保護、軍人援護事業の整備拡充などに関する制度上の改革プランが示された。こうして医療・保健政策は「健兵健民」政策として統合・再編成され、従来の健康増進キャンペーンも「健民運動」として性格を新たにする。

図 5-1　理研ビタミンの広告。「人的資源確保」という言葉が目立つ（『家の光』一九四一年三月号、一九四一年）

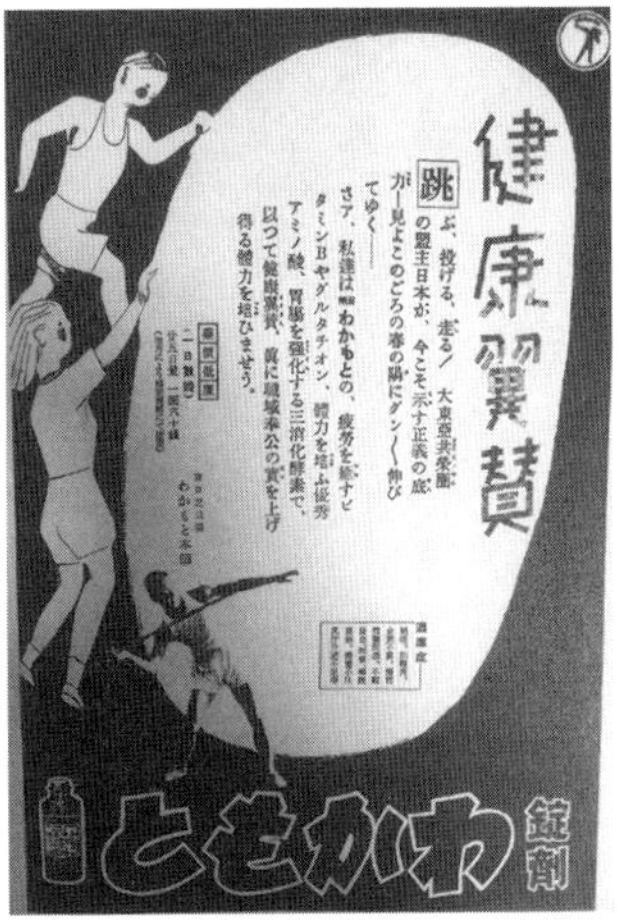

図 5-2　健康翼賛。戦時下「わかもと本舗」の広告（健康も翼賛（天皇を助ける）であるという意味である。『週刊朝日』一九四一年三月二日号、一九四一年）

さらに一九四二年三月、厚生次官名で「健民運動実施に関する件」[24]という通牒が出され、「健民運動実施要綱」が示された。「要綱」によれば、健民運動の趣旨は「大東亜共栄圏」を建設・確立するという「聖戦目的完遂の一助」として、人口増殖とその資質の向上を図るということにあった。健民運動が標榜した目的は、大東亜共栄圏の建設であり、「健民運動」はこれを遂行するために始まった大衆動員の方法を意味するものだった。具体的な運動の課題としては、①皇国民族精神の高揚、②出生増加と結婚の奨励、③母子保健の徹底、④体力の錬成、⑤国民生活の合理化、⑥結核及性病の予防撲滅、六項目を掲げていた。一人ひとりの身体は、天皇制国家のため、女性の身体は出産のため、子どもは良質な軍事力や労働力を提供する人間に成長するために、義務として健康であるべきものと規定された。そこから「健兵」「健民」「健児」などの単語が社会の重要な議題として浮上し、はなはだしくは「健母」という用語も作り出されたのである。近代日本における強固な男性中心イデオロギーによる国家運営体制の確立と「創られた伝統」である良妻賢母の思想は、戦時下に性別役割分担の論理をさらに加速させた。男女を問わず、健康と強力な体力・精神力の持ち主であることが義務づけられたが、男性には戦争に参加できる兵力となる「人的資源」としての役割が最も重視された一方で、女性には一個人ではなく、国民の人口増殖への寄与と強健な心身の児童を産み育てる「健母」「母性」が要求された。健民運動の内容は、従来の健康増進キャンペーンを継承しており、医療・保健衛生関係のみならず、体育関係や生活改善などの方面からも取り組まれ、同時期の文化運動や厚生運動とも密接なつながりをもった。また、健民運動では、体力向上を図ることは「皇国臣民」としての当然の責務であるという国民的自覚を強調したうえで、健民運動を一時的なキャンペーンとしてではなく、年間を通じての恒常的な運動として展開した。

　厚生省人口局は、大東亜共栄圏を建設するための根本は人の問題に帰着すると見て、活力に溢れた優良健全な国民が他国に比べて圧倒的に豊富に存在する事が必要であり、かつ、皇国民族が質的に優秀健全で、量的にも豊富でなければならないのであると主張した。健民運動の根本は「皇国民族の増強を図ること」であり、健民という言葉は、国防上、政治上、産業上、その他の部面で優秀健全な人のことをいい、「健全な皇国民族」の略称といえるものであった。[25]

結核対策と健民修錬所

　健民運動の中でも、厚生省や軍部が最重要課題として強力に推し進めたのが「結核対策」であった。政府はそれまでにも結核予防国民運動をはじめ、大規模な宣伝とキャンペーンを積極的に行っていた。しかし、結核による死亡者は増大する一方であり、一九三九年の死亡者は一五万人にまで達し、過去最高となった。しかも、その過半数が一五歳から四〇歳までの兵力・労働力の中心をなす青壮年層であったため、結核対策は人的資源確保のための「鍵」と捉えられていたのである。[26]

この施策の具体化が本格的に取り上げられたのが、一九四二年八月に閣議決定された「結核対策要綱」である。結核対策要綱の決定は、戦時下における結核死亡率の上昇が深刻な問題となっていたことを背景とするものだった。結核対策に重点を置いた健民運動が大々的に展開されたのである。結核対策要綱は、青壮年層を中心に健康者に対する予防策を徹底し、保健指導網を整備するとともに、全国一三〇〇ヶ所に「健民修錬所」を設置し、ここに入所して修錬しなければならない対象者の範囲や判定基準を定めた。厚生省人口局が設置した施設である健民修錬所に入所させられた対象者は、軽症結核患者、筋骨薄弱者などであり、一定期間療養および修錬を行ったのである。[27]彼らの日常生活を徹底的に管理することを通じて、彼らの体力の向上を図るというものであった。

しかし、初めから伝染病患者や心身障害者、重病の病人などは修錬の対象から除外されており、あくまでも修錬によって、皇国戦力の増強に貢献できる者のみが対象とされた。ともかく、これ以降の体力管理制度は「結核対策」を主要目標とし、体力検査結果に対応した「鍛錬」「修錬」「療養」という三つの体系に基づいて強力に推進されるようになる。健民修錬所では、厳正なる団体的規律を重んじる軍隊式の団体生活を通じて、調査・指導・実践からなる修錬を行った。その後、戦局が悪化する中で、健民修錬所は資金不足と物資・食糧不足によって、大半の修錬所が修錬期間の短縮を余儀なくされるとともに、筋骨薄弱者の精神鍛錬に事業の重心を移していった。結核対策も結核の予防・撲滅から、いかに結核患者をその分に応じて労働力として活用するかということに目標を変えていくのである。[28]

こうした健民運動の特徴は、高岡裕之が指摘しているように、「国民体力管理」と「国民医療」及び「人口政策の実現」という三つの目標を中心とした点である。このうち国民体力管理は厚生省設立問題が提起された時点から陸軍がその成立を推進した制度であった。[29]

第五節　日本厚生協会の設立と厚生運動の実施

戦時下、人的資源の確保が国家緊切の問題となる中で、余暇によって心身を練磨し、情操を醇化することが国民の重大な責務となっていった。そこで、設立された団体が「日本厚生協会」であり、この団体の下で「厚生運動」が実施された。

厚生運動の中核団体となる日本厚生協会設立の直接的契機は、一九四〇年に東京オリンピック招致や第四回世界厚生会議を日本で開催することが決定したことにあった。この過程で、レクリエーションの訳語に「厚生」という語が当てられ、以降、レクリエーション会議は日本では「厚生会議」と改称された。この後、懇談会は数回開かれ、その過程で厚生省の積極的な支援によって、一九三八年四月に日本厚生協会の発起人総会・創立総会が開かれ、「日本厚生協会」が誕生したのであった。[30]

だが、第一次近衛文麿内閣は、日中戦争の長期化と激化を理由に、東京オリンピックの中止を発表、オリンピックとセットになっていた大阪開催予定の第四回世界厚生会議も中止となる。日本厚生協会を設立した当面の目的は消滅したが、協会は活動を継続した。

厚生運動の司令塔ともなる同協会は、集団体操や集団行進をはじめ、国民の余暇活動を指導して「不健全」「不経済」な娯楽を矯正し、「健全な娯楽」を普及することを目的に掲げた。より多くの国民の心身を戦時体制に適合する形で統制し、「心身鍛錬」「人的資源の培養強化」に寄与していくことを目指していた同協会は、厚生省の外郭団体となり、協会の事務所は、体力向上の企画および体育運動、妊産婦、乳幼児および児童の衛生に関することを担当する厚生省体力局の体育課内に置かれた。[31]

日本厚生協会には、東京・京都・大阪・横浜・神戸・名古屋の六大都市のほか、リクリエーション・スポーツ・武道に関係するすべての団体、青少年・女性団体、労働者教育に関係する団体など、多彩な組織が参加していた。[32] 同会は、これらの団体の活動に指針を与え、それまで自由に行われていたリクリエーションを「厚生運動」の名のもと、厚生省の監督下に置くことを狙っていたのである。[33]

では、なぜ、「厚生運動」を全国的に展開するようになったのか。この運動の目的は、どこにあるのだろうか。やはり、そこには「人的資源」としての国民の体力・精神力を強化させるという時局の要請があったことは明らかである。

日本厚生協会は、「国民生活ヲ刷新シ新シ特ニ余暇ノ善用ニ依リ心身ヲ練磨シ情操ヲ陶冶シ以テ国民ノ健全ナル心身ノ保全ヲ図ルコト」を協会の目的として掲げ、「余暇ノ善用」によって「心身ヲ練磨」し、「情操ヲ陶冶」することで、国民の心身を健全に保全していくことを目指していた。そして、この目的を達成するための事業として、「関係団体ノ連絡協調」、「国民ノ健全ナル心身保全ニ関スル研究及奨励」、「世界厚生会議ニ関スル事項」、「其他必要ナル事業」を行うとしている。[34]これらの事業の内、日本厚生協会が真っ先に取り組んだのは、同協会設立の契機となった「世界厚生会議」の開催準備であったが、前述したように、東京オリンピックとともに、世界厚生会議は中止となった。

この世界厚生会議に代わる事業として、一九三八年から実施されたのが「日本厚生大会」であった。第一回日本厚生大会は、東京市明治神宮外苑の日本青年会館で、余暇善用の方法を討議・検討し、その方法を国民に周知するために開催された。この大会には、六大都市の代表をはじめ、日本厚生協会に加盟している多くの団体の代表、企業の幹部らが参加した。

日本厚生大会の開催経緯について、大会準備委員長（厚生省体力局長）の児玉政介は、大会総会の中で以下のように述べている。

> 本年〔一九三八年〕四月二十八日に日本厚生協会の創立を見まして直ちに羅馬に開催せられます第三回世界厚生会議に代表一行を派遣致しまして、来る二千六百年に大阪市に於きまして世界厚生会議を開催する予定を以て準

> 備を致して参りました折から、オリンピック取り止めと一緒に世界厚生会議も中止の已むきに立ち至つた次第であります。併し乍らたとひ国際会議が一時取りとめになつたと致しましてもこの国民厚生運動なるものを愈々確立して大いに人的資源の確保に邁進すべき秋であると信じまして、理事会に諮り十月の評議委員会に於きまして東京市と共同主催の下に開催することに決定相成つた次第であります。そこで日本厚生協会に於きましては早速準備委員会を組織致し、一面に於きまして厚生大臣の指導を仰ぎ、又準備事務に関しまして東京市の協力を得て事務の進捗を計り漸く本日の運びに立至つた次第であります。[35]

児玉は、厚生運動に対して人的資源の培養・養成のために余暇を善用し、心身を鍛練するという方向を示したのである。さらに、大会の趣旨からも厚生運動を通した日常生活の刷新や心身の練磨、戦争長期化に伴う人的資源の確保・培養等が国民の重要な責務であることを強調していることが確認できる。[36]なお、この大会にあわせて各種の実技が披露された。「婦人厚生の夕」では、東京市内の勤労女性によるスポーツ・舞踊・合唱・合奏・詩吟・行進などが行われ、また、厚生野球の名のもとで東京市民軟式野球大会が開催された。これらの実技は厚生運動の具体像を示すものであった。[37]

その後、第二回大会は一九三九年名古屋市で開催されることとなった。名古屋市の厚生運動は、「奨健歩行」を市民に勧めたり、「壮丁皆泳」のスローガンのもとでの水泳を奨励したり、あるいは体操を奨励するなど、体力強化・心身鍛錬が中心で商店員や工場労働者に対する「慰楽」としては、商店公休日に「講演映画音楽の夕」を開催したり、工場に対し労働者の吹奏楽団結成を奨励したりした。[38]

第三回大会は大阪市で開催されることとなったが、この大会が催される一九四〇年は「皇紀二千六百年」にあたり、東亜新秩序建設が国家的課題となる時期であることから、第三回大会を主催する日本厚生協会と大阪市は同大会を「興亜厚生大会」として開催するに至った。総力体制の徹底や東亜新秩序建設のための「聖戦」を支える人的資源を憂慮すべき状況にある中で、日本厚生協会と大阪市は、興亜厚生大会について「旺盛ナル精神ト強健ナル身体ヲ育成スル厚生運動ノ実践」は、「人的資源ノ培養強化」にとって「最モ適切有効ノ方策」であると主張していた。また、こうした信念の下で、彼らは「紀元二千六百年」という意義深き年を記念して、日本各地からだけでなく、隣邦・友邦諸国の厚生運動関係者も招待した。厚生運動の討議・研究を図ることによって、人的資源の培養強化に寄与し、さらに日本の「厚生運動ノ真髄ヲ弘ク世界ニ顕揚スル」ことを意図したのであった。「東亜新秩序建設」のための「聖戦」や、日本の「厚生運動ノ真髄ヲ弘ク世界ニ顕揚スル」ことなど、新たな表現や意図が加わっているものの、興亜厚生大会の開催趣旨は、第一回や第二回大会のそれとほぼ同様であった[39]。

厚生運動では、戦争の長期化が見込まれる中で、これに対応する戦時体制を確立していくために、体育の奨励や不道徳非衛生的な娯楽を排撃し、気風を涵養することを進めている。また、人的資源の拡充強化に寄与する厚生運動の方針を講じることが国民の「重大責務」となっていった。厚生運動は、人的資源としての国民の体力・精神力を強化させるという時局の要請への対応として進められたが、その活動は、建国記念を一つの画期として、徐々に心身鍛錬という傾向を強め、一九四二年からの「健民運動」と一体化していく。この運動は、国民の保健だけではなく、余暇活動である文化、芸術、スポーツ、旅行など多様な場面で展開していくのである。

第六節　戦時下神宮大会の国家主義的支配と国民身体管理

神宮大会は一九三七年日中戦争の全面的な開始によって、大東亜新秩序建設の喧伝とともに国体主義に加えて軍事色を強めていき、政府のスポーツ政策の国家統制、戦争政策の拡大に伴って国家主義的性格をいっそう強めていった。

日中戦争が勃発した年に開催された一九三七年第九回大会は、日本が軍事化していく中、より国民精神の作興と体力向上を目指した大会であった。この大会では政府の補助金がこれまでに比べ三倍になり、入場料を無料にするなど多くの国民を動員するための政策が展開され、軍部の影響下に入る兆しが強く見られた。[40] 近衛内閣は、防共と資源・市場確保のため挙国一致のもとに戦線を拡大していき、戦時体制化は国民の体力・身体管理を本格的に進めた。その方針や思惑は、神宮大会会長に海軍大将有馬良橘（のちに国民精神総動員運動中央連盟会長）を新会長とし、第九回大会総裁に皇族として陸軍中将であった賀陽宮恒憲王を据えたことからも窺える。この大会の開会式では、軍楽隊、奏楽隊の入場式を行い、スタンドのポールの上に国旗を掲揚したのち皇居を遥拝、賀陽宮総裁の令旨を奉体し、有馬会長の挨拶に始まり閉会式は聖恩旗を所定の位置に安置して式を閉じた。[41] また、この大会でも「全日本体操祭」が開催され、一万百十五人もの児童生徒、学生などが動員された。それらを含めると大会参加者は三万五千八百六十六人にものぼっている。

一九三九年第一〇回から神宮大会は、国民体力向上の国家的要請の結果、厚生省主催の政府行事とし、隔年開催を毎年開催にあらため、「明治神宮国民体育大会」と改称して、新しく国防競技、集団体操を加えた。明治神宮体育会の主催から厚生省への移管、それはいうまでもなく国家総力戦に向けた「国民精神総動員体制」の拡充、強化を目的としていた。[42] 第一〇回大会は、「明治天皇ノ御聖徳ヲ景仰シ奉ル神事奉仕ニシテ御祭神ノ大前ニ國民ヲシテ平素ニ於ケル心身鍛練ノ成果ヲ奉納セシメ、進ンデ現下ノ難局ヲ打開シ、東亜新秩序建設ノ礎石タルノ覺悟ヲ誓ヒ奉リ真ニ國民精神總動員ノ具現タラシムル」[43] ためにほかならず、国体主義・皇道主義などを柱とする「神事奉仕」を強化するとともに、国家総力戦に即応するために国防競技、団体行進などを導入している。

さらに、天皇制国家を支えるイベントとして、国家精神総動員運動の体制的な拡充・強化を狙い、神宮大会を機に全国の市町村ならびに府県でも擬似神宮大会（地方大会）の実施を義務づけ、全国民の天皇制国家への絶対帰一を徹底させようとしたのである。[44] この大会では、秩父宮が再び総裁に就任しているが、神宮大会のファッショ的再編を象徴するものは、何といっても二度目の「昭和天皇の行幸」であった。戦時中における昭和天皇の神宮大会参加について報告書は次のように記録している。

> 今回第十回明治神宮國民體育大会を開催するに當り畏くも天皇陛下には事変下御多端の折柄にも拘らせられず體育御奨励の思召を以て十一月二日本大會に行幸あらせらる、旨仰出された。斯くの如きは本會無上の光栄であつて、聖慮の洪大無邊洵に恐懼感激に堪へぬ次第である。政府に於てはこの有難き聖慮を全國民に傳達すると共に、この機會に於て益々國民體育の本義を宣揚し國民体力の増強に格段の力を竭される様地方長官竝各運動團體に通達した。[45]

また、翌年には海洋競技、銃剣道、さらに次年度には軍事訓練までを取り入れた。実施競技が戦技スポーツ化し、戦場運動や筋力的作業の性格を持つ手榴弾なげ・銃剣競技・武装競走、土嚢運搬、行軍などを重視する国防競技が採用されたのである。かくして神宮大会は、総力戦下、国民全体に対する体育奨励の場として重視されるようになり、その内容も戦技化したスポーツや国防競技という軍国主義的色彩にいろどられたものに変えられていった。神宮大会は軍部や政府に協力し国民の臨戦意識を高めたのである。

神宮大会は一九四一年七月交通制限による全国大会中止以降も唯一の全国大会として存続し、一九四一年第一二回大会からは、参加資格として体力章検定合格の要求が加わり、その一九四二年第一三回大会からは「明治神宮国民錬成大会」[46]と改称し、参加者の呼び名も選手でなく「選士」とあらためられた。このような神宮大会の軍国主義的色彩は、太平洋戦争の総力戦体制のもとで強化されていき、文字通り「国家総動員体制」の中に編入される体育大会となった。神宮大会は国家政策枠の中で、戦争遂行のための軍国主義的な体育行事となったのである。[47]

一九四三年第一四回大会を各地方で開催したのを最後に消滅したこの大会で常に掲げられたのは「国民心身の鍛錬」や「国民体力の錬成」であった。こうして崩壊に至るまで神宮大会は、対外侵略的なナショナリズムを高揚するための一大装置であり、天皇制国家の「国民」の身体と心を形成するための体育大会であり続けた。神宮大会に動員された国民の数は、中央大会だけでも役員、選手延べ三〇万人近く、さらに地方予選や神宮地方大会・奉祝駅伝競走のほか、観客、マスゲームなどの参加者を含めると、総勢数千万人であった[48]。結局、この大会は各地方と県を含めた全国ネットワークの確立を通じて、頂点に神宮大会という国家的イベントに収斂させ、天皇制と軍国主義体制の基盤を形成した。また、天皇制崇拝と皇道主義などの日本ファシズム・イデオロギーへの追従とともに、満州事変以降には、多くの青少年をアジア・太平洋戦争という侵略戦争へと駆り出し、他民族と国家を支配し、圧殺する一国家装置という役割を担ったのである[49]。

第七節　大日本体育協会と各競技スポーツ団体の侵略戦争協力・抵抗

オリンピック大会に参加することを目的として一九一一年に発足した大日本体育協会は、一九一二年にストックホルムオリンピックに初参加し国際舞台へのデビューを果たした。その後、各種の日本国内競技会が活発になり、競技団体が大日本体育協会に加盟していき、大日本体育協会はオリンピック代表派遣母体だけの組織から、日本アマチュアスポーツの総元締めとしての組織になっていく。

第二章で詳しく分析したように、オリンピック選手の派遣団体として誕生した大日本体育協会は、戦前からスポーツの「政治的中立性」を標榜しながらも、財政的基盤の弱さから皇室をはじめ、政府などに急速に接近を図っており、深い癒着関係を築いていた。こうした大日本体育協会の政府・財界寄りの体質は、戦時下体育界が戦争に全面的に協力、自発的に「便乗」してしまう結果を招いてしまった。そして、日中戦争の勃発・拡大に伴う一九三八年東京オリンピック大会返上の閣議決定、一九三八年総力戦体制下の人的資源確保をめざす厚生省の設立、国民体力法に基づく体力検査と国民体力向上修練会の強制的実施、体力章検定などが実施された過程で、同会は国民精神総動員中央連盟の加盟団体として精神運動に「全面的に協力」したのである。

皇室・政府と大日本体育協会との深い関わりは、必然的に戦時下国民の体力管理手段として、「体育」に重要な役割を付与したが、その指導を担うものとされたのが、政府と表裏一体となり、国民体育の振興に協力邁進する強力な体育団体として一九四二年四月設立された「大日本体育会」であった。[50] 大日本体育協会は大政翼賛体制に組み込まれ、一九四二年には総理大臣東条英機が「大日本体育会」と改称して会長となり、副会長には厚生大臣、文部大臣と大政翼賛会事務局長が就任したのである。総理自らが体育協会の会長となり、スポーツ・体育を全面的に統制したのである。大日本体育会が設立されたのは、健民運動・体制の一環として国民の「鍛錬」や「修錬」を実施するために、さらなる体育界の協力・動員が必須だったからであるが、そのためには大日本体育協会のような選手中心、競技本位の体育は否定されねばならなかった。したがって、大日本体育会は、国民の義務である「国民体育」の理念の下に、日本のスポーツ・体育界を一元的に統合し、彼らを国民体育の指導者として動員する国策遂行団体として設立されたのである。

大日本体育会は、「政府の体育施策に全面的協力をして、力強い国民体育振興の事業を営んで皇国民の練成に資」[51]する統制団体として、東条英機会長の下で政府の富国強兵政策をスポーツ・体育を通して補完する役割を果たした。同会の活動は、「総合基本体力増強運動の実施」「健民運動に対する協力」「国民体力錬成目標の調査」「国民体育指導者実践体の組織」などといった、国防のための国民体力増強の目的に沿った活動が中心となった。[52] 結局、寄生的性格を強めていった大日本体育会はやがては「体制の侍女」として、政府の外郭団体となって既存の体育団体を包摂し、最高の官民一体の強力な組織として日本の対外侵略に全面的に加担したのである。

こうして、一九四二年以降、大日本体育会を中心とした「鍛錬」の日常化・国民体育の実現が、とりわけ都市と工場を主眼として目指されるようになった。その後、大日本体育会は行政機構や大政翼賛会、産業報国会や大日本青少年団、町内会健民部に依存しつつ、影響力を行使することになった。また、同会の指導者層は、「強兵健民の兵力増強」策に自発的に協力することによって、スポーツの自由、いやスポーツそのものの否定を強いる体力行政と癒着し、組織の拡大・延命を図っていったのである。[53]

他の各競技スポーツ団体も体力章や戦技の方向へ積極的姿勢を示した。体力章検定の普及は、陸上競技の普及に関連すると述べた陸上競技連盟、また時局に鑑み国民の脚力練磨体力強化および精神訓練による人的資源の拡充を企画して一〇〇キロメートル「強歩」を実施した全日本体操連盟など、競技スポーツ界は形態的にも精神的にも完全に戦技の世界へと変質した。[54]

さらに、戦時下民間団体主催の競技会も軍国的色彩が濃くなった。国家総動員法の精神にそった一九三八年「国民精神作興体育大会」、一九三九年「傷兵慰問体育大会」、一九四〇年「皇紀二千六百年奉祝東亜競技大会」など、時局を反映した動きが活発となった。特に、一九四一年「大日本銃剣道振興会」の設立、一九四二年「財団法人大日本射撃協会」の設立は、完全に軍事訓練の民間普及を競技の形で意図しており、戦技団体といえる。

大日本体育協会とその指導者層が軍国主義統制策に自発的に便乗したのに対し、学生野球界やプロ野球界、相撲界の戦争と軍国主義への対応は、軍部の政策に協力、そして自粛、ときに「抵抗」をないまぜた苦渋に満ちたものであった。ほとんどのスポーツ団体が軍国主義とファシズムに「順応」「協力」する姿勢を示したが、その中でも日本の伝統文化である相撲は、国家的な保護のもとで「健民運動」の一種目として取り上げられるなど隆盛を極めていった。だが、国民が「天皇の赤子」であり、健康や身体形成を「臣民の義務」として強要した国家体制の結末は悲劇的であった。

註

[1] 文部省学校衛生官大西永次郎「健康児童を表彰するに際して」『東京朝日新聞』一九三〇年三月三一日付朝刊。

[2] アンナ・アビトワ「戦時下における新潟県の国民健康保険制度―健民運動と国民健康保険組合」『現代社会文化研究』四六号、二〇〇九年、一頁。

[3] 藤野豊『強制された健康―日本ファシズム下の生命と身体』吉川弘文館、二〇〇〇年、一七頁。

〔4〕「再び衛生省設置の急務に就て」『東京朝日新聞』一九三六年六月二六日付。前掲『強制された健康―日本ファシズム下の生命と身体』一七頁。

〔5〕前掲『強制された健康―日本ファシズム下の生命と身体』一七頁。

〔6〕高岡裕之「戦時動員と福祉国家」倉沢愛子他編『岩波講座 アジア・太平洋戦争三―動員・抵抗・翼賛』岩波書店、二〇〇六年、一二四-一二六頁。

〔7〕前掲『強制された健康―日本ファシズム下の生命と身体』一二三頁。厚生省編『厚生行政要覧』一九三八年版では、大臣官房の次に体力局について記され、「国民体力の向上」は国防上・産業上・経済上・文化上の「緊急の問題」であるから、厚生省のすべての機能が体力向上のために動員されるという認識が示されている。

〔8〕栗本義彦『体力向上と体育運動』保健衛生協会、一九四一年、一三八頁。当時の厚生省体育官であった栗本は、この中で国民体育を「陛下の赤子たることに目覚めて、陛下の股こうとなるために行するところの体育」（一一一頁）と定義している。

〔9〕高岡裕之「戦時動員と福祉国家」前掲『岩波講座 アジア・太平洋戦争三―動員・抵抗・翼賛』一二四-一二六頁。

〔10〕水野忠文他『体育史概説―西洋・日本』杏林書院、一九九〇年、二九八頁。

〔11〕前掲『強制された健康―日本ファシズム下の生命と身体』二八-二九頁。

〔12〕高岡裕之『総力戦体制と「福祉国家」―戦時期日本の「社会改革」構想』岩波書店、二〇一一年、二六一-二六三頁。例えば、国民体力法の本来の対象は未成年の男女であったが、その施行に際しては対象者が勅令で限定され、一九四〇年度は一七歳以上二〇歳未満の男子、四一年度は一五歳以上二〇歳未満の男子が被管理者とされた。さらに四二年度には法改正によって被管理者の範囲が男子のみ二五歳まで拡張され、以後一五歳以上二六歳未満の男子が被管理者とされることになった。こうした範囲の限定は財政的・技術的事情によると説明されていたが、いずれにせよ国民体力管理制度の下に置かれた被管理者とは、原則として徴兵の対象となる青年男子であった。前掲『体育史概説―西洋・日本』二九八-二九九頁。

〔13〕前掲『総力戦体制と「福祉国家」―戦時期日本の「社会改革」構想』二六一-二六二頁。

〔14〕中川米造・丸山博編『日本科学技術史大係二五　医学二』第一法規出版、一九六七年。

〔15〕前掲『総力戦体制と「福祉国家」―戦時期日本の「社会改革」構想』二六一-二六三頁。前掲『強制された健康―日本ファシズム下の生命と身体』二八-三〇頁。

［16］前掲『体力向上と体育運動』三四頁。

［17］鄭根埴「植民地支配・身体規律・「健康」」水野直樹編『生活の中の植民地主義』人文書院、二〇〇四年、七一-七二頁。

［18］前掲『体力向上と体育運動』三七七頁。

［19］木村吉次編『体育・スポーツ史概論』（改訂二版）、市村出版、二〇一〇年、一五六-一五九頁。

［20］中村祐司『スポーツの行政学』成文堂、二〇〇六年、一七七-一七八頁、一八一頁。

［21］前掲『総力戦体制と「福祉国家」―戦時期日本の「社会改革」構想』二六七-二六八頁。

［22］前掲『体育史概説―西洋・日本』二九九頁。

［23］厚生省「戦時緊急対策に関する件」赤澤史朗・北河賢三・由井正臣編『資料日本現代史一二　大政翼賛会』大月書店、一九八四年、三六二-三六七頁。

［24］厚生省発人第三九号「健民運動実施に関する件」前掲『資料日本現代史一二　大政翼賛会』三七一-三七三頁。

［25］前掲「植民地支配・身体規律・「健康」」九〇-九一頁。

［26］高岡裕之編『資料集　総力戦と文化　第二巻　厚生運動・健民運動・読書運動』大月書店、二〇〇一年、五〇九頁。

［27］厚生省「結核対策要綱」前掲『資料日本現代史一二　大政翼賛会』三七三-三七四頁。

［28］野村拓『医療と国民生活―昭和医療史』（青木書店、一九八一年）参照。

［29］高岡裕之「戦時動員と福祉国家」前掲『岩波講座　アジア・太平洋戦争三―動員・抵抗・翼賛』一三一-一三二頁。

［30］前掲『強制された健康―日本ファシズム下の生命と身体』四三-四八頁。

［31］厚生省二十年史編集委員会編『厚生省二十年史』厚生問題研究会、一九六〇年、一〇七-一〇八頁。厚生省五十年史編集委員会編『厚生省五十年史　記述篇』厚生問題研究会、一九八八年、三九五頁。

［32］例えば、日本厚生協会に参加した団体は、日本旅行協会・日本観光連盟・日本文化中央連盟・日本山岳会・日本基督教青年会・日本基督教女子青年会・日本児童遊園協会・大日本紡績連合会・大日本海洋少年団・大日本体育協会・大日本連合婦人会・大日本武徳会・全国産業団体連合会・大日本少年団連盟・大日本女子連合青年団・講道館・公園緑地化協会・国立公園協会・帝国少年団協会・協調会・勤労者教育中央会・奨健会・修養団・生命保険会社協会などであった。

［33］前掲『強制された健康―日本ファシズム下の生命と身体』四八-五三頁。

［34］都筑真他「戦時下における日本の厚生運動―厚生大会（一九三八-一九四〇）を中心として」『筑波大学体育科学系紀要』三四巻、二〇一一年、二七-四三頁。

[35]　日本厚生協会編『第一回日本厚生大会報告書』日本厚生協会、一九三九年、九頁。前掲「戦時下における日本の厚生運動―厚生大会（一九三〇‐一九四〇）を中心として」二七‐四三頁。
[36]　前掲『資料集　総力戦と文化　第二巻　厚生運動・健民運動・読書運動』三頁。
[37]　前掲『強制された健康―日本ファシズム下の生命と身体』三五‐四五頁。
[38]　同上、五六‐六一頁。
[39]　興亜厚生大会事務局編『紀元二千六百年興亜厚生大会誌』興亜厚生大会事務局、一九四一年、二頁。前掲「戦時下における日本の厚生運動―厚生大会（一九三〇‐一九四〇）を中心として」三八‐四三頁。
[40]　太田順康・長瀬聡子「明治神宮体育大会に関する研究―明治神宮体育大会と昭和初期のスポーツについて」『大坂教育大学紀要Ⅳ　教育科学』五一巻二号、二〇〇三年、四九〇頁。
[41]　明治神宮体育会編『第九回明治神宮体育大会報告書』明治神宮体育会、一九三八年、七頁。
[42]　厚生省編『第十回明治神宮国民体育大会報告書』厚生省、一九四〇年、六‐七頁。
[43]　同上、一五頁。
[44]　入江克己「近代の天皇制と明治神宮競技大会」吉見俊哉他『運動会と日本近代』青弓社、一九九九年、一八四頁。
[45]　前掲『第十回明治神宮国民体育大会報告書』二三頁。
[46]　戦時下、体力向上を意味する用語として最も多く使われたのは「錬成」という言葉である。特に、一九三七年日中戦争開始後に成立した総動員体制の下では、精神と身体をより効率的に動員するため、すべての「国民」に絶えず錬成が要求された。錬成とは、練磨育成の意味で、体力、思想、感情、意志など、人間のすべての能力を包括する言葉である。練磨は身体に対応し、育成は精神に対応するもので、知識偏重の教育から脱皮して知より行を優先する教育政策の産物だった。前掲『生活の中の植民地主義』七四頁。
[47]　加賀秀雄「日本の総動員体制下の学校体育とスポーツ」世界教育史研究会編『世界教育史大系三一　体育史』講談社、一九七八年、三五一‐三五二頁。
[48]　厚生省編『第一二回明治神宮国民体育大会報告書』（厚生省、一九四二年）四一頁以下参照。
[49]　前掲「近代の天皇制と明治神宮競技大会」一七一頁。
[50]　厚生省「大日本体育会の誕生」『週報』二二八号、一九四二年四月。
[51]　日本体育協会『日本体育協会五十年史』日本体育協会、一九六三年、六二頁。

〔52〕同上、六七‐七四頁。
〔53〕高津勝『日本近代スポーツ史の底流』創文企画、一九九四年、三二一‐三二四頁。
〔54〕前掲『体育史概説―西洋・日本』二九九‐三〇〇頁。

第六章　植民地朝鮮における皇国臣民化政策と秩序化される身体

第一節　朝鮮総督府による身体規律化政策の浮上

二〇世紀初頭の日本帝国主義による朝鮮植民地支配は、いまだに政治的・歴史的な問題をめぐり多くの論争がなされている。同時に、多岐にわたる研究によって植民地政策の様々な側面が明らかになりつつある。しかし、それまでの韓国における植民地朝鮮に関する研究は、「植民地近代化論」や「植民地収奪論」の関連研究や民族意識に基づく抗日運動などを強調するあまり、他の諸般の事実を見逃してしまいがちな傾向を多分に持っていた。戦後日本社会でも長い間、植民地支配をめぐる問題は研究課題として重要視されてこなかった。植民地支配の歴史を振り返り、植民地支配の清算の課題が広く本格的に意識されるようになったのは、この二〇年くらいのことであり、近年、日本における歴史学・政治学、文化史などの領域で植民地主義を考察しようとする研究が盛んになってきている。

だが、多くの研究がなされている中、戦争と同化と近代化が折り重なるように押しつけられた植民地朝鮮における身体管理を通した国民づくりと身体規律化の問題についてはほとんど研究がなく、その実態が明らかにされていない。植民地朝鮮の場合、一八九五年の日清戦争で植民地となった台湾や占領地（旧外地）とはその統治・支配の位相が異なる。「皇国臣民化政策」の名のもとで「全面的」に行われた暴力的な支配政策と弾圧の歴史は、他の国では見られない光景であった。日本の植民地支配をめぐる日韓の歴史認識の違いと葛藤は、戦後七五年以上を経ても未だに解決に近づかない。日本による朝鮮支配が「同時代ナショナリズム」の側面からどのような特徴を持っていたのか、解放後の韓国社会の形成にいかなる影響を及ぼしたのかを分析することは、今も続く日韓両国の「歴史戦争」を考える上で意義を持っている。日本の近代史と現在の私たちの課題を見直すことができるからである。本章で朝鮮を取り上げる理由はここにある。

一九三〇年代に入って朝鮮総督府は、朝鮮人の戦争動員と皇民化のために、新聞、ラジオ、映画、講演会、ポスター等、様々な宣伝媒体を利用して啓発宣伝を行った。また、朝鮮人の体力を本格的に管理するために身体管理政策を推進した。日中戦争以降、植民地朝鮮でも、衛生・健康や身体規律に関わるスローガンが多くの民衆の生活を縛るようになったが、この政策はまず学校を中心に展開された。植民地朝鮮でも学校は、生徒の身体を効率的に管理・統制するために最適な空間として機能し、生徒たちの身体規律化に重要な役割を果たしていく。

朝鮮総督府のこのような狙いのもとで、皇国臣民化政策の一つとして学校を中心として実施されたのが「皇国臣民体操」である。さらに、集団体操がラジオ放送と結びついて身体の規律化を図った「ラジオ体操」や健康増進運動と児童愛護運動を統合した国民総動員の一環として展開された「健民運動」、日常的儀礼を通じた身体規律などが植民地朝鮮でも行われた。朝鮮人の日常生活の中で身体の等級化・規律化、そして集団的「錬成」が大きな位置を占めた。日本と同様に植民地朝鮮でも、総動員体制の下で「健民」「健母」「健児」が称揚されたのである。本章では一九三六年に南次郎が朝鮮総督に就任して以降の時期を対象とし、戦時下植民地朝鮮における日本の身体管理・規律化政策の目的とその狙いを明らかにしたい。

第二節　皇国臣民化政策と皇国臣民体操の普及

朝鮮総督南次郎による皇国臣民化政策

第一章で詳しく触れたように、日本における国民づくりを真に理解し、初めて「順従な身体」づくりという方法を意識的に導入したのは、初代文部大臣森有礼である。その後、日本では、規律訓練的身体を国家的に養成する政策を通した国民国家にふさわしい「国民」づくりを学校を中心に展開していった。近代的身体の最も重要な特徴の一つは、個人の身体が国家権力の監視や検査の対象になり、より良い身体と健康が訓練によって育成されることであるが、それは近代学校制度の基盤を中心として確立していった。国家は様々な学校行事や学校教育・訓育を通じて、生徒の身体を国家の意図する「身体」へと変化させようとしたのである。

このような日本における身体統制と管理様式は、日本が併合を通じて朝鮮を植民地化して以降、朝鮮の学生たちと民衆の大半にもそのまま適用された。朝鮮総督府による植民地統治初期における身体管理は、主に文部省を中心として学校で行われたが、その後、元関東軍司令官南次郎が朝鮮総督府の総督として着任した一九三六年から朝鮮における身体管理政策は大きく変化した。

ところで、関東軍司令官であった朝鮮総督南次郎の「内鮮一体＝朝鮮人の日本人化」政策はよく知られており、彼の思想は、「半島人を忠良な皇国臣民にする」という一言に帰結する[1]。そして、この思想のもと、忠良な皇国臣民をつくるためのすべての政策が「皇国臣民化政策」に総称され、それまで差別の対象であった朝鮮人は「皇国臣民」として、本格的な動員の対象になりはじめたのである。朝鮮総督府は朝鮮人の「身体」や「健康」は日本の重要な資産であり、かつ戦争に勝つための核であると考えるようになり、朝鮮人の身体を戦争動員にふさわしい形に変化させていく。そして、戦時下一九三七年一〇月八日、朝鮮人の身体的管理のため考案された装置が「皇国臣民体操」である。朝鮮のほとんどのスポーツと体操が、植民地時代に日本から朝鮮に流入したのだが、皇国臣民体操だけは唯一植民地朝鮮で誕生・発展し、逆に日本本国へと流れ込んだものであった。[2]

皇国臣民体操の目的

皇国臣民体操は、どのような内容の体操だったのか。皇国臣民体操は剣道の型を簡素化した体操であり、初期は「木剣体操」と呼ばれていた。皇国臣民体操に関して最初に報道した『京城日報』は、この体操について「皇道精神の鼓吹に木剣体操を課す」[3]と報じており、この時点ではまだ皇国臣民体操という名称は使用されていなかった。[4]『朝鮮総督府施政三十年史』が強調しているように、皇国臣民体操は「皇国臣民たる信念を体得せしめんが為に、従来の学校体操の中に剣道の要素を摂り入れ、その型に親しむことにより心身を鍛錬するもの」であって、「所有る機会・所有る場所にて、其実施自在なるを長所をする」ものであった。[5]この体操で使用された木剣は、学年・実施対象によって三種類あり、木剣以外にも木刀が使われた。特に皇国臣民体操で使用される木剣及び木刀は、体操の一般的な道具としてではなく「日本の精神」と見なされ神聖視された。[6]

では、朝鮮総督府はなぜ「皇国臣民体操」を作ったのであろうか。体操制定の目的と趣旨は如何なるものであったのか。南次郎総督が進めた皇国臣民化政策の代表的な例としては、神社参拝、宮城遥拝、「皇国臣民ノ誓詞」提唱、日本語使用、創氏改名等を挙げることができる。皇国臣民体操もこのような皇国臣民化政策の一環として制定・実施された。これは一九三七年一〇月八日に朝鮮総督府が通牒として公布した「皇国臣民体操趣旨書」を通じて確認することができる。[7]

> 古來武道ノ型ヲ範トシテ之ヲ體操化シ組織ノ上「皇國臣民體操」ヲ創定シ、一般ニ普及セシムルコトトセリ、右ハ古來日本精神ノ根帶ガ武道ニ依リ培ハレタル武士道ニ在ルヲ信ジ其ノ精神ヲ採リ劍ニ親シム者ト否トヲ問ハス日常武道ノ型ニ親シムコトニ依リ心身ヲ鍛錬シ皇國臣民タルノ信念體得ニ資セシメンガ爲ナリ[8]

つまり、皇国臣民体操制定の究極の目的は、剣を利用して日本の「武士道精神」、「日本精神」を習得することで、皇国臣民としての信念を体得することにあった。さらに、目的については、以下のように述べられている。

教育體制ノ根本方針ハ皇國臣民ノ造成ヲ目的トスルニ在リ各學科ヲ通シ之ニ歸一セシムルニ在ルハ勿論ニシテ曩ニ學校體操教授要目ヲ改正相成タル主旨モ亦右ノ目的精神ニ出ツルモノニシテ皇國臣民體操實施ニ當リテハ徒ニ技巧末節ニ捉ハルルコト無ク身體ノ錬成、精神ノ統一ヲ旨トシテ我國傳統ノ武道精神ノ體得ニ依リ皇國臣民タル氣魄ノ涵養ニ努ムルト共に姿勢ノ端正、身體ノ強健ヲ圖リ快活、剛毅、確固不抜ノ精神ト忍苦持久ノ體力トヲ養成センコトヲ期ス[9]

日本武道の形式を手本として作ったこの体操は、趣旨、目的ともに武道の技を体得することではなく、体操を通して「皇国臣民としての身体の錬成」、精神の統一、日本の武道精神の体得、皇国臣民たる気魂の涵養を通した「皇国臣民を作る」ことにその狙いがあったのである。さらに朝鮮の全州師範学校附属小学校研究部が発行した『皇国臣民体操精義』では、皇国臣民体操の本質に対して、次のように論じている。

健全なる身體と正しき姿勢の中に、やがて健全なる皇國臣民精神と正しき知識が修得されるのである。身體の正しき錬磨を通して、而してそれと同時に健全なる日本精神、卽ち武道精神の領得が企圖せられたところに皇國臣民體操の強味がある。體操である以上精神の錬磨のみに墮せず、さりとて單なる意味なき運動に走らず、吾吾の憧れる日本的なる意味内容を生理的體育的に、充分吟味されたる道行を通してそれによって體得し吟味するてふ精神的なものと肉體的なるものとの互に抱き合ひ、眞に板についた融合の裡に生れ來るものこそ吾吾の玆に説かんとする皇國臣民體操の本質であり、かくして皇國日本の體育も今や漸くその本道に復歸したる感を深くするものである。[10]

皇国臣民体操の実施を通じて、精神的、肉体的に健全な「日本精神」、すなわち「武道精神」を体得することによる、朝鮮人の日本人化を目標にしたことがわかる。このように、朝鮮総督府は剣道と体操が合一された皇国臣民体操を通じて、戦時下における「戦力増加」という目的を果たそうとしていたのであった。[11]

学校と一般民衆への普及

朝鮮総督府は一九三七年一〇月から全国の各学校と一般の人々に皇国臣民体操を広く普及した。朝鮮総督府の指示によって皇国臣民体操は、朝鮮全体で小学校の低学年を除く小学三年時から、体操の時間に実施された。学校は身体能力の育成と規律化の核心的役割を果たしたが、これは各種の儀礼、武道、体操、教錬などの教科を通じて行われた。朝鮮総督府は、学校を通じて個人の身体を「従順な身体」、すなわち、服従させ、有用に転換し発展させることができる身体にしようとした。特に、学校は忍耐強く順従的な国民の態度を注入する場として機能し、訓育を通じて学生たちを戦争と社会秩序にふさわしく馴致する身体に仕上げる役割を担当したのである。皇国臣民体操を学校教育の場で広く普及させていくために、それぞれの規格に応じた木剣（木刀）が各学校に配布されたが、素材となる枇杷の木が入手困難であることから、樫の木を用いて製作されることが一般的であり、学校によっては実習の際に創作したところもあった。[12]

朝鮮総督府の強力な普及計画は、速やかに実行に移された。皇国臣民体操は、体操の時間は勿論、毎月実施される愛国日行事を利用して「皇国臣民体操会」を開催するなど、各学校で盛んに行われるようになった。皇国臣民体操が制定された当初は、随意科目として小学校・中学校で行われていたが、一九三八年三月三〇日に改訂された第三次「学校体操教授要目」を通じ、体操教科の教材として導入、すべての朝鮮の児童と学生たちに普及させることになる。

計画は速やかに実践に移され、皇国臣民体操は「必修」のものとして、各学校で全朝鮮の児童・生徒たちに実施された[13]。改訂された「学校体操教授要目」の具体的な体育指導方針は、忍耐、節制、奉仕、克己、犠牲、剛毅、忍苦持久、勇気、決断、進取、果断、確固不抜などの自己犠牲的努力と、命令服従の徳性涵養という目標が掲げられた[14]。特に、「学校体操教授要目」の小学校規定第二七条では、体操は身体の各部を均斉に発達させ、動作を機敏に、また姿勢を端正にすることで全身の健康を保持増進できることが強調された。

また、「快活剛毅」「確固不抜の精神」と「忍苦持久の体力」を養成して、規律を守って協同を尊重する習慣を育てることを目標にすると規定されているように、「学校体操教授要目」公布以降、「精神」と「体力」両面の養成がその目的であったことがわかる[15]。

皇国臣民体操は学校だけではなく、一九三八年末からは官公署や一般民衆の間でも盛んになるが[16]、朝鮮の女性にも本格的に取り入れられた。女性の「心身鍛錬」が、天皇制国家体制と皇国臣民養成のための急務であるという言説が溢れる中、皇国臣民体操は官制女性団体と女学校を通して女性の身体を管理・統制していった。

また、一九三八年に朝鮮人の青年が入隊した陸軍特別志願兵訓練所において、皇国臣民体操が正課として採用されている点は見逃すわけにはいかない。『京城日報』は「志願兵の正課に皇國臣民體操」という見出しで、以下のように報道している。

> 入所い來五旬の訓練に半島最初の感激と光榮を荷つて身心愈よ錬磨される陸軍特別兵志願者訓練所では正科として皇國臣民體操を取り入れることになり廿七日陣之内鹿雄教士を招いて日本刀に關する講和を受け、廿八日午前九時全訓練所生二百二名に三寶にのせて森嚴な木刀の受與式を行つて後教士の指導で體操の實施指導を受け益々皇國臣民の精髄に触れることになつた[17]。

南次郎総督の朝鮮統治における二つの大きな目標は、「朝鮮に天皇の行幸を仰ぐこと」と「朝鮮に徴兵制度を導入すること」であったが、その手始めの場所である陸軍特別志願兵訓練所で皇国臣民体操が行われるようになったことは、皇国臣民体操の役割を再確認させる事柄であろう。[18] 一九四一年朝鮮総督府学務局が皇国臣民体操の普及過程について、満足するに値する成果をあげたと評価しているように、[19] 皇国臣民体操は各学校と大衆の間で一般的なものとなった。

このように皇国臣民体操が全国に広まった理由は、学校生徒や一般大衆が簡単に学べるように、明治期の武術体操よりもさらに簡素化したこと、そして朝鮮総督府の強力な普及政策の効果であると考えられる。

第三節　帝国日本支配のシンボル・ラジオ体操

第三章で詳しく検討してきたように、一九二八年から日本で始まったラジオ体操は、「身体そのものの合理化」のための運動として開始されたが、戦時下にはその集団的・共同的な動きによって国民精神の統一を図るものとして利用された。

植民地朝鮮におけるラジオ放送は、首都京城で一九二七年から始まっており、ラジオ体操が始まったのは一九三一年からであった。しかし、朝鮮人のラジオ普及率はかなり低く、日本人のラジオ普及率を大きく下回っていた。そのため、ラジオ体操が放送されてから、毎日実施する人々は少なかった。このような状況の中、一九三六年三月に平壌放送局が、一九三七年二月には清津放送局が開局し、ラジオ体操の放送が開始されたのである。[20]

ラジオ普及率がなかなか伸びないことに悩んだ朝鮮総督府は、健康増進のための理想的な運動がラジオ体操であると集中的に宣伝しながら、ラジオ体操が集団的に行われている京城市内のいくつかの場所を紹介して一般人の参加を促した。また、朝鮮総督府は朝鮮体育協会を朝鮮総督府の学務国内に移転させ、直接体育事業を管理・指導した。朝鮮体育協会は体操講習会を開催するとともに、地域・組織単位で体操や様々な体育ができるようなリーダーを養成する事業を推進する。このような啓蒙活動と並行して、ラジオ体操の普及のために組織化した「ラジオ体操の会」を積極的に広報し、ラジオ体操を普及することに力を入れ始める。ラジオ体操は朝鮮総督府の積極的な支援のもと、朝鮮体育協会が主催し、逓信局・朝鮮放送協会が協力する体制で、毎年夏休みの一ヶ月間に渡って集団体操会が開催され、植民地民の体力向上を図るために奨励されたのである。[21]

図 6-1　植民地朝鮮におけるラジオ体操（『朝鮮日報』一九三三年八月一九日付）

朝鮮におけるラジオ体操は一九三四年から「ラジオ体操の会」を通じて本格的に広がった。朝鮮総督府は一九三四年からラジオ放送プログラムと連携した放送拡大活動の一環として、七月二一日から八月二〇日までの一ヶ月間「ラジオ体操強調期間」を設定し、午前六時から三〇分間「ラジオ体操の会」を通して、朝鮮の全地域でラジオ体操を開催した。ラジオ体操はチェコの民族的体育運動協会であったソコルが行った民族的体育運動のように、植民地を含んだ帝国日本全体が団結して実施する健康運動の象徴的な行事として定着していった。[22]

「ラジオ体操の会」の積極的な宣伝の結果、一九三四年の第一回「ラジオ体操の会」時には全国で開かれた会場数が四一ヶ所、参加者数三三万八三五一人であったのが、一九三七年の第四回時には会場数六四二ヶ所、参加者数三五一万七八八四人となり、第一回時に比べれば、その参加者数は一〇倍以上に激増した。『京城日報』が「ラジオ体操の会を開いて、酷暑を征服し健康増進運動をしているが、今年は例年と違い体操の始まる前に国歌と「海行かば」を一回ずつ奏楽（中略）ラジオ体操終了後、各支会長の指揮の下に皇国臣民体操、建国体操等々を行って半島人の運動量の増加をはかり、同時にラジオ体操を通じて国民精神運動を起こすことにした」[23]とラジオ体操の様子について報道しているように、ラジオ体操は皇国臣民体操とともに、学校教育、職場での取り組みといった国民生活の隅々まで浸透したのである。さらに、二年後の一九三九年には四七八三ヶ所に一三四九万三六一二人もの人々が参加するなど、参加者数は増加し続けた[24]。

朝鮮体育協会を中心として組織された「ラジオ体操の会」は、戦時下朝鮮の人々の体力向上と体育運動の生活化を促進させようと開催を増やしていく。そして、ラジオ受信機の継続的な普及によって、一九四〇年代から朝鮮総督府は団体のみならず、各個人が自ら体力向上に努めるよう家庭でも実施するべきだと奨励していった。ラジオがない村や家庭では、各地域の愛国班長が中心になってラジオ体操を民衆に指導・講習し、愛国班長の主導によって町内広場で住民たちが集まって一斉に実施するように奨励した。太平洋戦争に突入してから、ラジオ体操は宮城遥拝などとともに積極的に実施される。さらに「ラジオ体操の会」の名称を「健民運動戦線夏季心身鍛錬ラジオ会」に変え、愛国班員を動員し厚生体操と防空訓練を兼ねて実施するように強化された[25]。

ラジオ体操は戦時下の国民精神総動員運動とあいまって、植民地朝鮮、台湾、満州、ニューギニアなどにまで広がりを見せ、その会場数は総計一六二〇〇ヶ所にのぼり、三週間の延べ参加人員は一億二二一〇万に達するなど驚異的な実績をあげるに至った[26]。植民地における盛大なラジオ体操は、日本の領土であることや日本の支配を示す「シンボル」としての役割を果たしていくと同時に、植民地朝鮮が日本の統治下にあることを「体験」させようとする意味合いが強まったといえよう。植民地朝鮮の人々はラジオ体操をすることによって、自分たちの身体が帝国日本の一構成要素であることを認識したと考えられる。そこには、個々の身体を「共有」させるラジオという仕掛けがあった。

第四節　朝鮮における健民運動と日常生活の規律化

鉄の体は興亜の礎石

日本における健民運動は、一九四二年四月、厚生省人口局の主導によって実施された。厚生省は健民運動を行う理由・目的として、「大東亜戦争の完遂を通じて大東亜共栄圏の建設」「皇国民族の量的質的の飛躍的増加向上を企画する」ことをあげ、この目的を達成するためには「皇国民族の増強を図ること」が根本だと強調している。そして、「健民」「健兵」「健児」「健母」などをつくり上げるための具体的な運動として、「皇国民族精神の高揚」「出生増加と結婚の奨励」「母子保健の徹底」「体力の錬成」「国民生活の合理化」「結核及び性病の予防撲滅」を挙げている[27]。

一方、朝鮮総督府は日中戦争以降の戦況の緊迫につれ、一九四一年一一月、人的資源増強と円滑な国民動員を目的に総督府内に「厚生局」を設立し、日本とほぼ同じ時期である一九四二年五月から「健民運動」を実施した。朝鮮の健民運動は、「鉄の体は興亜の礎石」というスローガンの下に、毎年行われてきた「健康増進運動」と「児童愛護運動」を統合した国民総動員の一環として展開された[28]。

図 6-2　植民地朝鮮における健兵健民ポスター（朝鮮総督府作成、立命館大学国際平和ミュージアム所蔵）

朝鮮における健民運動は、最初は「健兵」を育成するためにその対象が青年層に向けられていたが、戦争が拡大するにつれ、健民運動は青年層をこえて、「子供」と「女性」たちにまで広がった。朝鮮では一九二七年から「児童愛護運動」が本格化していたが、朝鮮総督府は乳幼児死亡率の低下にも関心を持ち、児童愛護運動を太平洋戦争以降「健民運動」に変化させ、母親と幼児の保護を提唱した。朝鮮総督府は、朝鮮で行われてきた伝統的養育法は非科学的であると強調しながら、全国児童愛護週間を設定し、優良児表彰会を始めた。さらに、母親たちに日本の近代的医療知識の優越性を示しつつ、日本の養育法を理想的な指針として提示、その知識を体得するように強要した[29]。それは戦時下の窮乏した生活下で、子どもの死亡と疾病を母親の責任とするためであり、実際には「健民は健兵の礎石」[30]とし、徴兵制実施前に将来兵士となる子どもの身体を管理するために、児童の健康に対する注意を喚起し、母親の養育責任が国家的意味を持つということを知らしめるためであった。

さらに、母親の理想像として、強い女性、強い母性づくりも強調されることとなった。一九四二年から始まった女子体力検定では、健康な母体の養成のために相当な持久力を要する高い水準を定め[31]、女子の心身鍛錬が男子よりも必要であることを強調した。水泳二〇〇メートルの訓練、砂四キロを背負って五時間以内に往復二四キロメートルを踏破する行軍のみならず、重さ八キロのものを両手に持ち二九秒以内で一〇〇メートルを走破することが求められたのである。そのうえ、一九二〇年代に一部の知識人の間で議論された産児制限は、反国家的な思想として規制され、女学校では「出産奨励教育」を実施し、社会でも積極的な結婚奨励と出産増加を宣伝するキャンペーンが実施された[32]。「多産」と同時に、毎年数十万にもなる流産や死産は、国家的大損失と指摘し、「母体の健康」を提唱して、健民運動週間における妊婦の無料診察や優先的物資配布など保護策も行われた[33]。戦時体制下では妊婦の保護のみならず、婦人健康も強調された。一九四三年になってからは、健兵、健民、健児の延長線上に「健母」という概念まで登場したのである。すなわち、理想的女性像は、一九二〇年代の「良妻賢母」から、一九四三年には「健母」へと転換したのである。全体的に見ると、朝鮮の健民運動は、日本に比べてより「健兵」を強調していたが、それはこの時期に朝鮮で実施された徴兵制と関連していたのである[34]。

溢れる日常的儀礼

さらに、朝鮮における身体規律は、戦時生活体制の下での「日常的儀礼」を通じても形成された。すでに、朝鮮総督府は一九二〇年代初めから「生活改善運動」という名の下で、朝鮮人の日常生活に対する干渉と統制をし始めた。

生活改善運動の具体的な内容は、「生活改善に関する宣言」[35]で全一七項目にまとめられたが、主に人々の消費に関する事柄が注目された。例えば、祝儀や香典の廃止、結婚式及び葬儀の簡素化、お弁当持参、服装の一元化、朝鮮衣服の変更、女性衣類と装身具の簡素化、貯蓄奨励、宣伝日制定などであった。宣伝日には節約日、貯蓄日、公共奉仕日、禁酒日、禁煙日、禁肉日が制定された。この生活改善運動は、一九三〇年代前後には消費領域のみならず、生産の側面に注目した「合理化運動」として実施された。

生活改善運動と合理化運動は、一九三七年の日中戦争以降、国家総動員体制の社会的再編成の原理として、また植民地権力による日常生活への介入と統制を全面的に強化する運動として続けられた[36]。それが「国民精神総動員運動」である。朝鮮では、日中戦争勃発一周年（一九三八年七月七日）を迎え、日本と歩調を合わせてこの運動を展開した。国民精神総動員朝鮮連盟の綱領（一九三八年九月二二日）は多岐に渡っていたが、その根本趣旨は、朝鮮人を「皇国臣民」として内鮮一体を実現し、生活革新と生産拡充を成し遂げて総動員に応じ、組織と訓練を通して戦時体制を確立することにあった[37]。特に、生活革新分野、朝鮮人動員に必要な各種記念日設定や日常儀礼の強化を通して、朝鮮人の日常生活を再組織化・統制していった。例えば、愛国日、感謝日、国語日、行歩日、体育日、勤労日、反省日、貯蓄日などから成り立っていた戦時国民生活強調週間など、各種キャンペーンの実施と特別行事週間が設定された。さらに、生活の戦時体制化、戦時生活の確立、国民生活の刷新、簡素な国民生活の実現が絶えず強調され、日常生活の隅々まで統制した。白衣の弾圧と国民服や勤労服の着用、白米食の禁止など簡単な食事をすること、化粧の禁止、男子はできるだけ丸刈りとするヘアスタイルの規制、靴はわらじや下駄の一種であるぼくりを履くことなどが強要された[38]。

その中でも、当時日本にはなかった「愛国日行事」は興味深い。日中戦争が勃発した直後、学校から始まり、官公署・会社・銀行・工場・各種団体と町洞会・部落へ広がった愛国日行事の目的は、忍苦持久の精神訓練を通じ、責務遂行能力を伸長すること、朝鮮人に日本の神道・天皇・国家に対する敬畏心と忠誠心、すなわち、「皇国臣民」の道を体得させるところにあったといえる。愛国日行事は神社の前で執り行うことが原則だったが、それができない場合には、国旗掲揚台前でも実施した。愛国日行事は主に、①神社・神祠参拝、②皇居遥拝、③国旗掲揚、④国歌斉唱、⑤講話、⑥皇国臣民の誓詞斉誦、⑦天皇陛下万歳三唱などの順序で行われた。その他にも、勤労報国の名目の下、集会時に二時間程度集団作業をする場合もあったが、それは一心不乱の態勢を整えようという意図からであった[39]。

　朝鮮総督府は愛国日行事だけでなく、学校と団体の各種集会で「皇国臣民の誓詞」を斉誦し、また出版物にもこれを掲載するように強要した。はなはだしくは、これを日本語で暗記できるか否かを見て、配給品の支給の可否を決定しさえしたのである。

第五節　戦後韓国社会への連続性

　本章では、植民地朝鮮における皇国臣民体操、ラジオ体操、そして健民運動と日常生活の規律化などを取り上げながら、植民地朝鮮における朝鮮総督府の身体管理政策・動員の特質、朝鮮人の国民化を明らかにした。本章で明らかにしたように、植民地朝鮮でも植民地支配を強固にしようという狙いのもとで、様々な身体管理政策と生活の「規律化」が進められ、日常生活のすべての領域は「国民儀礼」で満たされ、統制された。

　無論、これらの政策の目的は、日本的体育建設、戦力増加という帝国主義的政策の一環として制定されたものでもあり、最終的には「朝鮮人の日本人化」を目標にして実施された皇国臣民化政策に帰着する。もはや朝鮮人個人は、自身にふさわしい養成法を自主的に追及するよりも、帝国日本が定めた「国民」の標準として規定した身体に合わせて、自身の身体を義務的に管理しなければならなかったのである。

　では、植民地朝鮮で実施された様々な身体管理関連政策・規律化は、朝鮮が日本から解放されてからはどうなったのだろうか。まず、皇国臣民体操やラジオ体操は、一九四八年朝鮮体操連盟によって制定された「国民保健体操」につながり、一九五二年李承晩政権によって対象が全国民に拡大された。さらに、日本が植民地朝鮮に残した植民地遺産は、五・一六軍事革命によって政権を握った朴正熙（一九六三年から一九七九年まで大統領）の第三共和国時代から本格的に学校のみならず社会の隅々へ浸透した。朴正熙政権の時代には「国家再建運動」が本格的に行われ、その一環として、人々は朝早く起きて広場や学校のグラウンドで「再建体操」を行った。一九六二年に制定された「再建体操」は、植民地朝鮮で行われた皇国臣民体操やラジオ体操を「復活」させたものであり、再建体操の順番は、皇国臣民体操の実施順番と同形式であった。朴正熙政権は祖国の近代化という名の下、植民地下で実施された制度などを国家統治システムとして復活・制度化させたが、特に、一九七〇年代の維新体制に入ってから実施された様々な政策やその理念は、戦時下総動員体制の「複写版」ともいうべきものであった。

さらに、学校では「愛国朝礼」が実施された。学生たちは愛国朝礼時間にグラウンドに集まって、植民地時代の「教育勅語」「皇国臣民ノ誓詞」の代わりに、朴正熙政権が作った「国旗に対する誓い」「国民教育憲章」を繰り返し覚えさせられた。愛国朝礼では、国旗に対する敬礼と誓い、国歌斉唱（愛国歌）、黙念、校長先生の訓話、再建体操・国民体操実施、行軍などを実施した。教練や体力章も国民体力向上という名の下で重視された。朝鮮が植民地から解放されてからも、植民地朝鮮で行われた身体管理と統制政策は、持続的に学校や社会を支配する核心論理として作用したのである。

大人も例外ではなく、主婦は「班常会」を通して月一回集まった。班常会は愛国班や隣組から生まれた組織である。他にも、学徒護国団の復活、国旗下降式、国民歌謡、再建服の着用、ミニスカートの取り締まりなど、数多くの日本の軍国主義の歴史がそのまま生き残った。一九四五年朝鮮の解放以降、植民地朝鮮で実施された身体管理政策と統制、帝国主義の遺産は、断絶されないまま韓国社会に残り続けたのである。その後も、それぞれの時代の政権に身体的教化という政治的目的のためにしばしば利用されてきた。これは国家の身体支配が続いていることを物語っているといえよう。

註

［1］宮田節子『朝鮮民衆と「皇民化」政策』未来社、一九八五年、一四八頁。

［2］『京城日報』一九三八年二月八日付。鄭根埴「植民地支配、身体規律、「健康」」水野直樹編『生活の中の植民地主義』人文書院、二〇〇四年、七七頁。

［3］『京城日報』一九三七年九月二五日付。

［4］金誠「植民地朝鮮における皇国臣民体操の考察」『札幌大学総合論業』二八号、二〇〇九年、九〇-九一頁。

［5］朝鮮総督府『朝鮮総督府施政三十年史』名著出版、一九七二年、七九三頁。金順槙・田村栄章「日本の修身教科書研究」『日本語文学』一九輯、二〇〇三年、一七四頁。また、皇国臣民体操を実施するための基礎訓練としては、「木剣に対する態度」「姿勢と気合」「気剣体の一致」「礼儀」などの精神的な面の習得が強調され、基本体勢として直立の姿勢、休メの姿勢、構への姿勢など六種類の姿勢があった。また、「皇国臣民体操実施要領」によると、この体操の動きは一四節で構成されており、一四節の動作を三回連続するように指示されていた。皇国臣民体操の技術では打ちと突きがあったが、打ちは攻撃を加える身体の部位によって顔打ち、手首打ち、胴打ちが、突きは前突、表突、裏突があった。木刀を使って一四種類の動作を連続的に行い、また、六種類の構えを時間と場所にしたがって行うようになっていたのである。各節ごとの動きを示すと、第一節前後後退左右開、第二節正面撃、第三節左斜面撃、第四節右斜面撃、第五節右籠手撃、第六節右胴撃、第七節左胴撃、第八節前突、第九節表突、第十節裏突、第十一節正面連続撃、第十二節左右斜面連続撃、第十三節前後後退、第十四節呼吸運動である。『京城日報』一九三七年一〇月二一日付。

［6］金載祐・李學来「皇国臣民体操に関する研究」『韓国体育学会誌』三九巻一号、二〇〇〇年、一一頁【韓国語】。

［7］同上、一二-一三頁。

［8］朝鮮総督府『総督府官報』一九三八年一〇月八日。

［9］朝鮮総督府『施政三十年史』朝鮮総督府、一九四〇年、七九二-七九三頁。

［10］全州師範学校附属小学校研究部『皇国臣民体操精義』日韓書房、一九三七年、一一頁。

［11］前掲「皇国臣民体操に関する研究」一四頁。次の文章は当時の体育の目的が戦力増加に集中していたことを明らかにしている。「東亜新秩序建設の大使命に協力すべき體育の目標は、實に「戦力増強」の一點に集中すべきであつて、彼の太平の世に行はるべき様な體育は此際之を後廻しにして、先づ吾人は最高の戦力を獲得すべき力強き體育の方策を樹

立しなくてはならない」。朝鮮総督府『朝鮮』二九一号、一九三九年、三四頁。

[12] 前掲「植民地朝鮮における皇国臣民体操の考察」八八頁。

[13] 前掲「皇国臣民体操に関する研究」一一頁。

[14] 前掲「植民地支配、身体規律、「健康」」八〇頁。

[15] 朝鮮教育研究会『朝鮮総督府施政年報』朝鮮総督府、一九三八年、二九頁。前掲「皇国臣民体操に関する研究」一八－一九頁。

[16] 朝鮮総督府『朝鮮総督府施政年報』朝鮮総督府、一九三八年、二一八－二一九頁。

[17]『京城日報』一九三八年二月八日付。前掲「植民地朝鮮における皇国臣民体操の考察」九五頁。

[18] 前掲「植民地朝鮮における皇国臣民体操の考察」九五頁。

[19] 朝鮮総督府『朝鮮社会教育要覧』朝鮮総督府学務局社会教育課、一九四一年参照。

[20] 金栄煕「植民地時期朝鮮におけるラジオ放送の出現と聴取者」貴志俊彦・川島真・孫安石編『戦争・ラジオ・記憶』勉誠出版、二〇〇六年、一六一－一六二頁、一六七－一六八頁。

[21] 黄義龍・孫煥「日帝強占期のラジオ体操の普及と社会的影響」『韓国体育史学会誌』一四巻三号、二〇〇九年、四三－四四頁【韓国語】。

[22] 前掲「日帝強占期のラジオ体操の普及と社会的影響」四四頁。

[23]『京城日報』一九三八年六月二二日付。

[24] 前掲『朝鮮総督府施政年報』、二一八－二一九頁。『京城日報』一九三七年七月一一日付。前掲「日帝強占期のラジオ体操の普及と社会的影響」四四頁。

[25] 前掲「日帝強占期のラジオ体操の普及と社会的影響」四四－四五頁。『毎日新報』一九四四年七月一六日付。

[26] 日本放送協会編『日本放送協会史』日本放送協会、一九三九年、二〇九頁。

[27] 高岡裕之編『資料集総力戦と文化第二巻　厚生運動・健民運動・読書運動』大月書店、二〇〇一年、二八三－三〇〇頁。

[28] 前掲「植民地支配、身体規律、「健康」」九〇－九二頁。

[29]「医学を家庭化せよ」『毎日新報』一九四二年一月二五日、一月二九日、一月三〇日、一月三一日付。

[30]「健民は健兵の礎石」『毎日新報』一九四二年六月四日付。

[31]「新しい健康美」『毎日新報』一九四二年三月二三日付。「男女体力章検定」『毎日新報』一九四三年六月一八日付。

［32］多産者への表彰は厚生局が設立される前である日中戦争勃発後から、毎年五月の「国民健康週間」の行事として実施されたと見られる。「表彰される子福者」『毎日新報』一九四〇年六月二日付。「子福家庭も表彰―京畿で一〇名以上四〇家庭を」『毎日新報』一九四二年二月一一日付。

［33］「人的資源の確保策としてまず妊産婦を保護、厚生局で熱意成案中」『毎日新報』一九四二年七月一四日付。「妊娠した体」『毎日新報』一九四二年五月六日付。「健全な幼児は健全な母から」『毎日新報』一九四二年五月五‐七日。「婦人、産婦に優先」『毎日新報』一九四二年七月一六日付。

［34］前掲「植民地支配、身体規律、「健康」」九三頁。

［35］『朝鮮』一〇六、一九二四年二月、一三三頁。

［36］孔提郁・鄭根埴編『植民地の日常―支配と亀裂』文化科学社、二〇〇六年、二一‐三四頁【韓国語】。

［37］朝鮮総督府『朝鮮に於ける国民精神総動員』朝鮮総督府、一九四〇年、六七‐七〇頁。綱領の骨子は、①皇国精神の顕揚、②内鮮一体の完成、③生活の革新、④戦時経済政策への協力、⑤勤労報国、⑥生業報国、⑦銃後の後援、⑧防共防諜、⑨実践網の組織及び指導徹底などであった。

［38］前掲「植民地支配、身体規律、「健康」」八八‐八九頁。

［39］朝鮮総督府時局対策調査会『生活ノ刷新ニ関スル件』朝鮮総督府、一九三八年、三二‐三五頁。勤労報国運動は、①国家観念の涵養、②内鮮一体の深化、③勤労愛好・忍苦鍛錬・犠牲奉公精神の涵養、④共同一致的行動の訓練、⑤体力の増進、⑥地方の開発、⑦非常時局認識の徹底などを目標とした。

第二部　戦後日本におけるナショナリズムとスポーツの諸相

第七章　戦後初期スポーツ改革政策と国民体育大会の開催を通した戦後復興・民族再建

第一節　戦後初期国民体育大会をめぐる様々な思惑

戦前日本のスポーツは、国威発揚を目指したオリンピック主義に基づく一部エリート選手育成の歴史であり、青少年の思想善導・社会思想対策として振興された。また、太平洋戦争の総力戦体制のもとでは、国家総動員体制の中に編入され、軍国主義に協力し多くの青少年を侵略戦争へと駆り出した歴史がある。それは同時に日本体育界の歴史でもあるのだ。ポツダム宣言の受諾と無条件降伏によって日本の戦争は終わりを告げ、日本はＧＨＱ（連合国軍最高司令官総司令部）の全面的な占領下に入った。占領軍の徹底的な「民主化」と「非軍事化」の方針によって、戦後改革が徹底的に進む中、戦前・戦中、軍国主義に協力した日本の体育・スポーツも強力な改革の対象となった。

その中で、敗戦直後の一九四六年から大日本体育会（一九四八年一一月、日本体育協会に改組。現在は日本スポーツ協会）の主催により、荒廃で娯楽を失った国民と青少年にスポーツの喜びを与え、国内に広くスポーツを普及させる目的で、開催されたスポーツ・イベントが国民体育大会（以下、国体）である。そして、この時期、国体をはじめとするスポーツ大会の開催をめぐっては、皇室、政府、自治体、そして体育界が様々な思惑と狙いを抱いており、国体はそうしたそれぞれの思いに支えられて開催されたのである。

　戦争責任から自由ではなく、人間宣言を行うとともに戦前の絶対天皇制から新たに象徴天皇制の天皇と変わった昭和天皇は、先行きが見えない不安定な状況の中、国体をはじめ様々なスポーツ大会に関わりながら、自分の存在感をアピールしていった。天皇家を社会的に披露する格好の場としてスポーツが選ばれたという事実は、国民統合の歴史の中で、スポーツが占めてきた独自の位置や役割を示唆しているように考えられる。そのため、国体が純粋なスポーツ大会としての性格から逸脱し、戦後日本社会における「象徴天皇制」の公認と浸透を増幅させる装置として、戦後政治のうえに重大な意味をもたらしてきたことも、また無視できない事実である。さらに、スポーツ大会における天皇杯や各種皇族杯は、戦前から始まり、戦後社会も生き延び、天皇制の維持・発展させるものとして成り立っている。スポーツ大会と皇室との関係は、戦後の象徴天皇制の中でも親密度をより高めながら現在に至っているのであり、戦後初期、ＧＨＱの占領期から再び下賜された「天皇杯」は、まさにその先駆をなすものであるといえよう。

　天皇と皇族たちのスポーツ大会への出席と天皇杯・優勝カップの下賜がもたらす象徴的機能は、天皇にとってはいわば設営された「国民統合の表現舞台」であり、ここに登場することによって「象徴天皇制」の社会的正統性を周期的に客観化できる役割をはたす。また、スポーツ大会行事への出席に加えて地方視察の機会があり、その機会を通して地域の住民と直接会うことができる。天皇・皇后をはじめ皇族が出席するスポーツ大会は、象徴天皇制の公認と浸透を宣伝する媒体であり、政治的・社会的な国民統合システムの重要な一環を構成しているのである。

　政府と大日本体育会は、ＧＨＱの占領下「戦後復興」と「民族再建」が図られていた当時の社会状況の中で、象徴天皇の地方巡幸を利用し、国体における天皇出席と「日の丸・君が代」復活、天皇杯下賜を図ることによって、民族再建に国体を利用した。国体は戦後初期から「政治的」色合いが加わることとなった。戦後初期、日本政府と大日本体育会は、戦禍にあえぐ国民に国体開催を通して国民感情高揚に寄与し、生活意欲の原動力として「国力の再建」「戦後復興への寄与」に貢献することを期待しており、国体開催は、力強い希望の光を投げかけるもの、日本民族の自由を高める機会として捉えられたのである。この歴史は、戦火による廃墟の中から日本スポーツの再建に向けて始まった国体が、その当初から戦前と深いつながりがあり、あっという間に政治的に利用され、かつ公的な位置づけを与えられ、一気に「官製のお祭り」へ変化したことを示している。それゆえに戦後初期の国体は「戦後復興」「民族再建」、国民国家再建という「ナショナリズム」の範疇に拘束されていたのである。

こうした過程で、中心的な役割を果たしたのが、体育界を代表する大日本体育会の理事たちであった。彼らは戦前軍国主義的体育思想の下、国民を戦争へと動員させる一翼を担わせた戦前の神宮大会と深く関わっていた人々であり、戦後初期から始まった国体開催を企画した体育界の中心メンバーでもあった。つまり、戦前から始まった皇室と体育界の癒着関係は、戦後にも断絶されないまま維持されており、国体は出発当時から神宮大会と人的・理念的つながりがあったのである。さらに、国体開催の背景には、天皇制ファシズムの形成・強化に協力した戦時スポーツ体制の典型といえる神宮大会への郷愁が強く残っており、それゆえ国体が神宮大会の性格、つまり「天皇制イデオロギーの装置」としての性格をある程度有していたことは否定できない。国体が戦後混乱の中からいち早くスタートできた背景には、国体のモデルであった神宮大会を、その「連続性」という点から無視するわけにはいかない。しかも、彼らは戦後初期から多くのスポーツ大会や協会に下賜された天皇杯・皇后杯をはじめとする皇族杯の下賜において中心的な役割を果たしていた。体育界の重鎮たちによって、象徴天皇制を担ぎ上げるシステムが作られていったのである。

一方、開催県は、国体のスポーツ振興や競技内容に関してはほとんど関心を示さず、「戦後復興」とスポーツ施設の建設、道路建設などの国体関連事業を積極的に行っていった。一九四五年三月以降の無差別爆撃により、全国各地は大きな被害を受けたが、膨大な費用を要する復興計画は縮小せざるを得なかった。開催県にとって国体開催は、政府からの特別国庫補助金によって、ひどい戦災状況に対して復旧事業を行うだけでなく、大規模な都市整備ができる絶好のチャンスであり、開催県は国体開催と戦後復興・地域開発を結びつけたのである。戦争によって廃墟となった地域に国体を通して関連事業を展開し、「新日本再建の原動力」「戦後復興」の先駆けの機能を果たしたのである。

本章では、戦後初期ＧＨＱのスポーツ改革政策とその理念を明らかにしつつ、その理念の下で開催された戦後初期における国体の特徴と機能を明らかにすることを目的とする。そのため、一九四六年第一回京都大会から一九五〇年第五回愛知大会までの国体を分析し、戦後初期における国体はどんな役割と機能を果たしたのか、政府は国体にどんな役割を担わせたのかということを分析する。また、象徴天皇制の基盤形成と浸透にスポーツはどう関わったのかということを分析する。

第二節　ＧＨＱのスポーツ・体育改革政策

純正なスポーツの復活と大衆化・民主化

戦後日本におけるスポーツ・体育の改革においては、何よりも、第二次世界大戦における反ファシズム勢力のファシズムに対する勝利という歴史的・社会的背景を受けて、「軍国主義的色彩の払拭」から始まり、「純正なスポーツの復活」「大衆化」「民主化」が強調された。特に、戦後の混乱した世相を背景にスポーツを通して国民生活に活力と希望を与えるとともに、広く日本人の間にスポーツを普及するため「大衆化」理念に基づいて数多くのスポーツ大会が開催された。

戦後初期、様々な改革政策が立案される中、文部省は戦争で中断されていた学校の教育機能を復活させ、一九四五年八月二四日に『学校教練教授要目』など、軍事教育・戦時体錬・防空関係などの十九の訓令を廃止するとともに、同年九月一五日には、敗戦後最初のまとまった方針である『新日本建設の教育方針』を明らかにした。同方針では、戦前の天皇中心・軍国主義教育の反省の上に立って、軍国主義的思想・施策の払拭と平和国家建設を目的に掲げる中で、除去されるべき軍国主義、追求される民主主義、教育における民主主義などを述べるとともに、「第五章　体育の改善」という一章が設けられているが、ここでは日本の体育は「軍国主義及び極端な国家主義によってゆがめられた」として、その改善を述べている。[1] そして、『新日本建設の教育方針』は、「純正なスポーツの復活」を指示したのである。[2]

また、一九四五年一〇月二二日、ＧＨＱの最高司令官は指令を発し、すべての軍事教育および教練の中止を命じた。この措置を受け文部省は、同年一一月六日、武道および「ヘイタイゴッコ」などの軍事的教材の禁止、軍事教練を停止、形式的規律訓練や画一的指導から児童の個性・自発的重視の指導への転換、スポーツ教材の導入など通達を発し、自由競技および運動競技の活用に重点を置くスポーツ競技に置き換えられるべきものとした。さらに、文部省は同年一二月二六日、以上の方針の徹底を促したのであるが、そこでは教科のみならず、教科外活動における学校の全面禁止、武道に使用されるすべての用具の破棄が明示された。[3]

このような改革が進められる中、一九四六年三月ＧＨＱの要請によって来日した第一次アメリカ教育使節団による報告書の中で、戦後日本教育の民主化政策は明確な形として現れた。戦後教育改革のバイブルともいわれたこの報告書は、教育に対するすべての面のついて言及している。その中心的な内容は、大衆と少数の特権階級に別々の種類の教育をほどこした日本教育を批判し、[4]「個人の価値と尊厳」を基本とする民主的な市民の育成を教育目的にすえ、この目的の達成にふさわしい教育の機会均等をはかる学校制度・教育を目指す教育内容、民主的な教育過程の編成と教科書制度、社会教育の拡充などについて総合的に明らかにしたものであった。さらに、この報告書は「体育」の部分で、民主社会を建設するうえで「スポーツ」の果たす役割の重要性や家庭・近隣で行えるスポーツ・ゲームを発達させる必要性、体育施設の準備を優先的に配慮すること、体協諸協会・青年団を含む非軍国主義的スポーツ団体の復活勧告とスポーツマンシップの必要性を強調し、それによって日本スポーツ・体育分野において日本の前進は可能で、日本の体育・スポーツが民主主義教育に貢献できる可能性が大きいと主張していた。[5] 一九四六年一月、民間情報教育局の体育担当官として着任したノーヴィル少佐は、同年二月上旬から日本の学校視察を行うとともに、レクリエーション指導主事をした経験からスポーツ・体育改革に本格的に乗り出した。そして、一九四六年六月の地方体育担当官会議で彼は、日本のチャンピオンシップへの偏重を批判し、レクリエーションの重要性を強調して、「全ての国民」が参加できるスポーツ・体育の普及と制度・施設を作るようにしたのである。

体育界の新しい方向模索

日本のスポーツを総括する大日本体育会の清瀬三郎理事長の構想も、国民のスポーツ大衆化であった。清瀬は「体育会の使命」で、「文化建設の基調をなす體育を再興し、新日本建設に貢献することは、現在の體育人の務めであり、大日本體育会の根本的使命であらねばならぬ」、「大日本體育会が唯一の民主的自主體育団体として再生した以上は、そして大日本體育会が事業執行機関たるあらゆるスポーツ団体の職合機関として生まれ出た以上は、學徒たる社会人たるとを問わず、事體育に関しては大日本體育会が其のあらゆる事業の執行に當らねばならない」「従来大日本體育会はとかく中央の組織のみ大にして地方末端に於ける浸透力薄きの感があった。この變態的な形は当然正道にもどさるべきであって、地方末端に沸々と起ち上る国民全般の體育熱あって始めて中央組織の存在の意義がある。即ち逆のピラミッドは正常の形に直さるべきである」[6]と述べた。つまり、大日本体育会はスポーツの一般化に対しては充分な手が伸びていなかったと指摘しながら、今後日本の進むスポーツは大衆に根ざしたものでなければならないと主張したのである。

戦時翼賛体制に協力した大日本体育会をはじめ、大日本武徳会、大日本学徒体育振興会なども民主団体へと改組するとともに、新しい方向を模索しはじめた。体育界の代表的な団体である大日本体育会は、これまでの戦争遂行のために設けられた部会をなくし、種目別競技団体を構成団体とする民間団体として発足することになった。その後、大日本体育会は敗戦後の混乱の中で「働く人に慰安を与え、青少年の思想に新方向を示すべくスポーツを奨励して、荒んだ社会に一まつの清涼剤を投じる」[7]べく、ただちに活動を開始した。このように戦後初期スポーツ・体育における改革構想のキーワードは、純正なスポーツの復活、大衆化・民主化であったといえよう。[8]スポーツの大衆化・民主化気運によって、戦中中止された数多くのスポーツ大会が復活され、新しいスポーツ大会も誕生した。国体をはじめとする、労働組合体育大会やマッカーサー元帥競技大会などが例に挙げられる。

第三節　戦後スポーツ再建における戦前と戦後の断絶・連続

国民体育大会の創設

国体は一九四六年第一回大会が開催されてから毎年開催県を移動し、一九五〇年代まで唯一の全国的なイベントとして大規模に実施するスポーツ大会として続けられてきた。一九八七年第四二回沖縄大会で全国を一巡し、以降二巡目に入り、二〇一九年大会で計七四回の回数を重ねている。これほどまで長い歴史にわたって継続できたスポーツ大会も世界的に稀であり、各都道府県持ち回り、都道府県対抗の方式なども独特の方式である。また、国体はスポーツ大会として法律（「スポーツ基本法」）で明記されており、政府が一つの政策として、日本のスポーツ振興の装置として利用してきた歴史を持っている。したがって、敗戦直後に始まった国体の歴史は、戦後日本スポーツ政策の歴史そのものでもあったといえよう。

国体がその長い歴史の過程で、全国規模の大会としてスポーツ人口の増大やスポーツの普及・底辺の拡大、体育・スポーツ施設の整備・拡充、選手強化など、日本の体育・スポーツの普及・振興に大きく貢献してきたことは否定できない。だが、国体が長い歴史の過程で、スポーツ普及・振興の役割のみならず、ナショナリズム高揚や地域統合・国民統合などといった様々な役割と機能を果たしてきたことも事実である。

では、国体はどのようにして誕生したのであろうか。その戦後誕生の過程やその後の展開から何が読み取れるのか。

国体誕生のきっかけは一九四五年一二月の大日本体育会の理事会であった。一九四五年一二月二六日、お茶の水の岸記念体育館で大日本体育会の理事平沼亮三、清瀬三郎、久富達夫、石田啓次郎などは今後日本のスポーツについて話し合っていた。その中心内容は、①荒れ果てた国民生活の潤滑剤として、スポーツをどのように再建するか、②これまでの臨戦態勢の体育を純粋スポーツに衣替えするには、どうしたらよいか、③体育団体としての使命、特に所属競技団体の組織や事業は、今後どのように在るべきか等であったが、話し合いの中で、石田啓次郎理事が「この際、全国体育大会を開いてはどうか」と発言し、この発言が国体創始の発端になった。[9]

この会議が終わった後、大日本体育会は朝日新聞との共催による「スポーツ巡回講習会」を開催するとともに、一三回にわたる「地方スポーツ懇談会」を開き、国体開催に必要な世論を作っていった。この過程で、平沼、清瀬などは国体開催準備のため、関西スポーツ連合（同年六月二六日に正式設立）会長の春日弘と懇談したが、この会議では、①戦後の荒廃によって健全娯楽を失った国民、特に青少年にスポーツの喜びを与えたい。②進駐軍に対し、民族の気概を示そう。③荒廃した国土、とくに、旧軍隊の施設をスポーツ文化の場に改建しよう。④戦禍にあえぐ国民、とくに退廃した青少年に平和と民族愛の表徴としてのスポーツを浸透させよう。⑤純粋スポーツの再建と指導陣の充実を計り、今後のスポーツの再建を期そう。⑥全国的大会を開こう。その実施の具体案を一日も早く示されたい、等といった内容が話し合われたという。[10]

「進駐軍に対し、民族の気概を示そう」、「戦禍にあえぐ国民、とくに退廃した青少年に平和と民族愛の表徴としてのスポーツを浸透させよう」には、はっきりとスポーツをナショナリズムの道具にしようという思いが示されている。国体はそもそも始めから「民族愛」を植えつけ、進駐軍に対し、民族の気概を示す政治的行事に他ならなかった。これでは「純粋スポーツの再建」を打ち立てられるはずはなかったのである。

こうして一九四六年五月大日本体育会の理事会以降、国体の実施要綱が検討され、同年八月七日の理事会ではＧＨＱの承認が伝えられ、政府も補助金四〇万円を支出することを決定し、第一回国体が開催されることとなった。

このように一九四六年第一回国体は、敗戦後の日本国民の意気消沈を黙視できず、当時の中堅スポーツマンの提唱により、国民の気力を高揚しようと企てられたものが起こりであった。第一回大会は、当時の食糧事情を反映し参加者が配給米を持参しなければならない状態で京都を中心に六〇〇〇人が参加した。開会式は天皇出席や入場行進もなく、素朴な形で行われたが、ＧＨＱが集団的行動や宗教的行動、国旗掲揚・国歌吹奏を禁止していたことが理由であった。

明治神宮競技大会の戦後版国民体育大会

大日本体育会は国体開催が戦前明治神宮競技大会（以下、「神宮大会」）の神事奉仕的性格と国策的運営から脱却して新しい観点にたち、まさに解放されたスポーツの明るい精神をそのまま反映して、国民に勇気と希望を与えるものであり、深く「内省」した民主的にして文化的な再建意欲の発動から、国民の体育大会として発足したと強調した。[11]

しかし、国体は開催企画当時から戦前・戦中軍国主義に協力した神宮大会への「反省」ではなく、「追慕」と「郷愁」から始まっていた。第二章で詳しく検討したように、国体のモデルともいえる神宮大会は、一九二四年内務省の発案・主催によって、明治神宮競技場で開催された大日本帝国下「国民体育大会」であった。競技スポーツによって国民の「身体的鍛錬」と同時に「民族精神の高揚」をめざした神宮大会は、太平洋戦争の総力戦体制のもとで、「国家総動員体制」の中に編入されることとなり、多くの青少年を侵略戦争へと駆り出す戦争遂行のための軍国主義的な体育行事であり、国家装置だったのである。[12]

このような戦前の神宮大会の特徴を見てみると、この大会は戦後国体と深い関連を持っていることがわかる。中でも、戦後における国体の政治性、つまり象徴天皇や皇族との関わり方に注目すると、そこには戦前の神宮大会が眼前にちらついてくるのである。

国体の創始の過程を見ると、神宮大会の創設の過程とあまりにも酷似している。国体開催にあたって、中心的に活動をした大日本体育会のメンバーは平沼亮三、末弘厳太郎、清瀬三郎、久富達夫、石田啓次郎らであり、平沼、末弘、久富の三人は神宮大会の役員をしていた。特に平沼、末弘二人は神宮大会の最初から関わっていた人で、平沼ははじめ顧問となっていたが、明治神宮体育会が組織されてからは副会長に就任した人物であった。末弘は準備委員として入り、最初の計画から参加した人物だ。こうしてみると、明らかに神宮大会と国体は「人的」にもつながりがあり、しかも国体の発想の「モデル」となっているといえる。[13]

しかも『国民体育大会五〇年のあゆみ』が「当時の関係者の心底に、戦前の明治神宮大会への追慕とスポーツへの郷愁との流れあり」[14]と、いみじくも記しているように、彼らがかつての神宮大会を脳裏に浮かべていたであろうことは想像に難くない。神宮大会への「反省」ではなく「追慕」、そして戦禍にあえぐ国民、特に退廃した青少年に平和と民族愛の表徴としてのスポーツを浸透させようとする意図が、敗戦後国体開催を推し進めた人々の心を占めていたのであった。大日本体育会をはじめとするスポーツ団体が、戦前の皇室からの賜杯下賜と天皇への忠誠を何等反省することなく、戦後再び逸早くその復活を希望していたことからも戦前の理念・思想が戦後にそのまま引き継がれたことが確認できる。

結局、神宮大会と国体の共通性格は、第一に、神宮大会の中心的人物が国体創始の重要な役割をし、人的にも発想としても同じであったこと、第二は、両大会とも皇室と密接な関係にあったこと、第三に、両大会とも、単に「スポーツ精神」の重視を至上とすることには消極的で、「体力向上」と「精神の作興」が付加されていたことであり[15]、戦後「国体」は、神宮大会が持った理念を維持したまま、名前だけ変え生まれたのである。

第四節　「象徴天皇制」の公認・浸透と大衆化・民主化構想の失敗

昭和天皇の地方巡幸と国体出席

昭和天皇は一九四六年一月に自ら「神格否定」の宣言を行うとともに、一九四六年二月から神奈川県をかわきりに地方巡幸を開始した。昭和天皇の地方巡幸は、途中中断はあったものの沖縄を除いて一九五四年北海道まで九年間も続いたが、昭和天皇が「巡幸」を開始した時期は、まだ東京裁判の開廷前で、憲法もどうなるかわからず、天皇の身体とその制度は先行きがはっきりしない、極めて「不安定」な状態におかれていた時期であった。そのため、昭和天皇は地方巡幸を通して自分の位置を確保し、国民から圧倒的に支持されている姿をＧＨＱに見せなければならなかった。また、昭和天皇の地方巡幸は、「戦後復興」と「再建」を激励する儀式でもあった。地方巡幸を実施することに

図 7-1　神奈川県における昭和天皇の地方巡行（一九四六年二月）（「＜あのころ＞昭和天皇が地方巡幸」共同通信社 https://this.kiji.is/602636329731540065（最終閲覧日二〇二一年二月一日））

よって、戦争による国民感情を慰撫するとともに、戦争責任の心理的な希薄化を図り、明治初期の巡幸を戦後において再現し、新憲法の制定に伴う象徴天皇の社会的「正当性」を示していく目的を持っていた。

そんな中、国体も第二回大会から戦後巡幸の一環として組み込まれていくことになり、極めて「政治性」の高い行事となる。国体が象徴天皇と関わりを持つようになったのは、一九四七年の秋に金沢を中心に開催された第二回の石川国体からであったが、昭和天皇の北陸巡回の予定が発表されると、大日本体育会理事長の清瀬三郎は、宮内府長官の田島道治を通じて国体開会式への要請、非公式ながら国体史上初の天皇出席が実現したのである。その経緯を『国民体育大会五〇年のあゆみ』はこう伝えている。

天皇陛下は、かつてから、大戦後の民情視察のために全国を巡幸されていたが、たまたま一〇月下旬は北陸御巡幸の予定になっていたので、清瀬理事長からこの機会に国体大会に御立寄り方を宮内府田島長官を通じ要請していたところ、九月一七日、非公式ながら、開会式にご臨席の上、所属競技団長、都道府県支部長にも列立拝謁を賜わり、その後、一部の競技をご覧になる旨の内示があった。（中略）開会式は、一〇月三〇日午前九時二〇分、陛下をお迎えして、金沢市営運動場で行われた。前夜の豪雨は奇跡的に晴れ渡り、役員も選手も服装こそまちまちであったが、心は一つ、晴々とした気持ちで入場、プログラムにしたがって式は進められた。開会宣言後、大会初の若い力吹奏のうちに最初の大会旗が掲揚され、つづいて禁制の国旗掲揚も申請の許可を待たずに決行され、二万の観衆は国旗が上がると共に、期せずして、君が代が涙を浮かべて斉唱され、万感こもごも満場は感激と観喜の渦となった。若い力も勇ましく斉唱され、閉式後、白シャツ姿になった市内小学六年男女四五〇〇名の元気のよいマスゲームも展開された。天皇陛下には兼六公園野球場の中等野球をご覧の上、おかえりになられた[16]。

北國毎日新聞
陛下を迎えて第二回國民体育秋季大會開く
きのう秋晴れのもと全國の若人一万二千名参加して金沢運動場空前の開會式典
二十四競技場の力闘　とどろくスポーツ賛歌
力強き選手宣誓
観衆合せて八万
壮美・新日本の若き力結集
入場行進へお應え　安打に思わずお手を
盡きぬお名残り
平野農相の追放

図 7-2　第二回石川国体における昭和天皇出席を報道する新聞（『北國毎日新聞』一九四七年一〇月三一日付）

第二回大会当時は「日の丸」を掲げることも、「君が代」を歌うことも許可されていなかった。しかし日本国憲法の制定という日本社会の民主化進行の過程で、憲法の国事行為に示されない天皇の国体参加の道が開かれ、戦後初めてメインポールに「日の丸」が揚げられたのである。昭和天皇が北陸巡幸を終えて帰京した翌日の一一月三日には、宮内府屋上に「日の丸」が復活・掲揚されていた。第二回石川国体での出来事は、天皇の中国地方訪問に同行したＧＨＱ民政局員ポールケントが兵庫で天皇の列車が兵庫で数多くの「日の丸」に迎えられた事件に関して、宮内府を出頭させ、事件の報告書を提出するようにせまったという対応とは際立ったちがいがあった[17]。

天皇中心のイデオロギーの存続

第二回石川国体に参加したスポーツ界の人々は、

国体開催と天皇参加についてどんな感情を抱いたのであろうか。第五回愛知国体秋季大会副会長を務めた浅井竹五郎愛知県体育協会会長（当時）は、「あの金沢グランドの開会式のさい天皇陛下御臨席のもと戦後初めて、大日章旗と国体の聖炎旗とが晴れ渡った秋空にはためくのをみて、君が代の合唱が六万大衆の口から期せずして起こるのを聞いたとき思わずほおをつたう熱涙をとどめ得なかった」[18]と述べている。しかも、国体委員杉本藤太郎は、「天皇陛下をお迎えし、お歴々の顔も揃った。空はカラリと晴れて奇跡的の青空、やがて君が代のメロディが流れた。待ち構えた腹の底から絞り出すように久方ぶりの君が代をうたい出す。鮮やかな日の丸の旗がスルスルと揚がり出したが、日の丸はボーッとぼやけて涙が頬を伝わった。まさに感激感涙のひととき、参加者、観衆の眼頭も涙に濡れていた」[19]と回想している。

二人の感想からも国体に直接関わった人々の心にはまだまだ戦前の感覚が残っていたことがわかる。戦後日本体育界には依然として天皇中心のイデオロギーが強く存在しており、天皇が登場する行事は必ず晴れるという「天皇晴れ」という言葉まで現れたのである。[20]民主的な、大衆的なスポーツ大会をめざしたはずの国体が、次第に「象徴天皇制」を心理的、情緒的に許容させ浸透させる機能を果たすようになったのである。

この大会には文部大臣が来賓として出席していた。この時期文部省は国体の後援者の立場であった。この大会で来賓の祝辞をした文部大臣森戸辰男は国体について、「（前略）全国青少年の熱と力とを反映する国民的行事として（中略）諸君の共同団結、犠牲、不撓不屈の精神こそ日本当面の危機突破の原動力である」と位置づけ、戦後復興への精神エネルギーを国体にも求めるとともに、「体育は（中略）人間性の発展を企画し、社会構成員としての資質の向上を図るので、その普及性と国際性の故に、世界の人々とも友誼と相愛の情をあたため得るもの」と、国際社会への復帰の足掛かりを国内社会の活力とその源となる国体に期待していた。[21]

一方、開催県は、国体の競技力向上や選手強化よりは、政府からの特別国庫補助金やその補助金による戦後復興事業・地域開発の展開にもっぱら関心を示していた。第二回大会を開催した石川県は、「国体開催による本県の体育を振興し、消極的内向的県民性を一変し、これに伴う総合運動場を建設する」[22]ために全力を注いだ。金沢市の文化都市計画と関連した総額二〇〇〇万円の体育施設計画について、知事広岡謙二は「今日、引揚者の罹災者が家さえなくて困っているときにスポーツに多額の金と資材を使うとは何ごとだ、と言われそうだが、（中略）この機会を逸したら再びかかる構想の施設を石川県が持ち得るかどうかわかりません」[23]と述べた。知事が話した「この機会」とは、文部省後援の国体が「県勢発展のための事業」としての恰好の大義名分を備えて、地方交付税の比率を高め、「特別助成金」を引き出し、さらに、道路等関連事業の地方起債の認可を容易にする機会であった。[24]

地方巡幸とセットにすることで実現できた第二回石川国体での天皇出席は、一九四七年一二月に全国巡回が終了したため、翌一九四八年の第三回福岡大会では実現できなかった。

図7-3　一九五〇年一二月、テニスコートでの昭和天皇一家（『皇室の二〇世紀』三〇巻、二〇一一年、一五頁）

しかし、東龍太郎（のちの東京都知事）の発案によって、第三回福岡大会から国民体育の普及奨励と女子体育の奨励という名のもとに「天皇杯」と「皇后杯」が設けられ、それまでの個人参加方式からこの年から都道府県対抗方式となった。

その後、一九四九年第四回東京大会の夏季水泳大会開会式に高松宮が出席し、最終日には天皇・皇后が競技を観戦した。秋季大会は東京会場ということで天皇・皇后が同席し、ここで国体史上初めて天皇・皇后がそろって開会式へ出席している。第四回東京大会で天皇は、「此処に全国より選ばれた諸子と相会し、溌剌たる元気な姿を見ることは、喜びに堪えません。体育は心身健康の鍵であります。諸子の公明な健闘を期待し、健全明朗な心身をもって、日本再建のために努力されんことを望みます」[25]と述べ、戦後復興への期待を国体に求めている。国体における天皇の初めての「お言葉」であった。『国民体育大会五〇年のあゆみ』では、この「お言葉を賜ったときは、まさに開会式のクライマックスに達した」[26]と記しているが、天皇制絶対主義体制下における神宮大会の開会式と同様に、国民は「赤子」と同じ意味である「諸子」という言葉で表現されているのである。ここに象徴天皇制が登場し、浸透する道が開かれることになるのである。国体は開催初期からその変質が鮮明となり、天皇の国体出席、「日の丸」掲揚、「君が代」斉唱など、公民啓発運動の一翼を担う政治性の強いセレモニーを伴うことになり、ナショナリズム高揚を通した「民族再建」の役割を果たしていくのである。

戦後天皇杯の下賜と象徴天皇制の基盤形成

敗戦後、昭和天皇と皇族は再び「天皇杯」と数多くの優勝カップをスポーツ大会に下賜しながら、自分たちの地盤を強化しているが、戦後初めてスポーツ大会における天皇杯下賜のきっかけとなったのが「第一回東西対抗サッカー試合」である。昭和天皇は、一九四七年四月三日、東京・明治神宮外苑競技場で行われた「第一回東西対抗サッカー試合」に皇太子（明仁）を伴って観戦した。昭和天皇が国民の視線をあびるスポーツ大会の舞台に皇太子を伴って現れた戦後初のケースだった。昭和天皇は試合が終わった後にグラウンドに降り立ち、選手や協会関係者を激励した。この観戦が国内で大きな反響を呼び、宮内府の働きと尽力によって天皇杯銀杯が昭和天皇から下賜されることになる。これは、戦後各種競技へ下賜された天皇杯の中で最初のものであった。それから毎年、天皇杯は東西対抗の優勝チームに授与されていたが、一九五一年第三一回大会から大会名称を「天皇杯全日本選手権」と改め、優勝チームには菊の紋章の入った天皇杯が授与されるようになった。その後、全日本選手権は「天皇杯全日本選手権」として長い歴史を刻むことになった[27]。

また、戦後初めて天皇一家がオープンな舞台に揃って国民の前に登場したのが、その一ヵ月後の一九四七年五月四日、明治神宮外苑競技場で開催された「第一回新憲法施行記念都民体育大会」であった[28]。新憲法施行を記念して行われたこの大会には、昭和天皇が戦後初めて皇后と皇太子を伴って国民の前に現れた。この画期的な出来事は、象徴天皇制に照応する新型のパフォーマンスを社会的に印象づけてゆく作戦の展開であり、スポーツ大会が昭和天皇の社会的デビュー舞台として選ばれたことは注目すべきことである。その後も、昭和天皇は国体をはじめとする各種のスポーツ大会に積極的に参加し、象徴天皇制の基盤を作っていくのである。

　こうしたサッカー大会に天皇が出向いたことに由来して、戦後日本社会における天皇杯は、一九四七年六月に日本学生陸上競技連盟（日本学生対校選手権男女総合優勝校）に、同年八月に日本水泳連盟（日本学生選手権男子競泳総合優勝校）と日本テニス連盟（全日本選手権大会男子シングルス）に下賜されている。また、一九四八年四月には日本サッカー協会（全日本選手権大会）、同年七月には全日本軟式野球連盟（全日本大会・Ａクラス）と日本バスケットボール協会（全日本総合選手権大会男子）に、同年八月には日本軟式庭球連盟（全日本総合選手権一般男子）に、同年一〇月には日本体育協会（国民体育大会男女総合）に、同年一二月には日本卓球協会（全日本総合選手権大会男子シングルス）に下賜された。このように、天皇杯の多くは一九四七年から一九四八年の間に集中的に下賜されていることが把握できる[29]。その他にも、全日本レスリング選手権大会、国技相撲にも幕内優勝者に天皇杯が渡されているが、全日本実業団バレーボール選手権大会、全日本バスケットボール総合選手権大会、ソフトボール大会などには、天皇杯だけでなく皇后杯も下賜されている。

　戦前下賜されたが、戦争のため返納され、戦後再下賜されたスポーツ大会もある。東京六大学野球の優勝カップは、すでに一九二六年一〇月に皇太子裕仁、のちの昭和天皇より下賜され、以降春・秋リーグ戦の優勝校に授与されていったが、太平洋戦争下の一九四三年四月、文部省から東京六大学野球連盟の解散の命令とともに、宮内省に返納されていたのである。しかし、戦後直後の一九四五年一〇月に六大学ＯＢ戦が、一一月に明治神宮野球場で全早慶戦が挙行され、一九四六年五月からは一回戦総当たりながら六大学リーグ戦が復活した。天皇杯の再下賜は、東京六大学野球リーグで優勝した早稲田大学に渡された[30]。戦前から「帝室御賞典」として競馬に下賜された「天皇賞」は、一九四七年春季から平和賞競走として施行、同年秋から天皇賞競走として毎年春・秋の二回、京都と東京で行われている。宮内庁から帝室御賞典の下賜は、春季は阪神・秋季は東京との内意が伝えられ、秋季が日本競馬会における第一回の御賞典競走（一九四七年より天皇賞）となったのである。[31] また、スポーツ以外の分野である「農林水産祭」にも天皇杯が下賜されている。

優勝カップの提供者は、天皇・皇后に限らない。例えば、軟式野球の大会には高松宮杯や常陸宮杯、秩父宮妃杯が、バスケットボールの大会には高松宮杯、高松宮妃杯などが下賜されている。天皇杯と皇后杯、そして各皇族杯は、現在相当な数にのぼっているが、その大半が一九四七年から一九四八年の間に下賜されたものである。

こうした天皇杯・皇后杯下賜において中心的な役割を果たしたのが大日本体育会であった。同会は、皇室との関係すべての窓口となり、サッカー協会の天皇総裁問題をはじめとするスポーツ団体における天皇や皇族の総裁・会長問題、天皇杯下賜申請など各種スポーツ団体の賜杯申請の窓口となった。また、一九四七年一一月一九日理事会では、国体の天皇行幸を機として秩父宮を日体協総裁として推戴したいという提案があり、その後了承された。秩父宮はこの時点で陸上連盟、ラグビー協会の総裁も兼務していた。また第二回の国体の冬（スケート）には高松宮が出席し、翌月、スケート連盟は前竹田宮を総裁とした。[32] 大日本体育会をはじめとするスポーツ団体は、戦後改革政策が進んでいる過程でも、民主化とはかけ離れた皇国化方針で天皇と皇族に忠誠を示し、率先してスポーツを通して天皇と皇室との接触を求めていたのである。

国体大衆化・民主化構想の失敗

この時期日本経済は、政府の強力な介入が行われていたにもかかわらず、インフレに苦しんでおり、それらを改善させるために「経済安定九原則」が出されていた。経済安定九原則は、インフレ克服のために通貨を安定させ、輸出貿易を促進するために単一為替レートを設定する条件を作ることを目的にした計画であった。これにより、一九四九年政府は緊縮予算を組むことになり、政府から地方自治体に渡される地方配布税が半減された。その一方で、緊縮財政による資金の圧迫で深刻な不況に陥り、この不況が朝鮮戦争による特需まで続いたのである。[33]

このような社会状況の中、開催された一九四九年第四回東京国体であったが、東京大会ではその開催方式をめぐって主催者である日本体育協会（以下、日体協）と開催地東京都の間で激しい対立があった。それは東京都の国体開催における要求から始まったが、東京都の主張は、「共同主催」「支出経費の帰属」「参加者の資格」「国体の大衆化」などに関わる問題であった。[34]さらに、東京都副知事山田文雄は日体協の理事会で、東京都議会議員との打ち合わせの結果を紹介したが、その内容は国体共催でなければお金は支出できない、共同主催でなければ補助金は憲法違反（第八九条）である、という見解であった。[35]

この要求に対して日体協は、これまで通りの国体単独開催の方針から一歩も譲らなかったが、結局、交渉の中で日体協と東京都側の責任分担をはっきりする、つまり東京都は体育団体の主導権を損なわない形で国体を「共催」することだけで、一応の結論をみた。[36]

こうして共催問題は一応決着するが、東京都は国体の問題を検討し要望を出していた。東京都の要望は、①天皇杯・皇后杯を返還したい、②参加資格は制限しない、③旗リレーは中止したい、という内容で国体における「民主化」と「大衆化」をめざすものであったが、[37]日体協はこの件については強く断った。こうして、天皇杯・皇后杯の返還をはじめとする東京都の「国体民主化」の要求、国民スポーツのための一環としての「国体大衆化」諸提案が日体協によって無視されてしまったのである。

国体の大衆化・民主化の動きは、日体協の内部でもあらわれた。日体協の国内委員会総会で、国民総参加によるスポーツ祭典を目指す立場から、①国体を当初方針のブロック開催に戻すこと、②天皇杯・皇后杯の返還、③過去の国体出場者を二度と出場させないことや各競技団体の全国大会出場選手も除外するなど、国体改革案が提出されたのである。その理由として、得点制による天皇杯獲得競走が各都道府県の特定選手の集中強化につながること、天皇杯得点種目の偏重などが挙げられた。しかし、第五回大会から国体主催者となった文部省や、国体開催県に内定していた各県、競技団体などの強い反発でうやむやにされてしまった。これが大日本体育会理事長として国体の創設企画発案者の一人であった清瀬三郎の「天皇杯返還論」である。[38]

　こうして一九四六年に始まった国体は多くの弊害を内包し、スポーツの民主化にとって大きな課題となりつつある中で、東京都と清瀬理事長、日体協の一部グループの国体民主化・大衆化構想は受け入れられなかったのである。

第五節　日本スポーツ界の国際復帰とナショナリズム高揚

スポーツ界の国際復帰と「勝利至上主義」路線の形成

東西冷戦の本格化によって、アメリカは対日政策を転換させた。アメリカはこれまで推進してきた「非軍事化」政策を転換し、極東アジアにおける情勢に対抗できる力を日本に求めた。それは、日本の軍事的潜在能力を破壊することではなく、反対に資本主義の再建を助けることで、日本を早く自立させ、日本を「アジア再建の基地」「反共の防波堤」に利用することであった。

　対日政策の転換は日本のスポーツ界にも大きな影響を与えた。それは「日本スポーツの国際復帰」を実現させる努力となって現れたのである。占領軍最高司令官元帥マッカーサーの努力によって、[39]一九四九年水泳競技連盟をはじめとする各競技団体が次々と国際復帰した。日体協は国際復帰を契機に、スポーツを国民一般に普及する「大衆化」政策を捨て、一部の選手だけを重点的に育成し、国際競技、特にオリンピックで優秀な成績を収めるという「オリンピック至上主義」「勝利至上主義」「高度化」へと本格的に転換していく。日体協は国際復帰を契機に、トップレベルの技術の高度化のみを追求する方向へと変わったのである。[40]特に日体協の中で、「オリンピック至上主義」「勝利至上主義」を推進した人物は常務理事田畑政治であった。日体協の内部にはスポーツの方向性をめぐり、清瀬の「大衆化」構想と田畑の「オリンピック至上主義」が並存・対立していたのである。

　また、日本スポーツ界の国際復帰によって一九五〇年には日体協の内部組織も変化し、「国内委員会」と「国際委員会」が設置され、業務が分担されることになった。これはオリンピック大会をはじめとした国際的事業にこだわっていた人々が、清瀬に代表される「大衆化」を志向する人々の反対を受けることなく、単独で事業を推進していける組織体制を整えたということを意味している。[41]

　日本スポーツ界が国際復帰することをきっかけに「競技力向上」という視点に政策が変化することによって、国体はオリンピックをはじめとする各種国際競技大会に連動されていった。それによって、スポーツ大会としての国体の位置づけが明確化される。つまり、国体は政府のスポーツ体制・政策の中に位置づけられ、国内で最も威厳のある「日本選手権大会」「日本国内最高の大会」として、さらに国際大会やオリンピックにつながる大会として開催されるようになる。その背景には、敗戦によって分散していた伝統的ナショナリズムの喚起と統合をスポーツ大会、特に国体に担わせた政策目的があった。

　また、日体協は一九五〇年五月二六日創設の「スポーツ振興会議」に参加して、積極的役割を担うようになる。「スポーツ振興会議」は、体育局廃止に伴い、ＣＩＥ局長ドナルド・Ｒ・ニューゼントの「スポーツ団体を強力に援護し、スポーツの正しい世論を起こし、これが施策の上に実現できるような組織をつくる必要」との示唆に基づいて、スポーツ議員連盟が主導し、政財官界を含めて結成されたものであった。日体協内部には「スポーツの政治化」を心配する懸案が表明されていたが、「オリンピック復帰」という力には抗することはできなかった。これを契機に、日本のスポーツ界はオリンピックを至上命題に、「国民的結集」「民族的力の鼓舞」としての「勝利至上主義」体制確立にばく進していくのである。[42]

　にもかかわらず、戦後初めて参加した一九五二年ヘルシンキオリンピック大会で、日本の成績は惨敗に終わってしまった。この大会で惨敗した日本体育界は、水泳競技連盟と陸上競技連盟などを中心に選手育成制度の確立を通した「勝利至上主義」に重点を置き、四年後のメルボルン・オリンピック大会に少しでも多くの選手を出場させることを目指した。この目標を実現するためには、オリンピック選手派遣費用という問題を解決しないといけなかった。そこで、日体協のオリンピック委員会は、費用を捻出するためにオリンピック特別競輪大会からの寄付を仰ぐことを決定し、その後、国会に提出、正式に採択された。この動きに対してラグビー・フットボール協会は強く反対し、日体協に対してこの問題について再検討するよう要望したのである[43]。しかし、日体協が強行しようとしたので、結局ラグビー・フットボール協会は一九五六年七月二一日、日体協からの加盟脱退を宣言した。こうしたラグビー・フットボール協会の日体協からの脱退は、勝つことを何よりも重視する「勝利至上主義」が日体協の中で確実な位置を占めたことを意味していた。これにより、ラグビー協会から選出されていた日本スポーツの「大衆化」を主張した日体協の清瀬三郎理事長も辞任し、日本スポーツ界から「大衆化」構想は完全に姿を消し、排除されることとなった[44]。

その後、日体協からは大衆化路線が消失して行き、結果的には一部のエリート選手養成を追求する日体協専務理事田畑政治の「オリンピック至上主義」が日体協の本流として登場した。何よりも勝利至上主義を具体化するためには政府の全面的な支援と資金の獲得が必要だった。また、一九五二年ヘルシンキオリンピックで惨敗してしまった日本が感じたのは、外国選手に比べ、日本選手が精神力においても体力においても劣っていることであった。当時、ヘルシンキオリンピック大会の日本代表団団長を務めた日体協専務理事田畑政治は、日本選手団の惨敗の原因を「敗戦による青少年の自信の喪失と物質的窮乏」だと主張するとともに、特に精神力はスポーツによって鍛えあげるのが一番有効であり、国家再建のためスポーツ復活の重要性を展開した[45]。田畑は、国家再建の基礎となる精神力、つまり「民族的自信」を「スポーツ」によって回復しなければならないと判断したのである。そのため、絶対的にやらなければならないのが国際試合で数多くの「日の丸」を掲揚することであった。

ナショナリズム高揚と「戦後復旧」事業の展開

国体のナショナリズム高揚機能は、社会主義勢力の登場と冷戦の本格化、朝鮮戦争勃発による冷戦状況が進行しつつあった一九五〇年の九月二一日から開かれた第五回愛知大会でさらに明らかになった。国内では、労働運動、朝鮮戦争に対する平和運動、アメリカとの単独講和に反対した全面講和運動が高揚し、社会的に不安定な時期であった。それゆえに、政府は国民を束ね、国民国家の再建と支配構造の安定を目指した。

愛知国体直前には「全日本水上選手権大会」と「第三回日米対抗水上競技大会」が開催されていた。日米対抗水上競技大会は実に一五年ぶりの再開であり、この大会で古橋廣之進・橋爪四郎の相次ぐ世界史記録の樹立によって国民は盛り上がっていた。日本のスポーツ選手がアメリカ選手に勝ち、表彰式で「君が代」が演奏されたのは、アメリカの占領下にあったこの時代、敗戦によって精神的に疲れていた国民に大きな勇気と希望を与えたと考えられる。第五回愛知国体はこうしたスポーツの国際復帰の気運が兆す中開催されたのである。

愛知国体は天皇が「国体だけのために地方においでになることは今回が初めて」[46]であり、天皇・皇后が公式出席した。この大会後、天皇・皇后の国体公式参加が既成事実となり、天皇の開会式での「お言葉」もこの大会以降慣例化した。地方開催の国体の開会式に天皇・皇后がともに参加し地方事情を視察する、といったパターンは、愛知国体から始まったことであった。元来非政治的なスポーツ大会であるはずの国体が、象徴天皇制の正当性を周期的に客観化する、重要な制度的イベントの位置を占めるようになったのである。このように天皇制は戦後、その歴史上初めて、「夫婦そろって国民の前に出る天皇制」になっていた。神であり、大元帥であった戦前の天皇から「人間」の象徴天皇になりつつあったのである。戦前には国民との距離が大きく存在したが、その距離が縮まり天皇制の新しいスタイルが誕生しようとしていた。[47]

さらに、愛知国体は文部省が新たに主催団体に加わった大会でもあった。文部省が新しく主催者に加わったことによって、国体と日体協は国家体制に本格的に編入されるとともに、国庫補助・補助金交付が正当化され、その結果、日体協と文部省のつながりが強固になり、愛知大会以降の国体は「公的な教育事業」として位置づけられるようになったのである。

愛知国体で、「日の丸」があがり、「君が代」が斉唱される頃になると、大会の雰囲気は最高潮に達した。その感激を文部大臣天野貞祐は「われら、兄弟姉妹よ、国歌を高らかにうたい、国旗をかかげる。何たる感激ぞや（中略）いまわたしはこの壇上に立って強く国民的団結を感じ、この大会が独立の精神を養い、愛国の情熱を振起する上にも多大の貢献を為すことを期待して止みません」[48]と演説し、会場七万人大観衆はこの式典に酔いしれた。天皇・皇后が帰る際、開会式場は七万観衆の万歳、万歳の声に包まれたのである。この大会が終った後の同年一〇月、天野は「国旗掲揚」・「国歌斉唱」の徹底を通達し、さらに「国家の道徳的中心は天皇にある」ことを基本とする道徳教育の振興、「愛国心」高揚を強調していくのである。

一方、当時の地方行政・地方自治体にとって国体開催は、苦しい財政状況を打開できる良い方法であった。なぜなら、ＧＨＱの占領政策によって地方自治が推進されたにもかかわらず、戦後改革などによる収入減によって各地方自治体は、財政的に苦しい状況だったからである。[49]このような状況の中で、国体を開催することは、地方自治体にとって戦後復興事業やスポーツ施設の建設だけでなく、国体経費に対する国庫補助や国からの特別補助金が得られるという、経済的な点でも非常に魅力的なものだった。それゆえに、各都道府県は国体誘致を積極的に行い、国体開催が決まった地方自治体は国庫補助や特別補助金などを目当てに地域開発を積極的に展開したのである。

愛知県や名古屋市もこのような経済的利益を見込んで国体開催に関わったが、都市整備計画と国体による公共事業をリンクさせて展開し、国体を地域開発の手段として位置づけた。特に、名古屋市はひどい「戦災」状況に対して、復旧事業を行うだけでなく、大規模な都市整備計画を計画・実行しており、その都市整備を愛知国体と結び付けたのである。[50]これにより、名古屋市では中心道路が一〇〇メートル以上に広がり、さらに国体競技施設としては五万人収容の競技場や体育館など一九の施設を新設し、また愛知県の体育・スポーツの中心地となるスポーツ会館を建設したのである。[51]

このような国体について日体協会長東龍太郎は、国体の理想には日本人のすべてがスポーツに親しむだけでなく、国体を地方都市で開催することを通して地方にスポーツを普及し、スポーツ施設を増やすという大きな目標が含まれていると強調した。さらに、東龍太郎は、日本のスポーツ復活のテンポが急速に高められ、オリンピック参加などの国際競技がスポーツ界の新しい目標として高く掲げられる中、国体開催が競技力向上だけでなく、各都市の復興事業に貢献してきたことを強調した。また、天皇杯・皇后杯の下賜によって、選手だけでなく、国民の関心と熱意があらわれていると強調し、全国から郷土の声援に送られて国体に参加した選手は、天皇の前でプレーする楽しさを十分理解すべきだと話している[52]。東龍太郎の話は、国体開催によって「戦後復興」も「スポーツ復活」も良い方向に向かい、国内的には「日本再建の役割」を、対外的には「オリンピック復帰」をできるような実績を積み上げてきた、また、全国総参集の舞台で、天皇・皇后と国民が親しく相対できるよう国体が寄与したということである。当時、愛知県知事であった青柳秀夫が語っているように、「国体と陛下とは切り離すことのできない関係にあった[53]」のである。

　このように日体協と開催県の指導者たちは戦後初期の国体開催を通して、「戦後再建」「戦後復興」を成し遂げることだけでなく、戦後復興の意志と信念を天皇にアピールし、戦後再建の復興状況を天皇に呈示する行事として国体を認識していたのである。それゆえ、「天皇と国体」は必然的な組合せであると信じていたのである。

註

［1］伊ケ崎暁生・吉原公一郎編『戦後教育の原典①―新教育指針』現代史出版会、一九七五年、一〇六‐一一二頁。

［2］学校体育研究同志会編『国民運動文化の創造』大修館書店、一九八九年、一五頁。文部省「新日本建設ノ教育方針」一九四五年九月一五日、宮原誠一他編『資料日本現代教育史　一』三省堂、一九七四年、二一‐二三頁。

［3］前掲『国民運動文化の創造』一五頁。天川晃他編（土持法一解説・訳）『ＧＨＱ日本占領史二〇　教育』日本図書センター、一九九六年、一六〇‐一六一頁。

［4］国立教育研究所編『米国対日教育使節団に関する総合的研究』国立教育研究所、一九九一年、三二頁。「第一次アメリカ教育使節団報告書」宮原誠一他編『資料日本現代教育史　一』三省堂、一九七四年、四八頁。

［5］同上「第一次アメリカ教育使節団報告書」五六頁、八四‐一一六頁。

［6］清瀬三郎「体育会の使命」『新体育』六巻七・八号、一九四六年八・九月、一‐二頁。

［7］大日本体育会『昭和二十一年度事業概要報告書』大日本体育会、一九四七年、「評議員会議事録」参照。

［8］大日本体育協会のアマチュアルールの競技会出場資格には、「学生タリ紳士タルニ恥シサル者」、あるいは「脚力ヲ用フルヲ業トセサル者」（大日本体育協会『大日本体育協会史　上』大日本体育協会、一九三六年、一六五頁）という国民大衆をスポーツから排除するための条項があった。こうした規定が存在していた根底には、スポーツはイギリスのジェントルマンが行う高貴なものであり、一部特権階級の行うものであるというスポーツ観があった。したがって、GHQの方針とはいえ、清瀬理事長が戦前の一部選手の育成だけに集中していた勝利至上主義を批判し、国民をスポーツの対象・基盤とする大衆化構想を主張したのは、日本スポーツ界の長い歴史においても初めての動きであった。

［9］日本体育協会『国民体育大会五〇年のあゆみ』一九九八年、一〇〇頁。

［10］同上、一〇一頁。

［11］日本体育協会『日本体育協会五十年史』日本体育協会、一九六三年、三六一頁。

［12］入江克己『昭和スポーツ史論―明治神宮競技大会と国民精神総動員運動』不昧堂出版、一九九一年、第二章。加賀秀雄「日本の総動員体制下の学校体育とスポーツ」世界教育史研究会編『世界教育史大系三一　体育史』講談社、一九七五年、三五一‐三五二頁。

［13］木村吉次「明治神宮大会から国体を考える」『体育の科学』三七号、一九八七年八月、五九〇頁。

［14］前掲『国民体育大会五〇年のあゆみ』一〇〇頁。

［15］前掲「明治神宮大会から国体を考える」五九〇頁。山本徳郎「スポーツと天皇制の歴史」新崎盛暉他編『沖縄・天皇制への逆光』社会評論社、一九八八年、三〇〇‐三〇二頁。

［16］前掲『国民体育大会五〇年のあゆみ』一〇五頁。

［17］第二回国民体育大会石川県準備委員会編『第二回国民体育大会報告書』第二回国民体育大会石川県準備委員会、一九四七年。

［18］『中部日本新聞』一九五〇年一〇月二三日付。

［19］杉本藤太郎「石川国体前後の思い出」前掲『国民体育大会五〇年のあゆみ』二一四頁。

［20］例えば、一九四七年一〇月から一九四九年四月まで、文部省体育局長を務めた東俊郎は、第二回大会と第七回大会の様子をこのように伝えている。「（前略）前日来の雨がウソのように、この日はすっかり晴れ上がりこれが「天皇晴

れ」というものかと思った。私が国体の委員長になったのは、第七回大会（東北三県）からだが、「わたしは雨男だから、わたしがやると開会式が雨になる」といってはじめは断った。しかし、みんなが「いや、天皇陛下がお天気にはお強いから大丈夫だ」というので引き受けた。第七回大会の開会式は福島で行われた。わたしの心配が現実となって、当日の雲ゆきがあやしく、雨がパラついてきた。「それみろっ」といったが、陛下がお見えになるころにはすっかり晴れてきたのにはおそれ入ってしまった」と。また、東京都体育協会理事長であった船津国夫も「（前略）第二回大会（石川）などは当日の朝六時までは豪雨であった。ところがその後は信じられないように晴れ上がり快晴となった。この年天皇陛下のご臨席があり、私たちはこの恵まれた天気を「天皇晴れ」と呼んだものである」と回想している。前掲『国民体育大会五〇年のあゆみ』二一五、二二〇頁。

[21] 高橋伸次・時本識資「国民体育大会における我が国の体育・スポーツの変遷について―文部大臣の挨拶にみるスポーツ振興の方向―」『産業研究』三二巻一号、一九九六年、五四頁。

[22] 前掲『第二回国民体育大会報告書』四八頁。

[23] 同上、一〇三頁。

[24] 草深直臣「戦後日本体育政策史序説　その二―戦後体育の「民主化」過程」『立命館大学人文科学研究所紀要』二九号、一九七九年、五二頁。

[25] 前掲『国民体育大会五〇年のあゆみ』一〇九頁。

[26] 同上。

[27] 日本サッカー協会『財団法人日本サッカー協会七五年史―ありがとう。そして未来へ』日本サッカー協会・ベースボール・マガジン社、一九九六年、二一八‐二二三頁。

[28] 坂本孝次郎『象徴天皇制へのパフォーマンス―昭和期の天皇行幸の変遷』山川出版社、一九八九年、一六二‐一六五頁。

[29] 日本体育協会『体協時報』四二六号、一九八九年、八頁。

[30] 坂上康博『スポーツと政治』山川出版社、二〇〇一年、八‐一〇頁。

[31] 宇井延『日本の競馬I―法令等の変遷及び主要事項』近代文芸社、一九九九年、二六七‐二六八頁。

[32] 内海和雄『戦後スポーツ体制の確立』不昧堂出版、一九九三年、四六‐四七頁。

[33] 藤原彰・荒川章二・林博史『新版日本現代史』大月書店、一九九五年、五五‐五六頁。岩本純明「日本経済の改革と復興」歴史学研究会・日本史研究会編『講座日本歴史一一　現代一』東京大学出版会、一九八五年、七七‐一〇六頁。

[34]　前掲『国民体育大会五〇年のあゆみ』一〇八‐一〇九頁。

[35]　一九四七年五月に公布された「憲法」第八九条および一九四九年六月に公布された「社会教育法」第一二条は、国や地方公共団体は公の支配に属さない民間団体を支配したり、干渉してはならないと定め、国体に対する補助金も出してはならないこととなっていた。この法律に日体協はもちろん、文部省も対策に頭を悩ませて、結局、第五回大会から日体協と文部省と共催の形をとり、国は負担金を出すということで開催にこぎつけたのである。その後、一九五七年社会教育法を改正させ、一九六一年には「スポーツ振興法」第六条に、国体は日体協と国と開催都道府県が共催することが明記され、この問題を解決したのである。前掲、西田泰介「初期の国体回顧」『国民体育大会五〇年のあゆみ』二〇九頁。

[36]　日本体育協会『体協評議会議事録』一九四九年二月一六日付。

[37]　日本体育協会『体協理事会議事録』一九四九年七月二七日付。

[38]　「国体生まれて間もないころ、天皇杯に早くも返上論」『朝日新聞』一九八七年一〇月二五日付。

[39]　マッカーサー元帥は、一九四九年四月のＩＯＣ総会の前、アメリカのＩＯＣ委員に日本のオリンピック復帰を要請した。その結果、国際オリンピック実行委員会は、日本のオリンピック大会復帰をＩＯＣに勧告し、日本のオリンピック復帰が明るみに出ることになったのである。関春南『戦後日本のスポーツ政策―その構造と展開』大修館書店、一九九七年、一〇八頁。日体協の東龍太郎は、マッカーサー元帥に対する感謝の気持ちを『体協時報』「マッカーサー元帥に奉ぐ」を通して明らかにしている。この点については、日本体育協会『体協時報』（一巻五号、一九五一年）四一頁を参照。

[40]　この点について詳しくは、関春南「戦後日本のスポーツ政策―オリンピック体制の確立」『経済学研究』一四巻、一橋大学研究年報、一九七〇年、一五三‐一七二頁。関春南「スポーツ政策論研究序説」『経済学研究』一九巻、一橋大学研究年報、一九七五年。前掲『戦後スポーツ体制の確立』などを参照されたい。

[41]　前掲「戦後日本のスポーツ政策―オリンピック体制の確立」一五五‐一五六頁。日体協が清瀬理事長に代表される「大衆化」構想を捨て、高度化構想の「勝利至上主義」へと転換した主な理由の一つは、古橋広之進の活躍と日本国民の熱狂があった。古橋の活躍は「敗戦」という精神的打撃と物資的窮乏の下で茫然自失の状態にあった国民にとって、一条の光明のごとく感ぜられたのは当然であった。国民は古橋の打ち続く世界記録に驚喜の目を見張り、沸き返ったのである。敗戦によって社会底辺に分散された伝統的ナショナリズムの感情が新たな凝集点を見いだしたかのごとく、古橋の活躍によって熱狂した国民によって日体協は国際試合で勝つことこそが国民の期待に答えることであると確信し、

もっと積極的にオリンピックをはじめとする国際大会での勝利を最優先する高度化政策・選手育成をすることになるのである。

[42] 前掲『国民運動文化の創造』三二頁。

[43] その内容の主な点は、次のとおりである。第一に、全世界の注目の的であるオリンピックに参加する際、その国の国内事情、国際的な立場を考えて派遣人数を決めるべきである。第二に、青少年のオリンピックに対する清純な夢を壊すことになる。第三に、無軌道に競輪に走り、多くの庶民が悲劇を招いている。そのような庶民から出た金をオリンピック派遣にあてることはできないなどであった。日本体育協会『体協時報』四八号、一九五六年、五四一頁。

[44] 関春南『戦後日本のスポーツ政策―その構造と展開』大修館書店、一九九七年、一二八-一二九頁。

[45] 日本体育協会『オリンピック大会報告書 第一五回（一九五二年ヘルシンキ）』一九五三年、六-七頁。

[46] 「清瀬・日体協国内専務理事談」『中部日本新聞』一九五〇年一〇月二三日付。

[47] 例えば、『中部日本新聞』は一九五〇年一〇月二〇日社説「両陛下をお迎えする喜び」で、「まことに陛下はかつての皇室中心主義時代の陛下ではなく、親しみぶかい慈愛にあふれた人間的な陛下であった。その陛下を皇后と御同列で再びお迎えする喜びは大きい」と述べている。また、同新聞一〇月二八日の社説「奉迎の言葉」でも、「天皇・皇后両陛下がきょう二八日、わが中部日本新聞にお越しになる。かつては天皇が皇后とおそろいで一新聞社にお越しになるなどということは、新聞人の夢想だにできないことであった。それが今では極めてお気軽にお立寄りになるのである。これは神格としての天皇から、国民統合の象徴としての新たな位置にお立ちになっているからである。これまで幾たびかの巡幸の際にもわれわれが深く感じたように国民の喜びを喜びとされ、国民の悲しみを悲しみとされる天皇である。もはや天皇と国民とをさえぎる九重の雲はない」と述べている。すなわち、天皇は戦前神格の天皇から国民と喜びと悲しみをともにする国民統合の象徴へと変わったことを強調しているのである。

[48] 前掲『国民体育大会五〇年のあゆみ』二二三頁。

[49] 古関彰一・青木哲夫「サンフランシスコ体制下の政治」前掲『講座日本歴史一一　現代一』一九五-二〇五頁。

[50] 新修名古屋市史編集委員会編『新修　名古屋市史第七巻』名古屋市、一九九八年、九四-九九頁。

[51] 京都新聞社編『検証　国体』京都新聞社、一九八八年、二六頁。

[52] 「愛知国体に寄す」『中部日本新聞』一九五〇年一〇月二五日付。

[53] 「青柳知事談」『中部日本新聞』一九五〇年一〇月六日付。

第八章　一九六四年東京オリンピックの国民統合と国家意識の高揚

第一節　東京オリンピック招致過程と大規模な東京改造

一九六四年一〇月、高度経済成長時代の真只中、アジアで初の開催となった東京オリンピック大会は、戦後日本社会にとってどんな意味を持っているのだろうか。東京オリンピックは、世界のトップレベルの競技に直接・間接に接する機会を国民に提供し、これまでほとんどスポーツに関わることのなかった老人・婦人を含め、広範な国民のスポーツに対する関心を高めた。だが、東京オリンピックは単に体育・スポーツの分野にとどまらず、戦後日本の政治・経済・市民生活に大きな影響を与えた。

一九六四年東京オリンピック招致の動きは、一九五二年から始まった。一九五二年当時の安井誠一郎東京都知事は、戦前「幻」に終わった東京オリンピックの再招致を主張し始めた。一九五二年は日本が一九三六年ベルリンオリンピックに参加して以来、一六年ぶりにオリンピックに参加した記念すべき年でもあった。安井は地方自治法の施行により、一九四七年初代の東京都知事になって以降、一九五九年都知事を退任するまで、三期にわたって東京都知事を務めた人であった。彼は都知事在任中、何よりも東京都の戦災・戦後復興に尽力した。それに加えてオリンピック招致も進めたが、これらは東京都の都市改造・開発の一環であったのだ。

安井都知事の強い意向を受けて、一九五二年東京都議会と一九五三年衆議院では、一九六〇年夏季オリンピック大会の東京誘致が決議・可決された。東京都は一九六〇年オリンピックでの開催都市として名乗りを上げて、政府の全面的支援を受けながら、正式的にオリンピックを東京に招致するための本格的な活動を展開するようになった。だが、東京は一九五五年ＩＯＣ総会で行われた投票で開催都市とはならず落選したのである。落選した理由は種々あろうが、準備期間の短さや一九五六年オリンピックがオーストラリアのメルボルンで開催されるのに続いて、一九六〇年オリンピックが日本の開催になると、欧州からの代表選手団の派遣と関わって、地理的な問題、各国の派遣費用の負担が大きくなることが落選の大きな原因となった。

その後、再び一九六四年のオリンピック開催を目指し、日本水泳連盟会長田畑政治（ＪＯＣ総務主事）を中心に、オリンピック招致運動を本格的に開始し、一九五九年五月ミュンヘンで行われたＩＯＣ総会において第一八回オリンピック大会の東京開催が正式に決定されたのである。一九五二年招致活動が始まってからオリンピック誘致に約八年間の歳月を費やしたのである。

待ち焦がれた東京オリンピックの開催に喜んだ人々もいた一方で、招致が成功した当初から懸念や反対の声も多かった。大会全体の莫大な予算をはじめ、競技場施設、宿泊設備、交通機関、道路整備の問題、公衆道徳の不徹底さ等、課題は山積していた。オリンピック開催に係る都市インフラ整備には莫大な予算が必要であり、オリンピック投資の巨大さへの危惧からオリンピック開催に根強い反対の意識が存在した。数多の難題を乗り越えなければならない状況であったのである。そのため、政府は一九六〇年に「オリンピック東京大会準備対策協議会」を、一九六二年にはオリンピック担当大臣と「オリンピック関係閣僚懇談会」を設置するなど、本格的なオリンピック準備体制を整えていった。

東京はオリンピック開催にふさわしい都市空間として大規模な東京改造も進めた。高度経済成長が始まったことで首都圏東京に人口が集中し、様々な問題を抱えることとなった。東京の大幅な社会資本整備が不可欠になっていたころ、オリンピックと東京改造が直接的に結びつけられた。政府と東京都は、大会誘致を機に東京の都市再開発を図り、巨大化と過密化の中で進行する都市問題に対応しようとした。このような大きな国家的イベントの成功には、きちんとした都市基盤の整備が不可欠であるため、大規模な都市の整備を行った。一九四七年から一九五九年まで日本体育協会会長としてオリンピック招致に関わり、その後、東京都知事となった東龍太郎は、オリンピックの機会に是非とも東京を「蘇生」させたいと何回も強調していた中で、東京オリンピック招致を絶好の機会として大規模な東京改造、都市の整備が本格的に進められるようになった。

財界の東京オリンピックに対する期待には様々な思惑が存在したが、東京オリンピックはスポーツ祭典としてではなく、関連施設建設等をめぐる膨大な内需拡大、都市改造計画の絶好の機会として捉えられていた。高度経済成長の中にあって、財界はまさに公共投資による社会資本の充実（一兆円オリンピック）として東京オリンピックを位置づけた。また、日本の国際的ＰＲ、ナショナリズムの高揚、大会時の観光客による五〇〇万ドル程度の外貨収入などを期待していた。

もともと東京改造は、「首都建設緊急五カ年計画」が始まった一九五二年から声が上がり始めていたが、計画があまり進まず、オリンピックの開催を機に東京は急ピッチで整備された。オリンピックの開催に向けてスポーツ施設の整備はもちろん、その中でも特に「交通網」の整備不足が重大な問題とされていた。急増する自動車により引き起こされる交通渋滞や、都心への通勤者の増加に伴う電車の混雑は深刻であったため、東京都心の地下鉄・モノレール等交通網をはじめ、東京周辺高速道路網・空港といった様々な交通機関が整備された。また、東海道新幹線の開通をオリンピックに間に合わせるために大幅な工事費の増額に乗り出し、オリンピック東京大会の開会式の九日前に開業した。五年半という短期間で東海道新幹線の建設を成し遂げた。さらに、観光客に向けたホテルが次々と建設されるとともに、上水道の供給力不足の解消や排水の処理に乗り出しただけでなく、大公園や大体育施設、音響ホール、ニュータウンを建設するなど、昔の東京の町と異なる新たな都市整備・都市作りが東京オリンピックを通じて行われた。特に、渋谷区は空襲により、大きな被害を受けていたが、東京オリンピックのメイン会場が明治公園に決定し、選手村も渋谷から近かったため、渋谷区はオリンピックの中心地となり、大きな変化を迎えることになった。

しかし、約一兆円といわれるオリンピック関連事業のうち、その約八〇パーセントは新幹線・地下鉄・道路・空港などの交通網の整備であり、生活環境施設の整備や都市問題解決のための施策は取り残され、むしろ交通・通信網の整備によって企業活動の東京への一点集中が加速し、都市問題は臨界点に達した。東京オリンピックは「お祭り型地域開発」の先駆として、イベントに便乗した公共投資による国土開発を定着させる契機となり、あわせてその限界を示したのである。

第二節　東京オリンピックと戦後復興・平和国家の宣言

国民の革新的エネルギーと自民党の危機感

東京オリンピックは日本社会に大きな影響を及ぼしたが、何よりも政治の面においてより大きな意味を持っていた。一九三六年第一一回ベルリンオリンピックが政治的に本格的に利用された後、国際競技会・オリンピックは各国によって政治的に利用しつづけられたが、戦後日本で開催されたスポーツ大会や国際競技会の中で、政治的利用が最も目立った大会は、何といっても一九六四年に開催された東京オリンピックであった。

一九六〇年六月の「日米安全保障条約」の改正は国会での強行採択により採択したが、反対する国民運動の高まりは歴史上未曾有のものであった。これにより岸内閣は崩壊し、七月に池田内閣が誕生する。岸内閣の強行路線に対して、池田内閣は「丁重路線」を歩むことになるが、これは安保闘争で示された国民の力を必要以上に刺激せず、さらには懐柔することを基本路線としたからであった。一九六〇年安保闘争以降、国民の革新的なエネルギーの高揚は、選挙や国民生活の多くの分野でさらに進行したが、これは一九五〇年代以降の産業構造の変化による国民の階層構成の変化とも大きく関わっていた。一九六〇年には労働者の比率が初めて五〇パーセントを超えたのである。

　このような国民の革新化の動きは、政権を握っている政府・自民党にとっては危機であった。そうした動向が反映されたものの一つに、『中央公論』（一九六三年一月号）に掲載された内閣官房長官を経験した自民党の議員石田博英の論文「保守政党のビジョン」が挙げられる。石田はイギリスを例としながら、日本の都市化や産業構造の変化、それに伴う労働者数の伸びと労働組合の成長、革新自治体の増加、そして自民党、社会党の得票数の歴史的傾向を比較しつつ、一九六八年には社会党の得票率が自民党のそれを追い抜き、社会党政権が樹立されるであろうと主張した。「自民党のわれわれが何事もしなければ、あと六年後には社会党の天下となってしまう」と、保守党として社会党への政権交代の危機感と懸念を強烈に示していた。東京オリンピックの成功・不成功は日本政治の面においてより大きな意味を持っていたのである[1]。

　こうした状況を打破するため、池田内閣や自民党は、東京オリンピックを成功させることによって、安保闘争の高揚がもたらした政治危機を回避し、政治的・経済的安定化のため、東京オリンピックの準備に身を乗り出した。東京オリンピックは国民から安保保障問題を忘れさせ、日本の大国意識の高揚を図り、新たな統合を図るうえで格好のイベントであり、かつ国民の支持を獲得する絶好の機会であったのである。

軍国主義的イメージの払拭と平和国家

東京オリンピックは単なる国際的なスポーツ大会ではなく、敗戦の壊滅状態から立ち直り「戦後復興」と高度経済成長を成し遂げて、欧米先進諸国と肩を並べることができるようになった「先進国」日本の総合的な国力を国際社会と日本社会に宣揚する国家的課題・戦略を担っていた。そのため政府は、日本的なアイデンティティを再強化するために、オリンピック翼賛体制を作り上げ、多様な組織と機会を通して「日の丸」「君が代」を宣伝した[2]。東京オリンピック過程で「自衛隊」が国民の前に全面的に登場したことも注目すべきである。自衛隊と国民との親和を図ることを目的とした、自衛隊と東京オリンピックの関わりと政治性については、第九章で詳しく分析することにする。

　このような東京オリンピックに対して、スポーツの政治的中立を標榜したアベリー・ブランデージは、東京オリンピックを開催するために政府が費やした資金は三〇億ドルという巨額に達しており、これほど莫大な費用をかける必要はなかったとする一方、この巨額の支出を正当化するような理由があったことを指摘している。その重要な理由とは、オリンピック大会東京開催決定により、日本はアジアの指導的国家として認められるようになり、新しい「平和国家」に生まれ変わったことを実証するとともに、日本の国民と文化を全世界に披露するための絶好の機会を持ったことに関わるものである。[3]つまり、戦前・戦中の日本の軍国主義的イメージを払拭し、戦後日本の「復興」と発展を世界に宣伝するとともに、国際的地位の向上を図るため、当時課題とされていた東京都の都市改造をはじめ、様々な施設の整備を進めることを可能にし、さらにそれを契機に経済を発展させるという目的があったのである。日本はもはや「敗戦国」ではなく、戦後は終わり、先進国の仲間入りをしたという大国主義の高揚であり、それと結合しながらもっぱら精神主義的な「日本」を強調する国家主義との結合を示したのである。結局、東京オリンピックとは、まさしく児童文化運動家の金田茂郎が的確に指摘したように、「日本と日本人の繁栄と自立を、全世界に誇らかに示すための国民総蹶起運動」、「オリンピックの名による国民精神総動員」[4]であったのである。

　このようにオリンピックの開催に際して、スポーツ協会・団体は当然にして、むしろそれを取り巻く政府、東京都、財界、自衛隊など、「それぞれ」の団体・組織がスポーツ団体以上に熱い「思い」を抱いていた。東京オリンピックは、そうしたそれぞれの思いに支えられて開催されたのである。

第三節　オリンピック国民運動と日本人としての自覚と誇り

人づくり、国づくり政策

一九六〇年七月安保闘争で倒れた岸内閣に代わって成立した池田内閣は、低姿勢を標語として、安保闘争により高揚した国民の政治的不満を鎮静させると同時に、「国民所得倍増計画」を目標とする高度経済成長政策を打ち出した。国民所得倍増計画によって、教育政策の重点も産業の高度化を支える技術水準の向上とその主体を形成する「人的能力」の開発におかれた。一九六一年四月、経済審議会に「人的能力部会」が設置され、一九六二年には文部省が「日本の成長と教育―教育の展開と経済の発達」を発表し、経済発展を促す重要な要因として人的能力の重要性について言及した。この発表で文部省は、「将来の経済発展のためには、現在の諸資源を開発するための投資が必要であって、その資源の一つとしての人的能力を開発するために、教育もまた一つの重要な投資部門を形成すると見ることができる」[5]と述べているのである。

こうした人的能力の開発のため、池田内閣が進めた青少年対策が「人づくり、国づくり」の方針であった。「人づくり」は、青少年に対する「徳性」「祖国愛」「愛国心」の培養を中心とする道徳教育の強化にあった。このような影響で一九六四年東京オリンピックでは、いうまでもなく国家権力が求めているナショナルなシンボルが高く掲げられることになった。池田内閣の「人づくり、国づくり」政策は、その後、政府・自民党がオリンピックの成功のため作り出した挙国的な体制と「オリンピック国民運動」の中にそのまま反映された。

東京オリンピック招致に成功した政府は、一九六〇年一〇月閣議で「オリンピック東京大会準備対策協議会」を設置するとともに「東京オリンピック資金財団」も発足させた。さらに、東京オリンピック組織委員会は、政府・自民党とともに、東京オリンピックの成功のためまさに挙国的な体制を作って開催準備を進めたが、何よりも重要なのは、国民の積極的な「協力」と「関心」であった。[6]一九六三年八月、意外に盛り上がらなかったオリンピック開催ムードに読売新聞が「（前略）施設の点もさることながら、国民の側にこれを受け入れる態勢ができているかどうか、外国人を招く状態にあるかどうかとなると、われわれの不安はさらに強くなる。（中略）そのためにわれわれはオリンピックにそなえる国民運動をここに提唱したい」[7]と主張した如く、東京オリンピックへの国民の関心が低い中、国民の支援・関心をどうやって高めるかは政府の緊急の課題であった。

国民の意識を盛り上げるため、オリンピックコースでの「毎日マラソン」「オリンピックデーのつどい」、オリンピックたばこ「オリンピアス」の発売、オリンピック記念切手の発行、日航機の国際線に五輪マークを入れる等々、国民の目をオリンピックに向けるムード作りのイベントが次々と企画・実行されたのである。

「オリンピック国民運動」の展開

オリンピックを盛り上げるため行われた核心的な企画は、「オリンピック国民運動推進連絡会議」が中心となって展開した「オリンピック国民運動」であった。一九六三年九月に、総理府において民間団体約一七〇団体及び関係省庁・各都道府県が参集し誕生した「オリンピック国民運動推進連絡会議」は、政府が国民運動の必要性を認識し、組織した団体であった。この組織のもとで、本格的なオリンピック国民運動が始まったのである。国民運動には、国民各々がこの大会に対して積極的に協力する気運を高めるために、「総合部会」「オリンピック理解運動部会」「国際理解運動部会」「公衆道徳高揚運動部会」「商業道徳高揚運動部会」「交通道徳高揚運動部会」「国土美化運動部会」「健康増進運動部会」の八部会が設けられて推進された。この機構は全都道府県レベルにも設けられ、主に知事が責任者として展開された。

この中で特に「国際理解運動部会」では、日本人としての「自覚」「公徳心」「愛国心」を高めること、「日の丸」「君が代」の意義や由来を正しく理解しそれを尊重する態度を養うことが強調され、精神面での統合が図られたのである。[8]つまり、この運動の目的は、①オリンピック精神の培養、②国旗・国歌の尊重と日本人の品位の保持、③公衆道徳の高揚、④商業道徳の高揚、⑤交通道徳の高揚、国土美化運動、⑥健康増進運動であった。このようにして、大々的な国民運動がオリンピックを目指して組織されることになったのである。[9]

道路、公園、河川を美しくする「国土美化運動」と「公衆道徳高揚運動」も積極的に進められた。オリンピックを開催する前の東京は、排気ガスが充満し、住宅街にゴミが散乱するなど、悪臭が鼻につく街であった。「蚊とハエをなくす運動」を展開する等、東京の衛生面の問題が浮き彫りになっていたのである。オリンピックに向けて、建設省を中心とする多くの団体が国土美化につとめ、町をきれいにするため「きれいな街でオリンピックを迎えよう」「花いっぱいでオリンピックを飾ろう」などのスローガンを掲げ、オリンピックムードを高めた。「国土ごみ一掃運動」「公衆用ゴミ容器設置促進運動」「花いっぱい運動」などを主な目標とする、環境の整備、河川の浄化、緑化運動、郷土の美化などが行われた。特に、オリンピック開催に恥ずかしくない東京の構築には、国だけでなく東京都民の協力が不可欠であった。衛生環境が最も悪い地域を重点地域として「首都美化運動」が進められたが、町内会など地域単位で、側溝の泥さらいや定期的な公衆施設の清掃などの運動が盛んに行われ、少しずつ東京都内の美化が進んでいった。「生活環境施設整備緊急措置法」が制定され、この法律のもとで、全国的に生活衛生環境が整備された。

「オリンピックに恥じないように公衆道徳を養おう」「外国人に見られても恥ずかしくないように」などと、いくつかのスローガンを掲げて都民への啓発活動を行い公衆道徳のいっそうの徹底、日本人としての「自覚」を持って訪日外国人へのおもてなしを試みる国民運動も展開された。「オリンピック開催のために」を錦の御旗として生活環境や衛生環境の改善、そして公衆道徳の徹底に力が注がれるようになっていったのである。

政府は東京オリンピックのオリンピック国民運動について、「日本人の物心両面における一大刷新運動であり、戦後の混乱と復興の総決算を画し、名実ともに国際社会の一員に復帰した日本と日本人の反映と自立を全世界に誇らかにするための国民総決起運動であり、その実践活動が国民生活のあらゆる分野にわたるため、政府、地方公共団体、それに民間各階層挙げて一体となって、このような大規模な仕組みとなったものである」、「日本よ、そして日本人よ、忘れた公徳心の歌を思い出しオリンピックを機会に声高らかに奏でよ[10]」と説明、東京オリンピックが「国民精神総動員運動」であることを主張したのである。

第四節　「日の丸」「君が代」の浸透とシンボル操作

学校教育現場に浸透する日の丸・君が代

オリンピック国民運動の展開は、学校教育現場にも大きな影響を及ぼした。一九六二年文部省によって作られた「オリンピック読本―中学生のために」が、一九六四年には「オリンピック読本―小学生のために」が出版され各学校に配布された。これらの本には、世界中から日本に来る外国人へのもてなし方や、日本国民としてふさわしい行動・心がけ、さらには、愛国心について道徳的に述べられている。

さらに、一九六四年四月に文部省は通達「社会教育におけるオリンピック国民運動の取り扱いについて」を出し、社会教育が、「日の丸」や「君が代」に対する尊敬心を養うよう特に指示した。敗戦後、平和意識の強かった日本社会において日の丸・君が代を国民に浸透させることに困難を極めた政府は、東京オリンピック開催を通して日の丸・君が代へのイメージ変容に積極的に取り組んだのである。

この通達では、東京オリンピックを成功させるためには、国民一人ひとりが開催国民としての「自覚」のもと、開催国にふさわしい生活態度、社会的環境の醸成に努めることが必要であると主張し、力強くオリンピック国民運動に協力する体制を整備する必要があると強調している。そのため、最もオリンピックと関連の深い重点目標として、①オリンピックの理解、②日本人としての自覚と国際理解、③公衆道徳の高揚、④健康の推進、の四項目をとりあげた[11]。

全国高等学校校長協会は、この通達を受け、一九六四年四月からオリンピックのための公衆道徳の向上、日の丸・君が代の尊重などを生徒に教えることを決め、各都道府県委員会も、学校の道徳の時間にオリンピックを取り上げ、

「日本人としての自覚と誇りを身につける」ことをテーマとする手引書を各学校に配布する等、積極的に動いた。この手引書の中では、特に、日本人として自覚と誇りを持って、郷土や日本の地理、歴史、伝統、文化等について再確認するとともに、学習または実践を通じて正しい郷土愛と愛国心を培うこと、「国旗」「国歌」を尊重するように心がけることを生徒に注文している。また、日本人は公衆道徳の面で諸外国と比べて低い水準にあると指摘し、その原因を社会連帯意識の低さに求めている。そして、公衆道徳を高めるため、社会の一員としての責任を果すとともに、社会連帯意識を持って積極的に社会秩序の確立に努めるよう勧めている。[12]

オリンピック史上初めて文部省が、オリンピック東京大会に五七万人の小・中・高校生を一〇〇円から二〇〇円の格安料金で、団体見学させる方針を出したのも、以上の理由によるものである。見学の八割は中学生であったが、交通機関の関係から約五〇万人が東京都内や千葉、神奈川、埼玉、山梨など日帰りで見学できるところの生徒に割りあて、各都道府県教委に実際の選出をまかせていた。学校によってはクラブごとに代表を選んだり、学級単位にクジ引きで決めるなどしたところもあった。東京では、毎日約八〇〇〇人の児童生徒を無料で見学させた。文部省は開催前から、次代を担う青少年にとっての精神的意義は大きいと、「人づくり」政策とオリンピックの結びつきを強調し、強力に推し進めたのである。オリンピックを目指した「子どもの組織化」が学校教育行政と結びついて進められたことは、「少年オリンピックの歌」公募事業やスポーツ少年団組織の結成を積極的に進めていったことからも確認できる。[13]

財界の「日の丸」掲揚運動

財界も東京オリンピックでの国民運動を積極的に支援していた。その当時、石坂泰三経団連会長（東京オリンピック資金財団会長）と永野重雄富士製鉄社長（日体協財務委員長）をはじめとする財界自らが陣頭にたち、政官界が総力をあげた「挙国一致体制」は国民を動員し、国威と国力の発揚に民意を凝縮させた。例えば、日経連は、「五輪を機に「日の丸」掲揚を」で、次のような主張を掲げた。

> 最近の風潮は、国民の中において国旗に対する考え方が別々であるため、国旗としての『日の丸』の旗の掲揚が戦前同様自由になっているにもかかわらず、掲揚がなおざりにされていることは誠に残念なことである。これらの実情から国旗を掲揚する運動を推進するため、すでに二年前から『国旗掲揚推進協議会』が発足し、初期の目的達成に努力しつつあるが、さらにこれを産業界・経済界の分野から具体的に推進するために、世紀の祭典である東京オリンピックを契機として、国旗掲揚推進運動を全国的にもりあげることはまたとない好機であろう。[14]

国際的交流が盛んに行われる時こそ、国家ないし民族を強く意識し自覚することは当然であり、国家・民族を愛する各人の愛国心を端的に表象するものは、国旗であると強調し、東京オリンピックを契機として、「国旗掲揚推進運動」を全国的に盛り上げることはまたとない好機であると主張したのである。地方の県議会でも、続々と日の丸を義務づける決議がなされた。オリンピックをこうした国家主義と結合させて、「愛国心」「日の丸・君が代」の発揚のためにあらゆる分野からの合唱が行われたのである。

財界・日経連の「日の丸掲揚運動」の推進によって、東京オリンピックの開会式一ヵ月前の一九六四年九月頃から新聞記事の中では、「日の丸を揚げよう」、「日の丸期待」という言葉がオリンピック協賛企業広告の中で堂々と登場し、氾濫していた。「日の丸を揚げよう」とか「日の丸期待」という言葉で表され、「国旗」「国歌」という言葉も頻繁に使われていたのである。[15]野毛一起が指摘しているように、「日の丸」に「オリンピックマーク」と「TOKYO 1964」という新しいデザインや言葉と組み合わせ、テレビ広告や百貨店での広告にしきりに利用したことで、「日の丸」に新しいイメージや「日の丸」が新しく見える効果をもたらしていた。実際、このデザインはかなり人気があり、商店街などが小旗にして飾っていたものが頻々と盗まれる事件が起きていたという。[16]東京オリンピックでの「日の丸」は、すでに戦前の侵略戦争のシンボル・イメージではなく、「平和」と「成長」という戦後的価値観をこめた「日の丸」に変容していた。「日の丸」と「五輪マーク」「TOKYO 1964」との結合は、五輪という国際舞台に「日の丸」に象徴された「日本」が組み合わされている。これによって、日の丸は新しい意味内容を書き加えた日本のシンボルとして見事に再生産され、インターナショナルの中にナショナルなものが溶けこんでいる心地良さが人々の心を捉えた。この横に五輪マークとか、人間手技だとかの地球規模の普遍的価値を付け加えて、「日の丸」を再生産するのである。これが東京オリンピックの持つ象徴性であった。[17]

オリンピックをこうした国家主義と結合させて、「愛国心」「日の丸・君が代」の発揚のために、オリンピックを利用した「愛国心」教育を始め、あらゆる分野できめ細かく進めていったのである。東京オリンピックは社会体制の強化を助長するという目的も持っており、愛国心と国家主義を植え付ける国旗掲揚推進運動であったのである。[18]

第五節　沖縄と広島における聖火リレーと祝祭空間の演出装置

聖火リレー誕生と聖火コース国土美国民大行進

古代オリンピック発祥の地・ギリシャのオリンピアで灯された火をトーチ・リレーによって開催地まで運ぶ儀礼・聖火リレーは、オリンピックの精神である「平和の祭典」を特徴づけるものとして、今やオリンピックの開催を象徴する大きな見世物イベントものとして今日に至るまで継続されている。

しかし聖火リレーは、「平和」の精神とはかけ離れた思惑の下で、カール・ディウムの発案により、一九三六年第一一回ベルリンオリンピックから初めて誕生した。近代オリンピックは第一一回ベルリン大会以降、国威発揚のためのセレモニーであり、ベルリンオリンピックの聖火コースはナチスドイツの侵略コースとして政治的利用された。聖火が近代オリンピックで初めて登場したのがこの大会であるが、ナチス指導部は、聖火リレーコースを軍事侵略、バルカン半島攻略のための事前ルート調査として利用したのである。[19]聖火リレーはギリシャから北上し、ベルリンまで運ばれたが、第二次世界大戦時ドイツ軍は聖火リレーのルートを逆走するかのように進軍し、オーストリア、チェコスロバキアなどの国々を占領していった。聖火リレーは第二次世界大戦に利用される形で生み出されたのである。その後一九四〇年、一九四四年オリンピックは、第二次世界大戦により開催中止を余儀なくされ、一九四八年第一四回ロンドン大会から聖火リレーも再開された。

　東京オリンピックにおける聖火リレーは、聖火の国内コース決定を踏まえて、オリンピック開催二年前の一九六二年から「聖火コース国土美国民大行進」という名で、聖火と同じコースを聖火そっくりのトーチを持ってリレーするという文字通りの予行練習が行われたのが大きな特徴であった[20]。この大行進は、国土を美しくして綺麗な環境で聖火を迎えようという目的や地方におけるオリンピックへの関心の低さを打開する目的があったが、財団法人新生活運動協会が中心となり行われたもので[21]、日本放送協会、日本新聞協会、国鉄などの団体を委員とし、総理府、厚生省などの官庁を参与とする国民運動であった。国会でも一九六二年四月二七日衆議院で国土を美しくする決議がなされ、政府においても同年六月一二日の閣議決定で「国土美化対策連絡会議」を設置することとなった[22]。

　この大行進のスローガンは、「紙くずのない日本」「行列を守る日本人」「国民各層の市民性、公衆道徳を高める」というものであった。聖火コース国土美国民大行進は、東京オリンピックを美しい国土で成功させるため、先述したオリンピック国土美化運動と連携しながら、全国的に展開されたイベントであった。そのため、動員のための組織が作られたが、この運動の総参加者は約六〇〇〇万人で、各県でオリンピック前夜祭を行い、その締めくくりとして一一月一二日に国立競技場で中央前夜祭を、七万人を集めて行うという大々的なものであった[23]。

沖縄における聖火リレーと戦跡慰霊

　聖火リレーの本番はどうだったのか。聖火リレーは、国際社会における日本の立場に「正統性」を与えるものとして機能し、戦後の天皇の全国巡行に次いでそれ以上に大衆的な「日の丸」や「君が代」に接する機会を作り出したイベントであった。東京オリンピックにおける聖火リレーは、かつて日本が植民地支配とアジア・太平洋戦争の時に占領していた国など一一ヶ国を経て、一九六四年九月七日沖縄にまず到着した。アメリカの施政権下にあったものの、沖縄体育協会が日本体育協会の支部として承認を受けていたことが聖火リレーの根拠となったが、聖火リレールートの考案・選定においても、政治的思惑が強く盛り込まれていた。

日本の中で沖縄ほど特異な歴史を持ち、県民が特別な体験を持っている地域はほかにはない。沖縄は文化的に日本本土と異なる伝統を持っているのにとどまらず、政治・経済・社会の歴史的な歩みも本土と著しい相違がある。沖縄は戦時下アメリカと唯一地上戦があった地域であり、一般住民を含めた犠牲者は約二〇万人にものぼった地域である。県民の四人に一人を失った悲惨な戦争を経験した沖縄は、終戦後にはアメリカの統治下となり、一九七二年に本土復帰を果たすまで二七年の歳月を要したところである。現在も軍事的・地理的条件から本島の二割を米軍基地として利用されており、基地関連の様々な問題が絶えない。沖縄は現代史において、「戦争の犠牲」と「戦後二十七年間のアメリカ統治・支配」と「基地沖縄」という三重の苦しみを背負ってきた歴史があり、国家権力にとって沖縄は最も扱いの難しい地域であった。特に、戦後明らかになった昭和天皇の「天皇メッセージ」による沖縄の米軍統治の正当化や沖縄の切り捨ては、沖縄の人にとって天皇への意識・感情をさらに悪化させた。沖縄はこのような歴史体験ゆえに、日本の中でも強く「日の丸」「君が代」「天皇」「自衛隊」に対する拒否が存在していた。そのため沖縄における聖火リレーは、他府県の聖火リレーとはまったく違う環境の中で行われたといえる。

では、聖火リレーを沖縄県民はどのように受け入れたのだろうか。琉球政府の聖火沖縄リレー実行委員長および文教局長が「はじめてアジアに渡ってくるオリンピック聖火を沖縄において九月六日より九月九日までリレーされますことは、われわれ沖縄住民にとってこの上もない光栄であり感激であります」、「全住民が挙って、まごころから聖火を歓迎いたし聖火リレーがとどこおりなく実施出来ますよう且つ又盛大にして意義あらしめたいものです[24]」と、歓迎を呼びかけた文書からでも明らかになったように、当時の沖縄は聖火リレーを通して「祖国への復帰」を待ち望んだ

図8-1　沖縄における聖火リレー（市川崑『東京オリンピック』東映、一九六五年）

声も少なからずあり、沖縄の人々は複雑な感情で聖火リレーに接していた。

聖火が着いた那覇空港ビルには、多くの人々が「日の丸」の小旗を振っていた。那覇空港の沿道は、生徒児童二千人を含め、二万人という人出で身動きができない状態であった。沿道には「聖火歓迎」と大きく書いたノボリや大きな「日の丸」の旗が一斉に振れていた。また、奥武山陸上競技場の聖火台の点火までの過程では、一五万人の人々が聖火を迎えた。全国紙・地方紙ともに「待ちに待った「希望の火」」[25]、「感激と興奮の渦、日本人の誇り」[26]と大々的に報道し、日本での聖火リレーがスタートした、沖縄あげての熱狂ぶりを伝えた。沖縄での聖火リレーは、東京オリンピックが初めてではなかった。一九五八年五月に東京で開催された第三回アジア競技大会において、フィリピンで採火された聖火が、沖縄でのリレーを経て東京へ運ばれたが、この時は「日の丸」は米軍によって禁じられていたため、沿道には日の丸の掲揚は見られなかった。

しかし、一九六四年東京オリンピックにおける沖縄は、いわば「日の丸の波、波、波」[27]であった。祝祭日以外に日の丸の掲揚が禁止されていた沖縄で、アメリカ軍もこの日だけは聖火を日の丸で迎えることを黙認したのである。

沖縄における各区間は、原則として地元の青少年のみが走者を務めることになっており、沖縄を走る第一走者は、父親を戦時中クェゼリン島で亡くしていた宮城勇という二二歳の若者であった。政府は「戦争孤児」を国内の聖火リレーの初めてのランナーとしてスタートさせたのである。彼は「平和のシンボルである聖火を迎えて感慨無量です。父を戦争で亡くしているために関心が深いのかもしれません[28]」と、聖火に対する意見を述べたが、観衆の中には「しっかり走れ」と泣きながら叫んでいた人も見られ、走者の動きにつれ、旗波が大きくくずれた。メディアも聖火の沖縄入りを大々的に報道したが、その報道は沖縄が聖火の日本最初の上陸地点で、国内の出発点として位置づけられたことであり、あたかも日本に「復帰」したかのような喜びにわきかえったと伝えるものであった[29]。

ここで注目しないといけないことは、聖火リレーに参加できる人を「日本人」に限定したことである。聖火リレー規定には「日本人」に限られるという規定がわざわざ入っていたのであるが、日本体育協会と結びついた社会体育行政は、聖火リレーのランナーの選考やリハーサルを何度か催し、「日本人」としての自覚を持って聖火リレーに臨むことを繰り返して強調していた。経済学者の小倉利丸が指摘しているように、日本人にだけリレーの権限を与えることによって、この列島を日本人という単一民族によって一色に塗込めようという暗黙の意図が見られる。このような規定によって「単一民族」の神話が繰り返しすり込まれ、地位社会の中に生活する外国籍の人々との間に制度的な排除、区別、差別が形成されていくのであった[30]。

聖火の沖縄でのルートは、那覇に到着後、糸満市を経由して「ひめゆりの塔」など南部の「戦跡地巡り」を一つのポイントとして打ち出すというものであった。ひめゆりの塔では、沖縄戦当時、沖縄師範学校女子部の元ひめゆり学徒が、沖縄戦にて従軍として協力し戦死した女子師範の亡き友の墓前で菊の花を添えて聖火を待っていた。聖火はひめゆりの塔前で継承され、「平和」を祈る儀式が成された。聖火が戦跡地を行くという、「平和」のシンボルに読み換えられていったのである。また、琉球政府主席の大田政作は「聖火が競技場に着いて君が代が演奏され国旗があがったとき、わしの胸はあつくなった。みんな同じだったんじゃなかったかなあ…[31]」と語っていたが、聖火は「日の丸」とともに「平和」のシンボルになっていたのである。

聖火の受け入れは沖縄教職員会なども積極的に歓迎した。聖火の沖縄入りの日は、各家庭をはじめ沖縄全地域の小・中・高校や聖火が通る沿道でも「日の丸」を掲揚し、全島を日の丸一色で塗りつぶそうとしていた。政府はアメリカ合衆国の統治下にあった沖縄を日本の最初の聖火到着地と見なすことによって、沖縄返還への世論形成に利用しようという意図があったと考えられるが、これは、日の丸や君が代の積極的利用からもっと端的にあらわれている。

　このように、アメリカの施政下に置かれている沖縄における聖火リレーは、本土との心理的距離を縮める効果を生み出すとともに、沖縄の人々に「日本人」であるという意識を再認識させるきっかけとなった。また、本土と沖縄を「日本人」として結び付け、一体感を演出できたと考えられる。さらに、沖縄における聖火は、戦争遺児を聖火ランナーに起用し、戦跡地を巡らせる等、悲惨な戦争から立ち直った「平和の島・沖縄」が強く押し出された形となったのである。

被爆地長崎・広島における聖火リレーと「平和」

被爆地の長崎・広島における聖火リレーも他地域と比べて「平和」を強調する歓迎式となった。長崎における聖火リレーはどうだったのか。「喜び一色「平和の火」港いっぱい満艦色」[32]と報道した如く、長崎における聖火は大盛況のうちに迎え入れられていた。沿道で聖火を見守ったある主婦は聖火について、「聖火がどうしてあれだけの人を集めるのか不思議に感じていましたが、それは世界をつなぐ平和の火ということでそれだけ人間は平和を求めているのだと思いました」[33]と語っていたが、長崎でも聖火は「平和の火」として受け入れられていたことがわかる。

　聖火は広島でも「平和のシンボル」として演出された。聖火が広島市についた日、一九六四年九月二〇日『中国新聞』は、第一面トップ九段ぬきで「聖火、原爆慰霊碑に「平和」告げる」と見出しをつけ、一面全面を使って「戦後一九年間、広島が世界が求めつづけた「平和の火」が広島についた」と大きく報じた。さらに、同新聞では、「聖火、被爆地で感動の一夜」（同記事一面）、「「平和の火」ヒロシマに燃える」（同記事三面）、「沿道に熱狂の市民四五万」「平和の姿、世界に証言」（同記事一三面）と、広島における聖火リレーを伝えている。[34]沿道に四五万人の人々が聖火リレーを見るために集まったことは、いかに国民が聖火リレーに対して関心を持っていたのかが確認できる。『中国新聞』のこの扱いは、各地方紙の扱いを集約しているが、翌日の『中国新聞』は聖火リレーの様子を次のように伝えている。

> 広島平和公園では、原爆慰霊碑をはさんで『平和のともしび』と『オリンピック聖火』の二つの「平和の火」が燃えさかり、この日、最高のドラマを盛り上げた。このあと聖火は、沿道もビルの屋上も埋めつくした大観衆のなかを終着点広島県庁まで走りつづけた。慰霊碑前の平和な祈り、大群衆のエネルギー、燃えあがる聖火台の炎――一連の感動的なシーンは、この日記録映画「東京オリンピック」に収録され、平和の歴史を世界に証言する[35]。

このように聖火は、「平和」を象徴するものとして各地で迎えられた。聖火を「平和」と重ね合わせたのは他ならぬ国民であった。長崎・広島にて聖火は、平和の灯と重ね合わせて受け入れ、平和への思いを込めて日本全国へと発信していたのであった。

聖火リレーの国内コースは、四コースに分けて四七都道府県すべてを通るルートであり、その後も、聖火は全国約八〇〇〇キロメートルに渡って走り、沖縄、長崎、広島と同様に熱狂的に受け入れられ、どの地域も聖火は実際のオリンピック以上に大々的に取り上げられた。そしてどの地域においても、聖火はオリンピックを象徴するだけでなく、「平和」を象徴するものとして迎えられた。

オリンピックに対する国民の関心の低さに対して、政府が「挙国一致体制」を作り上げることを目的として全国四コースに分けて隅々まで走らせた聖火リレーは、オリンピック競技を直接見る機会のない地域住民にとっては、オリンピックを直接身近に感じられる唯一の行事として全国的に非常に人気を集めた。東京以外の都市では、聖火リレーがオリンピックイベントに唯一触れることのできる経験であったために、オリンピックと地域を統合する特徴も有していた。聖火が列島を巡るたびに、各地で学生と住民たちが沿道に出て、手に手に「日の丸」の小旗を振った。その中を、これまた「日の丸」を胸につけた聖火ランナーが走り、その光景が毎日テレビ、新聞を通じて国民の中へ染みわたるようにして広がっていった。沿道は、「興奮」と「歓声」、そして「日の丸」を振る国民で埋まった。全国を巡行した聖火リレーは、東京オリンピックへの関心を高めるとともに「日の丸」に自然的に接する機会を作り出したのである。今日聖火はどこを走っているのかが日常の会話にさえなり、地域新聞・マスコミの報道は聖火リレーと「日の丸」の話題に連日費やされたのである。[36] 一ヶ月間に渡って九万人以上のランナーとともに全国を行脚した聖火は、一〇月九日に東京に到着し、皇居前にて集火式を行って、一つにまとめられ[37]、翌朝の一〇月一〇日開会式を迎えた。

　このように沖縄から始まった聖火リレーは、巨大な祝祭空間のクライマックスを支える演出装置の一つとして、聖火が全国を走ることによって、国民の間にある種の「一体感」が作り上げられるとともに、地方にいる多くの国民を動員した。さらに、「平和のシンボル」として演出された聖火リレーと「日の丸」を組み合わせ、戦前・戦中の軍国主義的イメージを持つ「日の丸」を聖火リレーにおいて「平和」を象徴するシンボルとして徐々に変容させることができた。ほとんどの競技がテレビメディアを媒介として経験されたのに対して、聖火は直接国民が体験できる、触れることが可能なオリンピック経験の装置であった。そして国民は紙面に接することで、聖火との結びつきを深め、一体感を覚えることができたのである。聖火リレーは、敗戦直後昭和天皇の全国巡幸につぐ、極めて大がかりな国民統合の作用、「走る大衆動員」の仕掛けとして機能を果たしたといえるだろう。[38]

聖火リレーの政治性

　オリンピック聖火の最終ランナーとして選ばれた坂井義則は、広島の被爆二世で、「アトミックボーイ」というニックネームで呼ばれていた一九歳の早稲田大学の学生であった。一九四五年八月六日、原爆が広島に落ちたまさにその日に広島で生まれた少年は、原子爆弾被爆という戦争の傷跡から見事に立ち直って、全世界から注目を浴びながら、聖火を持って走り開会式で聖火台に灯をともしたのである。開催の火を灯す瞬間は、日本が「敗戦」「被爆」という悲劇から立ち直り、「平和国家」として歩みを進めていく象徴的イベントとして世界に報道された。坂井義則はそのイメージを体現した存在として演出され、あらゆる生活レベルに浸透していったのであった。最初のランナーが沖縄戦で父を失った戦争孤児の青年であれば、最終ランナーが広島の原爆青年であるというふうに「演出」される中、東京オリンピックは「平和日本」の象徴的イベントとして報道された。

　また、沖縄を出発点と位置づけ、「皇居」を集約点として演出された東京オリンピックでの聖火コースに「政治的」な意図を読み取ることは容易であろう。聖火のコースが、沖縄から皇居へという形で構成されたことには重要な意味があると考えられる。それは天皇や皇室を象徴する皇居に聖火を集約させることで、聖火リレーの過程で形成された聖火の「平和」的性格と「皇室」を結び付け、平和国家を象徴する存在として象徴天皇制を全国民に印象づける機能を果たしたということである。さらに、聖火リレーは、沖縄の「復帰運動」と巧妙に連動したものになっていただけでなく、全国くまなく縦断した国内聖火リレーによって地域の「統合」は頂点に達した。聖火は、各地方での動員を媒介にして、ナショナルな一体感を形成し、天皇や皇室、それらを象徴する皇居を「日の丸」や「君が代」と結び付けて押し出し、国家儀礼と国家イベントの中心的な舞台として積極的に機能していた。リレーという様式は、継続・継承・連続を表現するものとして聖火のコースそのものが一つの糸のように結び付けられ、オリンピックという物語に統合される、そうした物語を形作りやすい形式だといえる。この中心に「皇居」が位置し、そしてまた国立競技場の聖火台が位置することによって、大衆の意識をオリンピックという行事に集中させ、中心的な役割を担う「日本」との同一化を巧妙に演出する。このことが、少なくとも日本に住む多くの「日本人」に「日本国民」という自覚と誇りを繰り返し喚起するための条件を作り出したのである。それは、上からの押し付けとしては意識されない形での、しかし国家によって巧妙に演出されたナショナリズムの喚起のためのイベントであった[39]。

第六節　東京オリンピックが残した遺産と変容した「ナショナル」な意識

オリンピックはそれ自体がメッセージを受発信する媒体であり、また、様々なメディアとの強い結びつきを抜きには成立しない催事である。一九六四年はテレビが多くの家庭に普及し、カラー放送も広まった時期であり、テレビ東京の開局、衛生中継が始まるなどテレビがメディアとしてパワーを発揮した時期である。東京オリンピックは「テレビ」というメディアの媒介によって、競技場で行われた競技を、ブラウン管に集約できた初めてのオリンピックであった。東京オリンピックは大部分の日本人がテレビを通して試合を観戦することができた、初めてのオリンピックであり、そのため初めて「ナショナル」な規模の反応を呼び起こすことができた。テレビから伝えられる情報やイメージは、人々に多大な影響をもたらしたのである。

東京オリンピック以後、様々な国家イベントが繰り返し行われたが、動員の形式も明らかに変化している。多くの人々は、直接会場に足を運ぶという形で動員されることから、家庭の中に入り込んでくるマスメディアを媒介して動員されるようになった。東京オリンピックは、ちょうどマスメディア媒介型の動員と直接動員の転換点に位置したイベントだった。聖火リレーを踏み台にして、さらに高くジャンプする契機を作ったテレビの実況中継は、すべての人々を一つの焦点に集中させたのである。確かにテレビの実況中継がなければ、国民全体があれほどまでに盛り上がり、一つにまとまることはなかったであろう。人々は、テレビ中継によってオリンピック競技を観戦し、そして一喜一憂した。人々にとって東京オリンピックは、テレビが報ずるオリンピックであった[40]。

東京オリンピックが終わった後、日本社会には何が残ったのであろうか。次の世論調査はこれに対する疑問に答えてくれている。「東京都オリンピック放送視聴率付帯意見調査」は、一九六四年一〇月一九日と二三日の二回にわたって、「今度のオリンピックで、あなたがいちばん感激したことはなんですか」という質問をしている。項目は、①選手村、競技場での心温まる話、②選手のスポーツマンらしく堂々とした態度をみたとき、③日の丸があがり、君が代が吹奏されたとき、④勝つか負けるかという勝負のスリル、⑤開会式で聖火台に火がともされたとき、の五項目である。一〇月一九日の調査で最も回答数の多かった感激の場面は、「開会式で聖火台に火がともされたとき」で三六パーセント、ついで「日の丸があがり、君が代が吹奏されたとき」の二八パーセントであった。ところが、一〇月二三日の調査では、この順位が入れかわり、「日の丸があがり、君が代が吹奏されたとき」が三五パーセントとなり、「開会式で聖火台に火がともされたとき」が二五パーセントとなったのである[41]。一〇月一九日の時点においては、まだ開会式の感激が強く人々を捉えていたが、オリンピックが大詰めに近づき、一三本の「日の丸」掲揚、八個の金メダルと「君が代」が八回吹奏された時点では、強い作用力をふるった開会式の感激に代わって、「日の丸・君が代」が感激場面のトップにあがってきている。人々は東京オリンピックで日本選手が優勝して「日の丸」が揚がり、「君が代」が流れる場面を見て感動し、涙を流した。戦後これほどストレートに「日の丸・君が代」が肯定的な意味を持ち、感動を呼ぶシンボルとなったことはないだろう。「同じ国、同じ民族」という帰属先の共有は、スポーツ競技でも、強い支持を生み出す源泉になっており、これらの調査は、オリンピックというメガスポーツイベントがナショナリズムの形成に大きな役割を果たしていることを意味している。

さらに、読売新聞が東京オリンピック前に「敗戦という時代は去った。五輪大会は、新しい門出に立つ日本が、国際社会に新装をもってのりだす一つの転機でもあろう[42]」と主張し、朝日新聞が「日本の国民にとって、東京大会は新しい前進への実り豊かな、しかも意義深い大会であった[43]」という評価しているように、人々はオリンピックに戦後の集約点と新しい時代への転換を見ようとした。また、毎日新聞の投書では「あのオリンピックをみてから、すっかり考えが変わりました。それはオリンピックで、わたしたちが日本人としての民族意識、国家意識を復活できたからです。オリンピックがこんなに効果があったとは（中略）。いずれにせよ一兆円で日本人が愛国心をよびさましたのなら、東京オリンピックは大いに成果をあげたと思います[44]」と述べられ、河野オリンピック担当相は「戦後、日本人の民族感情がばらばらになっていたのが、なにか一つにまとまってきた[45]」と語っている。このように、金では買えない「オリンピック遺産」が各方面から声高に叫ばれたのである。

今村嘉雄が「（東京大会の）成功は、世界一頭脳的な国民、世界一勤勉な国民、世界一急速に経済的成長をなしとげつつある国民、世界にほこる高い伝統的文化をもった国民、つまり東洋的な文化と西欧的な文化を最高の水準で支えている国民、そのような日本国民の片鱗を現実に披露してみせたことであった」[46]と主張し、坂西志保が「オリンピックで金メダルを獲得するたびに、君が代が吹奏され、日の丸の旗が高くあがり、世界の九四ヵ国の代表たちはもちろん、全観衆が起立する。いやでも日本人であることが知らされ、それを二週間くりかえしているうちに、全国民はよい意識での国家意識を身につけた」と喜び、「金メダル一つが何億円についたなどと、そろばんをはじいている人たちに、この国家意識の芽ばえこそ、金銭にかえることのできないオリンピックの遺産であること」[47]と主張しているように、勝利至上主義と国家主義とは不可分の関係にあったのである。メディアや聖火リレー、国民運動の展開等、様々な仕掛けを施すことで「ナショナル」な意識が作り出されたのである。

註

［1］石田博英「保守政党のビジョン」『中央公論』七八巻一号、一九六三年、八八‐九七頁。内海和雄『戦後スポーツ体制の確立』不昧堂出版、一九九三年、一九八頁。

［2］学校体育研究同志会『国民運動文化の創造』大修館書店、一九八九年、八九頁。

［3］アベリー・ブランデージ（宮川毅訳）『近代オリンピックの遺産』ベースボール・マガジン社、一九七四年、二五五‐二五六頁。

［4］金田茂郎『戦後日本の児童政策批判』啓隆閣、一九六九年、二〇五頁。

［5］文部省調査局『日本の成長と教育―教育の展開と経済の発達』帝国地方行政学会、一九六二年、七頁。また、この本では「高度の生産性をもつ設備・機械をつくりだす人々、またこれを操作する人々、さらにこれらの物的資本を労働力と有効に結びつける組織と経営力をもつ人々があって、はじめて現代の産業は高い生産力を伸ばし続けることができる

のであって、ここに人間の質という要因がいまだかつてみられなかったほど重視されるにいたった理由がある。最近の経済学が、物的資本、労働力と区別して新しく「人的能力」という要因に注目するようになったのも、このような事態を深く認識したからである。生産の増加において「人的能力」の効果が大きく評価されるならば、人間の能力の高度化が積極的に意図されるべきことは当然である。このための主役を果すものこそ教育にほかならない」（一三頁）と述べている。

[6]　東京都政調査会が一九六二年二月に行った調査によると、オリンピックが東京で開かれることを知っている人は六八パーセント、知らない人は三二パーセントであった。実に一〇人中三人以上がオリンピック開催を知らず、また開催を知っていても開催時期一九六四年一〇月と特定できる人は二三パーセントにしかすぎなかった。池井優『オリンピックの政治学』丸善ライブラリー、一九九二年、一二六頁。

[7]　社説「五輪対策と公衆道徳」『読売新聞』一九六三年八月二七日付。

[8]　文部省『オリンピック東京大会と政府機関等の協力』文部省、一九六五年、一九三‐一九四頁。

[9]　『毎日新聞』はオリンピック国民運動についてこのように述べている。「国民が東京大会の意義をじゅうぶんに理解し、この大会に積極的に協力する意志と態度を養成することが必要である。いわば、オリンピックを迎える国民の心のもち方を、しっかりしたものにしておかねばならないのである。政府が今度「オリンピック国民運動推進連絡会議」を総理府に設置したのも、こうした見地に立つもので、その目標が、東洋での初の開催国にふさわしい、りっぱな社会的環境を作ろうとすることにあるのは明らかである」。社説「五輪国民運動に期待する」『毎日新聞』一九六四年六月一九日付。

[10]　『官報』一一〇四六号、付録、一九六三年一〇月一〇日。

[11]　大志万準治（文部省社会教育官）「社会教育におけるオリンピック国民運動の推進について」『社会教育』一九巻六号、一九六四年、四〇頁。

[12]　同上、四一‐四四頁。

[13]　日本体育協会『体協時報』一〇九号、一九六二年。

[14]　『日経連タイムス』一九六四年九月一六日、一九六四年一〇月八日号。前田一（日経連専務理事）「日経連第一七回総会報告」『経営者』一九六四年二月号、一九六四年。

[15]　例えば、「聖火は近づく今すぐテレビ」「世紀の祭典は目前今すぐテレビ」という東芝テレビの広告では、「TOKYO 1964」と入った「日の丸」が使われている。三菱電機では、「燃えさかる聖火！はためく日の丸！土をけるスパイク！

水をきる強じんな腕！ほとばしる汗、汗、汗…この感動を三菱テレビで！」と宣伝している。日立テレビでも、大きな「日の丸」が使われている。タケダ薬品の「日本のアリナミン　世界でこう呼ばれています」という広告でも薬ビンの横に「日の丸」がついている。「オリンピックに公式採用」と大きく書いたカメラ会社の宣伝にも、カメラの下には大きい「日の丸」と「TOKYO　1964」が掲げられている。万年筆の宣伝にも、「TOKYO　1964」の中に「日の丸」が位置していた。「入賞おめでとう　また、日の丸があがりました」（タナベ）、「オリンピックで日の丸をたてよう」（殖産住宅）などでも日の丸の宣伝が出されている。「松屋銀座」「三越」「小田急」でも五輪マークの上に大きな「日の丸」が、銀行では協和銀行が「日の丸をあげよう—メイン・ボールに日の丸を」とする宣伝を繰り返していた。三和銀行も「ガンバレ日本—東京オリンピックを声援しよう」という文句とともに大きな「日の丸」が飾られている。「テレビはゼネラル」という宣伝では「TOKYO　1964」と入った「日の丸」があり、「みんなの声援で勝利の日章旗を」という文句がある。

［16］　野毛一起「リニューアルされた日の丸・天皇」天野恵一編『君はオリンピックを見たか』社会評論社、一九九八年、一六七頁。

［17］　同上、一六七－一六八頁。田中伸尚『日の丸・君が代の戦後史』岩波書店、二〇〇〇年、八三－八四頁。

［18］　柳田光「青少年問題の今後」『社会体育』一九六四年四月号、一九六四年、七頁。

［19］　ダフ・ハート・デイヴィス（岸本完司訳）『ヒトラーへの聖火—ベルリン・オリンピック』東京書籍、一九八八年。

［20］　「オリンピック国民運動国土美化運動の実施」河川協会『河川』二〇一号、一九六三年、四二頁。

［21］　財団法人新生活運動協会は、鳩山首相の提唱によって一九五六年設立され、「旅の新生活運動」（一九五六年）、「国土を美しくする運動」（一九六二年）、「暮らしの工夫運動」（一九六三年）、「生活学校運動」（一九六四年）、「新しい村、町づくり運動」（一九六五年）、「環境づくり市民運動」（一九六七年）、「社会生活のルールを確立する運動」（一九六九年）「資源とエネルギーを大切にする運動」（一九七四年）「安全なコミュニティづくり運動」（一九九六年）などを展開してきた団体である。一九八二年には名称を「財団法人あしたの日本を創る協会」に変更している。この団体は日本政府の補助金で運営されている外郭団体である。

［22］　厚生省『厚生白書（昭和三七年度版）』厚生省、一九六二年、「おもな厚生行政の動き—六．その他　国土美化運動の推進」参照。

［23］　厚生省『厚生白書（昭和三九年度版）』厚生省、一九六四年、第二部（第二章、第六節の二）「環境浄化運動」参照。

[24] 琉球政府「オリンピック東京大会聖火歓迎について」一九六四年八月一八日決裁文書。

[25]『読売新聞』一九六四年九月七日付。

[26]『琉球新報』一九六四年九月七日付。

[27]『朝日新聞』一九六四年九月七日付。

[28]『朝日新聞』一九六四年九月七日付。

[29]「復帰のような喜び　聖火沖縄入り　大々的に報道」『沖縄タイムス』一九六四年九月八日付。

[30] 小倉利丸「大衆動員に使われた聖火」前掲『君はオリンピックを見たか』一七五頁。

[31]『朝日新聞』一九六四年九月八日付。

[32]『長崎新聞』一九六四年九月一四日付。

[33]『長崎新聞』一九六四年九月一五日付。

[34]『中国新聞』一九六四年九月二〇日付。

[35]『中国新聞』一九六四年九月二一日付。

[36] 例えば、聖火リレーが通った地域新聞を検討してみると、いかに日本中が興奮し、「日の丸」が受け入れられたのかがわかる。各新聞の見出しだが、『鹿児島新報』では、「沿道に一五万人の人垣、空港は旗と興奮のウズ」（一九六四年九月一〇日、七面）、『長崎新聞』では「夢中で振る日の丸」（一九六四年九月一五日、一面）、『島根新聞』では、「沿道は紙吹雪と小旗」（一九六四年九月二三日、一〇面）、鳥取の『日本海新聞』「手に手に小旗、多彩な行事で歓迎」（一九六四年九月二五日、七面）、『日本海新聞』「沿道は小旗の波」（一九六四年九月二六日、七面）と報道している。さらに、『京都新聞』「紙ふぶき、旗の波」（一九六四年九月二七日夕刊、七面）、石川の『北国新聞』「ぎっしり日の丸の旗」（一九六四年九月三〇日夕刊、四・五面）、富山の『北日本新聞』「沿道埋める「日の丸」」（一九六四年一〇月一日夕刊、五面）、『北日本新聞』「小旗と拍手の乱舞」（一九六四年一〇月二日、一四面）、『山梨日日新聞』「聖火日の丸と歓声を縫って」（四面）、「保育園児も日の丸でかわいい声援」（六面）（一九六四年一〇月七日）と報道している。各地方紙の報道を見ると、各地域では、聖火リレーが大観衆に歓迎され、「日の丸」とともに受け入れられていた。

[37] 東京オリンピック聖火リレーには、男子八万二八四人、女子一万六〇二八人、計九万六三一二人が参加した。当然、沿道の声援を送る県民を加えれば、その数は「膨大」なものとなる。

[38] 前掲『日の丸・君が代の戦後史』八〇頁。

〔39〕前掲「大衆動員に使われた聖火」一七八－一八二頁。

〔40〕例えば、総理府の調査によれば、一九六四年三月東京オリンピックの開催を知っている人々の中で（すでに全国で九七パーセント、東京で一〇〇パーセントの知名度をあげていた）、全国で八四パーセント、東京で八九パーセントの人々が「東京オリンピックのとき、競技のもようをテレビでみたい」と答えている。内閣総理大臣官房広報室『オリンピック東京大会・オリンピック国民運動に関する世論調査』内閣総理大臣官房広報室、一九六四年。また、ＮＨＫ事前調査では、六月、東京、金沢ともに全回答者の九〇パーセントが「ラジオやテレビでの中継放送は、ぜひともみたりきいたりしたい」と答えている。「東京オリンピックに対する意見と行動調査（事前）」日本放送協会放送世論調査所『東京オリンピック』日本放送協会放送世論調査所、一九六七年、一三一頁。さらに、ＮＨＫ直後調査によれば、オリンピック競技の実況中継を見たと答えた人は、東京で九九パーセント、金沢で九八パーセントであった。「東京オリンピックに対する意見と行動調査（直後）」前掲『東京オリンピック』一九五頁。

〔41〕「東京都オリンピック放送視聴率調査および付帯意見調査」日本放送協会放送世論調査所『東京オリンピック』日本放送協会放送世論調査所、一九六七年、二四九頁。

〔42〕社説「オリンピックを前にして」『読売新聞』一九六四年八月二三日付。

〔43〕社説「オリンピック大会の成果」『朝日新聞』一九六四年一〇月二五日付。

〔44〕『毎日新聞』一九六四年一〇月二五日付。

〔45〕『東京新聞』一九六四年一〇月二五日付。

〔46〕今村嘉雄「東京オリンピック印象記」『体育科教育』一二巻一二号（一九六四年一二月号）、一九六四年、三〇頁。

〔47〕中瀬寿一『戦後日本の経営理念史』法律文化社、一九六七年、八二頁。

第九章　戦後自衛隊のスポーツを通した国民浸透作戦と勝利至上主義

第一節　自衛隊の発足とスポーツへの介入

アメリカの対日占領政策は、はじめは日本が再びアメリカの脅威とならないように非軍事化することであり、ポツダム宣言にそって民主化を進めることであった。ところが、米ソの対立が次第に強まり冷戦が激化すると、対日政策にも転換のきざしがあらわれた。アメリカは、日本を極東における「反共」の防波堤とするべく一九五〇年の朝鮮戦争をきっかけとして日本の再軍備を本格的に進めた。ＧＨＱは政府に警察予備隊七五〇〇〇人の創設と、海上保安庁に八〇〇〇人を増員することを命じた。特に、警察予備隊は米軍の穴埋めとして緊急に創設することが求められた。こうして、自衛隊の前身である警察予備隊は発足したのである。

その後、防衛力の整備が徐々に進み、警察予備隊は「自衛隊」に生まれ変わった。自衛のためであれば戦力ではないとした自衛隊は、現在に至るまで日本の「平和と独立を守り、国の安全を保つため、我が国を防衛することを主たる任務とし、必要に応じ、公共の秩序の維持に当た」っており（自衛隊法第三条第一項）、現在二〇万人を越える軍隊に膨れあがり、世界に誇れる戦力を保持している。

しかし、自衛隊は発足当時から存在基盤に危うさが付きまとっていた。一九四七年施行の新日本国憲法第九条が「戦力不保持」を掲げていたことから、自衛隊の活動に対する違反・合憲性が常に問題となったことや、朝鮮戦争に端を発してアメリカにより上から強引に進められたことが発足のきっかけだったこと、戦争協力の象徴となっていたことから、国民からは常に「冷たい」目で見られていたのである。そして、一九六〇年には日米安全条約を改正し、アメリカの日本防衛義務が記された。日本のアメリカ防衛義務の定めはないが、冷戦と反共、極東における安全を理由にアメリカに基地を提供し続けることになった。こうした日米間の軍事協力が日本の安保政策の骨格として固まることになる。この動きは、一五年間の激しい戦争と敗戦を体験し、反戦・反軍感情がそれなりに支配的であった戦後日本社会で、自衛隊に対する「反発」「警戒」を招くこととなる。

こうした状況下、自衛隊の国民への浸透策、そして国民からは支持されない「日陰者」ゆえに低迷する隊員の士気高揚は、自衛隊にとってその存在意義に関わる大きな頭痛の種であった。自衛隊は国民から「愛される自衛隊」を作るために、各地域の組織と連携を図りながら、自衛隊基盤を強化するよう努力したが、国民からの冷視は続き、隊員募集における慢性的な定員割れが続いた。そのため自衛隊員の「孤立感」「疎外感」は極めて強く、自衛隊は国民への浸透、隊員の士気高揚のため、国民へ向けた自衛隊「宣伝活動」をさらに強化していく。自衛隊の存在基盤の強化と国民からの理解と信頼を得るため、多彩な分野における自衛隊の活動を国内に広く広報・宣伝するとともに、それを通して多くの協力者や理解者を獲得、支持層の拡大を図っていったのである。

このような状況の中、一九六四年アジアで初めて開催された東京オリンピックは、自衛隊にとってまさに「救いの神」であり、千載一遇のチャンスとされた。国民への浸透を図り、他方隊員の士気高揚のために、諸々の分野で広報活動がなされたが、その最たるものの一つが自衛隊のスポーツへの介入、つまり、東京オリンピックと日本最大のスポーツイベントである国民体育大会（以下、国体）に対する支援・協力であった。自衛隊は国民との親和を図ることを目的として、自衛隊法の改正を通して「部外行事に対する協力」を広報活動の一環として位置づけるとともに、国際級選手養成のための自衛隊体育学校を設立する等、東京オリンピックが決まった時期から本格的にスポーツイベントへの関与を通してその存在を国民にアピールしていったのである。平和憲法九条との関わりで「違憲存在」である自衛隊が、スポーツイベントへの介入を通して、国民の中にその「市民権」を得るために動き始めたのである。

本章では、戦後日本社会で自衛隊が行った様々な宣伝活動の中で、東京オリンピックと国体といったスポーツイベントへの自衛隊の支援・協力の狙いや目的を明らかにする。また、東京オリンピックの開催過程で形成された勝利至上主義の中で、自衛隊がどのような効果を得たのかを探究する。

第二節　戦後自衛隊の広報・宣伝活動と東京オリンピック支援

自衛隊の国民宣伝活動

自衛隊が発足してから、自衛隊の国民への浸透と隊員の士気高揚は、自衛隊が抱えている大きな課題であり、そのため様々な「広報・宣伝活動」が重視された[1]。自衛隊の主な役割は防衛であるが、防衛以外にも、災害派遣や国内治安維持、爆発物処理等の民生協力、体験入隊などの活動を通して国民と関わってきた。また、これ以外の広報活動としては、巡回診察、防疫支援、部隊・演習見学、体験飛行・乗艦、音楽隊出演、スポーツイベントの支援・協力、映画・スライド作成と上映、広報用雑誌・新聞・パンフレットの発行、患者輸送、観光まつり支援など、多彩な分野において国民宣伝活動を展開している。全国各地の「祭り」への浸透作戦も活発であり、全国の主要な祭りには必ずといってよいほど参加している点も注目しなければならない[2]。

一九六〇年六月の日米安全保障条約の改定を機とし、広報・宣伝活動は量と質を強化されている。日米安全保障条約が成立した一九六〇年七月には「防衛庁の広報活動に関する訓令」を発表し、報道機関への対策強化、自衛隊の広報活動宣伝強化を図っているのである。その背景について、内海和雄は、第一に、安保反対の国民運動の高まりに、政府、与党、財界、そして自衛隊等が深刻な危機感を持ったこと、第二に、条約改定により、自衛隊が日米共同作戦に組み込まれ、さらに一九六〇年代のベトナム戦争が深刻化する中で、自衛隊派兵の必要性が強く要請されたこと、第三に、自衛隊の募集の不補充が放置できない事態に至ったことを挙げている。また、自衛隊の多彩な民生協力、広報活動の目的が、自衛隊の支持者を増やし、自衛隊の存在基盤を強化するところにあったと強調する[3]。つまり、日米安全保障条約の改定と第二次朝鮮戦争を想定した一九六三年の「三矢作戦」、アメリカのベトナム戦争など、朝鮮半島や東南アジアにおける軍事情勢との関わりでアメリカの軍事作戦に積極的に協力しないといけないという状況にあった自衛隊としては、国民の反対高揚はかなり大きな負担であった。国民の革新的エネルギーと戦後初期から強い「平和意識」が存在し続けていることから、自衛隊は存在基盤に深刻な危機感を持っていたのである。

このような状況の下で、自衛隊のスポーツへの介入のきっかけとなったのは、アジアで初めて開催された一九六四年東京オリンピックであった。東京オリンピックは自衛隊が、国民の関心と支持が得られるまさに千載一遇のチャンスであった。また、東京オリンピックにおける選手強化やメダル獲得を至上課題とした政府と日本体育協会（以下、日体協）の理念が、自衛隊がオリンピックに関わる重要な要因となったのである。

自衛隊のオリンピック支援の本格化

オリンピック大会をはじめとするメガ・スポーツイベントは、競技規模が大きくなるにしたがって軍隊が協力することが慣例となってきたが、軍隊はオリンピックにいつから、どの分野に関わるようになったのであろうか。

近代オリンピックにおいて軍隊が主として協力してきた部門は、軍楽隊による奏楽・祝砲の発射及び王侯・貴族の警護等であり、競技運営に協力したのは、第一回アテネオリンピック大会におけるマラソン競技の経過状況を騎馬隊が伝達し、発表したなど一部に過ぎなかった。

しかし、一九三六年第一一回ベルリンオリンピック大会から、軍隊はオリンピック大会全般に本格的に関わるようになる。防衛庁はベルリン大会について、「軍隊の本格的協力によって今までの大会にみることのできない立派な運営」であり、「きびきびと軍隊的な統制のもとに大規模で豪華に展開され、内外の観覧者に深い感銘を与えた」「軍隊の協力による大会運営の成果は否定できなかった」と評価した[4]。つまり、ドイツ軍が行った交通・通信・医事衛生・選手村の管理などの協力と運営によって、大会が成功したと高く評価し、ドイツ軍のオリンピック協力・支援を全面賛美している。この論理を通して自衛隊の東京オリンピック参加・協力を合理化しているのである。

　こうした自衛隊のオリンピック支援に対する肯定的な意識が具体的に行動として現れたのは、一九五九年第一八回オリンピック大会の東京招致が決まってからである。防衛庁や自衛隊は、東京オリンピック招致後、国民浸透作戦の一環として本格的にスポーツ大会の支援に向けた準備を着々と進めたのである。

　まず、自衛隊が行ったことは、一九六〇年九月に開催されたイタリアのローマオリンピックにおける軍隊のオリンピック支援状況を調べることであった。防衛庁職員をイタリアに派遣し、実施したイタリア軍隊のオリンピック協力状況調査では、イタリア軍人四八〇〇名が大会運営に積極的に参加していること、各国とも軍隊出身の選手が中心になって大きな活躍をし成果を出していること、オリンピック競技大会に軍の協力を法律で定めている国はなく、軍隊のオリンピック大会協力が法律的な根拠によっていない国際的慣例であることが判明した[5]。

　さらに、自衛隊が大手を振ってスポーツに介入する契機、国民の中に深く浸透したきっかけとなったのは、裸足のマラソンランナー、エチオピアのアベベが、一九六〇年ローマオリンピックの男子マラソン競技で優勝したことであった。軍隊出身のアベベの優勝は、自衛隊にとっては救いの女神に映じたかもしれない。実際、ローマオリンピックを視察した自衛隊幹部は「アベベのように各国とも軍隊出身の選手が中心になって活躍している」と報告をしており、当時の防衛庁長官西村直己もそれは「親しまれる自衛隊にはもってこい」だと大歓迎しているのである[6]。

　選手強化にあたっていた日体協の自衛隊に対する期待も大きいものがあった。それは東京オリンピックに、自衛隊員が射撃をはじめとする幾つかの種目で参加ができるようになったからであった。と同時に、自衛隊の持つ豊富な施設をスポーツ団体が活用できることを期待していた。[7]

その後、ローマオリンピックからオリンピック大会における軍隊の支援活動に対して確信を得た自衛隊は、「自衛隊法」の改正に本格的に着手する。防衛庁はオリンピックなどスポーツイベントに軍隊が協力することが国際的慣例であるにしても、法律的根拠があいまいだったため様々な問題が生じていると判断し、自衛隊法を改正、オリンピックなどに対する協力を明文化することにしたのである。[8] 改正された「自衛隊法」の第一〇〇条の三「運動競技会に対する協力」では、「長官は、関係機関から依頼のあった場合には、自衛隊の任務遂行に支障を生じない限度において、国際的若しくは全国的規模又はこれらに準ずる規模で開催される政令で定める運動競技会の運営につき、政令で定めるところにより、役務の提供その他必要な協力を行うことができる」と決めた。さらに、「自衛隊法施行令」第一二六条の一二では、協力できる運動競技会の範囲として、①オリンピック競技会、②アジア競技大会、③国民体育大会をあげている。同施行令第一二六条の一三では、運動競技会の運営における協力範囲が定められたが、その範囲は式典、通信、輸送、奏楽、医療及び救急、会場内外の整理、運動競技会の運営事務等に及んでおり、自衛隊はオリンピックや国民体育大会の運営などに合法的に何でもできるような体制を整えたのである。[9] 結局、自衛隊では二二名の自衛隊員選手が東京オリンピック参加しただけでなく、七五四五人の自衛隊員がオリンピックに参加し、様々な分野における支援協力を行い、自衛隊の宣伝に十分な役割を果したのである。[10]

第三節　東京オリンピックにおける勝利至上主義の形成と選手強化策の確立

祖国愛の涵養と勝利至上主義

自衛隊が東京オリンピックに関わるようになった重要な理由の一つとしては、東京オリンピック招致や開催過程の中でスポーツ界における「勝利至上主義」「オリンピック至上主義」が登場し、形成されたことが挙げられる。政府と日体協にとって東京オリンピックは、どの位の「日の丸」を掲げ、「君が代」を演奏させるのかが一番重要な問題であった。それを成し遂げるためには何といっても、試合で「勝つ」ことが要求され、政府と日体協は勝つための徹底的な選手強化を進めていくことになった。後述する自衛隊体育学校の設立も総力戦体制で東京オリンピックに臨もうとする各界の切実な思いが反映された結果であった。

日体協が国際復帰を契機に、「大衆化」政策を捨て、一部の選手だけを重点的に育成し、国際競技会、特にオリンピックで優秀な成績を収めることを目指すという「オリンピック至上主義」「勝利至上主義」へと本格的に転換していく過程については、第七章で詳細に分析したが、その後、日体協は勝利至上主義を貫徹するため積極的に政府に働きかけた。当時日体協の専務理事田畑政治、東龍太郎などは、かつての文部大臣であった首相鳩山一郎と面談し、国際大会で勝つために、スポーツに対する国家的支援を政府に対して強く要請した。[11] さらに、一九五五年七月日体協は、スポーツの振興が「民族の興隆」と「国家の繁栄」のための緊急の要務であることを中心的な内容としてまとめた「スポーツ振興に対する意見書」を政府に提出した。この意見書では、世界の多くの国では、スポーツをその民族や国家繁栄のバロメーターと考え、国家援助が行われていることを強調し、政府が物心両面より根本的措置を講じること、スポーツ振興費の大幅な増額と強力な行政機構の確立を主張し、民族的・国家的観点から青少年の体力と「愛国心の育成」のため、スポーツの振興に力を注ぐべきだと政府に要請したのである。[12]

このような動きに対して、当時の文部大臣清瀬一郎は、戦後教育の基本原理となっていた教育基本法をコスモポリタニズムと批判し、その改正意志を表明する。清瀬は、教育基本法と学校教育法はよいことが書いているが、それは世界人としてコスモポリタンとしてよいことであって、日本人は郷土を愛し、同胞を愛し、人に親切で、勤勉でそれからまた勤勉なる結果として、勤勉の成果たる所有権を尊重すると強調し、教育内容を改善して、「祖国愛の涵養」と「国民道義の確立」、よりよい「伝統の尊重」と正しい民主主義の教育を徹底させなければならないと表明した。[13] つまり、復古的なナショナリズムと「愛国心の復活」を教育に注いでいたのである。そして、清瀬は、スポーツ振興に対する積極的な意志を表明し、「日本人としての自覚」を高めるために、「祖国愛の涵養」のためにスポーツの良い面を大いに伸張して、特に精神的に及ぼす影響を重視してこの点を強く青少年に強調したいと述べたのである。[14]日体協の勝利至上主義への執念は加速し、結局、内閣では「スポーツ振興審議会」が、国会では「スポーツ振興国会議員懇談会」が結成され、一九五八年には九年ぶりに文部省に体育局が復活した。[15]こういった流れの中で、東京オリンピック招致は、「勝利至上主義」と「オリンピック至上主義」をさらに加速・形成させる重要なきっかけとなったのである。

「日の丸」を高く掲げよう！

政府と日体協にとって東京オリンピックは、いかに多くのシーンで「日の丸」を掲げ、「君が代」を演奏させるかが至上命題であった。それを成し遂げるためには何といっても、「試合で勝つこと」が要求され、勝つために徹底的な選手強化を進めていくことになった。東京オリンピックが決定した一九五九年五月、日体協と加盟競技団体は、文部省の後援を得て「スポーツ技術研究会」を発足した。これは各競技団体が行う競技技術の研究や強化合宿を通して、指導者養成と選手強化を主な目的としていた。

さらに、新しく日体協の会長となった津島寿一は、日本代表選手が立派な成績を収めることが最も大切だと主張し、総合的な支援体制確立のための組織と選手強化対策を樹立する必要性を主張した。このような動きを反映し、一九六〇年一月、選手強化対策のため、日体協の日本オリンピック委員会の中に発足したのが、「東京オリンピック選手強化対策本部」（以下、選手強化対策本部）であった。[16]選手強化対策本部の本部長は、日体協の専務理事であり、オリンピック至上主義・勝利至上主義を主張し続けてきた田畑政治がつとめた。[17]

オリンピック東京大会に対する選手強化活動は、中央団体だけで遂行できる事業ではなかった。選手強化対策本部は、全国の力を結集しなければ初期の目的は達成できないと判断し、全国的な支援体制を整備し、優秀選手の発掘・

養成のための全国的な選手強化組織「東京オリンピック選手強化全国協議会」を結成した。これは東京オリンピックという大事業の目的達成のため、優秀選手の発掘・養成を中心に呼びかけ地方でも展開されることを切望するというものであった。

また、本部活動に対し側面援助を行う「東京オリンピック選手強化特別委員会」を設置するとともに「東京オリンピック大会選手強化に対する白書」を作成し、「東京オリンピック選手強化五カ年計画」を策定した[18]。「選手強化五カ年計画」は、年度ごとに主な目的を設定し、その年度の目的を達成するために関係二〇競技団体の強化現場責任者とコーチが相携えて前進することになった。選手強化五カ年計画は、米・ソに次いで総合三位、全二〇競技一三二種目の六位内入賞の目標を至上命題とした。この選手強化事業は、そのほとんどが日体協によって担当され、一九六〇年代前半の日体協の活動は、その全精力がこの「選手強化五カ年計画」に沿って東京オリンピック中心に投入された。こうして確立した全国的な選手強化体制の下で、選手強化事業は進められていったのである。この計画では、二本の柱を打ち立てたが、一つ目は、「日の丸を揚げよ！」という純粋な国民感情に応えるにふさわしい強い選手をつくること、二つ目は、ホストの国の選手として、お客である外国選手をもてなすに足る強い選手をつくる、というものであった[19]。

日体協の選手強化事業に合わせる形で、政府関係では、主務官庁文部省体育局に「オリンピック準備室」（一九六〇年一一月四日）が新設され、これが「オリンピック課」（一九六二年四月一日）となり、閣僚に「オリンピック担当相」を選任して行政機構を整えた。国会では、衆参両院に「オリンピック準備促進特別委員会」を設けて国家的に支援援助を行うこととなった。さらに、一九六一年「スポーツ振興法」が国会で成立し、日体協への国庫補助金交付の途を開くことになり、勝利至上主義体制が形成することになるのである。

第四節　自衛隊体育学校の設立と東京オリンピック下における選手像

自衛隊体育学校の選手強化

オリンピックでの勝利だけをめざし多額の血税が使われた選手強化事業は、「日の丸」掲揚によって「国民意識」を統合したいという政府の意志の反映に他ならなかったといえる。このような勝利至上主義の加速と選手強化事業が余りにも露骨にあらわれたのが、防衛庁による「自衛隊体育学校」の設立である。この学校の設立には、東京オリンピックに向けた選手育成という国家的使命が課されていた。自衛隊としてもスポーツを通して国民との親和を図っていける良いチャンスであった。自衛隊の活動は防災関連派遣等の民生協力などで徐々に認知されつつも、自衛隊体育学校の存在や役割についてはあまり知られていなかったが、戦前には陸軍戸山学校が体操、射撃、剣術、戦術、軍楽等の教育研究を普及させ、進捗発達を図ることを任務として行っていた。

自衛隊体育学校は、一九六一年七月、陸海空の三自衛隊の共同機関としてスポーツを通じて一般国民と接触を深めるための選手養成と東京オリンピックに基づいたメダル獲得のため、陸上自衛隊朝雲駐屯地内に創立された。戦前の陸軍戸山学校をモデルとして誕生した自衛隊体育学校は、「部隊における体育指導者の育成」「隊員の体力能力向上に関する調査・研究」、そして、他の会社・組織と同じく、隊員の娯楽と日常的な訓練や教育として行われ、とりわけ、自衛隊の宣伝強化や隊員の士気高揚という自衛隊としての目的もあった。

だが、自衛隊体育学校創立の最大の国家的使命・目的は、東京オリンピックにおけるトップアスリート育成や勝利至上主義・オリンピック至上主義におけるメダル獲得であった。世界で活躍するアスリートの育成を通した自衛隊の積極的なスポーツへの介入、東京オリンピックへの介入が本格的に始まったのである。さらに「選手養成資金も準備して大いに活躍の場を与える」[20]と、防衛庁はスポーツへの介入を積極的に進めていった。自衛隊員は東京オリンピックに自衛隊体育学校の選手として参加し、期待以上の成果を残していくことになる。

　一九六〇年代に入った当時、東京オリンピック誘致が決まったものの、オリンピックでの日本の成績は振るわず、開催国としての面子を保つためにもオリンピックで活躍できる国際級選手を育成することが国家政策として必要だった。当時の防衛庁長官江崎真澄は、諸外国の競技者に軍人が数多く含まれ、活躍していたことから、自衛隊の中に体育専門学校を設置してオリンピック選手を集中的に育成し、オリンピック成功に寄与しなければならないと考えたのである[21]。自衛隊体育学校の初代学校長佐野常光が、自衛隊体育学校について、「このうちオリンピックに関連する面が大きく、自衛隊の内外の注目を浴びていることは諸官承知のとおりであって、他の学校等と異なった特別な使命を持っており、非常な責任を感じている次第である」[22]と強調しているように、自衛隊体育学校は、戦後体育・スポーツ界を支配していた「勝利至上主義」に基づき、東京オリンピックで良い成績を成し遂げるために急造されたものであった。自衛隊体育学校はこれらの活動を通して、自衛隊員の士気高揚と団結のみならず、自衛隊の地盤強化、国民から愛される自衛隊を作ろうと意図し創立されたものであった[23]。

　自衛隊体育学校には、一般体育課程一四コース、集合教育コース一コース、そして国際級選手を養成する特別体育課程二コースが設けられ、そこでは約六〇〇名の選手が鍛えられた。特に、国際級選手を養成する特別体育課程では、陸上競技二〇名、射撃二七名、近代五種競技一三名、レスリング四名、ボクシング五名、重量挙げ六名と陸海空三自衛隊から選抜された七五名が、完璧な選手になるためのサポート態勢とトレーニング環境の中、それぞれの教官の指導のもとに厳しい訓練を受けた。自衛隊の選手が「日の丸」二、三本もあげれば、国民の信頼を一挙にものにできるという考えで、選手養成に奔走したのである。この考え方は当時、日本スポーツ界で活躍が多かった三宅義信選手、神谷公夫選手などをスカウトし自衛隊に採用したことからも窺い知れる。

　スポーツ界の選手不足と一九六〇年のローマオリンピックでの日本代表選手の成績不振・国際競技力の低下に対して、若い世代を擁し日常的に厳しい訓練をし、基本訓練ができている自衛隊に対する日体協の期待は大きいものであった。しかも東京オリンピックの開催決定により、射撃をはじめとする幾つかの種目では、日常訓練との結合にお

図 9-1　一九六一年創設された「自衛隊体育学校」（自衛隊体育学校ホームページ https://www.mod.go.jp/gsdf/phy_s/pts02.html（最終閲覧日二〇二一年二月一日））

いて積極的な選手養成が奨励されていたが、自衛隊の持つ豊富な施設をスポーツ団体として活用できるという期待があった[24]。さらに、一九六一年「学徒の対外競技基準」の改正が行われ、中学生の全国大会を認めること、中学生の国際試合および全日本選手権大会への参加資格の緩和、そして、中・高校生の国際競技参加資格が緩和されたことは、日本政府がトップレベルの選手を強化するだけでなく、強化すべき選手を全国で発掘・育成しようとした狙いがよく現れている[25]。

結局、自衛隊体育学校では、マラソンの円谷幸吉選手をはじめ、オリンピック史上初めての日本代表選手として計二二名の自衛隊員が選出された。東京オリンピックを目前にした一九六四年四月、自衛隊体育学校学校長は、「戦友愛を発揮し一心同体となって所定の目標を奪取する。オリンピック東京大会の決戦場においては、自衛官としての必勝の信念を堅持し、正々堂々最後の瞬間まで善戦敢闘して入賞、特に日の丸を揚げ、国民および全自衛隊員の期待に答える[26]」と語った。大会の結果、自衛隊体育学校はオリンピック代表二二名の中から、二名のメダリストを生み、その他三種目での入賞を果たした。重量挙げフェザー級において金メダルを獲得した三宅選手と、マラソン銅メダルを獲得した円谷選手には、それぞれ自衛隊から最高級の「第一級功労章」が与えられ、レスリングで四位の桜間選手には「二級賞詞」が送られた。ここで注目しなければならないのは、そうした選手を養成した自衛隊体育学校にも「二級賞状」が贈られ、その栄誉が称えられている点である[27]。自衛隊の国民への浸透と隊員の士気高揚という二つの意図に対してこれほど有効な手段は他になく、したがってその後はいっそうの充実が図られ、国際試合における自衛隊選手の占める位置はより大きなものとなっていた。[28]

国民への浸透作戦の成功と「根性」

自衛隊のスポーツイベントを通した国民への浸透作戦と隊員の士気高揚は、いずれも十分な手応えを得た。自衛隊は東京オリンピックを通して国民から信頼される自衛隊を作るため、すべての取り組みに真剣であったが、自衛隊が行った支援活動に対する国民の評価、国内のマスコミ、外国の選手・役員からの反応は好評であった。特に、自衛隊員の選手が東京オリンピック参加、上位の成績を収めることによって、自衛隊の名声を高め「自衛隊アレルギー」の除去に貢献した。円谷がマラソンで銅メダルをとってから、「ツブラヤがついにがんばった。ついに日の丸の旗を国立競技場にあげた。私は胸が痛くなった。拍手をしすぎて原稿が書けない状態となった」[29]と、作家山口瞳が語ったように、自衛隊選手の活躍は、自衛隊の国民浸透作戦及び隊員の士気高揚策にとって何にも代えがたい貢献であった。また、自衛隊について、「自衛隊の一糸乱れない組織と統制力を借りなかったら、大会の運営はできなかったであろう」「愛される自衛隊への前進は大きい」「世界一の軍隊」[30]という新聞の報道や評価が相次いだ。しかも、直接東京オリンピックの支援活動に参加した自衛隊員には、「もし金メダルがあるならば第一にさしあげたい」「自衛隊以上の支援行動を行った軍隊を見たことがない」という感想が寄せられ、自衛隊がスポーツイベント支援を通して目指した二〇数万の自衛隊員の士気高揚と「親しまれる、愛される自衛隊」作りに大きな役割を果たしたのである。[31]

では、東京オリンピック開催過程では、「日の丸」を掲げるために、どのような「選手像」が求められたのか。この理念が円谷幸吉の自殺と深く関わっていると考えられる。

日の丸を掲げるために選手強化対策本部が、選手たちに要求したのは、何よりも「根性」であった。選手強化対策本部では、根性について「高い目標意識をもち、その目標達成のために精神を集中しそれを持続する強烈な勝利への意志[32]であると定義し、望ましい選手像が提示された。選手強化対策本部から配られた「根性づくりテキスト」の「コーチの描く選手像」では、選手たちには、日本国民の士気を高揚する機会となることを心し、勝利をかちとるために、どんな苦しい練習にも耐え抜いて、あらゆる誘惑や欲望をおさえて、すべてを競技に捧げることが要求された。選手たちは「スポーツの自由」はなく、血税によって養成される代表として勝たねばならなかったのである。

さらに、日体協と選手強化対策本部は、勝利のために「命令」と「服従の軍隊的秩序」を徹底的なハードトレーニングの欠かせない要素として賛美・強調するとともに、ハードトレーニングに耐える根性を何よりも絶対視した。また、日本の選手の代表として外国の選手と戦うというエリートとしての「自覚」と「責任感」、日本人としての「誇り」の重要性を強調するとともに、今の選手は、どんな困難でも克服し「勝利」に半分命をかけた戦前の選手とは違うことを批判している[33]。

このようなスポーツにおける根性の強調は、東京オリンピックと日本社会に大きな影響を与えた。根性は一般社会でも好意的に受け止められ[34]、経済界における高度成長政策をささえる「猛烈社員」形成のイデオロギーとしても活用されていったのである。

行き過ぎた勝利至上主義と円谷幸吉

一方、自衛隊における行き過ぎた勝利至上主義の被害者が、東京オリンピックのマラソン競技で銅メダルを獲得し、次大会でのメダルが期待されるなか「自殺」した円谷幸吉選手である。多くの論者は彼の自殺の原因について、国民の期待と自らのコンディションのギャップに悩んだことが原因だと指摘しているが、この点を含めて、何よりもスポーツ界や自衛隊における「勝利至上主義」の重圧感がもっとその根底にあると考えられる。

東京オリンピックが終わった後、円谷は自衛隊の「看板」として各地の講演に引っ張りだこであった。これらはすべて本人の意思とは別に決定されている。まさに自衛隊の「広告塔」として、ここでもフル稼動していた。オリン

図 9-2　ゴール直前の円谷幸吉選手（一九六四年一〇月二一日）
（円谷幸吉メモリアルマラソン大会事務局ホームページ https://tsuburaya-marathon.com/about/（最終閲覧日二〇二一年二月一日））

ピックの華・マラソンで銅メダルを取った円谷に対する国民からの支持と関心は高く、円谷は自衛隊の「シンボル」的な存在になっていた[35]。

しかし、次の目標をメキシコオリンピックでの金メダル獲得と宣言した円谷だったが、突然にしてコンディショニングは乱れ、様々な不運に見舞われ続けた。さらに円谷は幹部候補生学校に入学した結果、トレーニングの時間の確保にも苦労するようになる。その中で周囲の期待に応えるため、オーバーワークを重ね、腰痛が再発し、病状は悪化してヘルニアで一九六七年には手術を受ける。病状は回復したが、すでにかつてのような走りをできる状態ではなかった。こうした状態の中で彼は再び大会に出場せざるを得ず、思う結果が出せずに焦り出していたのである[36]。

自衛隊における勝利至上主義の重圧は、一九六八年メキシコオリンピック前に婚約を考えていた円谷選手に対する自衛隊上官の発言からも読み取ることができる。自衛隊上官は「円谷は、メキシコオリンピックを前にして、自衛隊にとっても大切な人だ。メキシコオリンピックでは活躍してもらわねばならない人です。特にマラソンは苛酷なスポーツ。結婚してできるなまやさしいものではない。ですからオリンピック後ならいざ知らず、いま円谷の結婚は反対です[37]」と、円谷の結婚を強く反対した。結局、メキシコオリンピック前に婚約を予定していた円谷であったが、自衛隊上官の反対によって破談となってしまう。円谷選手個人の幸せではなく、オリンピックにおける円谷選手のメダル獲得による自衛隊のイメージ改善が至上命題とされたことが窺える。

自殺した円谷選手の残した遺書の一節には、「……父上様母上様、幸吉はもうすっかり疲れ切ってしまって走れません」[38]と記されており、東京オリンピック後の度重なる故障が原因で満足した走りをすることができない中で、自衛隊の勝利至上主義に応えるために自分を追い込んでしまった円谷選手の苦悩を読み解くことができる。彼を苦しめたのは科学的、批判的思考を背景としない試合に「勝つ」ことだけを絶対的な権威として君臨した自衛隊の「勝利至上主義」である。円谷は国民の期待に応えられなくなったというよりもむしろ、自衛隊による期待と重圧、勝利至上主義に応えきれなくなったといったほうが妥当だと考えられる。

第五節　自衛隊の国民体育大会協力と銃剣道・ピストル問題

国体における自衛隊の支援活動

自衛隊は戦後日本の最大スポーツイベントである国体の支援活動を通して、国民に自衛隊の存在を大衆的に認知させている。戦後日本社会で自衛隊は民生協力と体験入隊などを通して国民への浸透を図ってきたが、毎年開催される国体は自衛隊の認知度を向上させる絶好の儀式であった。

自衛隊と国体との関わりが始まったのは、一九五七年第一二回静岡大会からであるが、一九六一年「自衛隊法」改正によって合法的に国体に支援・協力し、自衛隊宣伝を強めている。その後、自衛隊は自衛隊に対する国民の警戒心、軍隊といういかめしい印象を払拭するため、緻密に国体を通した国民浸透作戦を進めた。国体支援活動を通して、自衛隊を宣伝し、火災出動の場合と同じような効果を収めている。災害時の救助活動が自衛隊の大衆的認知に効果的であったことは先述したとおりだが、これと同様、国体も自衛隊認知のための装置として機能をし続けている。それが今日の自衛隊を作り上げる一つの「土壌」になってきたといっても過言ではない。

国体における自衛隊の支援活動は、開・閉会式援助、大会運営援助、競技運営援助、通信・救護・輸送援助など多方面にわたり、国体実施の重要な役割を果たしている。自衛隊は国体誘致の段階から「対策室」を設けて国体への「お手伝い」を準備する。自衛隊は開・閉会式の援助をはじめ、大会運営のすべてにわたって、通信・救護・輸送など多方面にわたって協力体制が整えられ、県民に対してやさしく、親切で、頼もしい自衛隊像を宣伝し、協力を理由に学校などに公然と駐屯するなど親近感を持たせるように努力している。国体の運営に参加し、裏方として奉仕しながら、自衛隊の認知度向上の効果を収めることができるようになったのである。

　自衛隊の公表している国体協力実績によれば、東京オリンピックの年の第一九回新潟国体から第四〇回鳥取国体までの二二年間で延べ約三四〇〇〇人、年平均約一五四〇人の自衛隊が動員されている[39]。国体では、夏、秋、冬季大会含めて競技と大会運営に自衛隊員が投入されているが、今までの先催県における国体での自衛隊の競技運営参加のベスト五は、①自転車、②馬術、③ライフル射撃、④山岳、⑤大会運営であり、ヨット、漕艇、カヌー、この三つの海上競技への自衛隊要請は先催県によって異なっている[40]。このような国体運営の支援・協力だけでなく、自衛隊員は役員・選手として参加しており[41]、すでに国体には自衛官が各出身地の代表として出場し、一定の成績を収めていた。自衛隊員が選手として国体に参加しながら国民との親和を図り、自衛隊に対するアレルギーの除去に効果を収めることができたのである。

　国体において自衛隊と天皇との関わりが強化している点も見逃すわけにはいかない。一九六三年大分国体では、戦後初めて天皇が自衛隊施設（湯布院駐屯地グラウンド、ホッケー場）に入り、競技を参観した。また、その翌一九六四年の九月、つまり東京オリンピック大会の直前に、防衛庁幹部は皇居仮宮殿北の間で拝謁が行われた。その後天皇は、機会あるごとに自衛隊の「と列奉迎」を受ける。こうして自衛隊は、「天皇の」自衛隊へと大きくその性格を顕在化させていった。

銃剣道やピストル

国体競技種目の中に、自衛隊のための「銃剣道」や「ピストル」競技があることに注目する必要がある。銃剣道は明治初年に陸軍が創設された時に、近接戦闘での格闘術として軍人や兵士に教え込まれたものが始まりであり、大日本帝国下、銃剣道は突撃・刺突訓練とともに陸軍兵士の必修の訓練課目とされていた。昭和に入ってからは、中学・高等学校・青年学校の教科として義務づけられたこともあった軍国主義の象徴である。[42]自衛隊だけの競技である銃剣道が国体の競技に入っていることは理解できないことであり、「自衛隊宣伝」としか考えられない。ピストルも自衛隊と警官以外は、国民が携帯することすら禁止されているものにもかかわらず、国体正式種目になっている。日体協はそれらの競技団体が日体協に正式に加盟している団体であることを理由にしているが、国体は国民のためのものであり、日体協の総合選手権大会ではない。ここにも国体を軍国主義的思想普及に利用しようとする意図が見られる。国会でもこの問題はよく取り上げられている。[43]

火器を使用する競技については、その競技団体が防衛庁なり警察庁と協力して、国体とは別の形で火器を使用する種目を行えば、これは国際的にも通用し、技術の向上にもつながると考えられる。それをわざわざ国体競技種目の中に組み込んだ意図は一体何なのか。時間とともに競技運営全体への協力からライフルをはじめ射撃競技などの、軍隊の訓練が特別にものをいう競技種目への参加という具合に自衛隊は進んだのである。また、国体では、海上自衛隊の軍艦まで出動させ小学生を乗船させたことや航空自衛隊による航空ショーも実施されている。このような自衛隊の国体協力に反して自衛隊抜きの「手づくり国体」を県民の協力を得て創ろうとしたところも多くあり、民間の技術者、専門家の協力などで、自衛隊抜きで成功させた事例もある。

ところで、自衛隊の国体支援・協力を「何でもただ」と考えている人が意外に多い。しかし実際はそうではない。自衛隊が使用する車両などの燃料費、有料道路通行料、宿泊費を含めた消耗品代、印刷物の代金、それに電話料から郵便切手代まで開催県の負担である。自衛隊の負担は隊員の給料、糧食費と装備品の修理代だけで、他は一切要請する側、開催県または市町村の負担となる。こういう負担区別は「協定書」と「覚書」で明確にされている。[44]自衛隊は宣伝の場を確保しつつ、取るべきものはしっかり取る仕組みである。

自衛隊のオリンピックと国体への支援の意図は、当時の自衛隊への世間の冷たい目や不人気の解消と「親しまれる、愛される自衛隊」として自衛隊を国民に認知させること、国民浸透作戦に大きな比重を掛けたことであった。[45]ここにもスポーツイベントの持つ政治性、東京オリンピックと国体を利用した自衛隊の政治性がはっきり露出している。自衛隊のスポーツ支援が今日の自衛隊を作り上げた一つの土壌になってきたといっても過言ではない。

自衛隊は一九六四年東京オリンピック開催後も、様々なスポーツイベントに関わっている。自衛隊体育学校は夏季オリンピックでの選手育成・強化が中心だったが、二〇一八年から自衛隊体育学校は初の冬季オリンピックへの参加（バイアスロン・クロスカントリー）を果たしている。二〇二〇年東京オリンピック・パラリンピック大会の準備過程でも自衛隊は、「防衛省・自衛隊二〇二〇年東京オリンピック・パラリンピック競技大会特別行動委員会」を設置し、オリンピック支援活動を積極的に展開している。スポーツ大会の運営に積極的に取り組む自衛隊の姿を国民にアピールすることは、結果的には自衛隊のイメージ向上につながったといえよう。このイメージ向上が自衛隊の存在基盤をさらに強化し、集団的自衛権行使の容認や平和憲法の改正へつながる危険性が潜んでいると評価できよう。

註

［1］内閣府政府広報室が一九九四年に調査した「自衛隊・防衛問題に関する世論調査」で、「あなたは、自衛隊はこれまでどんなことで一番役に立ってきたと思いますか。この中から一つだけあげてください」という調査を行っている。この質問に対して、第一位は七二・七パーセントで「災害派遣」が、第二位は六・七パーセントで「国の安全の確保」が、第三位は六・五パーセントで「国際貢献」が占めている。また、「それでは、自衛隊は今後どのような面に力を入れていったらよいと思いますか。その中から一つだけあげてください」という質問では、「災害派遣」が三二・八パーセントで一

位、「国の安全の確保」が二三・七パーセントで二位、「国際貢献」が二一・三パーセントで三位であった。さらに、内閣府政府広報室が二〇〇〇年に実施した同じ「自衛隊・防衛に関する世論調査」で、「自衛隊に与えられている任務や仕事は主にこの五つですが、あなたは自衛隊が存在する目的は何だと思いますか。この中から二つまであげてください」という質問では、「災害派遣」が六七・一パーセントで一位、「国の安全の確保」が五九・〇パーセントで二位、「国際貢献」が二五・一パーセントで三位であった。また、「あなたは、自衛隊はこれまでどんなことで役に立ってきたと思いますか。この中から二つまであげてください」という質問でも「災害派遣」が八七・二パーセントで一位、「国際貢献」が三五・五パーセントで二位であった。続く「それでは、自衛隊は今後どのような面に力を入れていったらよいと思いますか。この中から二つまであげてください」では、「災害派遣」が六七・五パーセントで一位、「国の安全の確保」が四四・七パーセントで二位、「国際貢献」が三六・一パーセントで三位であった。

[2] 内海和雄『戦後スポーツ体制の確立』不昧堂出版、一九九三年、二五九－二六三頁。民族芸術研究所『自衛隊の〝祭り浸透作戦〟』民族芸術研究所、一九八一年。

[3] 前掲『戦後スポーツ体制の確立』二五八頁。

[4] 防衛庁『第一八回オリンピック東京大会　運営協力の記録』一九六五年、六－七頁。

[5] 拙稿「東京オリンピックの国民統合と政治性に関する一考察」『日本語文学』三〇号、二〇〇五年、三六〇頁。

[6] 『毎日新聞』一九六一年四月二二日付。

[7] 日本体育協会の専務理事であった田畑政治は、東京オリンピックでの自衛隊参加を喜びながら、自衛隊のスポーツ参加への大きな期待を話していた。『朝雲』一九六一年一月五日付参照。

[8] 前掲『第一八回オリンピック東京大会　運営協力の記録』七頁。前掲「東京オリンピックの国民統合と政治性に関する一考察」三六〇－三六一頁参照。

[9] 自衛隊法施行令について詳しくは、前掲『戦後スポーツ体制の確立』二七七－二七八頁。拙稿「国家権力装置としての国民体育大会に関する一考察」『日本文化研究』三二輯、二〇〇九年、三八頁。

[10] 自衛隊はヘリコプター一二機、艦船七二隻、車両七四二両、通信機械七七九台、砲四門、折りたたみ舟艇五隻、七五四五人の自衛隊員がオリンピックに参加した。協力部門は式典、近代五種、馬術、ライフル、クレー射撃、自転車、陸上、カヌー、漕艇、ヨット、代々木と八王子の選手村、輸送、衛生の一四部門にわたった。担当した分野も非常に広範囲にわたった。式典における奏楽から、行進の標識取扱い、祝砲の発射、その他競技の運営を助け、馬術におい

ては出発点、決勝点の馬のための給水までも行った。近代五種のように、へんぴな場所で行う競技では、自家発電装置による通信と記録という、縁の下の力もちの仕事もやったのである。朝日新聞社『朝日年鑑　一九六五年版』一九六五年、七一八頁。

[11]　日本体育協会『体協時報』三八号、一九五五年。

[12]　関春南『戦後日本のスポーツ政策―その構造と展開』大修館書店、一九九七年、一二六‐一二七頁。

[13]　『衆議院文教委員会議録』一九五五年一二月六日。

[14]　日本体育協会『体協時報』五二号、一九五五年。

[15]　日本体育協会『体協時報』六八号、一九五八年。

[16]　関春南「戦後日本のスポーツ政策―オリンピック体制の確立」『一橋大学研究年報　経済学研究』一四巻、一九七〇年、二〇三頁。

[17]　「東京オリンピック選手強化対策本部規程」の事業内容は次のように定められた。①選手強化計画の総合的方策を立てる。②関係競技団体の選手強化を助成する。③コーチの指導力を高揚拡充するため、コーチ組織の確立を図り、コーチ会議、研究会、討論会その他必要な会議を開催する。④コーチの海外派遣、見学、外国コーチの招へいなど必要に応じて行う。⑤組織的計画的な選手の強化を促すため、関係競技団体、機関と連絡協議する。⑥スポーツ科学研究所を設置し、研究調査を図る。⑦諸外国の強化策ならびに選手養成に関する資料を集め、調査研究する。⑧選手強化に関する刊行物を発行する。日本体育協会『東京オリンピック選手強化対策本部報告書』日本体育協会、一九六五年、四六頁。

[18]　「選手強化五カ年計画」の内容は次のとおりである。一九六〇年度第一次「基礎準備期」の主な目的は、①本部組織機構の確立、②コーチ制度の設置、③トレーニング・ドクターの配置、④スポーツ科学研究の基礎固め、⑤一般的強化と新人の発掘である。一九六一年度第二次「基礎準備期」の主な目的は、①トレーニング思想の確立、②からだづくりの展開、③国際交流の実施、④立地条件の整備である。一九六二年度第一次「本格的強化活動期」の主な目的は、①からだづくりの積極的実施、②海外事情の調査、③精神教育の実施、④トレーニング用器具、用具の整備である。一九六三年度第二次「本格的強化活動期」の主な目的は、①体力と技術の融合、②重点的英才教育の実施、③東京国際スポーツ大会での実力評価、④トレーニング・センターの確保、⑤健康管理の実施である。一九六四年度「仕上げ期」の主な目的は、①臨戦態勢の確立とオリンピック代表選手団結成準備、②仕上げ期トレーニングの実施、③健康管理の実施である。前掲『東京オリンピック選手強化対策本部報告書』四九頁。

［19］ この点について、東京オリンピック選手強化対策本部の機関誌『OLYMPIA』一号（一九六〇年七月発行）の「主張」が次のように記している。「何よりも大切なことは、われわれの代表である日本の選手が世界各国から参加してくる若い強い競技力に伍して、スポーツマンらしく正々堂々闘うことである。このことは、内に向かっては純粋な国民の感情に応え、外に向かっては、客を迎える主人としての役割を果たす意味で、選手ばかりでなく日本スポーツ界の義務でもあり責務でもある」と。さらに、同三号（一九六〇年一一月発行）は、A．ローマ大会の反省、B．東京に向かう準備に次いで、C．競技団体の決意の項で、いっそう語調を強めて次のように記している。「選手強化の責任は一に競技団体にある。言論界でも政府でもなければ、マスコミや見物人でもファンでもない。どんな場合どんな環境にあろうとも、最後の責任を負う者は競技団体でありコーチである。また今度は責任の回避は許されない。われわれは「何とかして日章旗を掲げよ！」という美しい国民感情を審判者として、その前に立っているのである。そればかりか、もう一つの責任がある。競技団体は遠来する諸外国の選手に対して、われわれの選手にホストの役割を委ねているのである。お客を迎えるホストの責任は—東洋の美風であるが—最後まで座をもってこれをもてなすことである。すなわち、競技では決勝の最後まで残って座をとりなすことである。したがってそのホストが予選で落ちることは非礼であり許されないことである」と主張した。ちなみに、東京オリンピック選手強化対策本部の機関誌『OLYMPIA』が一九六〇年七月一日隔月刊誌として創刊された理由は、選手強化対策本部の発足当初、コーチの指導力向上が強化施策の重要な一つの柱であったため、各国の技術、トレーニングに関する研究論文の紹介、ならびにスポーツ科学研究委員の研究成果、コーチ会議の報告等を中心とする機関誌の発行が急務となったからであった。『OLYMPIA』は二七号（一九六五年一月一日終刊）まで刊行している。

［20］ 『朝日新聞』一九六二年六月一二日付。

［21］ 自衛隊体育学校公式ホームページ　https://www.mod.go.jp/gsdf/phy_s/index.html 参照。

［22］ 「学校長・陸将補・佐野常光の訓話」『体育学校史』昭和三六、三七年度、九頁。

［23］ 前掲『戦後スポーツ体制の確立』二六七頁。内海和雄「「スポーツ基本法」の研究（Ⅱ）—戦後スポーツの行政と法（二）」『一橋大学研究年報　自然科学研究』二八巻、一九九二年。

［24］ 『朝雲』一九六二年一月五日付。日本体育協会専務理事・田畑政治発言。

［25］ 前掲「戦後日本のスポーツ政策—オリンピック体制の確立」二〇八 - 二一〇頁。

［26］ 自衛隊体育学校編『体育学校史』一九六四年、九三頁。

[27]　前掲『戦後スポーツ体制の確立』二七三－二七四頁。『朝雲』一九六四年一〇月二九日付。

[28]　前掲『戦後スポーツ体制の確立』二七三－二七四頁。朝雲新聞社編集総局編『防衛ハンドブック平成2年版』朝雲新聞社、一九九〇年、二〇五頁。

[29]　『報知新聞』一九六四年一〇月二二日。講談社編『東京オリンピック――文学者の見た世紀の祭典』講談社、二〇一四年、一六二頁。

[30]　『読売新聞』一九六四年一〇月二五日付。社説『毎日新聞』一九六四年一〇月二五日付、「余禄」。『朝雲』一九六四年一〇月二九日付。

[31]　例えば、内山喜久三は「自衛隊がスポーツの普及に本腰を入れるならば、少なくとも精神的な育成、PRという二面に役立つものであり、一石二鳥の成果があるものと確信している。この見地からも自衛隊のスポーツ界への進出は意義あるものであって、今後の強力な推進を強調してやまない」と語っているのである。内山喜久三「東京五輪へ期待」『朝雲』一九六一年一一月三〇日付。前掲『戦後スポーツ体制の確立』二七九頁。

[32]　日本体育協会・東京オリンピック選手強化対策本部編『OLYMPIA』一二号、一九六二年、二頁。

[33]　「根性づくり」に対しては、「いわゆる「根性」について」（座談会、『OLYMPIA』一二号、二頁）、「いわゆる「根性」について」（座談会、『OLYMPIA』一三号、一二頁）、「いわゆる「根性」について」（座談会、『OLYMPIA』一四号、一〇頁）、「根性の養成について」（討論会、『OLYMPIA』一五号、一四頁）などを参照。

[34]　前掲「戦後日本のスポーツ政策――オリンピック体制の確立」二二三頁。

[35]　自衛隊員として東京オリンピックでメダルをとった三宅は次のように語っている。「わたしは自衛隊に入った主たる動機は、はっきりいって東京オリンピックに優勝するために、その方が何かと都合がよかろうと思ったからにほかならない」、「わたしは、亡くなった円谷幸吉選手とちがって、どちらかというとずぼらな方だ。きちっとネクタイを締め、万事、ソツなく立ち振る舞うなんていう芸当のできない人間なのだ。あれやこれやで、すっかりいや気がさし、自衛隊に辞表を出した」と。その後、三宅は、自衛隊や出身県の代議士、日体協などの説得もあり、自衛隊体育学校に復帰して、激しい練習を再開した。三宅義信『バーベル人生』善本社、一九七三年、一一四－一一五頁。

[36]　前掲『戦後スポーツ体制の確立』二七五頁。

[37]　青山一郎『孤高のランナー――円谷幸吉物語』ベースボールマガジン社、二〇〇八年、二五三－二五四頁。

[38]　同上、一一三頁。

［39］天野恵一『情報社会の天皇制―続・天皇制イデオロギー論』社会評論社、一九八八年、一九七頁。

［40］拙稿「国家権力装置としての国民体育大会に関する一考察」『日本文化研究』三二輯、二〇〇九年、四〇頁。

［41］例えば、埼玉県朝霞市にある自衛隊体育学校の吉池重朝校長（埼玉県選手団顧問）は、「（自衛隊員は）埼玉県のために最善をつくせということであります。私たち自衛官のバックボーンは愛国心ですが、愛国心は郷土愛、現に住んでいる土地に対する純粋な愛情から生まれるものであります。体育学校は朝霞市に所在しており、私達は埼玉県人であります。従来混乱していた登録問題に断を下し、「体育学校の職員、学生は全て埼玉県に登録せよ！」と命じたゆえんのものであり、現に住んでいる土地を愛することもできない者に、真の愛国心は期待し得ない。自衛隊体育学校の選手養成の目標は、オリンピックまたは世界選手権等において、日の丸を掲げ、自衛隊及び国民の士気を昂揚することにある」と述べており、自衛隊体育学校の自衛隊員三一名が国体に参加したのである。埼玉の勝利のためにというスローガンは「日本のために」と共通されている。埼玉県高等学校教職員組合編『埼玉国体白書―教育現場からの報告』労働旬報社、一九六八年、一三五頁。

［42］『毎日新聞』一九九七年一一月二九日付。

［43］一九七五年参議院で野田哲議員は、一般の国民が所持することを禁じられ、射撃訓練の機会がまったくない、特定の職に従事している人たちだけが許されているピストル射撃が、国体競技種目の中に含まれていることについて妥当性が欠いていると批判している。また、この競技が見学に来る小・中・高校生に心理的に悪影響を及ぼしていると、その対策を文部大臣に求めていた。それに対して文部大臣永井道雄は、「スポーツとしての射撃競技というのは戦前からもございまして、そしてオリンピックのようなところ、あるいはアジア大会などでもこれまで実施されてきておりまして、（中略）これは競技として私は十分成立し得るものではないかと考えております」と語っていた。『参議院内閣委員会会議録』六号、一九七五年四月一五日。

［44］第四二回国民体育大会沖縄県実行委員会事務局編『第四二回国民体育大会報告書』第四二回国民体育大会沖縄県実行委員会事務局、一九八八年、五〇六‐五一一頁。

［45］例えば、内山喜久三は「自衛隊がスポーツの普及に本腰を入れるならば、少なくとも精神的な育成、ＰＲという二面に役立つものであり、一石二鳥の成果があるものと確信している。この見地からも自衛隊のスポーツ界への進出は意義あるものであって、今後の強力な推進を強調してやまない」と述べているのである。内山喜久三「東京五輪へ期待」『朝雲』一九六一年一一月三〇日付。

第十章　国民総スポーツ運動の歴史的意味と国民主義エートス

第一節　高度経済成長と日本人の価値意識の変容

脱物質主義的価値意識への変化

人間は生まれてから社会組織と集団の構成員で生存し、特定の人間関係と社会関係を維持しながら生きていく。したがって、人間はこうした関係に基づく特定の価値観を持ちながら生きていくといえるだろう。「価値意識」は、対象世界と事物に対する単純な感覚の水準から自覚する認知作用であり、個人の印象と感情の総合、対象に対する人間の価値判断と信念体系、思考方式である。人間が持っている価値意識は、ある一つの原因からだけではなく、各時代の政治、経済、社会、文化などの人間の生活様式と環境など多様な要素によって影響を受けながら、徐々に変化する複雑な現象である。人々の価値意識の変化は、種々の生活様式と社会的な枠組みによって規定されており、その意識は各時代を変化させる力にもなっている。

その価値意識と人々の暮らし方に、大きな変化をもたらしたのが高度経済成長である。日本は世界中でも例がないほどの急激な高度経済成長を成し遂げた。高度経済成長による社会変化は、一言でいえば、数百年の長い歴史の社会変化よりも激しい変動であった。急激な産業構造の変化と都市化、科学技術・技術革新と生産力の向上、人々の所得増加と教育水準の向上、マスメディアの発達など、日本の社会状況は大きく変化した。しかも、大量生産、大量宣伝、大量消費という商品世界に国民全体が投げ入れられ、近代化以降、倹約を生活の基本姿勢として継続してきた国民は、商品の買い替え、使い捨てが基本・美徳になる生活を送る社会になったのである。このような社会状況の変化によって、日本人の価値意識は徐々に、しかし確実に変化した。高度経済成長は日本人の価値意識や生活パターン、消費行動に新たな影響と大きな変化をもたらしたのである。

社会学者の見田宗介は、価値意識論を、①行為の理論、②パーソナリティ論、③文化の理論、④社会の理論、の四つのレベルに分け、それぞれの角度から現れる人間の価値意識（価値観）の根本を追求するとともに、価値意識が様々な要因から引き起こされる複雑な現象であると強調した。[1] 見田は、人間の行為は常に複数の価値に支配され、どれを取るのか、何らかの基準によって選択するという。その選択の基準になるものは価値観（価値意識）と見なされる。

また、ロナルド・イングルハートによれば、欧米先進資本主義諸国では、経済が成長するにつれ、人々の意識が物質的な豊かさと仕事などを大事にする意識、つまり「物質主義的価値」から、生活の質や家族・精神的な面を向上させることに力点をおく「脱物質主義的価値」を優先する人々が増えたと主張する。こうしたロナルド・イングルハートの議論は、五段階欲求深層説の仮説に基づいている。五段階欲求階層説は人間の欲求には、生存欲求、安全欲求、所属・愛情欲求、自尊欲求、自己実現という五種類の欲求があると仮定する。そして、人間はこの欲求の中で、一番緊急な要件を充足させる意識から選択する。生存・安全欲求がある程度充足されれば、人間は脱物質主義的な価値意識、つまり、愛情欲求、自尊欲求、自己実現という意識を追求するという。[2]

高度経済成長と私生活主義の価値意識の拡大

高度経済成長は日本人の意識にどのような変化をもたらしたのか。経済成長による変化を日本人自身はどう受け止め、評価したのか。日本人の意識はどんな方向へ向かっていたのであろうか。高度経済成長期における日本人の意識の変容には、複合的な要因、社会変化が深く絡んでいるが、いくつかの世論調査の分析を通して浮き彫りにしたい。

まず、人々の「暮らし方・生き方」に関する調査である。人々の暮らし方は、社会・経済環境の動向に対応して変化するものであり、それが暮らし方に反映されている。人々の暮らし方に関する調査は、新聞社・放送局を中心としていくつか行われてきた。その中でも統計数理研究所の「国民性調査」は、全国規模であり、一九五三年から一九七八年まで五年おきに同じ質問で継続的に調査を行っているもので、「自分の気持ちに近い暮らし方」を選択するというものである。項目としては、「金持ちになること」「名をあげること」「自分の趣味に合った暮らし方をすること」「のんきに暮らすこと」「清く正しく暮らすこと」「社会のためにすべてを捧げて暮らすこと」である。この調査で明らかになっていることは、「趣味にあった」と「のんきに」は、一九五三年以降、少しずつ増え、「趣味にあった」は一九五八年から第一位で、「のんきに」も一九六三年から第二位を占めている点である。「趣味にあった」は一九五三年調査では二一パーセントであったが、一九七八年調査では三九パーセントへと、「のんきに」は一九五三年一一パーセントから一九七八年調査では二二パーセントへと激増したのである。これに対して、「社会のため」「名をあげる」は、一〇パーセント以下の割合で第五位と第六位で、重要な位置を示してない。「金持ち」の生き方は三・四位を占めているが、一九七〇年代以降は減っている。私生活主義的な考え方が時を追って増大する一方で、「あくせく」よりは「のんきに」にと、日本人の暮らし方の変化が読み取れる。清貧や社会への献身よりも、「趣味にあった」「のんきな」暮らし方、また個人の幸福あってこその全体の幸福という考え方、これらの価値意識の強まりは、帰するところ「私生活中心」の人生観への収斂と見なすことができる。

日高六郎は「清く正しく」と「社会のために」を「公的なもの」との関わりを意識し追求する「公」志向としてまとめ、「趣味に合った」と「のんきに」を「私生活」志向とまとめたが、戦前の「公」志向の優位から、戦後の「私生活」志向の優位へと逆転した時期は一九五八年からであり、高度経済成長が始まった時期であった[3]。「集団」より「個人」

を重視する価値観の背景には、高度経済成長に伴う全体的な所得水準の向上や自由時間の増大などがあり、日本人はそれまでの仕事中心の生活から次第に自分の家族や余暇を重視する生活へと変化してきたのである。

これらの傾向は同研究所が実施した「あなたにとって一番大切と思うのは何ですか、一つだけあげてください。（何でもかまいません）」の回答結果からも確認できる。表10－1は調査結果をまとめたものであるが、日本人にとって「一番大切なもの」の二五年間の意識変化を見ると、一九五八年から一九七三年までは「生命・健康」が一位を占め続けている。「生命・健康」は最も確実に伸びていることがわかる。

これに対し「お金・財産」を一番大切だとする人は次第に減っていることが顕著に表れている。一方で、経済が成長するにつれて「お金・財産」は一九五三年には「家族」の一九パーセントに次いで二位であったが、一九七八年には五パーセントまで下降している。その他「家族」と「愛情・精神」という項目の比率が高いことがわかる。

「仕事」と「余暇」のバランスも当然「仕事」より「余暇」へ比重が移っていった。総理府が一九六六年から一九七七年にかけて行った調査では、「仕事一本に打ち込み、余暇はあまり必要ではない」という「仕事偏重型」は、一九六六年の一二・五パーセントから減少し、一九七七年には五・四パーセントを示している。これに対して、「仕事も余暇も人一倍」という意見や「仕事は人並みにやり、余暇も楽しみたい」という態度は増加している。[4] これらの調査から、余暇への関心が高まり、仕事の比重は相対的に低下したことがわかり、人よりよけいに働きたいという仕事偏重型から「人並み」へと日本人の意識が変化したといえる。

表10-1　日本人にとって「一番大切なもの」（統計数理研究所国民性調査委員会『第5日本人の国民性―戦後昭和期総集』出光書店、一九九二年）

	生命・健康	子供	家族	家・先祖	金・財産	愛情・精神	仕事・信用	国家・社会	その他	特になし
1953	12	12	19	–	16	11	–	–	25	5
1958	21	11	11	–	12	21	–	–	19	5
1963	26	10	13	2	10	15	10	3	4	7
1968	28	8	13	3	8	15	10	4	5	6
1973	20	8	20	2	8	17	8	5	4	8
1978	21	7	23	1	5	22	10	3	4	4

ＮＨＫ放送世論調査所が実施した調査でも、人々の「仕事志向」は一九七一年五四・四パーセントから一九七八年には四三パーセントへと減少したが、「余暇志向」は一九七一年一九・二パーセントから一九七三年には三二パーセント、一九七八年には二九パーセントへと約一〇パーセントが増えたのである。[5] さらに、今後の生活の仕方について、一九七〇年代前半までは「物の豊かさ」を重視した経済優先の価値観が主流であったのに対し、七〇年代後半から「心の豊かさ」を大事にする価値観の比重が急激に高まったことは日本人の価値意識における変化で注目すべき点である。[6]

敗戦直後の空前の食糧難に直面した国民は「憲法よりもメシ」「選挙権より芋の特配」といった経済的価値を優先した。だが、高度経済成長が招いた経済的豊かさは、物質的な飢餓感を解消し、経済的安定あるいは物質的充足という「物質主義的な意識」を追求するよりも、生活の質と生き甲斐のあるもっと人間的な生活、自己実現の欲求、より高い次元の社会的欲求を重視する、「脱物質主義的な価値」が主流になっていった。日本人は戦前における「公」や「国家・社会」の強調から解放されて、「私生活主義」の価値意識と生き方へと変換した。高度経済成長の社会変動の下で、私生活主義が日本人の価値意識の中に浸透していったことが読み取れる。これらの意識変容は、スポーツ・余暇に対する考え方を根本的に変えさせることにつながるのである。

第二節　公害の深刻化と住民運動の拡散

公害問題の深刻さと住民運動

高度経済成長は物質的に豊かな生活様式を日本社会にある程度実現させたが、一方で急速な工業開発や大都市への人口集中によって深刻な公害の発生や過密などといった生活環境の悪化など、高度成長の矛盾が様々な形で噴出した。高度経済成長期における一番大きな社会問題になったのが「公害」の問題であり、公害問題の重大さは日本人の意識を変容させる大きな原因となった。

戦後高度経済成長は各地域に、水質汚染、大気汚染、土壌汚染、騒音、振動、地盤沈下など生産の拡大や高度化のもたらす汚染が、日本列島に噴きだしはじめた。公害は四大工業地帯を中心に、燎原の火のごとく、日本全国を侵しはじめたのである。公害問題は高度成長期における全国的な社会問題であった。人間の作り出した科学物質が、暮らしに劇的な効き目がある反面で、未知の恐ろしさをも持つことを痛感させられるようになった。

しかし、公害問題は原因企業と政府によって無視され、時には隠蔽され、重大な被害が拡大していった。水俣市における水俣病の場合、最初は「奇病」とされたが、その後有機水銀による中毒と認められた。発症している母親から、中枢神経を侵された子どもが生まれ、問題はいっそう深刻化した。水俣病が人々の関心を集めるようになった一九六五年、今度は新潟県で同じような「有機水銀中毒事件」が起きた。また、関節に痛みを覚え、やがて歩行不能になるとともに、全身の骨が折れやすく、激痛にみまわれるという病気があらわれていた。患者の苦痛の叫び声から「イタイイタイ病」と名づけられたこの病気の原因は、一九六八年上流にある鉱山から流出するカドミウムと特定された。生産拡大が健康被害の拡大を招いたのである。このような病気は日本が高度成長を成し遂げ、国民が豊かになった代償として起こったものではなく、惨たんたる犠牲を平然と見過ごし、利益追求を優先させた社会の体質があったからこそ広まってしまったのである。[7]

このような一九六〇年代の公害問題・環境問題の深刻さによって、全国では住民運動が活発に行われるとともに、公害問題の被害者を中心とした反公害闘争と訴訟が相次いだ。「四大公害訴訟」といわれる新潟水俣病・四日市ぜんそく・富山イタイイタイ病と熊本の水俣病の訴訟が起され、いずれも汚染が企業側の責任と認め、原告側の損害賠償の請求を認める判決が下されたのである。

公害の深刻化は住民を立ち上がらせ、一九六四年には三島・沼津・清水での公害反対住民運動と集会が開かれ、この集会の影響で石油コンビナート誘致はストップした。この集会では、次のような決議がなされた。

> われわれはこの、政党政派、思想信条、地位財産、職業、老若男女、一切のちがいをこえて、あらゆる人々が、石油コンビナート反対の一点に結集したこのたたかいをさらにつよめ、勝利にむかって邁進するでありましょう。（中略）われわれはいのちを守る。生活を守る。愛鷹の緑を守る。世界一の柿田川の水を守る。霊峰富士をのぞむ澄みきった空を守る。石油コンビナートの進出を絶対に認めない。もし強行するならば身体をはって阻止する。このたたかいは正義のたたかいである。われわれは必ず勝利する。沼津市民の団結万歳、二市一町住民の団結万歳。公害とたたかう日本中の皆さん、手をとりあってがんばりましょう[8]。

住民運動が、企業と政府・自治体が総力をあげて推進した地域開発を完全に阻止したのは、これが最初であり、こうした「いのち」と「生活」を守ろうとした地域住民の熱意と努力は、その後、全国に拡大していった。住民運動はそれまでにも各地にあったのだが、それが地域の政治を変え、中央の政治や経済の動向にも影響を与えるような力を持つようになったのは、この時期からである。

政府は住民の公害反対の世論と運動によって、地域開発や高度成長が阻止されることを恐れ、一九六七年「公害対策基本法」を制定したが、この法律の汚染物質の排出基準は緩く、むしろ、その基準までは許容されるという企業側の認識を生み、汚染の拡大を止めることができなかった。経済の発展と環境保全の調和をはかることを目的としていたため、企業の利潤追求行為を第一とし、その枠内で環境保全をはかるというものであった[9]。

住民運動は一九六〇年代後半から一九七〇年代にかけて全国に広がった[10]。公害問題の深刻さによって地域が破壊され、住民の生命や生活を再生することに困難を感じるようになった時に、生存権に基礎をおいて学習権を行使し、自ら地域の主人公として政策の決定権に参加して、自治体の運営権をもとめる、この組織的行為が「住民運動」だったのである。住民運動が爆発的に生じた理由は、いうまでもなく高度成長の過程で公害が深刻化し、また住宅難、保育所の不足など都市問題が続出したからである。いわば、現代的貧困が累積し、これに対して既成の労働運動などの社会運動だけでは力不足であったため、住民運動が起こったのである。このような現代的貧困に住民が直面しても、従来の地域の政治が一部の有力者に独占されていて対応できず、自治体行政が中央政府の意のままになっていて、住民の要求を反映しなかったため、自治体の政治や行政の改革を求め住民運動が起こったのである。いわば、「住民参加」という現代民主主義の要求が、住民運動をすすめた理由となったのだ。この時期の住民運動は、公害反対や環境保全に関連するもの、都市問題に関連するもの、反戦反核に関連するもの、大きく三分類できるが、いずれも地域の「生活」と深く関わっているものであった。

生命と生活の価値の「自覚」と革新自治体の誕生

国民の生活に直接に関わる問題の克服に立ち向かう自覚と価値意識は、確かにこの時代に急速に形成されていった。それは「いのち」と「くらし」を守り発展させる要求であり、生命と生活の価値の自覚であった。社会保障確立の要求、公害・交通事故・災害をなくし、生活環境をよくする要求、労働災害と職業病をなくす要求、合理化に反対と労働時間の短縮を求めた要求が続けられた。この動きが国民のスポーツ・余暇に対する価値を自覚化し、意識化していったと思われるが、それはもはや、飢え状態からの脱却だけを求めた要求とは違い、人間らしく生きたいという要求であり、「人間らしく」生きる生活の価値実現の要求であったのである。[11]

公害反対と都市問題によって各地では、国民の異議申し立ての世論と運動が政府と自治体と正面から衝突した。それと関わって保守政権に反対する「革新自治体」が登場するようになった。住民運動の活発な展開は、日本各地で革新自治体を誕生させ、政治に大きな影響を及ぼしたのである。社会的環境の変化は、都市政策と市民参加を行政の中心方向として位置づけた飛鳥田一雄の横浜市長当選、そして市民運動に依拠する政治姿勢を示しながら「東京に青空を」「都政に憲法」と清新なイメージを出し当選した東京都知事美濃部亮吉、憲法学者知事といわれた大阪府知事黒田了一を誕生させた。東京都知事選が政治の中心であり、首都でおこったことに意義があるとすれば、大阪府知事選は経済中心地において高度経済成長政策を批判する選挙という性格を持っていた。この選挙は万博の成果を主張する「公害知事」左藤義詮と公害に反対する黒田が対決した選挙であり、二万票の僅差で黒田革新府政が誕生したのである。

　こうして全国に革新首長が誕生し、一九七三年革新市長会に加盟する市は一三二、全国の二〇パーセントに達した。革新市長は京都府・高知県では市の半分以上、北海道・大阪府で三分の一をこえ、沖縄県では一〇市のうち七市に達したのである。革新自治体の登場は、住民運動の激増とともに大都市圏を中心に日本全国に波及したのである。

第三節　「合理化」進行と国民のスポーツ・余暇要求の拡大

労務管理における生命と健康の破壊

　一九六〇年代に入り、池田内閣の所得倍増計画によって、加速した高度経済成長政策の資本高蓄積政策のもとではらんでいた諸矛盾は、一九六〇年代後半から一九七〇年代に至りいっせいに噴出した。一九六〇年代後半から一九七〇年代にかけての一〇年間は、政府・自民党の高度経済成長政策の展開と破綻によって、国民の生命や健康、そして労働や生活が破壊され危機に直面した苦難の時代であり、かつ危機克服のための新たな展望を切り開く主体的な力の蓄積の時代でもあった。公害、交通、生活環境の悪化などの都市問題と「地域開発」の名によってもたらされた自然と生活の破壊、そして国民の生命と生活破壊状況が続いた。このため、公害闘争をはじめとした様々な生活要求に根ざした運動が高まっていった。そして、地方自治体も急速に革新自治体へと変わっていったのである。

　人間らしい生活を求める要求は、高度経済成長政策の強行に伴う国民生活の変化と関連して急速に高まったものであり、日本の高度経済成長政策によって公害、都市問題、過密・過疎問題に現れている生活基盤の破壊に対する反対の動きでもあった。また、「技術革新」「合理化」の進行に伴って、出現した大規模な労働災害・職業病の発生という、労働過程における生命と健康の破壊状況の出現に対する反対運動でもあった。大企業における労務管理政策に伴って、職場は能力主義的な労務管理、競争主義的価値観への転換が主流を占めていったが、それらは中小企業には当然として、学校教育にも「能力主義」「受験競争」として浸透し、日本社会全体を企業社会にしていった。[12]

こうしたこの一〇年間の急激な社会変化、生産力の発展と労働政策は、人々の意識に大きな変化をもたらした。世論調査でも確認できたように、「社会のために」「仕事」を大事する意識から、生命・健康や趣味を追求する「私生活主義」志向の生き方への変換は、スポーツ・余暇・レクリエーションに対する考え方・意識の決定的な転換をもたらし、国民のスポーツ要求の増大化、多様化という新しい傾向を生み出したのである。[13]

このような時代的背景から高度経済成長期後半には、政府による本格的な余暇政策、また国民の余暇の実態や意識に関する様々な調査が行われた。また、余暇を主題とした民間団体や社会学者達による調査結果や研究も数多く出されていた。余暇社会論には、余暇を主題として論じながら、その意味を再び「労働」側に位置づける傾向が存在していたが、やがて「余暇」の本質やその意義についての分析が行われるようになった。つまり、労働において機械化・組織化が高度に進む社会背景から労働者の人間性が失われることを危惧し、余暇を個人の主体性の自由に委ねられた時間として自己の発掘や将来設計を立てて自己実現のために活用するべきとする「あるべき姿」の追求が主流となっていったのである。[14]

国民のスポーツ要求の増大

一方、体育・スポーツ政策・行政は、東京オリンピック大会の開催された一九六四年の一二月に閣議決定された「国民の健康・体力増強対策について」という方針を基礎として行われてきた。それによると「わが国民の健康・体力は、年を追って改善の方向に向かっているが、諸外国の水準に比べると、なお立ちおくれが痛感される。国民すべてが健康を楽しみ、ひいては、労働の生産性を高め、経済発展の原動力を培い、国際社会における日本の躍進の礎を築くため、健康の増進、体力の増強についての国民の自覚を高め、その積極的な実践を図る必要がある」[15]と「体力づくり」の狙いが述べられていた。企業社会と経済発展を支えていくための健康・体力であった。

この基本方針は、それより先、経済の高度成長政策を展開した池田内閣の提唱した「人づくり政策」を土台にしていた。首相池田勇人は一九六二年八月「所得倍増計画による国づくりに一段と努力をいたすとともに、さらに一歩進めて、文教の高揚と刷新につとめ、「国づくり」の根本たる「人づくり」に全力をつくす」と国会で発言、同年九月経済審議会に対して「人づくりの一環としての人的能力政策の基本方向」を諮問している。この内容は、同年の一一月に、文部省が発表した白書『日本の成長と教育―教育の展開と経済の発達』にも明確に述べられているが、池田のいった「人づくり」という言葉は、政府、自民党が推し進めてきた労働政策「人的資源政策」の基本的な教育イデオロギーという意味合いを持っていた。一九六四年の閣議決定にも書かれているように、体育・スポーツ政策・行政は、「労働力としての健康」で「強い身体の育成」につとめることを目的としていたのである。[16]

こうした国民の不満が自主的な文化・教育運動の発展、国民のスポーツ要求の増大に支えられて、スポーツ界においても、スポーツの自主的・民主的・科学的発展を狙っていこうとする組織的運動が急速に発展するのである。

日本における国民大衆のスポーツ要求の自覚化は、歴史的には戦前民主主義的スポーツ運動の萌芽の中に見いだされるが、[17]より広範な国民の体育・スポーツ要求が蓄積・拡大した時期は、一九六〇年代から一九七〇年あたりである。渡辺義行は日本におけるスポーツの大衆化への道程をたどったうえで、一九五七年までを「スポーツの低調期」、一九五七年から一九七二年までを「スポーツの急増期」、一九七二年から一九八二年までを「スポーツの大衆期」と区分しているが、[18]一九六〇年代から一九七〇年代は戦後日本の中でもスポーツ人口が急激に増加した時期であった。「みんなのスポーツ」が具体的な動きを見せ始めた一九六〇年代には、健康の維持・増進とともに、より「人間らしく」生きるためのスポーツをという、国民のスポーツ要求が高まったのである。

国民のスポーツ要求は、何よりも「現代的貧困の深化、健康破壊、生活不安への自己防衛」[19]であり、その根源は、資本主義の発展が不可避とする新たな欲望の産出と戦後民主主義を土台とする人間的自由の拡大、文化的生存への自己確認であるといわねばならない。さらに、東京オリンピック準備の過程で固まった勝利至上主義体制は、スポーツは一部の「選手」のためであり、国民大衆は観客として動員される対象とされていた。日本スポーツの高度化路線によって、国民はスポーツから大きく離れていたのである。それに対する国民のスポーツ要求が「噴出」していくことになるのである。

第四節　「新日本体育連盟」の誕生と国民総スポーツ運動の拡大

国民主体のスポーツ・ナショナリズム運動

この時期、スポーツを行ううえで不可欠な場所、施設、指導者などの物質的諸条件が極めて貧困な状態にあった。政府は、スポーツ政策の中軸にあるべき条件整備をまったく怠っていたのである。これは高度経済成長政策の強行で、スポーツだけでなく、社会福祉全体が常に犠牲にされてきたという日本の政策全体のあり方と密接に結び付いていた。国民のスポーツに対する関心や要求は、一九六〇年代に入り急激に増大したのだが、それまでは、文化水準をはじめとした諸条件に規定されて、必ずしも高くなく、ましてや、スポーツ要求の充足を求める国民の組織的運動などは存在しなかった。

このような状況の中で、一九六三年六月三〇日、横浜市・三ツ沢競技場において、「第一回全国青年スポーツ祭典」が、「若者よからだと心をきたえよう、独立と平和をわれらの手に」のスローガンのもとに開催された。だれもがスポーツをやれるように、スポーツにおいて強制や差別をなくすこと等を願う勤労青年や学生、スポーツ愛好者、スポーツ関係者の共同の力によって開催された。これは日本のスポーツの歴史において、初めて「国民が主役」になれたスポーツ運動であり、自主的な国民の手によるスポーツ祭典であった。この祭典は、三二都道府県から六万人を超える広範な参加と支持によって大成功した。この祭典の成功は、職場、地域、学園の自主的なスポーツ活動を基礎とした全国的・組織的なスポーツ運動の開始を告げるものであった。つづく、第二回祭典は東京オリンピックが終わった、一九六四年一〇月二四・二五日に東京で開催されたが、観客を含む二万人が参加し成功した。全国各地にスポーツ祭典の輪が大きく広がっていった。[20]

この全国青年スポーツ祭典の活動を基盤とし、一九六五年七月、スポーツ関係者二〇人による新日本体育連盟（以下、「新体連」、当時は仮称。現在は新日本スポーツ連盟）結成の呼びかけが行われた。日本のスポーツの歴史に新しい一ページを刻みこんだ新体連の「呼びかけ」は次の通りである。

> 本日、ここにわたしたちは新日本体育連盟を結成し、体育・スポーツを愛する日本のすべてのみなさんに呼びかけます。体育・スポーツが少数の人の独占物であった時代は過ぎました。それは万人の権利でなければなりません。長い間、日本の大衆はこの権利を享受することをはばまれてきました。体育・スポーツをもっとも必要とする勤労青少年がこんにちなお、体育・スポーツからはなはだしく遠ざけられているという一事をみても明らかです。それどころか、近年は体育・スポーツを軍国主義の推進の道具としたり、民主的運動への対抗物として利用しようとする動きさえでています。しかし、いまや各地にサークルや自主的競技大会を組織するという根強い活動が、劣悪な条件を克服して勤労大衆自身の手によってすすめられています。専門家、研究者のあいだには大衆と結合してみずからを発展させ、また普及に奉仕しようという動きが生まれています。これは民主的体育、スポーツ運動の新しい夜明けをつげるものです。指導者、研究者、教師、選手、クラブやサークルの活動家のみなさん、いまこそ手を結ぼうではありませんか。わたしたちの力を大きく結集しようではありませんか。新日本体育連盟は真に自主的な組織として体育・スポーツの普及と発展を願うすべての人を対象とした個人加盟の全国組織です。それは大衆の体育・スポーツ活動の発展のために必要な指導と援助をおこない、関係者みずからの生活と権利を守り、研究と実践を発展させることを目的としています。したがって既成の体育・スポーツ組織・団体

への所属・加盟をなんら妨げるものではありません。また体育・スポーツの新しい働き手として、これから伸びようとする青少年の加入を歓迎するものです。体育・スポーツを愛好する日本のすべてのみなさん、団結して大衆の新しい体育・スポーツの時代を開きましょう[21]。

図10-1　一九六〇年代の全国青年スポーツ祭典（新日本スポーツ連盟『全国連盟通信』三一期一号、二〇一四年）

この呼びかけでは、日本の体育・スポーツが一部エリートのための独占物であったことや軍国主義の道具として利用されたこと、そのため日本の大衆は万人の権利である体育・スポーツを享受することができなかったと批判しながら、これから日本における民主的体育・スポーツの普及・発展のため、新体連はすべての人を対象とした個人加盟の全国組織として大衆の体育・スポーツ活動の発展のための必要な指導と援助を行うとしている。

こうして同年一一月一二日、第三回全国青年スポーツ祭典の開催中に二五都道府県から三五〇人の代表が参加して新体連の結成大会が行われたのである。「三回にわたる全国青年スポーツ祭典がすすみ、そこに結集された広範囲の働く青少年の自主的・民主的スポーツ活動の高まりのなかで、わたしたちにたいする期待、要求が日ましに強くなってきたことが結成への大きな励まし[22]」（新体連結成大会報告）となったのである。

これまでの日本スポーツが歴史的に上から組織されてきた状況の中で、「いつでも、どこでも、だれもがスポーツを」という旗印のもとに、「スポーツは万人の権利」という国民のスポーツ権利を求めて出発した新体連の結成は、戦後スポーツ史上「画期的な事件」であり、国民のスポーツの実現を願う国民全体の共通表現でもあった。同時代の体育・スポーツ政策とスポーツ運動との緊張関係を複眼的に捉えるうえで新日本体育連盟などの動向は欠かせないが、この対抗スポーツ運動に「国民主義的」エートス、スポーツ・ナショナリズム運動の性格があったことは否定できない。こうした国民の動きを単純に福祉国家型の社会スポーツ要求として捉えるには無理があると考えられる。

新体連が生まれた背景には、日本のスポーツが国民から大きく離れて、国民はスポーツを享受することができなくなり、近年ではスポーツを軍国主義推進の道具としたり、民主的運動への対抗物として利用しようとする動きさえ出ているとの危機感から、新しいスポーツの時代を開こう、という精神があったからであった。新体連は青年のスポーツをする権利を単に青年のみのこととするにとどまらず、国民一般に広げスポーツの歴史的な総括の上にスポーツの民主的発展の課題を明確化したが、そこには国民のスポーツをする権利、スポーツ権の明白な提案が行われていた[23]。永井博が指摘しているように、新体連の結成は、日本の民主主義運動の影響力がそれまで極めて微小であった体育・スポーツの分野に組織的な第一歩をふみだしたという意味においても、また、日本の体育・スポーツの百年の歴史の中で、その民主主義的な発展を保障する組織的な拠点をもったという意味においても画期的な出来事であったといえよう[24]。

全国青年スポーツ祭典の成果

新体連は毎年開かれた「全国青年スポーツ祭典」とかたく結びついて地方組織の確立、スポーツサークルの組織化、コーチの育成、民主的種目組織の確立など、積極的に活動を行った。特に、新体連は地域の「組織づくり」に力を入れていった。新体連の地域連盟が続いて結成されていくのだが、一九六五年には福岡県、一九六六年には長野県をはじめとする一六連盟が、一九六七年にも兵庫県をはじめとする七連盟の結成が続いた。こうして日本各地で新体連は活動を開始したのである。

しかし、一九六五年に三五〇名で出発した組織は一九六九年には二五〇〇名にまで伸張したが、一九七〇年には半減以下の一〇七五名となった。この理由は、組織確立の努力の中で、新体連は専門家・指導者集団であり、サークルはスポーツ愛好者の集団であるという性格を定式化したからであった。ここから指導者と被指導者という「車の両輪論」が生じ、これにより組織の固定化、閉鎖性を招いてしまったのである。

その後、新体連は、狭い専門家だけの集団ではなく、広範なスポーツ愛好者や専門家などの個人も入れる「大衆的」な体育・スポーツ団体であることを第六回大会で再確認し、組織再建を図っていった。そのため、第六回大会では、第一に、新体連はまさにスポーツ団体であり、労働組合や政党や研究団体ではないこと、第二に、新体連は単なるスポーツ団体ではなく「民主的」スポーツ団体であるということ、そして第三に、新体連は単一種目の組織ではなく、「総合的」な組織であるということを再確認したのである。また、個人加盟制だけでなく、クラブ・サークルなどの団体加盟の道が一九七三年の第八回大会で規約化され、新体連はクラブを基礎とする体育・スポーツの総合的な組織形態を確立する。この明確な性格規定は、それまでの論争に終止符をうち、新体連発展の礎石となったといえよう。[25] 一九七二年の第九回祭典では、国民のスポーツ大会へと成長させるために、それまでの大会名であった、「全国青年スポーツ祭典」から青年を取り除き、「全国スポーツ祭典」とし、スローガンにふさわしい大会名となった。

結局、第六回大会当時、約一〇〇〇人足らずの組織であった新体連は、一九七八年には一五八九クラブ、三五〇〇〇人の組織へ、一九八〇年の第一三回総会には四二七二四名まで成長した。その内実は全国種目組織の結成に支えられたクラブ・サークル数の増加に起因しているといえよう。[26]

新体連は、地域、職場におけるスポーツ活動の発展に積極的に貢献するとともに、国民各層のスポーツ要求にこたえて「公共スポーツ施設」の増大と「管理運営の民主化」などの運動を進めた。これまで日本体育協会（以下、日体協）の加盟団体だけが利用した国立競技場も、新体連の努力によって利用規則が変わったことをきっかけに、各地の公共スポーツ施設がオープンした。また、新体連は、文部省と自治体に対して、公共スポーツ施設の増設と施設整備補助金の増額要求を行い、成果をあげていたのである。

新体連は創立三〇年の一九九五年一〇月の臨時総会で「体育」から「スポーツ」に名称変更し、「新日本スポーツ連盟」となる。現在も新日本スポーツ連盟は、全国スポーツ祭典を開催、指導者・審判の育成、自主的スポーツクラブの育成、スポーツの条件整備・拡充を図るための社会的運動を展開している。

第五節　民主的スポーツ運動と労働者スポーツ大会

当時スポーツに対する国民の要求や関心の高まりは、日本労働組合総評議会（総評）傘下労働組合を母体とする「日本労働者スポーツ協会」の発足と「労働者スポーツ大会」の開催にもよくあらわれている。

一九六〇年まで続いた労働組合体育大会が終了することによって、労働者と労働組合を対象とした全国的なスポーツ大会は終わっていた。この中で総評は、東京オリンピックと明治維新百年祭などが、体制安定をはかるムードを作っているとともに、「君が代」「日の丸」を人々に認知させる絶好の運動として展開されていることに危機感を感じていた。[27]

総評はこのような動きに反対して、労働者のためのスポーツ組織を作ろうと決めた。総評は現在日本の体育・スポーツは、真の大衆のものになっていないと批判するとともに、国体や各種選手権大会も特定選手中心で、スター偏重の傾向に陥っていると主張し、一九六四年「労働者スポーツ大会」を開催したのである。[28]さらに、現在の支配階級がスポーツを大衆支配の手段として利用し、資本側は企業や官庁単位のチーム作りと選手養成に偏重している事実を批判し、この現状を破壊して、スポーツを真に大衆化・民主化するために、全国の労働組合、総評組織を通じ、積極的に組織化を図った。その結果、一九六五年五月に「日本労働者スポーツ協会」が発足したのである。

これによって毎年秋には、柔道、バレーボール、卓球、バドミントン、軟式庭球、陸上競技の五種目の「労働者スポーツ大会」が開かれた。また、巡回スポーツ教室の開催、メーデー行事への参加、中央労働者スポーツ・センター設立の構想、ソ連や東ドイツなどからの参加者を得て「国際スポーツ協力シンポジウム」が開催されたのである。

しかし、その後の活動は、労働運動をめぐる諸困難の中で、スポーツの位置づけは重視されないまま、資金不足と準備不足で決してスムーズに進行できなかった。新体連が「国民のスポーツ」を目指して一九七〇年代に急激な成長をして行くのとは対照的に、日本労働者スポーツ協会は、その派手な打ち上げの割には活動実態も組織実態も曖昧化していったのである。[29]

この時期のスポーツ運動のもう一つの特徴は、種目別に全国的スポーツ組織が結成され、発展したことである。一九六〇年五月の日本勤労者山岳連盟の結成、一九六五年一二月の日本勤労者空手道会の結成、一九六九年二月の全国勤労者スキー協議会の結成などがそれである。また、独自の組織結成までは至らなかったものの、既存の組織内においてもこれまでには無い社会階層の組織化が進んだ。その典型的な例が、家庭の中に閉じ込められていた婦人たちによって一九七〇年四月に開催された「第一回家庭婦人バレーボール大会」であった。

このように国民のスポーツ権利を主張する動きが頻繁に出たのだが、この時期もう一つ注目される動きは、日体協に「職員組合」が誕生したことである。一九七三年一月二〇日、「日本体育協会職員労働組合」の結成にあたって、日体協職員たちは、「わが国における体育・スポーツ界での競技力向上と国民スポーツ振興の専門家ともいうべき「体協職員」の社会的自覚」と「国民に対する責務を改めて自覚」と、その「地位確立」「職場（日体協）の民主化」を高らかに宣言したのである。[30] 日体協と地方行政機関の内側で、スポーツの自主的・民主的・科学的な発展を志向する職員集団が形成されたことによって、住民のスポーツ要求を実現するスポーツ政策の確立に有利な条件が生まれたのである。

ではなぜ、この時期の日本のスポーツ界における、国民のスポーツに対する要求・自覚という新しい動きが出てきたのか、その歴史的・社会的要因はどこにあるのであろうか。

第一には、新体連が主張しているように国民、特に青少年のスポーツ要求が高まったことが挙げられよう。日本の高度経済成長は池田内閣の「所得倍増計画」をはじめとする一九六〇年代に目覚ましい発展を続けたが、この発展の中心は産業構造の重化学工業化といちじるしい技術革新と合理化であった。しかし、生産の合理化は労働者たちの健康を破壊する大きな問題となったのである。新体連は、産業合理化が進むにつれて労働集中度の強化、精神緊張の激しさによって勤労者の心と体がすりへらされ、痛めつけられ苦痛や不調を訴える人々がふえていると強調し、そのため、働く青年の健康のためスポーツをしたいという要求が増えていると主張したのもその理由である。[31]

第二には、国体をはじめとする日本スポーツの勝利至上主義に対する反対の動きであろう。新体連の「よびかけ」にもよく現れているように、これまでの日本の体育・スポーツは少数の人の独占物であったため、長い間、日本の大衆はこの権利を享受することができなかった。国民が一番接しやすいとの言葉どおり「日本国民のための」体育大会になったはずの「国民体育大会」は、勝利至上主義に陥り、国民とは大きな距離があったのである。「スポーツは万人の権利でなければならない」という新体連の理念は、まさにこの時代の日本スポーツを批判しつつ、国民のスポーツ要求の熱気を反映したのであろう。

このような団体の誕生と新しいスポーツ大会の開催は、労働者自らの要求を組織化したスポーツ運動である。その中で、体育・スポーツが少数の人の独占物であった時代は過ぎたと主張し、スポーツは「万人の権利」であると宣言し、「いつでも、どこでも、だれもがスポーツを」と提唱した新体連の活動は、生産と生活の原点に基礎をおく、働く者達のスポーツクラブの新しい組織として、戦後日本スポーツの画期をなしたと考えられる。新体連を先頭とする自主的なスポーツ運動は、歴史の舞台から忘却させられていた国民と労働大衆の要求とエネルギーを組織し、革新自治体の誕生と前進に結集することを通じて、地域スポーツ振興計画を民主的に発展させる原動力となったのである。日本の近代スポーツの歴史は一九一二年のストックホルムオリンピックへの出場のために一九一一年に作られた大日本体育協会が直接的な契機とされているが、五〇年以上が過ぎ、日本の勤労大衆は、日本スポーツ史上、初めて、自らの拠点と組織を持つことができたのである。[32]

オリンピックでメダルをとり「日の丸」を掲げることが一番大事な目標であった政府と日本スポーツ界にとって、体育・スポーツは国民すべての権利であり、それを享受する権利があると主張しながら誕生した「新体連」と「日本労働者スポーツ協会」の動きは、この時期の日本のスポーツがどれだけ勝利至上主義に陥り、一部の選手だけを育成してきたのかを物語っている。

一九七〇年代に入って日体協の「一億総スポーツ」、文部省の「社会体育の振興充実」、経済企画庁などの「コミュニティ・スポーツ」の提唱は、抑えがたい国民のスポーツ要求を読み取ったそれなりの政策的対応であった。つまり、国民の一人ひとりが自覚したかどうかにかかわらず、国民のスポーツ権意識の成熟していく条件が国家的レベルでの対応を生み出すほどに作り出されてきたと見るべきである。[33]

註

[1] 見田宗介『価値意識の理論—欲望と道徳の社会学』弘文堂、一九六六年。

[2] ロナルド・イングルハート（村山皓・武重雅文・富沢克訳）『カルチャーシフトと政治変動』東洋経済新報社、一九九三年、八六‐一二一頁。ロナルド・イングルハート（三宅一郎他訳）『静かなる革命—政治意識と行動様式の変化』東洋経済新報社、一九七八年。

[3] 日高六郎『戦後思想を考える』岩波書店、一九八〇年、七五‐九二頁。

[4] 総理府「労働時間、余暇等に関する世論調査」一九六六年。総理府「余暇に関する世論調査」一九七一年。総理府広報室「週休二日制・余暇に関する世論調査」一九七二年。総理府「余暇に関する世論調査」一九七五年。総理府「仕事と余暇に関する世論調査」一九七七年。

[5] 日本放送協会放送世論調査所『現代日本人の意識構造』日本放送出版協会、一九七九年。

［6］内閣総理大臣官房広報室『国民生活に関する世論調査』内閣総理大臣官房広報室、一九九三年、六四頁。

［7］『朝日新聞』一九九六年七月三日付。

［8］宮本憲一『昭和の歴史一〇　経済大国』小学館、一九八三年、一八九－一九〇頁。

［9］同上、一四七頁。

［10］一九七〇年代前半の調査では、住民運動は全国で公害反対などの政策関連が五五四回、生活環境の改善をもとめるのが一五六六回行われた。また、大阪自治体問題研究所の調査によれば、一九七四年当時、府下の住民運動団体の数は二九七であったという。しかし、調査もれがあるので実態は五〇〇をこえると推測できるという。したがって、全国の住民運動団体の数は、倍以上あると判断できるのである。前掲『昭和の歴史一〇　経済大国』一九二頁。

［11］島田豊「現代日本イデオロギー論」岡倉古志朗他編『講座現代日本資本主義四　イデオロギー』青木書店、一九七三年、二二四－二二五頁。

［12］渡辺治『豊かな社会―日本の構造』労働旬報社、一九九〇年。乾彰夫『日本の教育と企業社会―一元的能力主義と現代の教育＝社会構造』大月書店、一九九〇年。

［13］日本教職員組合編『国民体育大会の民主的改革をめざして―健全な国民スポーツの振興に寄与する国民体育大会実現のために』日本教職員組合、一九七五年、三九頁。

［14］清水幾太郎他編『講座日本の将来五―余暇時代と人間』潮出版社、一九六九年。この本では、この時期の余暇を主題とした研究が盛り上がりを見せたことやこれからが余暇時代であり、こうした流れはますます確実に進行していくことを強調している。

［15］日本教職員組合・教育国民運動局「国体の原点を求めて（そのⅢ）―スポーツ・国体関係資料を中心に」一九八六年、六九頁。

［16］同上、六九－七〇頁。

［17］森川貞夫「労働者体育・スポーツ運動の歩み」成田十次郎編『世界教育史大系三一　体育史』（講談社、一九七五年）巻末、付録Ⅱ参照。

［18］渡辺義行「日本におけるスポーツの大衆化への道程」『教育医学』三一巻四号、一九八六年三月、三三三頁。

［19］下山房雄「「余暇」をどうとらえるか」『経済』一九七二年六月号、一九七二年、二二三頁。

［20］新日本体育連盟編『民主スポーツの基礎理論』日本青年出版社、一九六六年、三四頁。永井博「民主スポーツ運動の

伝統と発展」『文化評論』一四三号、一九七三年六月、四五頁。

[21] 新日本体育連盟全国事務局編『新日本体育連盟全国総会決議集—第一回大会‐第一〇回総会まで（一九六五‐一九七五）国民スポーツの創造』新日本体育連盟全国事務局、一九七七年、五‐六頁。

[22] 前掲『民主スポーツの基礎理論』一九六六年、七三頁。なお、新体連の目的と任務、新体連のやるべき当面の課題などについて詳しくは、同書『民主スポーツの基礎理論』七四‐八四頁を参照されたい。

[23] 伊賀野明・和食昭夫「二〇周年を迎える新体連」『前衛』五一六号、一九八四年一二月、一六九‐一七五頁。

[24] 前掲「民主スポーツ運動の伝統と発展」四七頁。

[25] 同上、五三‐五四頁。

[26] 前掲「二〇周年を迎える新体連」一七一‐一七六頁。

[27] 「誰のためのオリンピック—明確になった政治現象」『総評新聞』一九六四年九月一八日付。

[28] 日本労働者スポーツ大会の「よびかけ」は次のとおりである。「第一に、国民の大多数は健康と喜びに溢れるスポーツに期待しているが、このスポーツが真に大衆のものになっていない。第二は、多くは観る、聞く、読むという方法でスポーツに接しているが、現在のマス・スポーツは特定の選手中心で、国体や各種選手権大会だけがそのすべてのようになっており選手間でもスター偏重の傾向が露骨である。第三に、アマスポーツが「商業宣伝への利用」に動員され、雇用される傾向が、アマスポーツの特質をゆがめ「スポーツは選手がやるもの」という錯覚があり、観る楽しみになって、自分で行うには金と暇とがないからである。これらは政治の貧困に起因し、同時に支配階級は、彼等のイニシャチブでスポーツを大衆の支配手段としている。第四に、支配階級は大衆の要求の強さを知って、企業や官庁、経営単位のチーム作りと選手養成をやり、この範囲で諸施設を作っている。プロスポーツを企業として手がけ、大衆の要求のハケロを作って、儲け主義に徹しているし、労働者は他企業との競争意識・企業意識をあおられ、東京オリンピックも、そのためのショー化してしまう危険がある。第五に、精神労働からの解放は、スポーツを通じて可能であり、とりわけ青年男女の立場は、支配階層の高度成長策の技術革新、合理化進行の中で、身体がむしばまれていることに注意すべきである。第六は、スポーツの大衆化は思想・信条の垣根をこえ、相互理解と協力を進め、労働者の団結を強める役割を発揮する。企業意識を取り払い、産業別、地域別の交流活動にも貢献する。また幹部と大衆との接触交換の機会となり組合を身近なものとする」。日本労働者スポーツ協会『活動の記録—一九六三‐一九七六』一九七七年、二一‐二三頁。

[29] こうした背景には、一九六〇年代から一九七〇年代にかけての、企業と地域における支配構造の分析、そしてその中

での各スポーツ組織の詳しい検討が必要であろう。現に、新体連も当初は「職場、地域、学園」にその組織建設を目指していたが、特に一九七〇年代に入ってからの諸々の新体連攻撃の中で、その活動の主陣地が地域に制約されてきた歴史もあるからである。内海和雄『戦後スポーツ体制の確立』不昧堂出版、一九九三年、三〇九‐三一〇頁。

〔30〕　日本体育協会職員労働組合「結成趣旨書」一九七三年一月二〇日参照。この文書の持つ歴史的意義について、森川貞夫は次のようにまとめている。「日本のスポーツの総本山、日本体育協会に組合が結成されたという事実は、スポーツ発展の新しい歴史的段階に一歩進んだことを示している。このような「民主化」の動きが地方体協や体協傘下の各組織への影響を及ぼさないなどということはありえないからである。彼らが自己の労働条件の改善を要求すればするほど、その実現のために、社会的支持、国民的支持を受ける行動を必然的にとらざるをえない。その行動は国民大衆へのスポーツの解放へつながるものとなる」。森川貞夫「スポーツ組織の体質と問題点」（『婦人教師』一九七三年六月号、一九七三年）参照。

〔31〕　前掲『新日本体育連盟全国総会決議集―第一回大会―第一〇回総会まで（一九六五‐一九七五）国民スポーツの創造』八頁。

〔32〕　前掲『民主スポーツの基礎理論』三五頁。ちなみに『民主スポーツの基礎理論』という本は、新日本体育連盟が諸困難を克服するために開いた学習会をもとに作ったもので、その内容は第一課「日本の体育・スポーツ」、第二課「民主スポーツの原則」、第三課「スポーツ運動の組織化」、第四課「トレーニングの理論と実際」の四課構成となっている。その当時、加入者のほとんどを占めていた初心者の基礎理論のテキストとして長く活用された。さらに、一九六七年には機関紙『民主スポーツ』を創刊し、定期刊行するとともに、六月の選挙で勝利した革新の美濃部知事と懇談し、民主スポーツ運動への都の援助を要請している。

〔33〕　森川貞夫『スポーツ社会学』青木書店、一九八〇年、一〇一頁。

第十一章　日本スポーツにおける異質な「他者」と排外主義

第一節　スポーツ労働移民と「単一民族国家」日本

グローバル化とスポーツ選手の越境

現代社会はグローバリゼーションという激変の時代にあり、ヒト・モノ・カネの移動は急速に多様化している。グローバル化における議論において、一つの神話に過ぎない単一民族説、血統主義、島国という地理的条件、鎖国の歴史、欧米の個人主義に対する集団主義のもと、国内の同質性の認識が強調されてきた日本社会においても移民は近年増加の傾向にある。戦後日本社会における外国人登録者数は右肩上がりで増加しており、近年では、少子高齢化が深刻化し、若く、安い労働力を確保するため、外国人労働者の受け入れ拡大を求める声が上がっている。二〇一九年政府は、外国人材の受け入れ拡大を目指す外国人全般に対する総合的対応策として、新たな在留資格「特定技能」を設ける「改正出入国管理法」や「出入国在留管理庁」を新設する改正法務省設置法を成立させた。生産年齢人口を維持するために二〇五〇年までに年間約六四万人の外国人を受け入れなくてはならないという調査結果が出されている中で、深刻な人手不足の問題を解決するための苦渋の決断だった。

スポーツもこのグローバル化の影響を大きく受けているといえる。様々な理由で、出身地とは異なるプロリーグでの雇用を求めて越境する「スポーツ労働移民」の存在は、グローバル化の一事象であり、国境を越えて移動する人々の数は年々増加している。現代日本社会においてもスポーツ労働移民の存在は、確認できる現象である。

世界的に人気のあるサッカーについていえば、今日、フランス代表の多くがアフリカ系の黒人移民選手である。日本のサッカー界でも多くの外国人選手がプレーしており、その活躍ぶりは目覚ましい。その中には、日本国籍を取得し日本代表チームで活躍するという例も少なくない。一九六七年ブラジル日系二世のネルソン吉村（後の吉村大志郎）が、日本サッカーリーグ（ＪＳＬ）初の外国人選手として来日し、その後日本国籍を取得、帰化選手として初めて日本代表に選出されてから、ブラジル出身の与那城ジョージ、ラモス瑠偉、三都主アレサンドロ、田中マルクス闘莉王をはじめ、在日韓国人四世李忠成など、数多くの外国人選手が日本国籍を取得した。日本に帰化した外国人選手は代表選手のメンバーに名を連ね、日本サッカーリーグ全体を盛り上げ牽引する存在となっていたが、時には帰化やアイデンティティ問題をめぐる論争の対象にもなってきた。将来はさらなるグローバル化により、帰化する選手がますます増えるだろう。

大相撲の番付にも多くの外国人力士の名が記されている。最初の外国人力士の登場は一九一五年に初土俵を踏んだアメリカ出身の千田川であり、それを皮切りに沢山の外国人力士が誕生した。戦後初期から一九九〇年代までには、アメリカやブラジル、モンゴル出身の力士が多く入門してきたが、二〇〇〇年代にはモンゴルをはじめとして、韓国や中国、東欧諸国出身の力士が活躍するなど、外国人力士の数が増加するのと同時に、その出身地も多様化している。しかし、国技大相撲は、依然として日本のスポーツにおいて「伝統性」を維持し続けている種目の一つであり、ナショナルの位置づけといった観点から外国人力士の参入や外国人横綱の誕生、それに伴い度々「品格」といった言葉が用いられ、彼らの言動が問題視されている。また、箱根駅伝に向けた予選大会などでは多くの外国人留学生の姿が目に留まることもあり、外国人選手の活動が日本で広まっていることは明らかになっている。

他の種目を取り上げなくても今日の日本のスポーツは、外国人の存在を抜きにして語ることはできない。現在の日本スポーツ界は、「助っ人外国人」といった固有名詞が日常的に使われていることからもわかるように、外国人選手の活躍なしでは語ることができないまでに彼らの存在や動向は日本の中でも常に注目されているといえよう。

グローバル化とナショナリズムの間で揺らぐ外国人選手

スポーツ労働移民の存在は、新たな文化交流・異文化理解につながる可能性を持っている。一方、日本社会においては、江戸時代以来続いているアイヌやウチナンチュ（琉球人・沖縄人）差別、部落差別、在日韓国・朝鮮人に対する差別と「同和」問題からもわかるように、異質な他者に対する排他的意識や偏見がしばしば表出している。社会学者の金明秀は、日本の排外主義について同化主義との関連に注目しながら、アンケートの回答から、日本の同化主義から発生する排外主義の問題を指摘している。金は日本における同化主義について、異文化集団に日本社会の「普通」で「正常」な文化への同化を強制する態度であると述べた上で、「同化主義」が強ければ強いほど「排外主義」も強い傾向があると強調する。[1]このような日本社会の姿は、スポーツ界での外国人差別・偏見に影響していると考えられる。

試合の興奮から熱心なサポーターが口喧嘩することややじを飛ばす光景は以前にもあったが、Ｊリーグの「JAPANESE ONLY」横断幕事件や黒人選手への侮辱行動、ハーフ選手に対する批判的な意見、二〇一九年日本で行われたラグビーワールドカップ日本代表選手の国籍をめぐる賛否両論などにも見られるように、問題はある特定の人種・民族・出身地に対する排外主義的行動やＳＮＳでの人種差別的で低俗なヘイト発言が溢れている点である。

これらの多くの事件に共通していることは、批判の的となっている選手個人の言動に直接的な問題があるわけではないということである。植民地支配と歴史認識の葛藤に起因するある特定の民族に対する批判という特徴もあるが、それよりも注目すべきは、純粋な日本人の血統であり、日本語を話し日本の伝統文化などを理解・継承するようなことが概ね求められて、それにそぐわぬ選手は排斥する「日本人らしさ」が常に強調されている点である。外国人選手をめぐる言説は、海外出身選手の活躍を好意的に捉える意見もある一方で、排外主義、あるいは同化主義的な価値観から発生する外国人差別の問題を抱えているといえる。

こうした競技場とネット社会で流布される排外主義・レイシズム行動や言説は、スポーツの場において独自に構築されたものではない。スポーツ界における偏見と差別発言などは、在日外国人に対する制度的な差別や偏見が解消に向かうどころか、よりいっそう強まっている現代日本社会の状況とも無関係ではない。右派政治家や歴史修正主義者の偏見に満ちた言説と「嫌韓・嫌中」という社会的環境から大きな影響を受けている。特に、二〇〇〇年石原慎太郎東京都知事（当時）が、陸上自衛隊第一師団創隊記念式典で、「三国人や日本に不法入国した多くの外国人が極悪な犯罪を繰り返している。大災害時には暴動を起こすであろう」と発言したことが日本社会で許容されて以来、結果的に政府高官や政治家によるヘイトスピーチが日本で横行し始めた。この発言は、ヘイトスピーチが民間に広がった決定的な契機を作ったといえる[2]。

この石原の発言からもわかるように、日本社会にはマイノリティや移民に対して差別的、排他的な意見が根強く存在する。その後、日本社会におけるいわゆる「嫌韓・嫌中」の動きに合わせて、排外主義的デモなど「反外国人」の行動が活発化している。インターネットを通じて自称「保守・愛国者」による団体が数多く組織化され、各地で行われる様々な「外国人追放デモ」「抗議活動」は過激さを増している。いまだ日本は偏狭な「単一民族社会」の神話から抜け出せず、多民族共存社会とはかけ離れた状況にあるのである。

グローバル化の進む今日においても、想像の共同体である「国民国家」を形成するナショナルな存在は消滅してはいない。冷戦構造の崩壊、国民国家の力の喪失とグローバル化の進行という予想とは裏腹に、現代社会にはグローバル化とナショナル化が同時進行している。そして、このグローバルなものとナショナルなものとの間で揺らぐ存在が日本で活躍している外国人選手という存在である。日本社会の外国人選手に対する眼差しには、スポーツ種目の特性や外国人選手の置かれた時代的環境、選手個人の性格、社会状況により変化が見られる。そして、日本社会における外国人選手の存在に対する意識には、日本人の優越的な視線やその優越性の崩壊に反発するナショナルな抵抗が複雑に存在する。

こうした問題意識を持って本章では、日本スポーツ界で活躍している外国人選手や帰化選手に焦点を当てて、外国人選手は日本社会においてどのように受け入れられたのかを考察する。日本社会の同質性の強さから、異なるもの、マイノリティへの反発が根強く存在する中で、排外主義感情の拡散はスポーツにどのような影響を及ぼしたのかについて明らかにする。外国人選手の受け入れに関する問題は、これからの日本社会におけるグローバル化を考えるきっかけとなると考えられる。

第二節　Jリーグにおける在日韓国・朝鮮人選手に対する眼差し

植民地支配と在日韓国・朝鮮人

二〇世紀初頭の日本による朝鮮植民地支配は、朝鮮半島や朝鮮人に大きな影響を与えた。一九一〇年代から一九二〇年代にかけて進められた土地調査事業と産米増殖計画によって、朝鮮人の生活はますます困窮化し、農村で生活する道を絶たれた朝鮮人が数多く存在した。彼らは生活苦から、生活の糧を求めて日本や中国東北部に出稼ぎに渡った。一九二〇年日本における朝鮮人の人口は約三万人だったが、産米増殖計画が中止された一九三四年には五〇万人、一九四〇年には一二〇万人を突破した。さらに、日中戦争の長期化と太平洋戦争の勃発に伴う深刻な労働力不足を補うために、朝鮮半島内の若い朝鮮人労働力を日本に動員する計画が実施された。軍人・軍属をはじめ、炭鉱、軍需工場、造船・鉄鋼企業や土木・鉄道建設の現場に数多くの朝鮮人が投入されたのである。植民地統治政策の結果、多くの朝鮮人が日本に渡ってくるようになり、敗戦を迎えた一九四五年には日本国内に二〇〇万人を超える朝鮮人が滞在していた[3]。そして、これらの約二五パーセントが、一九四五年の解放を迎えても逆に朝鮮半島の複雑な政情不安や生活問題など様々な事情で祖国へ帰れず、解放後「帝国臣民」から外国人登録令によって「外国人」になり日本に定着するようになった[4]。

戦後在日韓国・朝鮮人は、差別・貧困といった問題に直面しながら、様々な分野で活動しているが、スポーツ界でも多くの在日韓国・朝鮮人たちが出自を明かして活躍するようになった。その中の一人が、在日韓国人四世で二〇〇七年に日本に帰化したサッカー選手李忠成（りただなり）であり、彼の帰化は植民地支配の歴史問題や政治問題が複雑に絡んでいる日本と韓国社会で大きな話題となった。

李は東京都出身として小学生のころから、こみねＦＣと東京朝鮮第九初級学校、横河ＦＣジュニアユース（柳沢中学校）、ＦＣ東京Ｕ－18（都立田無高等学校）の中心選手としてチームを引っ張りながら、本格的にプロ選手を目指した。一方、在日韓国人として自分の帰属意識やアイデンティティについて悩んだ李は、父親が李のプレーをまとめた四〇分間のテープを韓国サッカー協会に送ったことがきっかけで、Ｕ－19韓国代表候補の合宿に参加できることになる。

だが、李は厳しい合宿を繰り返して生き残ってきたメンバーと打ち解けることができず、祖国でも冷たい差別発言を浴びせられた。韓国の選手たちは明らかに彼を異質な存在として捉えていた。結局、韓国代表の最終メンバーからは外れたが、李はこの合宿を通して、自分は日本人でも韓国人でもなく、「在日」だと感じ、合宿から帰る飛行機の中で日本国籍取得に大きく傾いたという[5]。彼の心の中には、サッカーへの情熱や民族への感情、そして自分のアイデンティティをめぐる様々な葛藤が存在したと考えられる。

「在日」としてのアイデンティティと帰化・日本代表入りをめぐる攻撃

その後、李は二〇〇六年九月に帰化申請を行い、二〇〇七年二月九日に日本国籍を取得した。李の帰化は、一九九〇年代から在日韓国・朝鮮人の日本国籍取得の傾向が強まったとはいえ、民族的な誇りや民族教育を大切にする人々がいまだ多い在日韓国・朝鮮人の間ではもちろん、日本や韓国社会でも大きく取り上げられた。なぜなら、李の帰化は、チームや協会からの要請で帰化した日系ブラジル人選手の帰化とはまったくその意味や重みが異なるからである。そこには帝国主義時代と日本による植民地支配・統治の歴史、さらには単一民族国家という戦後の言説の中での在日韓国・朝鮮人の差別の歴史と関わったそれぞれの立場や歴史認識などが複雑に絡み合っている。

これについて李は、「日本に帰化した僕の決断に賛否両論があることは知っています。（中略）四世、五世となった在日の中には、自分の立ち位置っていうか、自分がコリアンだということを隠している人も多い。そういったネガティブに考える後輩たちに、自分のルーツ、コリアンとしての誇りを持って、ポジティブに生きようと伝えたいから、帰化しても李という名前にはこだわった。李という名は、自分がコリアンだということを示しているし、帰化しても、李でも頑張れるんだっていうところを見せたいという気持ちは強い。自分が頑張ることで、社会に何らかのメッセージを伝えたい」[6]といっている。戦前「天皇の赤子」から、戦後「外国人」となった在日韓国・朝鮮人には、様々な社会的・制度的差別と排除が存在した。彼らにとっては、韓国と朝鮮民主主義人民共和国、日本の中で、どの国籍を選択するかは重要な問題であり、「在日」としてのアイデンティティを全面に出すのは限界があった。そのため、自分が「在日」であることを隠す人も少なくなかった。こうした状況の中で、李は帰化しても自らのルーツを示す「李」を大切にしたいと思い、通名の「大山忠成」ではなく、「李忠成」という民族名で帰化を申請したのである。

彼が日本国籍を取得してから、日本への帰化と日本代表に選ばれたことをめぐって、大きな批判と論争があった。本名を名乗る在日が帰化し、日本代表になったことで、日本と韓国、そして在日の人々から注目され、必要以上の批判を浴びることになった。2ちゃんねるなどネット上には、「韓国人なんていらない」「あいつは日本人じゃない」とはねつけられるなど、彼の日本国籍取得を批判することのみならず、在日韓国・朝鮮人を非難する誹謗中傷が数多く存在した。在日社会の中でも彼の帰化の波紋は大きく、民族を裏切った行為として「裏切り者」とも言われた。民族的出自への愛着や一世の代から守られてきた国籍に強いこだわりを持つ一部の在日の間では、今でも帰化に対してネガティブなイメージが根強く残っており、タブー視する傾向がある。李の帰化は、生まれ育った日本社会、ルーツがある韓国社会、そして同じ出自を持つ在日社会と、立場と価値観が異なる様々な目にさらされたのである。

柏レイソルへ移籍してから、二〇〇七年シーズンにはJ1で一〇ゴールを達成してチームの得点王となるなど、日本メディアは李のことを「秘密兵器」「オリンピックに向けた日本の切り札」などと肯定的に報道した。一方、U-22日本代表、二〇〇八年北京五輪の日本代表、二〇一一年アジアカップの日本代表に選ばれた時や二〇一二年サンフレッチェ広島からイングランドのサウサンプトンに移籍した際に、彼は常にネット右翼の攻撃対象となった。もはや消え去るのみと思われていた植民地起源の差別語がインターネット上に氾濫し、歴史的経緯は意図的に無視され、そこにはヘイトのみが存在した。

「JAPANESE ONLY」と「嫌韓」

日本スポーツ界を激震させた人種差別の事件として記憶に新しいのは、二〇一四年三月Jリーグの浦和レッズサポーターがスタジアムに掲げた「JAPANESE ONLY」横断幕事件である。当時、浦和レッズの槙野智章選手は、横断幕の言葉をシーズン開幕前に浦和レッズに移籍してきた在日韓国人四世のチームメイト・李忠成に向けた差別メッセージだと解釈し、その内容をTwitterへ投稿し、波紋が広がった。試合後、他のサポーターによるSNSへの投稿で一気に拡散され、選手やファンだけでなく日本中を巻き込む事件となる。横断幕を作ったサポーターは、クラブの聞き取り調査で、李に向けてのメッセージではないということを公表した。

だが、問題は、横断幕を作ったサポーターの否定にもかかわらず、李忠成自身と多くの日本人が横断幕の内容が李に向けられたメッセージであると認識した点である。その後、李は、浦和とは「JAPANESE ONLYで始まった」ことや自分以上に日本代表に選ばれたことを自慢していた家族が「国籍」と「民族」を理由に差別されたことに苦しんだことを明らかにしている。[7] この一連の問題の背景としては、浦和レッズのサポーターとしての熱狂度や、二〇〇二年の日韓ワールドカップを発端とした一部サポーターグループの底流にある「嫌韓」と排外主義も関係しているといえる。

李が日本へ帰化し、日本代表、イングランドのサウサンプトンＦＣ移籍、その後浦和レッズ（「JAPANESE ONLY」横断幕事件）で活躍した時期は、「在日特権」「特別永住資格」などというありもしないものの廃絶を訴え、在日韓国・朝鮮人排斥に特化したデモを繰り返す「在日特権を許さない市民の会」（以下、在特会）が発足し、排外主義運動が本格化した時期である。日本社会における歴史戦争とともに、戦前から根深い差別にさらされてきた在日韓国・朝鮮人への嫌がらせは、特に一九九〇年代以降活発になったが、二〇〇〇年代に入ってから排外主義的デモと人種主義的ヘイトスピーチが日本社会で一挙に広まった。自分のルーツは「韓国」にあると言いながら、日本人ＦＷが海外で活躍した歴史がなく、自分は日本人としてというより、「アジア人」のＦＷとして活躍しなければならないと語った李の発言は、在特会とその影響を受けたネット右翼にとって攻撃対象になる都合の良いストーリーだった。

これらの排外主義団体が、従来の保守論壇や右派と大きく異なっている点は、既存の右派が旧ソ連・ロシア、中国、朝鮮民主主義人民共和国、日教組や民主党に代表される国内左派などを広く敵対視していたのに対して、在特会などは「在日韓国・朝鮮人」や「嫌韓」という攻撃対象を設定し、ひたすら韓国を厳しく敵視しているという点である。中国や国内左派が攻撃対象となることもそれなりにあるが、それらに対する敵意はどちらかといえば「付随的」なものである。李に対するネット上の批判は、当然のことながら、そうした可視的な現象と在日韓国・朝鮮人に対する継続した差別意識が根底にある。彼の発言・行動が日本と韓国に影響を与えたことは、李が在日韓国人から帰化選手になったことに起因するが、彼にとっては必要以上の批判が浴びせられたといえる。在日に対する排外的な風潮がもはや一過性の現象とはいいきれないことは明らかである。

第三節　外国人力士に対する優越感と偏狭なナショナリズム

「創られた伝統」と外国人力士に対する「好意的」な意識

大相撲は日本固有の宗教である「神道」に基づいた神事とされている。さらに、日本人にとって相撲取り・力士は五穀豊穣を願い、日本の土地を守るという神に近い存在であるとされ、その最上位である横綱は「神の依り代」と崇められ多くの特権が与えられるだけでなく、強さと品格が求められる。相撲は近代に入ると国技として扱われる風潮が強まり、横綱の地位が明文化された。横綱や品格といった「創られた伝統」による神事性の協調は、「内へのナショナリズム」と「外への日本伝統」を象徴したものであった。

このような状況の中、大正時代初めて外国から大相撲を学びに力士が来日した。外国人力士の第一号は、一九一五年に初土俵を踏んだ千田川（宮城野部屋・アメリカ出身）である。その後もアメリカやブラジルの日系人や中国出身の力士が角界入りするが成績は振るわなかった。戦時中は国家的な保護のもとで開催が維持されてきたことや、一九二五年より幕内優勝力士には天皇杯が下賜されるなど国家との結びつきも強く、長年に渡り国民からの強い関心を集めている。

戦後になって大相撲は、海外及び日本国内に向けて日本の伝統を象徴する文化・シンボルとして披露され、多くの外国人力士が来日した。戦後日本で成功した第一号の力士は、ハワイ出身の高見山である。戦後初の幕内力士・高見山は、大相撲人気を活性化させる「期待の存在」として描かれながら、日本社会に好意的に受け入れられた。[8] この当時日本社会、大相撲界にとって異質な他者である外国人力士・高見山ではあったが、大相撲において日本人力士の方が外国人力士よりも強く、圧倒的多数を占める環境であり、日本人力士の「優位性」は保たれており、異質な存在である外国人力士もすんなりと受け入れられた。[9] 高見山が幕内に昇進した際の「目標は三役（横綱、大関、関脇）」という高見山の発言に対しても肯定的な論調であったことからも、外国人力士に対する反発は強くなかったことが窺える。[10]

高見山以降も、多くの外国人力士が大相撲の世界に挑戦してきた。一九七〇年代から八〇年代までにはアメリカ出身の小錦らが、一九九〇年代に入ってからは旭鷲山・旭天鵬らモンゴル勢とブラジル出身力士が、二〇〇〇年代には東欧諸国出身の力士が活躍するなど、外国人力士の数が増加するのと同時に、出身地も多様化したのである。

特に、外国人として初めて大関に昇進し、大相撲の看板力士になった小錦は「日本人らしい」力士として受け入れられていた。[11]「相撲はけんかだ」「怖いものはない」と豪語して非難されたことがあった小錦が、次第に「相撲の厳しさ」「相撲の奥深さ」を口にするようになり、相撲社会の文化とサモア・ハワイの文化の激しい摩擦が続く中で、小錦なりの同化が進んだと述べられている。[12]つまり、小錦は日本社会、大相撲の世界にふさわしい日本人に「同化」する中で大関となったとされ、メディアはその小錦を美化したのだと考えられる。

大相撲界における外国人力士は、少なくとも一九八〇年代までには、外国人力士が少なく日本人力士が圧倒的に強かったため、日本社会に「好意的」に受け入れられていたという特徴がある。異質な他者である外国人力士が日本語を巧みに操り、入門後は他の日本人力士と衣食住を共にしながら、必死になってナショナルな日本の国技大相撲を体得しようとする姿は、日本人が優越性を持って外国人力士をポジティブに捉える姿勢とつながったのである。

外国人力士への批判と「外国人横綱不要論」

しかし、一九八〇年代後半から九〇年代にかけて、大相撲における外国人力士に対する様々な制限が出され、日本社会の偏狭なナショナリズムの一端とも取れる「外国人横綱不要論」が出された。その後も横綱の「品格」問題など、日本人とは異なる他者である外国人力士を批判する声が高まった。

それではなぜ、「外国人横綱不要論」などの外国人に対して排外的な意見が一九九〇年代に出されたのか。その要因の第一は、日本相撲協会や大相撲を神事、伝統的な国技として捉えている人々による、大相撲における日本人の優位性が保たれなくなったことへの抵抗であった。外国人力士の入幕以降、当初は日本人力士が優位性を保っていたが、一九九〇年代に入り小錦を筆頭に外国人力士が力をつけ始め、横綱という絶対的な存在に近づいてきたことにより、その優位性が保つことが難しくなった。つまり、小錦の出現により人々は初めて国技の中に潜む暗黙の序列意識に気が付き、自文化という慣れ親しんだ空間から、異文化との境界線という緊張感を持つ空間の中に放り出され、「抵抗感」を示したのである。

第二の要因としては、グローバル化の加速によるナショナリズム言説の隆盛が考えられる。一九八〇年代後半から九〇年代にかけての日本社会は、日米貿易摩擦など諸外国との間で経済領域において軋轢を抱えていた。その中で、一九九〇年代は日本人論にとって「失われた一〇年」であったとしても、より直観的なナショナリズム言説が百花繚乱と現れた一〇年ともいえ、同様にグローバル化の動きの中で、日本という「自己」は、オリエンタリズムの二重の呪縛の中で「アイデンティティ探し」を強いられ翻弄し、一九九〇年代において「日本であること」や「日本人であること」が広がり、ナショナリズムの大衆化が進んだのである。[13] この点において、近代に入り「創られた伝統」が強調されてきた大相撲は、日本人にナショナルなものを見せる存在として作用し、一九九〇年代においてナショナルな言説が強調されたのである。また、小錦の横綱昇進の話が出た際、個人的要因としては小錦の相撲のスタイルが力任せな一面があったこと、相撲的要因としては日本人横綱が空位であり、小錦が昇進した場合、外国人横綱の一人だけになってしまう状況であったこと、社会的要因としては日米貿易摩擦が世間で騒がれ、ナショナルなものが希求される状況であったこともあり小錦はメディアにおいて「日米文化摩擦」として報道されたのである。

第四節　「品格」と求められる「日本人らしさ」

「歪んだ」ナショナリズムと横綱・朝青龍

一九九〇年代に外国人力士としてハワイ出身の曙や武蔵丸が横綱になり、二〇〇〇年代に入ると朝青龍や白鵬が横綱となる中で多くのモンゴル出身力士が角界に進出した。

その一方で二〇〇〇年代に入ると、日本相撲協会やマスメディアから外国人力士たちの「品格」を問う声が急激に増加した。とりわけ、その矛先は技量だけでなく品格の問われる「横綱」に向けられた。二〇〇三年の初場所で横綱へ昇進したモンゴル出身の力士・朝青龍は、横綱としての品格が問われ続け、最終的に現役「引退」に追い込まれた。その背景には、相撲の歴史的背景と日本人の持つ「横綱」という一種の特別な存在（神の依り代）へのイメージに外国人横綱が受け入れられ難かったことが考えられる。そして、この過度な大相撲における「品格」論調は、マスメディアにおいてさらに強調された。マスメディアは大相撲における「国技」「神事」「横綱の品格」を殊更に強調し、朝青龍を一斉に批判したのである。さらに、多くのマスコミはナショナリズムと絡めて批判を行い、批判の中には「君が代を歌わない」、「横綱なのに日本に帰化しない」、「優勝パレードでモンゴルの国旗を持っていた」、「横綱なのに日本人らしくない行動をする」という声が挙がっていたのである。横綱としてふさわしくない態度、行動から引退まで追い込まれてしまった朝青龍だが、この悲劇には日本人の強いナショナリズムと排外主義が作用した。「日本の古き良き文化を踏みにじった」というような報道のされ方には、「歪んだ」ナショナリズムが強く感じられる。

ここで興味深いのは、朝青龍は入門直後から、期待のモンゴル人力士として大相撲の世界に受け入れられた点である。[14]モンゴル相撲（ナーダム）の相撲少年の部で一五歳の時に優勝、一九九七年に日本の明徳義塾高校に相撲留学し、一九九九年に角界入りし、その後も、順調に番付を上げる朝青龍は、当初日本社会に寛容に受け入れられていった。[15]だが、大関、横綱へと昇進すると、朝青龍の言動や取組時の作法についてなど、朝青龍の品格に関連する記事が増え、心・技・体の心の部分が満足ではないというバッシングが横綱審議委員会を中心に議論を起こしたのである。

しかし、二〇〇四年、二〇〇五年と朝青龍が好成績を収めると、日本相撲協会や横綱審議委員会の意見は、朝青龍の品格を寛容に受け入れる気運が高まった。横綱昇進後も、その圧倒的な強さを世間に示すと品格に関連する批判も減り、朝青龍自体への批判ではなく、日本人力士に対する「ふがいない」「奮起せよ」といった批判へとシフトしたのである。ここから読み解けることは、大相撲に関連する「日本人種」言説である。つまり、大相撲におけるメディア報道では、「日本人」と「外国人」という明確な線引きが存在し、外国人と区別した「日本人種」が想定されているといえる。

その後、朝青龍が怪我を理由に二〇〇六年夏の巡業を休んだにもかかわらず、母国モンゴルにてサッカーをしていたことがマスコミに取り上げられたことで、日本相撲協会から二場所出場停止、減俸三〇パーセント、四ヶ月間の謹慎処分が出された。朝青龍に関するメディア上の言説にも変化が起き、再度「品格」に関連する、朝青龍批判の声が高まった。この騒動以降、朝青龍は問題を起こすたびに、その「品格」が問われ、二〇一〇年に引退したのであった。

「品格」とは何か？

外国人力士と関連して描かれることが圧倒的に多い「品格」とは何なのか。新聞における論調を見ると、大相撲における品格は国技や神事性と関連して、あたかも相撲において古くから受け継がれている伝統であるかのように描かれ、絶対的なものとされているケースが多い。

横綱推薦の内規にも、その第一項目に、「横綱に推薦する力士は品格、力量が抜群であること」が記されていることから、横綱において品格が重要視されていることが理解できる。事実、横綱に欠かせない要素として、「品格がある」、「相撲が美しい」、「責任感がある」という抽象的な事象が重要視されているのである。[16]

しかし、横綱に必要な「品格」が何か明記されているわけではなく、その基準は明確なものではない。また、大相撲が国技とされる以前の明治時代の力士は、品格を問題視され引退した朝青龍とは比べ物にならないほど、自由奔放なものであった。大相撲が日本の国技とされてから「品格」というものが重要視されるようになり、外国人力士の登場以降、メディアの報道ではこの「品格」が殊更に強調されているのである。[17]

では、日本相撲協会が横綱推薦の内規（一九五八年〜）として要求することは何なのか。[18] 一言でいえば「品格」である。つまり「品格」とは、関係者や観客たちが「大相撲」に対し、また「力士」に対して期待している「らしさ」の漠然とした集合体であり、具体的な内容はひどく曖昧であるばかりか、人によって一致しているとも限らない。刑事責任を問われかねないような暴挙は論外として、土俵上の振る舞いについていえば、例えば「ガッツポーズ」に類する一見同じような振る舞いが、一方で「敢闘精神の発露」と賞され、他方で「抑制を欠き品格に欠ける振舞い」として指弾されていることもある。[19] これまで「品格」の基準は、明確には定義・明文化されてはこなかったが、大相撲における「品格」は日本相撲協会、横綱審議員会により作り出された、一種の創られた伝統、「日本人らしさ」を補填するものであると解釈することができる。これは外国人力士とリンクして「品格」が語られることを通じて、国技大相撲において「日本人の求める日本人らしい力士」を作り出し受け入れるための装置、外国人を排斥するための装置として「品格」が作用しているといえる。また、外国人に対して国技相撲において、競技力とは別の指標で測られる日本人の優位性を提示するものであると読み解くことができる。つまり、大相撲、ひいては日本社会に存在する日本人の偏狭なナショナリズムである。そして、海外の人々には理解しがたい、品格にそぐわない外国人横綱・朝青龍は、「日本の伝統を踏みにじった」とマスコミの標的となり、引退したのであった。

　メディアにおける大相撲の外国人力士の言説を見ると、外国人力士の受け入れはこれまで「日本的な価値観」を注入し、「日本人として同化」するという形で行われてきた。そこには「日本人らしさ」と日本人への同化、日本人の求める力士像への同化が評価されると同時に、「品格」という抽象的で曖昧な基準により、日本人とは異なる「他者」として外国人力士が描かれ、日本の伝統、国技大相撲を「壊す者」として外国人力士が描かれるケースも見られた。「日本人」と「外国人」を区別する論調はメディアにおいて殊更に強調された。

第五節　二〇〇二年日韓共催ワールドカップ大会と「嫌韓」感情の加速化

歴史修正主義と排外主義

グローバル化や国際化の掛け声の中、二〇〇〇年代以降、日本を日本人だけのものとする上で外国の国家および外国人は「脅威」であり、外国人や外国の思想・事物を排斥し弱者を攻撃する「排外主義」が日本中にさらに拡大している。「行動する保守」と呼ばれる一連の団体と、その中心的団体として在特会などが行ったヘイトスピーチ・デモが政治問題化するに至った。インターネット上では、韓国・中国に対する排外主義、レイシズムが蔓延・増加しており、ネットを基盤とする彼らの活動は数年前から徐々に勢力を拡大し、仮想世界にとどまらず街頭で直接的な差別行為にも及ぶようになった。植民地起源の差別語が氾濫し、排外主義団体による様々な「外国人追放デモ」「抗議活動」が展開されているのが、現在日本社会の風景である。特に、韓国に対する排外主義感情は近年急激な上昇を見せており、在日韓国・朝鮮人に対する憎悪はますます増えている。

では、いったい日本におけるレイシズムと排外主義、在日韓国・朝鮮人に対する憎悪の背景には何があるのか。いつから日本社会でこのような「大衆的」な土壌が作られてきたのか。主に在日韓国・朝鮮人や韓国を標的とした排外主義は、どのような歴史・社会・政治的背景から生まれたのか。

「嫌韓」「在日特権」といわれる韓国や在日韓国・朝鮮人に対する排外主義が蔓延・増加する背景には、「歴史修正主義」の流布があり、日本の歴史修正主義と排外主義運動との関係は根深い。日本では一九八〇年代から九〇年代にかけて、公的記憶や公式な「国民の歴史」に収まらない記憶や歴史が噴出していく。一方、一九八〇年代の歴史教科書問題や首相中曽根康弘の靖国神社参拝を契機に、戦争や植民地統治をめぐる歴史的事実や解釈、その評価の書き替えを求める歴史修正主義が一九九〇年代から本格的に台頭・拡大していく。歴史修正主義の台頭は、戦後日本の「国民の歴史」や公的記憶に対立する新たな歴史や公的記憶を求め、国民共同体内部に対立を生む「政治的なもの」の契機を析出させた。

歴史修正主義は当初から歴史教科書をターゲットに据えていたが、それが台頭した歴史的背景として見逃せないのが、戦後初期から続いた右派政治家の植民地支配と戦争に関わる歴史認識である。戦後初期からの右派政治家の「朝鮮侵略肯定論」、「朝鮮合併正当化論」、「植民地統治賛美論」、「太平洋戦争肯定論」、日本軍の慰安婦の否定をめぐる妄言は、一九九〇年代の歴史修正主義やネット右翼言説の前提、排外主義運動勢力の重要な「指標」となっており、その右派政治家の妄言が排外主義運動に与えた影響は大きい。[20] もちろん、南京大虐殺の否定・縮小化、戦争責任・植民地責任の記述をめぐる歴史教科書問題も重要な要因の一つであった。歴史修正主義は突然浮上したわけではなく、それを支える国民意識、社会文化の土壌が「大衆的に」作られてきたことが前提にある。

ネット社会における「嫌韓」感情の拡散

日本の排外主義の土台になる「嫌韓」「在日特権」「歴史修正主義」といった差別・偏見意識は、『戦争論』『マンガ嫌韓流』といったマンガなどのサブカルチャーから始まり、雑誌、書籍、ムック、ネットブログなど多種多様な情報空間を介して拡散した特徴がある。歴史認識問題の浮上と冷戦体制の崩壊に伴う右派・右翼言説の攻撃対象の変化、ポピュラーなアジェンダに据えられたことも排外主義グループを形成する一つの重要な原因となったが、「嫌韓」の対象が政治・歴史・社会的なテーマを超えて、経済・産業・金融などのビジネス分野まで広がったことも興味深い。「嫌韓」意識の高揚は、石原慎太郎による「三国人」発言を端緒として、二〇〇二年の日韓共催ワールドカップ大会における出来事や朝鮮民主主義人民共和国の日本人拉致問題が韓国・朝鮮民主主義人民共和国への排外主義運動を加速化させたといえる。今日の日本社会におけるヘイトスピーチの蔓延は、石原慎太郎のような極右政治家の発言、そしてそれを支える右翼政治家や国民の意識、日本政府が行ってきた差別政策に大きな原因がある。

さらに、日本の排外主義運動の特徴の一つは、ネットとの結びつきが非常に強い点である。その点を端的に表しているのが「ネット右翼」である。「行動する保守」や在特会などの中心メンバーがネット空間を拠点として活動を拡げてきたことや、その言説がいわゆる「ネット右翼」や2ちゃんねらーと共振する形で広がってきたことは間違いない。ネット社会で流布される排外主義・レイシズム言説に現れるトピックと主張内容は、右派政治家・文化人の言説から流用したものがほとんどだが、彼らはそれらに影響を受けつつ発達し、独自の問題系を主題化しながら、新たなメディアを形成すらしつつある。ネットと社会運動の可能性をめぐるこの問題の議論も、「オフ会」＝「街頭行動」という右派大衆運動の登場とともに、新たな段階に移行することを強いられていると考えられる。[21]排外主義はネット上だけにとどまらず、街宣活動やデモと、現実世界にも侵食を始めて久しく、日本の排外主義の重要な担い手として位置づけることができる。

「二〇〇二年」という時点

ところで、「在日特権」言説のような韓国、在日韓国・朝鮮人に対する差別的な言説がインターネット上で目立ち始めたのは、二〇〇二年辺りからである。この年、日本人の韓国・朝鮮民主主義人民共和国に対するイメージ・意識をさらに悪化させる二つの出来事が起こった。

一つは、二〇〇二年日韓共催ワールドカップ大会であり、もう一つは、二〇〇二年九月に行われた小泉純一郎首相（当時）と金正日総書記（当時）による日朝首脳会談において、朝鮮民主主義人民共和国が日本人拉致問題への国家的な関与を公式に認めたことで、朝鮮民主主義人民共和国に対する日本人感情がさらに悪化した事件である。[22]ここでは、主に二〇〇二年日韓共催ワールドカップ大会における出来事と排外主義との関わりについて取り上げる。

この大会は二〇〇〇年代最初のＦＩＦＡワールドカップであり、ワールドカップ大会史上初めて日本と韓国の二ヶ国による共同開催であった。ブラジルが優勝したこの大会で、最もインパクトを残したのは韓国チームのベスト四進出であった。アジア史上初めての成果であった。しかし、その勝ち上がりの過程の中では審判団による不可解な判定と見なされる行動や韓国チームの主審への買収疑惑が報じられた。また、一部の韓国人サポーターによる日本代表選手へのブーイングについての批判が、インターネット上で拡散された。この出来事は、これまで一部の右翼政治家や学者たちが主張してきた歴史修正主義や排外主義が広く一般国民に広がったきっかけとなるとともに、ネット右翼の興隆と湧き上がった「嫌韓」感情の源流・背景となった。

特に、韓国対スペイン戦の様子を報道したフジテレビのニュースバラエティ番組「とくダネ」が番組内で、誤審の疑いがあるにもかかわらず韓国が勝利したことについて解説者が取り上げようとした途端CMに切り替わったことや、フジテレビが中継した三位決定戦トルコ対韓国戦の試合後、四位となった韓国にばかり脚光を浴びせながら、勝利し三位となったトルコの表彰式がカットされてしまったことをきっかけに騒動が広がり、フジテレビ攻撃と韓国に対する「嫌韓」意識を刺激した。この出来事をきっかけに2ちゃんねる内で、嫌韓ムードが盛り上がり、嫌韓ムーブメントが巻き起こった。それはフジテレビのワールドカップ報道の在り方に対して、抗議活動として2ちゃんねる内で企画され、実施された「二四時間オフ」「湘南ゴミ拾いオフ」にも表れている。伊藤昌亮が指摘しているように、この企画は韓国ばかりが注目され、持ち上げたり褒め称えられたりすることを快く思わず、そうした扱いに我慢ならなかった2ちゃんねらー（2ちゃんねる利用者）が、その腹いせに何かしでかしてやろうという心づもりで発議・発案し、実施されるに至った運動である。その背景には、2ちゃんねる共同体にある特有のいわゆる「嫌韓流」の風潮、つまり韓国人をはじめとする外国人、特にアジア系外国人を差別・迫害し、排除・排斥しようという極度に閉鎖的・排他的な傾向が押し隠されていることを見落としてはならない[23]。ネット上で、韓国に対する保守的・愛国的な言動を攻撃的に繰り広げるという態度や行動が本格的に見られるようになったのは、二〇〇二年日韓共催ワールドカップ大会からであった。

インターネットの普及を背景に、この事件をめぐる韓国への批判は過熱したが、排外主義団体を取材した安田浩一の著書『ネットと愛国』にも、やはりこの二〇〇二年が自身の転機だったとするメンバーが数多く登場する[24]。韓国、そして在日韓国・朝鮮人への差別的な言及は、二〇〇二年を境にインターネットと保守右派論壇・ムックに徐々に広がっていったのである。この時期から本格的に敵意の対象が韓国、朝鮮民主主義人民共和国、在日韓国・朝鮮人に集中していったが、「嫌韓」と「反北朝鮮」「在日特権」をつなげる回路がインターネットの普及や2ちゃんねる文化の成立・成熟、そして保守右派論壇・ムックという陣容を整えながら本格化したのである。

もちろん、二〇〇二年日韓共催のワールドカップ大会が「嫌韓」意識だけを芽生えさせたわけではない。この大会をきっかけに、両国の市民レベルと政財界、マスコミ、地域間の様々な交流が生まれたことは重要な変化である。しかも、韓国における日本大衆文化の開放と日本における韓流ブームはお互いの文化を理解し関心を持つことにつながったと考えられる。両国間の友好協力関係を再確認するとともに、日韓国民の相互交流・相互理解に力を入れていくことを決議した「日韓共同宣言　二一世紀に向けた新たな日韓パートナーシップ」（一九九八年一〇月）の採択や「日韓国民交流年」（二〇〇二年）の設定などによる活発な両国間の文化交流の拡大も、両国間の相互認識の変化と両国民の情緒を変えることに決定的な影響を及ぼした。このような両国間の交流と配慮は、韓国人が持つ日本観、日本人観、そして日本人が持つ韓国観、韓国人観に肯定的な変化をもたらしたのである。また、日韓ワールドカップの共催は単なるスポーツの場、大会というだけでなく、日韓関係をさらに発展させたという面でも重要な機会だったのである。

スポーツと排外主義

二〇〇二年日韓共催のワールドカップ大会をきっかけとして、インターネットを通して若者の間で広がった嫌韓意識は、日本スポーツ界へのヘイトスピーチと差別・排除を加速化させる結果を招いた。香山リカは、はじめはスポーツ・娯楽といった認識でナショナリズムのような意識を持ったとしても、それと関連するインターネットサイトでのリンクをたどるうちに、スポーツとはかけ離れた「在日特権」など誤情報やヘイトスピーチに代表されるような根拠のない主張やストーリー・デマに接触、それを受け入れてしまうことで、いつの間にか「排外主義」に加担していってしまう過程について分析している。このようなプロセスは、現在はショートカットされ、スポーツの世界において、韓国や朝鮮民主主義人民共和国等が何らかに関連した出来事が起きると、「スポーツ」からヘイトスピーチや排外主義的な発想や言説につながってしまうという危険な構図が以前よりもできあがってしまったと強調する。また、すでに日本社会では、韓国のスポーツ界では国家がらみの「不正」が働いているという認識が根強く、その反動によりネット社会を中心とした反韓国感情のさらなる拡散が避けられない情勢となっていると分析する。[25]

二〇一〇年の冬季バンクーバーオリンピックでの女子フィギュアスケートでは、韓国のキム・ヨナ選手が金メダルを、日本の浅田真央選手が銀メダルを取ったが、この結果に対して日本では、「キム・ヨナ選手の高得点は不正だ」「キム・ヨナ側が審判を買収した」といった声がインターネット上を飛び交った。その後も、二〇一二年ロンドンオリンピック、二〇一四年韓国仁川のアジア競技大会、二〇一六年リオデジャネイロオリンピックをはじめ、数多くの国際大会で、韓国を批判する主張が後を絶たなかった。[26]

これらの批判をまとめるとこうだ。「韓国はサッカーに限らず、すべてのスポーツの場において、対戦相手を貶めるような行為を繰り返してしている。そして、勝つためならなんでもする」。「「スポーツマンシップ」や「フェアプレー精神」に反する行為が多発している。韓国との試合には、不正疑惑、誤審、贈収賄、反則だらけであり、大会で生じる不祥事も多い」。そして、こうした韓国のスポーツへの批判は、そのまま、在日韓国・朝鮮人や韓国への「嫌韓」意識として現れる。「在日韓国・朝鮮人は「悪者」、癌・エイズのような存在であり、韓国は「世界の恥」「小韓民国」「汚い韓国」で、韓国人の民度は低すぎる」という論調である。

「嫌韓」意識はインターネットの普及とともに新しく発生した現象ではなく、一部の人々の中にはすでに存在していた意識であり、嫌韓意識を持つ人々がインターネットの普及に伴いつながり始めることで、その姿がはっきりと見えるようになったのである。現代日本の排外主義は、サイバーポリティクスの浸透に代表される情報、コミュニケーション環境の激変と、経済のグローバル化に規定された新たな性格を帯びているが、外国人やマイノリティの尊厳を傷つけ、人権を否定するヘイトスピーチは「言論」でも「表現の自由」でもない。ネット右翼は強烈な差別意識を隠さず、出所不明な情報を流布させるなど、現実社会では許されない言説を匿名でネット上に拡散させている。有象無象のネット右翼こそ、妄執的な言説を垂れ流し、レイシズムと排外主義を煽り、主張する根本原因である。

最近では、テニスの大坂なおみ、バスケットボールの八村塁、陸上競技のサニブラウンやケンブリッジ飛鳥といった代表的な「混血選手」、そして両親とも中国の卓球選手であった張本智和に対しても、名前や外見、彼らの行動といった一面から「日本人ではない」といった批判的な意見がなされるなど、日本のスポーツ界では人種を理由とした差別的な行為と発言が後を絶たない。SNS上では、日本語を話すことができず拠点をアメリカにおいていることや「顔が日本人ではない」「外国の血が混ざっているから日本人ではない」ことを理由に、「日本人」としてプレーすることに懐疑的な意見が多数見受けられる。混血選手への批判からでもわかるように、日本社会には外国人もしくは混血日本人選手としてプレーする選手に「日本人らしさ」を求める風潮が根強く存在することが窺える。

註

[1] 金明秀「日本における排外主義の規定要因―社会意識論のフレームを用いて」『フォーラム現代社会学』一四巻、二〇一五年、三六‐五三頁。

[2] さらに、二〇〇三年七月、衆院議員江藤隆美は、新宿の歌舞伎町は第三国人が支配する不法地帯で、中国や韓国やその他の国々の不法滞在者が群れをなして強盗していると在日外国人に対する嫌悪感を表している。石原の三国人発言に関しては、内海愛子他編『石原都知事「三国人」発言の何が問題なのか』（影書房、二〇〇〇年）を参照されたい。

[3] 森田芳夫『数字が語る在日韓国・朝鮮人の歴史』明石書店、一九九六年、三三頁。

[4] 朝鮮人が日本に残留した最大の理由は、「帰国後の生活のめどがたたなかった」ことであった。他の理由としては、朝鮮半島の情勢が不安定だったこと、朝鮮戦争の勃発などが挙げられる。日本政府が朝鮮人に対して、通貨一〇〇〇円・荷物二五〇ポンド以上の持ち帰りを禁じたこと、朝鮮人強制労働に対する賃金を未払いのまま放置したことや、朝

鮮人の元軍人・軍属に対する補償を行わなかったことも、朝鮮人が朝鮮半島へ帰国することを踏みとどまらせる原因となった。朴一『「在日コリアン」ってなんでんねん？』講談社、二〇〇五年、四七‐四九頁。

[5] 加部究『忠成—生まれ育った日本のために』ゴマブックス、二〇〇八年、二九頁。

[6] 『フットボールサミット』議会編『フットボールサミット第七回—サッカーと帰化とアイデンティティ』カンゼン、二〇一二年、五七頁。

[7] 「あの横断幕、乗り越えて　李忠成「来季も浦和で」」『朝日新聞』二〇一六年一二月二四日付。

[8] 「新入幕ただ一人　異色の高見山　目標は三役」『朝日新聞』夕刊　一九六八年一月六日付。

[9] 「新弟子検査に軽くパス　ジェシー君」『朝日新聞』朝刊　一九六四年三月五日付。

[10] 前掲「新入幕ただ一人　異色の高見山　目標は三役」。

[11] 「新時代告げた同郷決戦」『朝日新聞』朝刊　一九八七年五月二五日付。

[12] 「小錦の同化（天声人語）」『朝日新聞』朝刊　一九八七年五月二八日付。

[13] 阿部潔『彷徨えるナショナリズム—オリエンタリズム／ジャパン／グローバリゼーション』世界思想社、二〇〇一年、一二五‐一三六頁。

[14] 「めざすは第二の旭鷲山　モンゴルの英才、ダワガドルジ君デビュー」『朝日新聞』朝刊　一九九九年一月二五日付。

[15] 「めざせ 関取 モンゴルから「旭天鵬追え」今年も三人初土俵」『朝日新聞』朝刊二〇〇〇年一月二九日付「モンゴル出身朝青龍、歴代五位のスピード出世　大相撲秋場所番付」『朝日新聞』朝刊 二〇〇〇年八月二二日付。

[16] 『朝日新聞』朝刊二〇一〇年一一月二〇日の「横綱に欠かせない要素」（選択式複数回答）調査結果は、一位「品格がある」五三パーセント、二位「相撲が美しい」三九パーセント、三位「優勝回数が多い」三五パーセント、四位「責任感がある」三五パーセント、五位「勝ち星が多い」三三パーセントであり、大相撲において品格といった抽象的な基準が見ている側にとって重要視されていることがわかる。

[17] 明治期の相撲に関して詳しくは、風見明『相撲、国技となる』（大修館書店、二〇〇二年）三四‐五六頁を参照されたい。

[18] 横綱推薦として挙げられていることは、①横綱に推薦する力士は品格、力量が抜群であること、②今後の横綱推薦に対して、横綱審議委員会は大会で二連続優勝した力士を横綱に推薦することを原則とする。③第二項に準ずる好成績を上げた力士を推薦する場合は、全委員の三分の二以上の決議を必要とする、である。なお、横綱が下の各項に該当する場合、横綱審議委員会はその横綱をよく調査して、全委員の三分の二以上の決議により、激励、注意、引退勧告をなす、

とされている。①休場の多い場合、②横綱としての体面を汚す場合、③横綱として非常に不成績であり、そのくらいに堪えないと認めた場合である。この点については、公益財団法人日本相撲協会ホームページ http://www.sumo.or.jp/ 参照。

〔19〕新田一郎『相撲の歴史』講談社、二〇一〇年、五八‐六三頁。

〔20〕拙稿「戦後日本保守政治家の歴史認識と韓日関係」『国際文化研究紀要』七号、二〇〇一年、一〇五‐一三一頁。

〔21〕「オフ会」とは、ネットで知り合った人たちが現実世界で集まって雑談したり遊んだりするイベントである。

〔22〕現在の日本において、朝鮮民主主義人民共和国を巡る言論や日本の政治・社会状況は過去から変化しているとはいえず、それはまるでかつての植民地支配の責任や冷戦構造における立場を忘却した体制打倒など、現在も続く植民地主義といわざるを得ない。しかしながら、朝鮮民主主義人民共和国との戦争を煽るような声ばかり挙がる一方、対北朝鮮制裁や「制裁」の名を借りた在日朝鮮人への差別に反対し、平和な未来を求める声は日本社会ではほとんど聞かれないようになって久しい。

〔23〕伊藤昌亮『フラッシュモブズ―儀礼と運動の交わるところ』ＮＴＴ出版、二〇一一年、三八二頁。

〔24〕安田浩一『ネットと愛国―在特会の「闇」を追いかけて』講談社、二〇一二年。

〔25〕石坂友司・小澤考人編『オリンピックが生み出す愛国心―スポーツナショナリズムへの視点』かもがわ出版、二〇一五年。

〔26〕東アジアのナショナリズムを語る上で、日本社会のみならず、日本と韓国、中国で進められている「反日」「反韓」「反中」の排外主義的な動向とスポーツへの影響・展開過程、話法等を分析し、東アジアにおけるスポーツと「国家主義」、排外主義の現在形を今一度見定める必要がある。

第十二章　二〇二〇年東京オリンピック・パラリンピックの政治性と国家主義

ここまで、戦前・戦後の日本におけるスポーツとナショナリズムの関係について論じてきた。スポーツイベントが、スポーツという名のもとに、ナショナリズムへの心理的抵抗を緩和する性格を持ち、それゆえ体制側の要求する人間を全体として形成しうる機能を果たしてきたことは分析したとおりである。そのうえで現在も様々な問題と課題を抱えながら進行中であり、「政治的」利用が端的に現れている二〇二〇年東京オリンピック・パラリンピック（以下、二〇二〇年東京大会）について検討したい。

オリンピック招致運動は、二〇〇五年当時の東京都知事石原慎太郎の所信表明から始まった。極右政治家として東京都知事を四期一四年勤めた石原が再びオリンピック招致を企てたことには様々な理由があったが、その一つには、首都東京の都市改造・再開発があった。

しかし、本章が注目するのは、都市開発・改造の問題ではなく、オリンピックの政治的な利用である。オリンピックそのものが大会準備過程や開催を通じて、国家意識の高揚と「国民統合」の構造をビルトインしているシステムだからである。本章では、まずなぜ石原が二一世紀に入って、再び五輪招致に身を乗り出したのかを、彼が持っている国家意識や歴史認識、国家主義的な教育改革の観点から分析する。また、「復興五輪」とオリンピックに便乗し制定した「共謀罪」、東京都の教育現場でオリンピックムードの演出にかこつけてひたひたと推し進められた国家主義教育を取り上げて二〇二〇年東京大会の政治性を具体的に検討する。

第一節　東京オリンピック・パラリンピック招致過程と日本再生

石原慎太郎と東京オリンピック

> 優勝者のための国旗掲揚で国歌吹奏をとりやめようというブランデージ提案に私は賛成である。国が持っている原爆の数が金メダルの数に比例するような昨今のオリンピックでは、参加者のユニットを国家という形で考える限り政治性というものを完全に脱色する訳にはいくまい。(中略)私は以前、日本人に稀薄な民族意識、祖国意識をとり戻すのにオリンピックは良き機会であるというようなことを書いたことがあるが、誤りであったと自戒している。民族意識も結構ではあるが、その以前に、もっと大切なもの、すなわち、真の感動、人間的感動というものをオリンピックを通じて人々が知り直すことが希ましい。(中略)オリンピックにあるのは、国家や民族や政治、思想のドラマではなく、ただ、人間の劇でしかない。(中略)民族とか国家とか、狭い関心で目をふさがれ、この祭典でなければ見ることとの出来ぬ、外国人対外国人の百眉の一戦を見のがしてしまうことも最も愚かしいことと思う。[1]

右記の文章は、芥川賞を受賞するなど一橋大学在学中から作家として活躍していた石原が、一九六四年一〇月一〇日、七万人以上の大群集が集まって開催された国立競技場での東京オリンピックの壮大な開会式後、読売新聞に寄せた記事の一部分である。石原は、開会式の感激が強く人々を捉えていたこの時期、オリンピックに国家の思惑が注ぎ込まれることへの誤りと政治性を批判しながら、国家や民族、特定の信条・思想に囚われないオリンピック開催の真の意味、人間同士の共感と感動について強調している。特に、ＩＯＣ会長ブランデージが提案したオリンピックにおける国旗掲揚・国歌吹奏の廃止案までも賛成しているのである。一九九九年東京都知事になり、教育現場における日の丸・君が代強制に見られるような国家主義政策を進めた石原とは思えない主張である。

だが、こうした石原の考えは、長く続かなかった。東京オリンピックが本格的に始まってから、国家意識・民族意識とオリンピックを結び合わせる思想が表れ始めていた。石原は、日本人選手の不活躍ぶりを批判しながら、日本人が失ってしまった「心身をかけて努め、戦うということの尊さ」[2]を取り戻すべきであり、今や再び栄えようとしている日本と日本国民に確かに欠けているのは「魂」であり、国家・民族への意識が欠けていると憂い、国家意識の欠如を責めている。オリンピックを機会にもう一度自戒し、考え直す必要があると説いている[3]。石原の国家意識は、オリンピックが開催されてから間もなく、グアムで生き残り、発見された日本人兵士の遺書について触れた新聞記事の中でもっと明確に現れている。日本人兵士の遺書に現れた祖国日本に対する強い信念と愛情が含まれている遺書を読みながら、涙がこぼれ、オリンピックを結び合わせて考えずにはいられなかったと強調する。そして、外国人記者が日本を評した論文の中に「臆病な巨人」とつけたことや日本選手の試合ぶりを取り上げ、民族の気質と日本人の活力の無さ、他国の選手と比べて欠けている日本選手たちの精神力の欠如を批判しているのである[4]。

こうした石原の主張は、日本人の国家意識の欠如、軟弱さに起因するものであったが、彼はその後、一九六八年自民党公認で初当選を果たし、政治家としての道を歩むことになる。そして、一九六四年東京オリンピックの経験が、二〇一六年オリンピック招致の大きな動機となって作用していたのである。

石原が再びオリンピックと関わるようになったのが、東京都知事になってからである。東京にオリンピックを招致する動きは、二〇〇五年八月五日、石原の記者会見の発言から始まる。二〇〇五年三月二四日に日本オリンピック委員会は、二〇一六年夏季オリンピックに向けて国内から立候補都市を募ることを正式に発表したが、石原は札幌市、福岡市が名乗りを挙げる中で、元首相であり当時の日本体育協会会長森喜朗の助言を受け、記者会見の場で日本にオリンピックを招致するなら「東京」しかないとオリンピック招致への意欲を示した。その後石原は、同年九月二〇日の第三回都議会定例会の所信表明において「正式」にオリンピック招致を表明したのである。

> 今日、再び日本でオリンピックを開くとすれば、都市のキャパシティや都市機能の充足度、さらには国際イベントの開催実績などから考えて、この東京を置いて他にはあり得ません。成長を遂げ成熟期に入った都市での開催は、発展の途上にある国での大会とは異なる意義を持っており、成熟した都市の姿を世界に示し、改めて日本の存在をアピールする絶好の機会になると思います。二一世紀の東京五輪では、単なる国際的なスポーツ大会の枠を超えて、膨大な都市施設のストックを有効に活用するとともに、我が国の高度な技術力や多様な歴史文化の蓄積とスポーツとを組み合わせ、日本ならではのまったく新しい価値観を提示することができるはずであります。（中略）オリンピック開催を起爆剤として日本を覆う閉塞感を打破するためにも、是非、日本の首都である東京に招致したいと思っております。[5]

石原の所信表明では、オリンピック開催を通して、日本社会に漂っている「閉塞感」を打破するとともに、改めて日本の存在を世界にアピールしようとする狙いが強く込められている。その後、二〇〇六年福岡との国内候補都市選定に勝利し、東京は日本の正式的な立候補として選定され、本格的なオリンピック招致活動が始まるのである。

「閉塞感」の打破と「日本再生」

石原はオリンピック招致目的について、「開催理念は後からいくらでもうたえる[6]」と語りながら、時には成熟都市東京の存在アピールや平和への貢献、環境などを挙げているが、オリンピック招致過程において最初から繰り返して強調したのが、日本社会を覆う「閉塞感」をオリンピック開催によって打破することであった。蔓延する閉塞感の打破こそ、石原が考えるオリンピック開催の一番重要な目標であった。石原が何よりも強調した「閉塞感」とは何なのか。このような思想は、どんな歴史的背景から生まれたのだろうか。

　日本では一九八〇年代から九〇年代にかけて、歴史修正主義の動きが本格化する。彼らはこれまでの日本の歴史教育を「東京裁判史観」「コミンテルン史観」「自虐的史観」とラベリングする一方で、歴史教科書がＧＨＱから強要された「自虐的・暗黒的・反日的」なものであると歴史認識問題を焦点化した。政界でも、戦争や植民地統治をめぐる歴史的事実や解釈、その評価の書き替えを求める活動が徐々に台頭・拡散していく。一九八一年「みんなで靖国神社に参拝する国会議員の会」や「日本を守る国民会議」の結成、一九八二年「侵略」を「進出」と表記した歴史教科書検定問題、一九八三年中曽根康弘首相の靖国神社公式参拝、一九八六年「日本を守る国民会議」による『新編日本史』検定問題などがその動きである。保守右派論壇『正論』『諸君！』では、この時に「東京裁判史観」という語を含む論文が初めて掲載され、歴史認識をめぐって「自虐」という言葉が使われるようになったが、朝日新聞編集委員の上丸洋一が指摘しているように、「東京裁判史観」という言葉を触媒にすることで、日本は「被害者」の立場を獲得したのである。[7] 一九八〇年代歴史教科書問題を通して、歴史認識問題に関心を示し始めた『正論』『諸君！』などの保守論壇は、冷戦体制の崩壊に伴って、本格的に戦争や歴史認識問題の重視へと論調が変わり、言説の攻撃対象も変化していった。

　歴史修正主義は一九九〇年代から本格的に日本社会に拡散されていく。歴史修正主義の本格的な台頭は、従軍慰安婦問題や戦争責任・植民地責任を認めた日本政府の談話に起因するが、一九九一年八月、元慰安婦の金学順が初めて実名で証言したことがその端緒となる。ソ連・東欧の社会主義体制の崩壊と東西冷戦の終結とともに、アジア各地から戦争や植民地支配の被害者が名乗り出てきて、戦争被害を訴える証言と裁判が相次ぐ中、日本政府は戦争責任を認める。つまり、当時の軍の従軍慰安婦への関与を認めた一九九三年の河野洋平官房長官談話、一九九三年の細川護熙内閣総理大臣談話と一九九五年の村山富市内閣総理大臣談話で侵略戦争と戦争責任を認めたのである。それと同時に、保守派の巻き返しも活性化し、戦争や植民地支配をめぐる歴史認識が日本社会と政治の場で集中的に取り上げられた。この時期以降、近隣諸国への敵意や歴史修正主義が本格的に進んでいったのである。

歴史修正主義は明治から敗戦までの日本歴史を美化するものだけに、アジア侵略の正当化を必然的に含むことになった。一九九五年一月に藤岡信勝によって設立された「自由主義史観研究会」は、日本の近現代史を「暗黒」に塗りつぶしてきたと評価し、これらの「自虐的」歴史認識の克服こそ必要だと主張し、一九九七年一月に結成された「新しい歴史教科書をつくる会」（以下、「つくる会」）の前身となった。同年には、美しい日本を再建し、誇りある国づくりを目指す最大国民運動団体「日本会議」も発足した。「つくる会」に代表される歴史修正主義的な国家観や歴史像は、各種メディア、出版資本による公然、隠然の支援を受け、支持基盤を広げていった。「つくる会」の動きが可視化した一九九七年あたりから二〇年以上の間、その種の言説はネットだけでなく、書店も含めて間断なく流通してきたが、その論調が日本社会のベースの一つを作ってきたことは明らかである。こうした活動と関わって右派の自民党議員たちも、歴史や伝統に関わる議員連盟を相次いで結成し、右派集団を形成していった。

戦争と植民地支配をめぐる「歴史戦争」が本格化する中、石原は一九九五年四月衆議院本会議場での演説中、日本政治は駄目で失望したと政界を非難し、議員を辞職した。従軍慰安婦問題や戦争責任を認めた日本政府の謝罪外交や歴史認識が原因であった。

さらに、一九八〇年代末から九〇年代初めにかけて、バブル経済が崩壊して一挙に不況に入るなど、日本社会の混迷も深まってきた。経済大国として存在感を発揮していた日本だが、バブル景気の終わりとともに日本の経済力・国際競争力は急速に低下する。日本は「失われた一〇年」と称されるほど、長引く不況とデフレに悩まされていた。国としての自信を喪失し、二〇〇〇年代以降も経済回復の兆しは見えにくく自信を取り戻せずにいた。

石原は日本の近現代史を否定的に評価する歴史認識が日本社会と教育を支配し、経済停滞によって目標と自信を見失った日本人が多いと判断した。出口と先の見えない日本、「閉塞感」に包まれている日本社会を変えさせるためには、オリンピック開催が必要だと認識したのである。そして、石原は、二一世紀は都市の盛衰が国家の命運を大きく左右する時代だと強調しながら、五輪招致を東京、ひいては日本の可能性を国際社会へアピールする絶好の機会として捉えていた。五輪開催を契機として、世界に対してはっきりと、成熟都市東京の存在、ひいては「日本の底力」と「日本再生」を示す必要があると考えていたのである。[8] 石原は日本の新しい目標としてオリンピックを「挙国一致」で取り組むことで、「閉塞感」を打破し、日本人の自信を回復するとともに、再び国際社会でのプレゼンスを高めることを狙っていた。

「憲法改正」「核保有」「南京大虐殺は創作」「北朝鮮攻撃」発言などを繰り返すなど、国際標準からすれば極右政治家である石原が、「日本再生」のためオリンピック招致に本格的に乗り出した。排外主義と民族主義を煽りたてる在日外国人を標的とする憎悪・排斥発言「三国人」を口にしながらも、一方で平和の祭典を開催しようとしたのである。

第二節　「復興五輪」の政治学とその虚構

二〇一六年オリンピック招致失敗と「東日本大震災」

二〇一六年夏季オリンピック招致レースにおいて、東京都は環境優先の「世界一コンパクトな大会」を掲げながら本格的に動き出したものの、二〇〇九年一〇月に行われた開催地選考の決定投票でリオデジャネイロに敗れ、その活動は幕を閉じた。石原は二〇一六年大会招致が失敗に終わってから、二〇二〇年大会招致に意欲を表明するものの、誘致活動の再挑戦に反対する都民の意見は根強く存在した。[9]

国民の否定的な世論が大きな負担となり、オリンピック招致に対して慎重な態度だった石原が、再び招致を積極的に言い出したきっかけは、二〇一一年三月一一日発生した東日本大震災であった。二〇一一年四月の都知事選で選挙公約に「二〇二〇年東京五輪招致」を掲げて四選を果たした石原は、都知事就任会見から被災地の「復興」を強調しながら、五輪招致について前向きな姿勢を見せていた。石原がオリンピックを被災地の「復興の象徴」としてアピールしようと本格的に乗り出したのが、二〇一一年六月一七日、第二回都議会定例会における所信表明演説であった。石原は一九六四年東京オリンピックが戦後の焼け野原から立ち上がり復興を示す祝祭的イベントであったと指摘した上で、東日本大震災と五輪招致について次のように強調した。

> 世界史的にもかつて無い今回の大震災からの復興は、戦災からの復興にも匹敵する苦難の道程でありましょう。しかし、必ずや立ち直り、九年後の日本の姿を披瀝するならば、世界中から寄せられた友情や励ましへの何よりの返礼となるに違いありません。次代を担う若者に夢と希望を贈るためにも、日本開催を目指す松明を消さずに灯し続けることは、我が国の将来にとって大きな意義があると思います。招致成功には、国やスポーツ界、経済界など国家の総力が結集され、気運が盛り上がることが不可欠であります。都民・国民の皆様にも是非、被災地をはじめ広く日本全体とスクラムを組んで東京にオリンピック・パラリンピックを再び招致することを、考えていただきたいと思います。招致に向けて、日本が一つになることを強く期待しております。[10]

石原は二〇二〇年夏季オリンピック招致が日本の将来にとって大きな意味のある活動だと強調するとともに、オリンピックを震災からの「復興」を示すシンボルとして位置づけて招致活動を展開しようとした。この演説で石原が強調したのは、日本全体が「一つ」になり招致活動を展開することを呼びかけることであった。その後、二〇一一年一〇月一八日、東京都議会でオリンピック・パラリンピック大会の東京招致を「正式」に可決した。都議会で可決された決議では、「震災復興」とオリンピックの結びつきが明確に表れたのである。石原は二〇一六年オリンピック大会招致失敗から学んだことを生かし、政官財をはじめ様々な業界からの人材を総動員し、「オールジャパン」で戦う体制をとり招致活動を展開した。オールジャパン体制を作るには、「皆が一つになろう」と思える理由が必要だった。その理由こそが「復興五輪」というコンセプトだった。つまり、被災地復興のために一つになろう、一つになるために皆で招致成功・大会成功を目指そうとしたのだ。大会招致に向けた日本政府の積極的な支援や東京都と政府の協力準備体制は、「復興五輪」をキーワードとしながら、迅速に整えられていった。二〇〇九年に頓挫した二〇一六年大会構想のコンセプトである「環境五輪」から、「復興五輪」へとシフトした転換点である。そして、「みんなで」五輪に向けて頑張ろうというシナリオは、有元健が指摘しているように、招致活動において「ニッポン」という言葉として現れた。[11]この目論見が的中し、支持率は上昇した。「復興五輪」というコンセプトを最初に打ち出した人は石原であるが、復興五輪はその後の招致過程において中心的なキーワードとして利用されることになる。

「復興五輪」とナショナル・アイデンティティ

招致過程においては東北の「復興」や防災に目配りした都市整備や防災対策こそ優先すべきであるという意見をはじめ、「再生」という言葉が氾濫していた。世界的な関心事となった二〇一一年東日本大震災による未曽有の被害を、オリンピック開催を通して「復興」させるという戦略は、国民の関心も高くなり、ＩＯＣ委員からも好意的に認められ、東京が五輪招致に成功した重要な勝因となった。そして、日本がオリンピック招致に成功してから「復興五輪」という言葉は、日本政府や東京都政の主眼に据え置かれることとなる。

招致活動の一番重要なポイントだった復興五輪は、オリンピック招致に成功した後、「二〇二〇年東京オリンピック競技大会・東京パラリンピック競技大会の準備及び運営に関する施策の推進を図るための基本方針」（二〇一五年一一月二七日閣議決定）によって、具体的に提案された。同方針では、被災地と連携した取組、被災地の復興する姿の世界発信、「心の復興」に貢献する取り組みを進めることが謳われており、この内容は組織委員会の公式サイトでも確認することができる。

> 東京二〇二〇組織委員会は、世界最大のスポーツイベントであるオリンピック・パラリンピックを通じて、被災地の方々に寄り添いながら被災地の魅力をともに世界に向けて発信し、また、スポーツが人々に与える勇気や力をレガシーとして被災地に残し、未来につなげることを目指します。また、東京二〇二〇大会が復興の後押しとなるよう、関係機関と連携して取組を進めながら、スポーツの力で被災地の方々の「心の復興」にも貢献できるようにアクションを展開します。[12]

ところで、日本政府はどうして「復興五輪」という名称を付けたのであろうか。小笠原博毅、山本敦久は、その理由として、一つ目に世界に対して復興をアピールするため、二つ目にオリンピック招致をより有利に進めるためだったと指摘する。[13] 妥当な理由だと考えられるが、上記の理由以外に、元首相安倍晋三は、福島原発事故による日本の「負のイメージ」を払拭させる必要があり、その方法として「復興五輪」という道を選んだと考えられる。また、オリンピック開催を疑問視する声が少なくない中、オリンピック開催と被災地に関連性を持たせることで、オリンピックを開催することへの批判を避けるための判断があったと考えられる。「復興五輪」という名称をつけることで、開催への批判を抑制させるとともに、オリンピックは被災地の復興をプラスの方向に動かすものであるという認識を与え、国民から関心と支持を得る狙いがあった。「復興五輪」の美名の下に、被災地復興のため「みんなで一つになろう」という中で進められてきたオリンピック準備は、ナショナル・アイデンティティやプライドを取り戻すための「復興」になっているのである。また、放射能（汚染水）まみれの福島を隠蔽するため「復興」「再生」というスローガンを掲げたのである。

復興五輪の実態

日本政府がアピールしたように、被災地の復興につながった「復興五輪」になっているのだろうか。二〇二〇年東京大会が本当に「復興」に対してポジティブに作用しているのか。

だが、オリンピック準備過程では、復興五輪は忘れ去られようとしていた。被災地にはオリンピック関連で直接的な投資がほとんど行われず、東京でのインフラ整備・開発だけが進んでいた。復興五輪という大々的なテーマを掲げて誘致に成功したにもかかわらず、競技会場として被災地での競技開催が決定されたのが、野球・ソフトボール（福島）やサッカー（宮城）の二ヶ所にとどまるなど、実際は被災地の復興ぶりを世界にアピールする機会がないような競技会場の配置になっている。復興五輪の根拠として強調している聖火リレーも、一九六四年東京オリンピックにおける聖火リレーと同じ発想・演出で、東日本大震災とひたすら結び付けているパフォーマンスに過ぎない。ホストタウンを被災地に設置、被災地産の資材及び食材の活用、そして被災地からの海外に向けた情報発信など、被災地と絡められながら取り組みが実施されてはいたものの、「復興の後押し」となるような被災地と連携した取組とはいえない。桜井勝延元福島県南相馬市長が「五輪そのものを否定する気はありませんが、「復興五輪」は復興とは何の関係もありません。被災地から聖火ランナーが出発して、福島で野球やソフトボールの予選を行えば復興が進むのか。単なるパフォーマンスにしか見えません」[14]と語ったように、被災地の人々の中には、復興とオリンピックとの関係に否定的な人も少なくない。

一方、被災地への復興支援の不十分さや復興の遅れ、福島原子力発電所の使用済み核燃料の搬出の遅延、汚染水処理問題や風評被害は、現実問題として今なお山積している。安倍元首相が問題ないと発言した東京電力福島第一原発の放射能汚染水漏れの問題は、いまだ完全な解決に至っておらず、福島原発事故の被害隠しが続けられている。しかも、二〇二〇年東京大会関連の建設ラッシュが招いた被災地の人手や機材不足・高騰は、逆にオリンピックが復興を遅らせているという側面も存在する。被災地復興に人員が割かれるはずだった土木関係の人員が、新国立競技場をはじめとする東京大会関係施設整備に動員されたことで、逆に被災地復興への道のりの足かせとなるといった本末転倒な事態にもつながった。小笠原・山本は、オリンピックに伴う施設整備が労働力を東京に集中させ、そのことが福島原発の現場で非熟練労働者が低賃金で作業をする環境を助長していると批判したが[15]、復興五輪の復興とは、そもそも誰のために行うものなのか、その意義が問われかねない。

「誰のため」の復興五輪なのか？

このように、被災地と東京二〇二〇大会を何かと絡ませてはいるが、「復興五輪」について被災地の人々はどう受け止めているのだろうか。仙台の『河北新報』が二〇一七年二月に被災地の四二市町村長を対象に行った調査結果によれば、「オリンピックは復興に役立つか」との問いに対して、五四・八パーセントが「何とも言えない」と評価している。また、「復興五輪の理念は明確か」という問いには、七一・四パーセントが「何とも言えない」と回答しており、被災地からは名前だけの「復興五輪」となっていることが窺える。さらに、同調査で「位置付けは素晴らしいが、具体化の取り組みが見えない」（阿部秀保東松島市長）、「東京で開催するのは大歓迎だが、復興五輪だという意識は全くない」（戸羽太陸前高田市長）、「被災地の復興にどう影響するのか、市町村に伝わってこない」（山田司郎名取市長）と答えている。また、「復興五輪の肩書だけが独り歩きすることのないよう情報交換・共有がもっと必要だ」（奥山恵美子仙台市長）と求めながら、被災地に役立つものとなるよう取り組む必要があると主張している[16]。この調査結果からもわかるように、少なくとも被災地からは支持を得ているとは言い難く、被災地の自治体首長は「復興五輪」は名目ばかりで、復興の役にも立たないというような批判的な意見や復興とオリンピックを結びつけることに対する不満が見て取れる。被災地での復興が十分でない中で、明るい部分だけに焦点をあてる「復興」という名前を付けたオリンピックであり、被災地と無理矢理にでも結びつけている点で「復興」という名目の矛盾が読み取れる。

「復興五輪」が突如作られた理念であり、政治的に利用されたことは一部の政治家の発言からも確認できる。二〇二〇年東京大会を「コロナウイルスに打ち勝った証し」「人類全体に降りかかった災いを乗り越えた証し」として開催するという、安倍元首相や森喜朗組織委員長らの発言からは、復興五輪は単なる口実であり、大会開催の本質として捉えられていたわけでもなく、招致のための単なるパフォーマンスとして利用されたことが把握できる。

招致段階での「復興」と「五輪」の相対する二つの事象の理論づけが十分でなく甘かった、さらに動機が不純だったために次々と襲ってくる不測の事態に対応していく中で大会本来の方向性がぶれ、二〇二一年の開催が近づいているにもかかわらず、こうした「復興五輪」の意義が不明瞭なままになってしまっているのではないか。

復興したか否かは、建物などの外見部分だけではなく、被災した人々の内面も重要な要素である。先述した組織委員会の公式サイトが強調したように、「復興五輪」が彼らの心の部分の「復興」にまでつながっていないことは、上記の被災者の発言を見ても明確である。「復興の後押し」となる取り組みと被災地の姿を世界に発信するといった日本政府の目標は達成されたとは言い難い。

第三節　オリンピックテロ対策を口実とした「共謀罪」の成立と皇室の政治的利用

オリンピックと監視社会の到来

オリンピックは一九三六年ベルリン大会以来、政治的な意図・狙いを内包しつつ生み出され、育まれてきたといえる。二〇二〇年東京大会準備過程では、都市改造や経済活性化という目的の裏に、オリンピックを利用した、明らかにされない計画が練られていた。その一つが、自由と人権を踏みにじる反民主主義の政治を推し進めるために強行採決した「共謀罪」の制定である。安倍政権は、すでに二〇一三年五月の「番号法」を始め、同年一二月に情報統制を狙う「特定秘密保護法」、二〇一六年には「盗聴法」の適用拡大を通して、いっさいの政権批判を認めない、戦争のための国家づくりにつながる動きを見せてきた。その連続線上に新たにオリンピックテロ対策を口実とした「共謀罪」を制定し、反政府的な運動を弾圧できる法的根拠を作り、「監視社会」を構築したのである。

　共謀罪は過去二〇〇三年から二〇〇五年にかけて三回に渡り国会に上程されたことがある。だが、野党や国民の強い反対により廃案となった歴史があり、日本政府はその共謀罪を「テロ等組織犯罪準備罪」と名称を変更してとりまとめ再提出し、成立させたのである。共謀罪は、犯罪の未遂や予備よりも前の計画段階で処罰の対象とする犯罪類型である。その内容は、四〇〇を超える罪を遂行する目的の組織集団において、共謀と資金、物品取得その他の準備行為をした者を処罰する法律で、犯罪を実行していないのに、話し合い、合意しただけで処罰・犯罪とするものである。日本政府はすでに国会承認を経て久しい国連の「国際組織犯罪防止条約」の批准のための国内立法装置として、テロ対策のために「共謀罪」が必要だと強調する。[17]

　しかし、そもそもこの条約は、マフィアなど麻薬密売組織の経済的利益を目的とする越境的な組織犯罪集団を対象とするものであり、テロ対策とは直接関係がなく、組織的な経済犯罪の対策である。国連条約を批准・締結するために、「テロ等組織犯罪準備罪」の処罰を導入するという日本政府の主張は、根拠のない虚偽で、国連条約の批准には不必要な法律である。[18]しかも、これまで日本は国連のテロ対策関連条約にすべて加盟し、テロ対策の主要な国際条約を批准している。すでにテロ対策については国内の関連法律の整備は終わり、現行法によって十分対応が可能である。日本語でいかなる名称を付けようともこれが共謀罪法案であることには変わりがない。労働組合や市民団体などを対象とし、国民の思想・信条・内心・対話などを処罰の対象にする法律であり、言論の自由を根底から侵す、監視社会を支える法律である。

　二〇一七年一月二三日、元首相安倍晋三は、二〇二〇年東京大会を控え、共謀罪成立の必要性について以下のように強弁している。

三年後に差し迫った東京オリンピック・パラリンピックを開催するためには、テロを含む組織犯罪を未然に防止し、これと闘うための国際協力を可能にするこの条約を締結することは必要不可欠であります。（中略）テロが世界各地で発生し、日本人も犠牲者となる中、我が国は、東京オリンピック・パラリンピックの開催を三年後に控え、テロ対策は最重要課題の一つと認識しております。テロを防ぐためには、情報収集や捜査共助において国際社会と緊密に連携することが必要不可欠であり、既に百八十七の国と地域が締結している国際組織犯罪防止条約の締結は、そうした協力関係を構築する上で極めて重要な前提です。開催国である我が国が、条約の国内担保法を整備し、本条約を締結することができなければ、東京オリンピック・パラリンピックを開けないと言っても過言ではありません[19]。

安倍は、オリンピック開催に口実、理屈をつけて共謀罪がオリンピックに対する「テロ対策」として必須であり、共謀罪がないとオリンピック開催は難しいと強調し反対派を抑え込んで強行成立させたのである。しかし、二〇二〇年東京大会の安全のためのテロ対策が必要であり、そのために共謀罪が必要だという安倍の説明は、刑法学者の髙山佳奈子がすでに指摘しているように、国内法の整備が終わっている状況から考えると根拠のない虚偽である。共謀罪の真の目的は、日本政府が推進してきた軍事大国化の実現を通した「強い国家づくり」と「憲法改正」、そして社会保障の切り捨てなど、新自由主義構造改革が行われている中で、日本政府と財界の政策に反対する市民運動や団体を規制することであり、市民運動、労働運動の中心的メンバーがターゲットになるのは必然の帰結である。安倍政権が掲げた数々の悪法は、市民の自覚的な反対運動を規制する重要な課題を担っており、彼が目指してきた「美しい国」や「憲法改正」を実現させることと連動しているのである。

最も重要な問題点は、髙山佳奈子が指摘しているように、招致過程と開催が決まってから、そしてその後二〇一七年「共謀罪」が成立するまでの間に、日本政府の犯罪対策計画においてオリンピック・パラリンピックのための共謀罪立法が論じられたことは一度もない点である[20]。しかも、共謀罪立法がテロ対策の一環として位置づけられたこともない。安倍元首相は二〇一三年九月七日、二〇二〇年夏季オリンピックの開催地を決めるＩＯＣ総会で行った演説の中で、東京が安全な都市であることを述べているものの、この演説はあくまでも立候補国のリーダーとして国の安全を強調したものであり、テロ対策については一切触れていない。オリンピック準備過程においても、二〇二〇東京大会の成功のためのテロ対策が必要であり、そのために共謀罪成立が必要であるとの意見が出されたことはない。

安倍内閣が「テロ等準備罪」と名付けて閣議決定した「共謀罪」法案だが、実際に世論調査では、共謀罪に対する意見も肯定的に変わっていた[21]。この点を踏まえれば、普段できない監視強化策がオリンピックの盛り上がりと「オリンピック成功のため」という大義名分の中で、仮に問題の多い政策であってもその矛盾を等閑に付す効果を持ちながら、容易く実現されていったことが窺える。

もちろん、オリンピックのテロ対策を口実にした「共謀罪」作り、それを通した国家からの排除や監視、国家の統制機能は、現在に始まったことではない。先述のように、戦前神宮大会の設立の前年には、関東大震災を利用した「国民精神作興に関する詔書」を発布し、二年後には「治安維持法」が成立した。絶対主義的天皇制下の治安維持法によって、戦争に向けて反対する声や社会主義者・共産主義者が取り締まられるなど国民統制社会が到来した。共謀罪はかつて侵略戦争に反対し抵抗した人々に苛烈な弾圧を行った治安維持法の「再来」であり、その「現代版」といえる法律である。このように、現在の日本が抱えているオリンピックに関する諸問題は、約百年前から受け継がれている部分が多く、その中には政治的な意図や思惑が含まれているといえる。

皇室と「オールジャパン」体制

本来タブーであるはずの皇室の政治的利用も看過できない。二〇二〇年オリンピック招致過程では、高円宮妃久子妃をプレゼンターに起用して、「チーム日本」で誘致活動を行うなど、皇室を巻き込んだ招致活動を展開した。石原は二〇一六年東京オリンピック招致過程の際に、皇室の協力がオリンピック招致に必要不可欠だと判断し、宮内庁に皇室の協力を呼びかけたものの、宮内庁は政治利用にあたるとして拒否した経緯があった。皇室のオリンピックへの関わりは、二〇一六年オリンピック招致過程では見られなかった光景である。

皇室の支援を実現させたのは、石原に次いで東京都知事となった猪瀬直樹であった。猪瀬は「オールジャパン」体制で招致活動に臨むために、何よりも皇室の支援に力を入れた。猪瀬は、日本は明治維新によって天皇を中心として創られた国であり、天皇崩御、改元、即位の式典など天皇制と関わった祝祭空間における儀礼によって国家体制を成り立たせてきた国であるという思想を持っていた。猪瀬が招致活動を成功させるために皇室の協力・支援を重要視することは当然であった。[22]猪瀬は安倍政権との協力体制を作り、皇室を招致活動に参加させるため宮内庁へ皇室の招致活動要請を繰り返し行うことになる。

戦前皇室は国民統合や国民統制、思想善導をするためにスポーツを積極的に利用してきた。敗戦を踏まえ新たに作られた日本国憲法のもとで皇室は、日本国及び日本国民統合の象徴たる地位と定められた。象徴天皇制の誕生であった。日本国憲法第四条には、「天皇は、この憲法の定める国事に関する行為のみを行ひ、国政に関する権能を有しない」[23]と規定され、天皇は国政に関する機能を保持してはならないとされており、オリンピック招致活動に関わることも皇室の政治利用と問題視された。宮内庁はこうした活動について常に政治利用ではないかと強く反対の意を示していたのである。結局、猪瀬は安倍政権の協力を得て、ＩＯＣ評価委員会の来日時に開催された東京オリンピック開催五〇周年記念夕食会と称した公式歓迎会にスポーツ界と親交が深い高円宮妃久子妃の出席を実現させるなど、皇室の支援体制を形成していった。そして、高円宮妃久子妃は二〇二〇年夏季オリンピックの開催地を決めるＩＯＣ総会に日本の皇族としては初めて参加し、最終プレゼンテーションに出席したのである。皇室の政治的利用を懸念する宮内庁の説得によって、スピーチではオリンピック招致を直接呼びかけることはなかったが、その影響は大きかった。

こうして猪瀬は皇室をも「オールジャパン」体制を組み込むことに成功し、皇族を招致活動の場に巻き込むことができた。猪瀬自身も憲法第四条、皇室の政治利用を認識しながら、外交の切り札として利用したのである。猪瀬による皇室の「オールジャパン」体制への巻き込みは、成功を収めた。皇室は形式上では招致活動に関わらないという立場をとりながら、プレゼンテーターとしての役割を全うし、招致活動は成功を収めたのである。

第四節　日常化する愛国心・道徳教育と教育基本法の改正

二〇一六年オリンピック招致活動と『オリンピック学習読本』

石原は精神の荒廃が日本人をむしばんでいる現状こそが問題であり、日本人は、かつて備えていた礼節や品格を失ってしまったと常に日本社会と日本人の在り方について批判していた。また、彼は戦後日本は平和で豊かな時代を享受してきたが、その代償として、「子どもそのものが耐性、つまりこらえ性を失って、本質的に非常にひ弱になった」[24]と捉え、何よりも「教育改革」を通した強い日本人の再生産に関心を持っていた。

こうした考え方に基づいて、石原は競争の徹底と管理の強化を推し進め新自由主義教育政策を創り上げただけでなく、「愛国心」を芽生えさせ、国家に尽くすことのできる人材を育成するために、教育現場の日の丸・君が代の強制を強引な形で推し進めていくなど、国家主義的な施策を次々と展開していった。

石原の思想は、二〇一六年夏季オリンピック招致を進める中で積極的な教育現場への介入として現れた。二〇〇八年東京都は、都内の公立小・中・高校を対象に『オリンピック学習読本』（以下、学習読本）約八〇万部を学校現場に事前の周知もなく突如配布した[25]。学習読本は、オリンピックの理念・歴史と東京都のオリンピック招致計画を詳細に記載し、招致を実現させようという姿勢が詳しく描かれている。問題は学習読本には、石原が常に強調してきた「日本人としての自覚・誇り」を持つこと、「国旗・国歌」に敬意を払うことが繰り返されている点である。石原は学習読本を通じて国家主義的な教育思想を子どもに浸透させ、愛国心醸成のための一手段として利用したのである。

こうした石原の意識は、二〇〇〇年代に入り、日本で徹底的に行われていた国家主義的な教育・愛国心教育、道徳規範のための様々な動きと深く関係している。二〇〇二年文部科学省が国定教材として発行し、全国のすべての小中校に配布した道徳の教材『心のノート』には、国家への畏敬の念を抱かせる「宗教的情操」を醸成させることで「日本人としての自覚」を創り上げ、愛国心を醸成させるような内容が繰り返されていた。国がこうした教材を作り、全国一律に配布したのは戦後「初めて」のことであるが、この本は、児童生徒が身につける道徳の内容をまとめ、道徳的価値について自ら考えるように構成されている。また、道徳の時間をはじめ、学校の教育活動の様々な場面で使用するとともに、児童生徒が自らページを開いて書き込んだり、家庭など日常生活の中で話題にしたりするなど、生活の様々な場面において活用することができるようになっていた。[26]『心のノート』は、戦前の修身の教科書を連想させる内容と構成であり、最終的には「郷土や国を愛する心」にいきつく。

二〇〇五年には、通知表に愛国心がどの程度あるか「国を愛する心情を持つ」「日本人としての自覚」を評価項目に盛り込んだ「愛国心通知表」が使われた。子どもが日々、自らの生き方を「国家」の基準に合わせて評価させられる枠組みができあがり、学校現場に持ち込まれた。[27]愛国心と道徳心といった個人の内面を国家が管理・評価し、子どもの心を操作していこうとする動きが教育現場から本格化したのである。

教育基本法の改正と愛国心

こうした動きは二〇〇六年一二月、戦後日本の教育の在り方を指示してきた「教育基本法」（一九四七年制定）の改正へとつながっていった。一九八〇年代から自民党は本格的に、戦後日本の教育は「荒廃」したと主張し、その原因が教育基本法と「自虐的」な歴史教科書にあると主張した。憲法と教育基本法による個人主義といきすぎた自由主義が、家族や共同体を壊し、社会の退廃を生み出したとして教育基本法の改正を主張した。結局、日本政府は教育の目標として、「日本の伝統・文化の尊重」、「郷土や国を愛する心」と国際社会の一員としての意識の涵養という愛国心や、そして「公共」に主体的に参画する意識・態度を涵養する規範意識を盛り込んだ新教育基本法を全面的に成立させたのである。さらに、それに基づいて二〇〇七年五月には教育関連三法も改正した。

小渕恵三政権から森喜朗政権へ続く過程の中で、自民党は教育基本法の見直しを検討してきたが、教育基本法改正の動きが本格化したのは、小泉純一郎政権の時、安倍元首相が自民党幹事長に就任した二〇〇三年九月からである。二〇〇四年六月、当時安倍自民党幹事長は、歴史教育問題は、教育基本法改正、憲法改正と表裏一体の国家的重要課題であり、国と地方が一体化してこの問題に取り組む必要があると主張した。その後、自民党は二〇〇五年一月の党大会で同年の重点課題に「教育基本法」改正と「歴史教科書の是正」を掲げたのである。自民党の右派勢力は、教育基本法・憲法改正と教科書問題を一体のものと位置づけて取り組んでおり、教育基本法と歴史教科書に愛国心を盛り込んでいく活動を展開したが、教育基本法の改正によって「愛国心」に法的根拠が与えられたのである。[28]

新教育基本法の一番大きな特徴は、右派勢力の主張する新保守的徳目が法律の中にほとんどすべて反映された点である。それはまず、文化・伝統の継承と愛国心の涵養であり、次に公共心・道徳心・自立心の涵養である。第二条「教育の目標」には、この内容が強調され盛り込まれた。特に、「我が国と郷土を愛する」という表現から見られるように、日本のために有効な「国民」の育成という発想がかなり強く表れている。重要なことは、教育基本法の改正を受けて、二〇〇七年五月改正された「学校教育法」の「義務教育の目標」や改正された「新学習指導要領」に至るまで、日本と郷土の現状と歴史について正しく理解し、「伝統・文化」の理解と尊重、国と郷土を愛する態度を養うこと、道徳教育の充実と「日本人としての自覚・誇り」が盛り込まれたことである。[29]政府が一方的に「国家」を押し付けているこれらの思想は、オリンピック・パラリンピック教育にそのまま反映されていったのである。

軍事大国化と戦争支持できる国民意識の形成

なぜ、自民党は教育基本法をはじめ、教育関連法律を改正したのだろうか。政治学者の渡辺治は、日本が目指してきた軍事大国化の動きとそれと関わった自衛隊の海外派遣・戦争を支持できる国民づくり・国民意識の形成が深く関わっていると分析する。

一九八〇年後半から経済グローバリゼーションの拡大と急増する日本企業の海外進出を支えていくため、日本は本格的な軍事大国化を目指した。日本企業が進出した国々の中には、政治的に不安定なところが多く、社会主義諸国も存在しているだけに、企業進出を支える軍事的・政治的プレゼンスの必要性が高かったからである。軍事大国化には、冷戦終焉によって日本に新たな役割と軍事分担を求めるアメリカからの圧力ももちろん強くかかっていた。[30]

結局、一九九〇年代に入り日本の軍事大国化の動きは本格化した。一九九九年に「新ガイドライン関連法」、戦争ができる「周辺事態法」を制定し、二〇〇一年には「9・11事件」後のアメリカブッシュ政権によるアフガニスタン戦争を支援する「テロ対策特別措置法」を作り、自衛隊をインド洋に派兵した。さらに、二〇〇三年に小泉内閣は、「武力攻撃事態法案」「安全保障会議設置法改正案」「自衛隊法改正案」の有事関連三法やイラク特別法を制定し、イラク侵略戦争に加担して自衛隊を派兵した。軍事大国化の流れはその後も続く。二〇〇四年には、武力攻撃事態等における国民の保護という名目で、「国民保護法」という名の国民総動員法をはじめとする有事関連七法を制定した。二〇〇七年には、防衛庁が防衛省に昇格するとともに、自衛隊法が改正された。これらの戦争法規によって戦争をするための法的なシステムはほぼ完成したといえる。これら戦争法規を補完する法律として盗聴法、通信傍受法なども制定されたが、残る法的な障害は、憲法第九条の憲法改正だけになったのである。[31]

そして、自民党は自衛隊の海外活動を支持・協力できる国民づくりと国民意識の形成に拍車をかけた。戦後続けられた憲法第九条と国民の反戦・平和意識を変えさせることは、そんなに簡単にできる作業ではなく、最も時間がかかるはなはだ難しい分野である。戦争に協力できる国民意識を形成していくためには、過去日本が行った戦争と植民地支配をめぐる歴史認識を変えることが一番重要である。そのために強行されたのが教育基本法と歴史・公民教科書の改正であった。

憲法や旧教育基本法の理念とはまったく逆の「国家優先」の考え方、つまり、個人よりも「国家」の方が重要であり、一人ひとりの個人は国家があって初めて存在できるという意識を涵養することが必要である。そのためには、国家への忠誠心・愛国心を養うこと、日本の歴史に愛情を深め、日本人としての「自覚」を育てるための教育を行う必要がある。国家への愛国心を養うために、日本は優れた国であり、その伝統文化は、繁栄の歴史の中で築かれた他国では例がない文化であることを強調しなければならない。しかも、日本にとってマイナスイメージになる戦争犯罪や残虐行為について、「嘘」と決めつけて教科書から排除し、あの戦争は侵略戦争ではなく、アジア解放戦争であると、生徒に教える必要があるのである。なぜなら、日本が行った侵略戦争・加害の真実を教えれば、そんな日本に対して愛国心を育むのが困難であり、日本の歴史に愛情を持てるはずがないからである。自民党右派の狙いは、教育基本法をはじめ関連法律の改正を通して、現代日本の大国化にとって不可欠と考えるナショナリズムのイデオロギーを再構成することだった。

第五節　「心の管理社会」とオリンピック・パラリンピック教育が狙うもの

オリンピック・パラリンピック教育の本格化

二〇二〇年夏季オリンピック招致に成功した東京都は、オリンピック・パラリンピック教育（以下、オリパラ教育）を通した愛国心を育てる教育を本格化した。オリパラ教育は、二〇一六年から二〇二〇年東京大会開催までの五年間にかけて、段階的に深化・拡充させることになっている。この教育の基本的な方針をまとめたのが、二〇一六年に出された「東京オリンピック・パラリンピック教育実施方針」である。東京都教育委員会は、教育実施方針の中で、オリパラは、開催都市と国に大きな社会変革をもたらし、とりわけ若者や子どもたちに勇気と感動を与えてきたと評価しながら、オリパラ教育を東京都全校で展開することとなった経緯と意義について以下のように強調する。

豊かな情操と道徳心、自主・自律の精神、公共の精神、伝統や文化を尊重し、我が国と郷土を愛するとともに、国際社会の平和と発展に寄与する態度を養うことなどを定める教育基本法の「教育の目標」や学習指導要領の理念にも相通ずるものである。[32]

公共の精神や伝統や文化の尊重、国を愛する態度を養うことを目指したオリパラ教育は、改正された「教育基本法」の内容がそのまま反映されたことが把握できる。学習・教育活動の進め方として、各学校は年間指導計画を作成し、年間三五時間程度を目安とし、学校全体で組織的・計画的に実践すること、地域の特色を踏まえた伝統芸能・文化の学習や地元の史跡・郷土資料館等の活用、学習指導要領に基づき、「国旗・国歌」について、その意義を理解させ、これを尊重する態度を育てることが強調されている。[33]

さらに、東京都が重点的に子どもたちに育成すべき資質として挙げたことは、①ボランティアマインド、②障害者理解、③スポーツ志向、④日本人としての自覚と誇り、⑤豊かな国際感覚の五つの資質である。この中では「ボランティアマインド」「日本人としての自覚と誇り」が注目できる。「ボランティアマインド」では、「社会に貢献する意欲を醸成することは子どもたちにとって不可欠な要素だと強調する。「日本人としての自覚と誇り」では、子どもたち自身が日本や東京の良さを十分理解することが極めて重要だと触れたうえで、「規範意識、公正・公平な態度や公共の精神などを改めてしっかりと身に付けることにより、自分を見つめ直し、日本人としての自覚と誇りを持てるような教育を進める」[34]となっており、日本人としてのアイデンティティとナショナリズムを強調する。

同教育実施方針を徹底的に進めていくために再び都内の公立学校に配布されたものが、二〇一六年招致過程において配布した学習読本をさらに補足・強化した『オリンピック・パラリンピック学習読本』（小学校編、中学校編、高等学校編、以下、学習読本）である。二〇一六年から東京都教育委員会は、東京都の全公立小中高・特別支援学校など、小学校四年から高校三年までの全生徒を対象とし、週一時間のオリパラ教育の実施を義務づけたのである。さらに、二〇二〇年までこのノートを継続して使い、学習・体験したことや調べたことを書き込むオリジナルノートを作らせることになっている。

学習読本の「はじめに」（小・中・高等学校編、四頁）では、二〇二〇年東京大会は、日本の小学生（中・高校生）の皆さんにとって貴重な機会となり、この経験は、生涯にわたるかけがえのない財産となると強調し、そのためには一人ひとりがオリパラについての理解を深め、「自分にできることは何か」を考えることが重要だと説明する。学習読本は小中高編ともオリパラに関する基礎的な情報をはじめ、国旗・国歌、世界に誇る日本の伝統文化と技術が強調されており、基本的には三冊ともほとんど同じ構成である。

日の丸・君が代の宣伝

小中高の学習読本の共通的な特徴として第一に指摘できるのは、「国旗・国歌」に関する言説が頻繁に登場する点である。国旗・国歌には、その国を築いてきた人々の理想と文化、誇りが込められており、国旗や国歌を尊重し、大切に扱うことは国際社会の基本的なルールだと語る。小中高の学習読本とも、「日の丸・君が代」の由来と国旗・国歌として扱われる過程を詳しく説明しながら、学校では入学式や卒業式などの時に、国旗を掲揚し、国歌を斉唱すると繰り返して強調する。

小学校編では、上記の内容を含めて、「学習のとびら」（六三頁）コーナーを設け、国旗と国歌には、どのような意味や思いが込められているのかを「日の丸・君が代」を例として教育させている。中学校編（六〇頁）では、三ヶ国、四ヶ国以上の国旗を同時に掲揚する場合、日本国旗を中央に配置し、外国国旗を国名アルファベット順にしたがって掲揚することを説明する。そして、一九六四年東京オリンピック開催の時、競技会場や選手村に国旗掲揚を担当した自衛隊の国旗掲揚に秘められた工夫を詳しく紹介している。高等学校編（一〇九頁）でも、国旗は、破れたり汚れたものを使用してはいけないこと、国旗を扱う場合は、床に置いたり、引きずったりしないように気をつけることを強調している。

日の丸・君が代は、近代日本の天皇主権に対する尊敬の儀礼を表す装置であり、アジア侵略戦争や植民地支配のシンボルであった。敗戦直後、ＧＨＱの占領下で禁止された日の丸は、憲法第九条の戦争放棄条項と象徴天皇制が誕生する過程の中で、一九四九年から掲揚が認められた。その後、朝鮮戦争と再軍備が進められることによって、そのまま日本社会に生き残ったのである。重要なことは、この過程において、国旗・国歌に対するきちんとした議論が出されてない点である。そして、独立後、復古的なナショナリズムと愛国心教育が全面的に復活しながら、「日の丸・君が代」は、社会全般にさらに浸透していく。一九六四年東京オリンピック招致・準備過程においては、「日の丸・君が代」の法制化の動きもあったが、野党や国民の強い平和意識によって実現できなかった。

だが、財界が行った「日の丸掲揚運動」や多くの県議会による「日の丸」掲揚を求める決議をはじめ、当時オリンピック担当大臣河野一郎や文部大臣愛知揆一が、東京オリンピックの公式記録映画『東京オリンピック』（総監督市川崑、一九六五年）に対して、「日の丸」が登場するシーンがあまりないため、映画を記録映画として政府が認めることは難しいと声明を発表したことからもわかるように、日の丸を日本国民に浸透させていくための働きかけは続けられた。一九九九年八月に国旗・国歌法が成立してから、東京都の石原都政下と大阪府の橋本府政下での「日の丸・君が代」の強制は、「異常」と思わせるほどの勢いで展開された。そして、平然とオリンピック開催を通して、日の丸・君が代を繰り返し強調し、その意義を理解させ、これを尊重する態度を育てようとしたオリパラ教育が強力に進められた。国家という抽象的な存在への帰属意識を強化していくため、国旗・国歌という「象徴」を用いて国民としての一体感を意識的に体験させるオリパラ教育は、国家が個人の思想や信条、人間としての精神の自由、個人の内面にまで踏み込んでくるものであり、国家主義的傾向の強いものとなっている。

日本の伝統文化や最先端技術の強調

小中高の学習読本で共通して強調しているもう一つの特徴は、日本の伝統文化や行動様式、郷土理解、そして世界に誇る日本の優れた先端技術に関する内容が溢れている点である。日本の伝統や文化は、いまや世界に広がり、高い人気と評価を集めているとともに、その文化には礼儀と正義、敬意、惻隠の情などの精神性を大切にするものがあり、相手を敬う日本人の心・和の心がよく表れていると強調する。また、「集団」における秩序や調和を重んじる行動規範や「道徳意識」が必要だと強調する（小学校編五二－五三頁、中学校編七〇頁、高等学校編九〇－九三、九六－九七頁）。道徳意識は、一人ひとりの個人が良心的判断に照らして自発的に守るべき規範であり、個人の「良心の自由」や「思想の自由」の問題である。だが、個人の心に国家が介入するオリパラ教育が、教育の力をもって子どもに道徳規範を叩き込んでいるのである。

小学生編（五二－五三、五六－五七頁）では、嘉納治五郎の「自他共栄」の精神について触れていることが注目すべき点である。つまり、一人ひとりが協調していると、自分の努力が自分自身の利益となるだけでなく、相手も利益を得ることができるという「自他共栄」の精神が最も大事だと小学生に説明している。中学校編（六八－七〇頁）では、世界に誇る和の心として、日本発祥の相撲と天皇との関わりや柔道、剣道、弓道などをはじめ、茶道、華道、書道、香道などを中心的に取り上げている。高等学校編（八八－八九頁）では、東京を「世界一の都市」として紹介しているのが特徴である。東京が世界一の文化都市、世界有数の観光都市を目指している努力とともに、東京都の世界自然遺産や観光資源を強調する。伝統文化や地元の史跡・郷土資料館などを生かした「郷土愛」の育成である。

もう一つの特徴は、オリンピックのさらなる発展とアスリートのパフォーマンス向上に、世界に誇る「日本の最先端技術」、日本の職人の優れた技術の高さが大きく貢献したことを強調する点である。オリンピックで活用されている技術や製品が日本の企業が開発したこと、高い技術をもった職人が多いことや選手一人ひとりの要望に合わせて、世界で一つだけの用品を製作していること、オリンピックを支える科学技術開発の中心には日本企業が存在し、その技術は最先端技術だと高く評価しているのである。（小学校編、五四－五五頁。中学校編、七二－七三頁。高等学校編、五八－五九、九四－九五頁）。これら世界に発信する様々な日本の伝統・文化、日本で開発された最先端の技術の数々を「クールジャパン」として位置づけているが、これらを繰り返して強調することによって、「日本人としての自覚と誇り」を持てるように子どもに要求しているのである。

しかし、日本の歴史の中にある「負の部分」についてはひそかに外されている。こうした愛国心教育や「日本一」「自国文化や自国民が一番」だという教育は、他国の人々は自国民より劣るという考え方を子どもに植え付け、排外主義につながる危険性もある。さらに、学習読本には、オリンピックが社会にもたらす悪影響についてはまったく記載がない。子どもたちは学習読本を何の疑問もなく読み、日本がたどってきた歴史・文化やオリンピックを無意識的に賛美・礼美する考えが形成されていくだろう。

日本オリンピック賛美と「半強制的」なボランティアへの動員

さらに、一〇〇年以上にわたる過去の大会における日本人選手の「活躍」やこれまで日本が招致・開催したオリンピックについても詳しく紹介しているが、何よりも、一九六四年東京オリンピック開催が日本社会と国民に無形・有形のレガシーを残したと賛美する記述が目立つ。東京大会が敗戦から一九年、焼け野原から復興した平和日本を世界にアピールするアジア初のオリンピックとして、戦災からの復興のみならず、戦後の復興に努力してきた日本国民に「夢」と「希望」を、日本社会には「元気」をもたらしたと高く評価する。大会の成功には、国民が一致団結して参加した「オリンピック国民運動」が重要な役割を果たしたと高く評価する。特に、小学校編では、一九六四年東京大会について、日本を元気にしたと評価し、四ページ（四二－四五頁）にわたって詳細に紹介しており、中学校編（五七頁）では、航空自衛隊の曲技飛行隊五機のブルーインパルス作戦・スモーク作戦を詳細に伝え「自衛隊」の協力を称賛している。

そして、大会成功の裏には、それを支えた数多くの「ボランティア」の存在があったという言説につながる。学習読本のもう一つの大きな特徴は、二〇二〇年東京大会は選手や大会関係者だけで作るものではなく、「みんなで」参加するものであり、そのためには一歩踏み込んで「ボランティア」への参加が重要で、大会成功を収める近道だと強調している点である。ボランティアに参加することは、個人の成長に役立つだけでなく、「日本全体に活力」を生み出すと強調する。小学校編（六四-六五頁）では、二〇二〇年東京大会にどのような形で参加するのかを考えさせ、計画を記入させる大きな欄（表）をわざわざ用意している。中学校編（九〇頁）では、二〇二〇年東京大会では、約九万人以上のボランティアが必要だと強調し、自分にできること、やるべきことは何かを考え、二〇二〇年の自分のあるべき姿を思い描いてみようとボランティア参加を促している。高等学校編（一一〇-一一一頁）では、二ページにわたって「ボランティアと社会貢献」について詳しく説明しているが、ボランティアとして高校生がやれること、どのような形で参加できるかを質問する。高等学校編では、過去大会の例からボランティアの種類を詳細に紹介しているとともに、開催二年前（募集開始）から開幕（活動開始）までのボランティアに参加するまでの手順までもが紹介されている。

オリンピックへの一体感・高揚感を自然と体得させる効果を持つボランティアは、国民を動員していく最大の装置といえるが、学校でもボランティアが半強制的に進められており、ともかく何かボランティアをしなくてはならない雰囲気となっている。二〇二〇年東京大会の成功という名目で「国民一丸」を訴えながら、ボランティアとしての参加を誘惑する半強制的なボランティアや子どもたちの「動員」が学校という空間とオリパラ教育を通して横行していたのである。

以上のように、オリンピック招致・開催は、日本を覆う「閉塞感」を打破する有効な起爆剤、「日本再生」のための道具として、当初からオリンピック開催は目的ではなく手段であることがわかる。また、大会招致に際して「政治的な道具」として利用するために都合のいい言葉で表現された「復興五輪」だが、このままでは、表面的な「復興」

をアピールするだけで終わってしまい、本質的に被災地に寄り添った大会にはならないだろう。原発の対応も完了しておらず、瓦礫の処理も終わっていないのにもかかわらず「復興」をアピールするといっても、被災者と大会には大きな隔たりが残る。「復興五輪」という名に覆いかぶされて震災の実態が忘れ去られていくことは最も避けなければいけないことである。

さらに、一九八〇年代から一九九〇年代にかけて浮上した日本の歴史戦争と軍事大国化の中で、国家主義的な教育政策と関連法規が「日本人としての自覚と誇り」を強化する愛国心教育として登場し、それがオリパラ教育にいかに影響を及ぼしていたのかが把握できた。特に、オリンピックの「テロ予防」を口実として成立させた「共謀罪」は、オリンピック終了後もそのまま日本社会に生き残り、市民への監視をいっそう強化する形として機能するだろう。東京オリンピックの「政治的」利用・思惑がここまで端的になっているといえる。

註

［1］石原慎太郎「人間自身の祝典」『読売新聞』一九六四年一〇月一一日付。講談社編『東京オリンピック―文学者の見た世紀の祭典』講談社、二〇一四年、三三-三六頁。

［2］石原慎太郎「聖火消えず移りゆくのみ」石井正己編『一九六四年の東京オリンピック―「世紀の祭典」はいかに書かれ、語られたか』河出書房新社、二〇一四年、一五五頁。

［3］石原慎太郎「欠けているもの」『読売新聞』一九六四年一〇月一六日付。

［4］石原慎太郎「遺書とオリンピック」『読売新聞』一九六四年一〇月二一日付。前掲『東京オリンピック―文学者の見た世紀の祭典』三〇〇-三〇二頁。

［5］「石原知事施政方針・平成一七年第三回都議会定例会知事所信表明」https://www.metro.tokyo.lg.jp/GOVERNOR/ARC/20121031/HATSUGEN/SHOUSAI/30f9k100.htm（最終閲覧日二〇二一年二月一日）。

［6］「東京・福岡、五輪招致へ号砲　対世界、勝敗のカギ」『朝日新聞』二〇〇六年四月二九日付。

〔7〕上丸洋一『『諸君!』『正論』の研究—保守言論はどう変容してきたか』岩波書店、二〇一一年、三七一-三七二頁。
〔8〕東京オリンピック基本構想懇談会編『東京オリンピックの実現に向けて』東京都知事本局東京オリンピック招致準備担当、二〇〇六年。
〔9〕「五輪招致　八六パーセントが否定的」『朝日新聞』二〇〇九年一二月二二日付。
〔10〕「石原知事施政方針・平成二三年第二回都議会定例会知事所信表明」https://www.metro.tokyo.lg.jp/GOVERNOR/ARC/20121031/HATSUGEN/SHOUSAI/3016h100.htm（最終閲覧日二〇二一年二月一日）。
〔11〕有元健「「夢の力」に抗する—二〇二〇年東京オリンピック・パラリンピックと都市のヘゲモニー」『スポーツ社会学研究』二三巻二号、二〇一五年。
〔12〕東京二〇二〇オリンピック・パラリンピック競技大会組織委員会ホームページ https://tokyo2020.org/ja/games/caring/（最終閲覧日、二〇二〇年九月二九日）。
〔13〕小笠原博毅・山本敦久『やっぱりいらない東京オリンピック』岩波書店、二〇一九年、四頁。
〔14〕桜井勝延「「復興五輪」が復興を阻んでいる」『月刊日本』二三巻一〇号、二〇一九年、四九頁。
〔15〕前掲『やっぱりいらない東京オリンピック』五頁。
〔16〕「被災地首長アンケートから」『河北新報』二〇一七年三月一日付、一一頁。
〔17〕山下幸夫編『共謀罪なんていらない?!—これってホントに「テロ対策」?』合同出版、二〇一六年。内田博文『治安維持法と共謀罪』岩波書店、二〇一七年、一八九-一九二頁。
〔18〕松宮孝明『共謀罪を問う—法の解釈・運用をめぐる問題点』法律文化社、二〇一七年、二頁。高山佳奈子『共謀罪の何が問題か』岩波書店、二〇一七年、一五頁。
〔19〕衆議院『会議録』第一九三回国会本会議第二号　二〇一七年一月二三日 http://kokkai.ndl.go.jp/SENTAKU/syugiin/193/0001/19301230001002a.html（最終閲覧日二〇二〇年九月二九日）。
〔20〕前掲『共謀罪の何が問題か』二九-三四頁。
〔21〕朝日新聞が「共謀罪」について二〇一七年四月一五・一六日に実施した世論調査では、賛成三五パーセント、反対三三パーセントと拮抗したが、読売新聞がほぼ同じ時期に行った調査では賛成が五八パーセントで、反対の二五パーセントを大きく上回った。産経新聞・FNNでも法案に賛成五七・二パーセント、反対三一・九パーセントだった。毎日新聞が同年四月二二、二三日に行った調査では、賛成四九パーセント、反対三〇パーセントだった。「共謀罪」食

い違う世論調査結果「テロ」文言影響か」『朝日新聞』二〇一七年四月二五日付。https://www.asahi.com/articles/ASK4P3HFYK4PUZPS001.html（最終閲覧日二〇二〇年九月二九日）。

[22] 三浦瑠麗・猪瀬直樹『国民国家のリアリズム』KADOKAWA、二〇一七年、一五八－一六八頁。

[23] 衆議院ホームページ http://www.shugiin.go.jp/internet/itdb_annai.nsf/html/statics/shiryo/dl-constitution.htm（最終閲覧日二〇二〇年九月二九日）。

[24] 東京都議会『会議録』平成一九年第四回定例会（第一八号）二〇〇七年一二月一二日。石原慎太郎都知事発言 https://www.gikai.metro.tokyo.jp/record/proceedings/2007-4/03.html（最終閲覧日二〇二〇年一〇月一二日）。

[25] 学習読本は、小学校は『みんなをむすぶオリンピック―夢・感動・未来』、中学校は『世界を結ぶオリンピック―情熱・人・スポーツ』、高等学校は『未来と結ぶオリンピック―勇気・地球・共生』である。

[26] 石山久男『教科書検定』岩波書店、二〇〇八年、三〇－三二頁。

[27] 辻井喬・藤田英典・喜田明人編『なぜ変える？　教育基本法』岩波書店、二〇〇六年、一九四－一九八頁。

[28] 子どもと教科書全国ネット二一編『とめよう！　戦争への教育―教育基本法「改正」と教科書問題』学習の友社、二〇〇五年、二一頁。

[29] 白石裕他編『二〇〇九年度版必携　学校小六法』協同出版、二〇〇八年、三九頁。

[30] 渡辺治『安倍政権論―新自由主義から新保守主義へ』旬報社、二〇〇七年、一八七－一八九頁。同『日本とはどういう国か　どこへ向かって行くのか―「改革」の時代・日本の構造分析』教育史科出版会、一九九八年、二四〇－二四四頁。

[31] 日本の軍事大国化については、高橋哲哉『「心」と戦争』（晶文社、二〇〇三年）一二三－一三六頁参照。

[32] 東京都教育委員会「東京オリンピック・パラリンピック教育実施方針」二〇一六年、一頁。

[33] 同上、五頁。

[34] 同上、六頁。

おわりに

近代日本におけるスポーツと身体規律

本書では、近現代日本社会の歴史的変遷をたどりながら、スポーツイベントや身体管理政策が果たす国民統合の特徴的な機能について分析した。また、各時代のスポーツ政策に含まれている歴史的意味やスポーツ史上の位置、支配と統制、同化と排除の政治力学、国民統合や大衆動員のメカニズム、植民地支配の一翼としての身体管理、都市改造・復興等々にわたる分析を通じて、近現代日本社会の社会的特質・構造を浮き彫りにした。本書は改めて結論を提示するような複雑な構成ではないが、全体を簡単に振り返ったうえで、今後の課題について少し述べることにする。

森有礼は近代学校制度の基盤を確立しながら、教育における身体訓練の重要性に最も早く着目し、「国民的」スケールでの身体の改造、「従順な身体」づくりを通しての「国民」形成を目論んでいた。日本人の身体に規律訓練的要素を刻み込もうとした政策は、近代国民国家の形成、資本主義の成立と密接な関係があった。

その後、第一次世界大戦をはじめとする日本の世界的孤立、自由主義的な社会運動の発展や関東大震災の発生など国内の不安定な状態と危機感から日本政府は一九一〇年代からスポーツと国民身体に本格的に関心を深めた。スポーツを媒介にした本格的な国民管理政策を積極的に繰り広げることになるのである。国家のスポーツ・体育への関心と本格的な身体管理は、内務省と文部省の覇権争いと明治神宮競技大会の誕生、皇室・皇族による積極的なスポーツ奨励として表れていた。これは広い意味での国家総動員体制に向けて、国民精神とともに国民身体を国家の管理のもとにおき、動員していこうとする動きであった。ラジオ体操も欧米諸国に対する劣等感の克服のための健康づくりの運動として、身体そのものの合理化、近代的身体・社会的身体の形成や「民族精神」と「国家」観念の涵養の役割を果たしていく。

日中戦争や太平洋戦争はそれまでのスポーツと国民身体管理政策を大きく変質させた。厚生省は国民の身体を特定の状態や目的にふさわしくするために、国民身体を精密な管理・検査対象とし、より良い身体と健康のため鍛錬させた。国民には健康と強力な体力・精神力の持ち主であることが義務づけられ、改善の見込みがない人々は社会から排除される「体力の時代」となった。植民地朝鮮でも、忠良な皇国臣民の育成と戦争を遂行するのに必要な軍人と労働力を安定的に確保するため、様々な身体管理制度が実施された。日本が作り出した身体動員と規律は、解放後、韓国社会を持続的に支配する核心論理として生き残り、全国民に拡大されていた。

戦前・戦時下日本のスポーツや身体規律、健康や体位向上は、個人の選択ではなく「国民」の義務だった。一人ひとりの身体は天皇制国家のため、身体の鍛錬・修養は「臣民の義務」であった。子どもは良質の軍事力や労働力に成長するため、女性の身体は出産と将来兵士となる子どもの身体を管理するために、義務として「健康」であるべきものと規定された。国民体育の振興という理念には、天皇制と国家主義的論理が常に強調された。「戦争」と「同化」「国家暴力」が折り重なるように押しつけられた近代日本や植民地朝鮮のスポーツが天皇制国家権力の軍国主義とともに軍事的に変質・歪曲されたのは必然的な帰結であった。

虚構の時代と戦前帝国主義的意識の存続

戦後日本は、戦前の帝国主義的歴史認識や植民地主義を清算しないまま再出発した。侵略戦争と植民地支配の過ちが根底から追及されるべき戦後にも戦前の帝国主義的意識は維持・継続した。東西冷戦と東京裁判、そしてサンフランシスコ講和条約は、戦前保守勢力の再登場と「帝国臣民」の意識を継承・復活させる土台を作った。アメリカは占領当時の方針であった徹底的な非軍事化・民主化政策から、反共の前進基地として日本を活用することに政策転換した。この過程で戦前の侵略戦争を遂行した勢力が戦後政治の全面に再登場し、一部の軍人が昭和天皇と平和的な指導者たちの反対を押さえて戦争を行ったという歴史の虚構がアメリカと日本の保守政治家によって共同で作られた。この虚構の上で、戦後社会が誕生し、戦前日本保守政治や認識は戦後そのまま存続されたのである。

虚構の時代の始まりは、必然的にスポーツイベントにも大きな影響を及ぼした。「民主化」と「純粋なスポーツの復活」「大衆化」方針によって始まった国民体育大会をはじめ、様々なスポーツイベントの開催には、明治神宮競技大会の郷愁と理念がそのまま反映された。戦後初期日本スポーツ界のスポーツの大衆化構想には、五〇年代革新ナショナリズムに通じる「国民主義」の側面があったことは否めないが、戦前歴史の連続と人的つながりは、戦後スポーツイベントに「象徴天皇」と「日の丸・君が代」「天皇杯」などを登場させる。象徴天皇や皇族とのつながりによって、国家的に制度化されたスポーツイベントは、国民統合・地域統合と地域開発の重要な機会のみならず、象徴天皇制の基盤強化や新しい皇室像を構築する強い「政治性」を内包し、続けられた。

占領と戦後復興、冷戦の本格化、スポーツ界の国際復帰と競技力向上、朝鮮戦争、全面講和運動の高揚、高度経済成長などの社会的環境が変化する中で、スポーツイベントは国家体制に本格的に編入される結果となる。現存の支配構造を強化し、国民感情高揚に寄与しつつ、国力の再建・復興を目標に「戦後復興」と「民族再建」を集約的に表出し確認するイベントとしてナショナリズムの高揚が図られた。東京オリンピックと勝利至上主義の本格化は、敗戦によって分散していた伝統的ナショナリズムの喚起と国民統合をさらに促進させた。東京オリンピック準備過程において、自衛隊が宣伝強化や隊員の士気高揚のため、自衛隊体育学校を設立するなど、大衆的に認知させる絶好の儀式・装置として「スポーツ」に本格的に関与し始めた点も注目できる。この時期始まった自衛隊のスポーツ支援が今日の自衛隊を作り上げる一つの土壌になったといっても過言ではない。

経済成長が至上課題とされた高度経済成長期には、余暇意識の増大や自分の生活や暮らし・いのちを守ろうとした民衆の意識がスポーツに反映されていた。一九六〇年代からの新日本体育連盟、日本労働者スポーツ協会の活動など、国の政策に対する批判として国民側から自発的に起きた「国民総スポーツ運動」「対抗スポーツ運動」に関する動きは、高度成長期のスポーツ政策や特有の国民意識を把握する上で欠かせない。国のスポーツ・余暇政策に対抗する形として自発的に形成されたスポーツ運動には、日本人の余暇意識の増大やスポーツ大衆化意識もあったと考えられるが、この対抗スポーツ運動には「国民主義」が含まれており、民衆側のスポーツ・ナショナリズム運動として評価できよう。

三つの東京オリンピック

一九四〇年「幻の東京オリンピック」、一九六四年東京オリンピック、新型コロナウイルスの流行に伴い一年延期された二〇二〇年東京大会は日本社会に何を残したのだろうか。

まず、三つのオリンピックとも、オリンピック招致・準備過程において、「日本の復興・再生」というコンセプトが氾濫しており、復興五輪が常に強調された点である。三度にわたるオリンピックの誘致のテーマは「復興」であり、東京オリンピックは関東大震災や戦争、東日本大震災からの復興・再生を高らかに誇示・アピールする機会であった。そして、三つのオリンピックは、皇紀二千六百年の記念行事として、日米安全保障条約が招いた政治の危機を回避させる手段として、日本を覆う「閉塞感」を打破する有効な起爆剤、日本人の自信を回復する機会として政治性を持っていた。東京という成熟した都市の姿を世界に示し、再び国際社会での日本の存在をアピールし、プレゼンスを高める絶好の機会としても位置づけられた。オリンピックは国民の支持を獲得する絶好の機会であり、日本の大国意識の高揚や新たな統合を図るうえで格好のイベントであった。

何よりもオリンピック準備・開催では、日本人としての「自覚」と「誇り」、「公徳心」「郷土愛」「愛国心」を培うこと、「日の丸」「君が代」の普及と浸透、皇室の政治的利用などが進められた。国家権力が求めているナショナルなシンボルが高く掲げられるとともに、国民の間にある種の一体感が作り上げられ「ナショナル」な意識は高揚した。軍事大国化を目指してきた日本政府が、オリンピックに便乗し「監視社会」を構築するためオリンピック準備過程で制定した「特定秘密保護法」や「共謀罪」の政治性、そして東京都の教育現場でオリンピックムードの演出にかこつけてひたひたと国威発揚と国家主義の教育を推し進めた。東京オリンピックは「社会体制の強化」を助長するという目的も持っており、「愛国心」と「国家主義」を植え付けるスポーツイベントとして国民統合機能を果たしたのである。

　オリンピック開催が都市基盤の整備と開発を伴うことはいうまでもないが、この巨大なイベントに隠された社会的弱者の排除も看過できない。オリンピックはスポーツイベントの名を借りた都市再開発の目的を持っており、大企業と行政が行う都市再開発は、街から貧困層にある人を押し出している。一九六四年東京オリンピックや二〇二〇年東京大会では、国立競技場を建て替える過程で都民が強制に立ち退かされたことだけでなく、野宿者も都市空間から強制排除された。

　だが、メディアによる祝賀ムードと華やかな演出の中で、オリンピックに異議申し立てをするような人間は「非国民」であるという言説が当たり前のように流布されていることも事実であろう。日本のイメージ悪化を危惧しオリンピックの成功のためなら、社会的弱者の犠牲を当たり前のように要求し、強制排除する。そうした傲慢さがオリンピックを推進する為政者たちの発言や姿勢、行動から露骨に現れているのである。

スポーツとナショナリズム研究の課題

　近現代日本におけるスポーツとナショナリズムに関する研究は、まだ明らかにしなければならない課題が多く残されている。

　第一に、本書では天皇制とスポーツとの関わりについて分析を行ったものの、戦後日本社会における象徴天皇制とスポーツとの関連性が手薄なことが否めない点である。神島二郎や渡辺治の天皇制論を踏まえた近現代日本社会における地域・国民統合との接点、戦後の象徴天皇制とスポーツとの関係性を通したナショナリズムの分析は急務であり、この課題は、政治学や象徴天皇制論を語る上でも重要な課題といえよう。

　第二に、スポーツにおけるジェンダーのあり方を問う視点の欠如である。本書ではスポーツ文化の男性性、家父長制の伝統に根ざす「男らしさ」はある程度分析されているが、国家と女性の身体性、女性スポーツ、女性アスリートに向けられた視線に関する分析は今後さらに追及されるべき論点である。戦前における女学校と女学生研究など、近年では、女性の国民形成や教養・モダン文化などについての検討がようやく進展してきたが、戦前の女性のスポーツや身体管理に関する研究蓄積は極めて浅い。本書でも述べたように、一九二〇年代初めから、女性の体育熱が高まり、女性スポーツがいっそう競技化を強めた。学校での授業や課外活動を通じて運動やスポーツに親しみ、女性アスリートを目指していく彼女らの動きは、国際的な女性スポーツの興隆と軌を一にしていた。少女向けの雑誌や一部の新聞では、国内外で行われた女子競技会の模様と女性スポーツ選手をめぐる言説が取り上げられた。

女性スポーツはどのように伝えられたのか。女性スポーツ選手はどのように語られたのか。国家は女性スポーツ・身体をどのように管理していったのか。男子と女子の身体的差異を強調する構造を内包する学校体育の問題は、今後取り組むべき研究課題である。さらに、女学生を中心とする女性スポーツの中でも、学校枠を超えて広がりを見せた女工、婦人、植民地朝鮮・台湾女性のスポーツ・身体管理に対する研究が求められるといえよう。

第三に、近年日本社会の排外主義感情・嫌韓感情は、急速な広がりを見せている。在日韓国・朝鮮人選手をはじめ、グローバル化とナショナリズムなものとの間で揺らぐ外国人選手、混血選手、帰化選手など、日本スポーツ界におけるある特定の人種・民族・出身地に対する閉鎖的・排他的なナショナリズムと排外主義に関して解明すべき多くの論点も残されている。

第四に、「東アジア社会論」を視野に収めた日中韓のスポーツ・ナショナリズムの比較分析である。日中韓のスポーツとナショナリズムの高揚は、単純に植民地支配と戦争をめぐる歴史認識と国家間の政治的葛藤から起因することではなく、複雑な要因が絡み合っている。各国で進められている「反日」「反韓」「反中」の排外主義的感情とスポーツとの関わり、ナショナリズムとスポーツの諸相との結びつき、各国におけるスポーツ・ナショナリズムの形態や機能、日中韓のスポーツとナショナリズムの差異と共通点に関する深層的な研究が求められる。社会構造と歴史的背景を異にする日中韓のナショナリズムを、スポーツイベント・政策という観点から解明することは、三ヶ国の社会的特質や特有の国民意識の差異を明らかにする上でも重大な価値があるであろう。

上記の研究課題以外にも、複雑な統合メカニズムと様々な機能を備えたスポーツイベントの包括的かつ体系立てられた研究検討が必要であろう。

ここまで、ナショナリズムとスポーツとの関わりについて、歴史社会学的に検証を行い、近現代日本の社会的特質と特有の国民意識の抽出を試みた。スポーツを対象とした社会科学的検討課題が多く残されている中、本書が近現代日本社会論及び天皇制論、そしてスポーツ政策論分野における理解と研究の深化にいささかなりとも寄与できれば幸いである。

参考文献

第一章

安東由則「近代学校における身体観の生成過程―森有礼による兵式体操の導入を手がかりに」『日本教育社会学会大会発表要旨集録』五〇号、一九九八年
――「身体訓練（兵式体操）による「国民」の形成―森有礼に注目して」『武庫川女子大学紀要　人文・社会科学編』五〇巻、二〇〇二年
遠藤盛男『スイス国民学校の制度史研究―一九世紀以降におけるカントン・チューリヒを中心として』風間書房、一九八七年
遠藤芳信『近代日本軍隊教育史研究』青木書店、一九九四年
大久保利謙編『森有礼全集第一巻』宣文堂書店、一九七二年
――監修『新修森有禮全集　第二巻』文泉堂書店、一九九八年
――監修『新修森有禮全集　第五巻』文泉堂書店、一九九八年
海門山人『森有礼』民友社、一八九七年
鹿児島県立図書館編『薩摩の郷中教育』鹿児島県立図書館、一九七二年
金玉泰「近代学校体育における兵式体操―明治期と旧韓末を中心に」『国際基督教大学学報　I-A　教育研究』五〇巻、二〇〇八年
木村吉次「兵式体操成立過程の再検討」社団法人日本体育学会『体育学研究』四三巻一号、一九九八年
木村匡『森先生伝』金港堂書籍、一八九九年
木村力雄『異文化―遍歴者森有礼』福村出版、一九八六年
権学俊「戦時下植民地朝鮮における身体管理と規律化に関する一考察」有賀郁敏・山下高行編『現代スポーツ論の射程―歴史・理論・科学』文理閣、二〇一一年
木場貞長「森文部大臣の改革」国民教育奨励会編『教育五十年史』民友社、一九二二年
佐々木克「天皇の巡幸と「臣民」の形成」『思想』八四五号、一九九四年
園田英弘「森有礼の思想体系における国家主義教育の成立過程―忠誠心の射程」『人文学報』三九号、一九七五年
――『西洋化の構造―黒船・武士・国家』思文閣出版、一九九三年

大日本教育会編『大日本教育会雑誌』二八号、一八八六年
――編『大日本教育会雑誌』三〇号、一八八六年
西川長夫・松宮秀治編『幕末・明治期の国民国家形成と文化変容』新曜社、一九九五年
西川長夫・渡部公三編『世紀転換期の国際秩序と国民文化の形成』柏書房、一九九九年
長谷川精一『森有礼における国民的主体の創出』思文閣出版、二〇〇七年
林竹二「森有礼とトマス・レイク・ハリス」『日米フォーラム』九巻三号、一九六三年
牧原憲夫「万歳の誕生」『思想』八四五号、一九九四年
吉見俊哉「運動会の思想―明治日本と祝祭文化」『思想』八四五号、一九九四年

第二章

今泉宜子『明治神宮「伝統」を創った大プロジェクト』新潮社、二〇一三年
入江克己『昭和スポーツ史論―明治神宮競技大会と国民精神総動員運動』不昧堂出版、一九九一年
入江克己・鹿島修「天皇制と明治神宮体育大会　第一報」『鳥取大学教育学部研究報告　教育科学』三一巻二号、一九八九年
加賀秀雄「「明治神宮競技大会」成立の歴史的意義について」『総合保健体育科学』一八巻一号、一九九五年
岸野雄三編『近代体育スポーツ年表』大修館書店、一九九九年
北豊吉「オリンピック大会と官民の後援」『アスレチックス』六巻第七号、一九二八年
権学俊「戦時下日本における国家主義的な身体管理と「国民」形成に関する一考察」『日本語文学』四三輯、二〇〇八年
熊谷辰治郎編『大日本青年団史』日本青年館、一九四三年
桑原稲敏『天皇の野球チーム―スコアブックの中の昭和史』徳間書店、一九八八年
坂上康博『権力装置としてのスポーツ―帝国日本の国家戦略』講談社、一九九八年
――「スポーツと天皇制の脈絡―皇太子裕仁の摂政時代を中心に」『歴史評論』六〇二号、二〇〇〇年
――『スポーツと政治』山川出版社、二〇〇一年
――『昭和天皇とスポーツ―「玉体」の近代史』吉川弘文館、二〇一六年
坂本一登「新しい皇室像を求めて―大正後期の親王と宮中」『年報・近代日本研究』二〇号、一九九八年
寒川恒夫「国民体育大会の人類学―全国大会のシンボリズム」『体育の科学』三七巻八号、一九八七年
大日本体育協会『大日本体育協会史（上）』大日本体育協会、一九三六年
高島航『帝国日本とスポーツ』塙書房、二〇一二年

竹之下休蔵・岸野雄三『近代日本学校体育史』東洋館出版社、一九五九年
土田宏成「帝都防衛態勢の変遷―関東大震災前後を中心として」上山和雄編『帝都と軍隊―地域と民衆の視点から』日本経済評論社、二〇〇二年
――「関東大震災後の「市民総動員」問題について―大阪の事例を中心に」『史学雑誌』一〇六巻一二号、一九九七年
デ・グラツィア、ヴィクトリア（豊下楢彦・高橋進・後房雄・森川貞夫訳）『柔らかいファシズム―イタリア・ファシズムと余暇の組織化』有斐閣、一九八九年
内務省編『運動競技全書　社会体育スポーツ基本史料集成　第七巻』大空社、一九九二年
内務省衛生局編『第一回明治神宮競技大会報告書』内務省衛生局、一九二五年
――編『第二回明治神宮競技大会報告書』内務省衛生局、一九二六年
中村敏雄・影山健・川口智久・成田十次郎編『シリーズ スポーツを考える四　スポーツ政策』大修館書店、一九七八年
日本体育協会編『スポーツ八十年史』日本体育協会、一九五八年
――編『日本体育協会五十年史』日本体育協会、一九六三年
明治神宮体育会編『第三回明治神宮體育大会報告書』明治神宮体育会、一九二九年
森川貞夫「大日本体育協会「組織改造問題」の一考察」『日本体育大学紀要』三号、一九七三年
――『スポーツ社会学』青木書店、一九八〇年

第三章

アイヒベルク、ヘニング（清水諭訳）『身体文化のイマジネーション―デンマークにおける「身体の知」』新評論、一九九七年
猪熊貞治「放送無線による保険事業宣伝」『逓信協会雑誌』一九二五年七月号、一九二五年
奥村隆史「岐阜県にみられる「ラジオ体操」の展開―歴史的意義の考察を加えて」『岐阜県歴史資料館報』二一号、一九九八年
面高叶「ラジオ体操の会を作った頃」『放送』六巻一〇号、一九三六年
簡易保険局編『国民保健体操を語る』簡易保険局、一九三〇年
――編『ラヂオ体操を語る』簡易保険局、一九三六年
黒田勇『ラジオ体操の誕生』青弓社、一九九九年
越野宗太郎編『東京放送局沿革史』東京放送局沿革史編纂委員会、一九二八年
鷺田成男「失われた東京オリンピック」文藝春秋編『「文藝春秋」にみるスポーツ昭和史 第一巻』文藝春秋、一九八八年
進藤誠一「健康体操放送を開始せよ」『逓信協会雑誌』一九二七年八月号、一九二七年

ゼルバベル、エビエタ（木田橋美和子訳）『かくれたリズム―時間の社会学』サイマル出版会、一九八四年
高橋秀実『素晴らしきラジオ体操』小学館、一九九八年
竹村洋介『近代化のねじれと日本社会』批評社、二〇〇四年
竹山昭子『ラジオの時代―ラジオは茶の間の主役だった』世界思想社、二〇〇二年
田中聡『健康法と癒しの社会史』青弓社、一九九六年
逓信省編『逓信事業史　第五巻』逓信協会、一九四〇年
逓信省簡易保険局編『国民保健体操講演集 一』簡易保険局、一九二九年
――編『国民保健体操講演集 二』簡易保険局、一九三〇年
津金澤聰廣編『近代日本のメディア・イベント』同文舘出版、一九九六年
――『現代日本のメディア史の研究』ミネルヴァ書房、一九九八年
内閣官房編『内閣制度七十年史』大蔵省印刷局、一九五五年
中山龍次「挙国一致のラヂオ体操の会」『放送』五巻一一号、一九三五年
――「一億人の今夏ラヂオ体操の会」『放送』六巻一〇号、一九三六年
日本放送協会編『日本放送協会史』日本放送協会、一九三九年
橋詰良一『生活改造資料』婦女世界社、一九二〇年
真木悠介『時間の比較社会学』岩波書店、一九八一年
明治神宮体育会編『第七回明治神宮体育大会報告書』明治神宮体育会、一九三四年
山口誠「ラジオ放送の出現と一九二〇年代の社会」有山輝雄・竹山昭子編『メディア史を学ぶ人のために』世界思想社、二〇〇四年
吉見俊哉「ネーションの儀礼としての運動会」吉見俊哉・白幡洋三郎・平田宗史・木村吉次・入江克己・紙透雅子『運動会と日本近代』青弓社、一九九九年
ラジオ体操五〇周年記念史編集委員会編『新しい朝が来た―ラジオ体操五〇年の歩み』簡易保険加入者協会、一九七九年

第四章

青沼裕之「オリンピック大会を自然死させよ！―戦前二つのオリンピックをめぐるイギリス協調外交」有賀郁敏・池田恵子・小石原美保・福田宏・松井良明・功刀俊雄・真田久・石井昌幸・青沼裕之・山下高行『近代ヨーロッパ探求⑧　スポーツ』ミネルヴァ書房、二〇〇二年
有賀郁敏・池田恵子・小石原美保・福田宏・松井良明・功刀俊雄・真田久・石井昌幸・青沼裕之・山下高行『近代ヨーロッパの探求

⑧　スポーツ』ミネルヴァ書房、二〇〇二年
池井優『オリンピックの政治学』丸善、一九九二年
石川準吉『国家総動員史　資料編 第二』国家総動員史刊行会、一九七五年
入江昭・有賀貞編『戦間期の日本外交』東京大学出版会、一九八四年
岸清一「第十回国際オリムピック大会に就て」大日本体育協会編『第十回オリムピック大会報告書』大日本体育協会、一九三三年
越沢明『東京都市計画物語』日本経済評論社、一九九一年
坂上康博『権力装置としてのスポーツ―帝国日本の国家戦略』講談社、一九九八年
坂上康博・高岡裕之編『幻の東京オリンピックとその時代―戦時期のスポーツ・都市・身体』青弓社、二〇〇九年
鷺田成男「東京オリムピックに警告す」『中央公論』一九三七年一〇月特別号、一九三七年
――「戦争とオリムピック」『文藝春秋』一五巻一二号、一九三七年
――「失われた東京オリンピック」文藝春秋編『「文藝春秋」にみるスポーツ昭和史 第一巻』文藝春秋、一九八八年
鈴木明『一九三六年、ベルリン至急電―東京、遂に勝てり！』小学館、一九九四年
高島文雄「日本に於てオリンピックを開催し得るや」『アスレチックス』一九三一年三月号、一九三一年
田原淳子「第一二回オリンピック東京大会招致のためのムッソリーニに対する説得工作」『日本体育学会大会号』四九号、一九九八年
――「イタリアからみた一九四〇年第一二回オリンピック競技大会―日本との利害関係とオリンピック大会の意味」『日本体育学会大会号』五四号、二〇〇三年
田原淳子・木村吉次「第一二回オリンピック東京大会の中止過程における副島道正の役割」『日本体育学会大会号』四二A号、一九九一年
津金澤聰廣・有山輝雄編『戦時期日本のメディア・イベント』世界思想社、一九九八年
寺部頼助『オリンピック物語』洋々社、一九五六年
東京市役所編『第十二回オリンピック東京大会東京市報告書』東京市、一九三九年
東京百年史編集委員会『東京百年史　第五巻』東京都、一九七二年
永井松三編『報告書』第一二回オリンピック東京大会組織委員会、一九三九年
中村哲夫「第一二回オリンピック東京大会研究序説Ⅰ―その招致から返上まで」『三重大学教育学部研究紀要　人文・社会科学』三六巻、一九八五年
――「第一二回オリンピック東京大会研究序説Ⅱ―その招致から返上まで」『三重大学教育学部研究紀要　人文・社会科学』四〇巻、一九八九年

——「第一二回オリンピック東京大会研究序説Ⅲ—その招致から返上まで」『三重大学教育学部研究紀要　人文・社会科学』四四巻、一九九三年
新居格「国際オリムピックの本質」『日本評論』一九三六年九月号、一九三六年
日本体育協会（鈴木良徳編）『オリンピックと日本スポーツ史』日本体育協会、一九五二年
橋本一夫『幻の東京オリンピック』日本放送出版会、一九九四年
波多野勝『東京オリンピックへの遙かな道—招致活動の軌跡 1930-1964』草思社、二〇〇四年
古川隆久『皇紀・万博・オリンピック—皇室ブランドと経済発展』吉川弘文館、二〇二〇年
室伏高信「オリムピック診断」『日本評論』一九三六年九月号、一九三六年
最上喜六「五輪大会準備第一年」『文藝春秋』一九三七年四月特別号、一九三七年
文部省『オリンピック東京開催と我国民の覚悟』文部省大臣官房体育課、一九三六年
山川均「国際スポーツの明朗と不明朗」『文藝春秋』一九三六年九月号、一九三六年

第五章

赤澤史朗・北河賢三・由井正臣編『資料日本現代史一二　大政翼賛会』大月書店、一九八四年
アビトワ、アンナ「戦時下における新潟県の国民健康保険制度—健民運動と国民健康保険組合」『現代社会文化研究』四六号、二〇〇九年
池井望・菊幸一『「からだ」の社会学—身体論から肉体論へ』世界思想社、二〇〇八年
入江克己『昭和スポーツ史論—明治神宮競技大会と国民精神総動員運動』不昧堂出版、一九九一年
太田順康・長瀬聡子「明治神宮体育大会に関する研究—明治神宮体育大会と昭和初期のスポーツについて」『大坂教育大学紀要Ⅳ　教育科学』五一巻二号、二〇〇三年
加賀秀雄「日本の総動員体制下の学校体育とスポーツ」世界教育史研究会編『世界教育史大系三一　体育史』講談社、一九七八年
鹿野政直『桃太郎さがし—健康観の近代』朝日新聞社、一九九五年
木村吉次編『体育・スポーツ史概論』（改訂二版）、市村出版、二〇一〇年
熊谷辰治郎編『大日本青年団史』日本青年館、一九四三年
倉沢愛子・杉原達・成田龍一・テッサ、モーリス＝スズキ・油井大三郎・吉田裕編『岩波講座　アジア・太平洋戦争三　—動員・抵抗・翼賛』岩波書店、二〇〇六年
栗本義彦『体力向上と体育運動』保健衛生協会、一九四〇年

興亜厚生大会事務局編『紀元二千六百年興亜厚生大会誌』興亜厚生大会事務局、一九四一年
厚生省編『厚生行政要覧』（一九三八年版）、厚生省、一九三八年
――編『第十回明治神宮国民体育大会報告書』厚生省、一九四〇年
――編『第一二回明治神宮国民体育大会報告書』厚生省、一九四二年
――「大日本体育会の誕生」『週報』二二八号、一九四二年
厚生省五十年史編集委員会編『厚生省五十年史 記述篇』厚生問題研究会、一九八八年
厚生省二十年史編集委員会編『厚生省二十年史』厚生問題研究会、一九六〇年
大日本体育協会『大日本体育協会史（上）』大日本体育協会、一九三七年
高岡裕之編『資料集―総力戦と文化　第二巻』大月書店、二〇〇一年
――『総力戦体制と「福祉国家」―戦時期日本の「社会改革」構想』岩波書店、二〇一一年
高津勝『日本近代スポーツ史の底流』創文企画、一九九四年
竹之下休蔵・岸野雄三『近代日本学校体育史』東洋館出版社、一九五九年
都筑真・浅野哲也・村井友樹・佐藤亮・大熊廣明「戦時下における日本の厚生運動―厚生大会（一九三八‐一九四〇）を中心として」『筑波大学体育科学系紀要』三四巻、二〇一一年
中川米造・丸山博編『日本科学技術史大係二五　医学二』第一法規出版、一九六七年
中村祐司『スポーツの行政学』成文堂、二〇〇六年
名古屋市編『第二回日本厚生大会会誌』名古屋市、一九四〇年
日本厚生協会編『第一回日本厚生大会報告書』日本厚生協会、一九三九年
日本体育協会『日本体育協会五十年史』日本体育協会、一九六三年
野村拓『医療と国民生活―昭和医療史』青木書店、一九八一年
藤野豊『日本ファシズムと優生思想』かもがわ出版、一九九八年
――『強制された健康―日本ファシズム下の生命と身体』吉川弘文館、二〇〇〇年
藤原彰・今井清一編『十五年戦争史三　太平洋戦争』青木書店、一九八九年
水野忠文・木下秀明・渡辺融・木村吉次『体育史概説―西洋・日本』杏林書院、一九九〇年
水野直樹編『生活の中の植民地主義』人文書院、二〇〇四年
明治神宮体育会編『第九回明治神宮体育大会報告書』明治神宮体育会、一九三八年
森川貞夫『スポーツ社会学』青木書店、一九八〇年

吉見俊哉・白幡洋三郎・平田宗史・木村吉次・入江克己・紙透雅子『運動会と日本近代』青弓社、一九九九年
――「大日本体育協会「組織改造問題」の一考察」『日本体育大学紀要』三号、一九七三年

第六章

安東由則「近代学校における身体観の生成過程―森有礼による兵式体操の導入を手がかりに」『日本教育社会学会大会発表要旨集録』五〇号、一九九八年
簡易保険局編『ラヂオ体操を語る』簡易保険局、一九三六年
北澤一利『「健康」の日本史』平凡社、二〇〇〇年
金栄煕「植民地時期朝鮮におけるラジオ放送の出現と聴取者」貴志俊彦・川島真・孫安石編『戦争・ラジオ・記憶』勉誠出版、二〇〇六年
金誠「植民地朝鮮における皇国臣民体操の考察」『札幌大学総合論業』二八号、二〇〇九年
金順楨・田村栄章「日本の修身教科書研究」『日本語文学』一九輯、二〇〇三年
金載祐・李學来「皇国臣民体操に関する研究」『韓国体育学会誌』三九巻一号、二〇〇〇年【韓国語】
黒田勇『ラジオ体操の誕生』青弓社、一九九九年
権学俊「近代日本における「国民」形成と兵式体操に関する一考察」『日本語文学』四九輯、二〇一〇年
孔提郁・鄭根埴編『植民地の日常―支配と亀裂』文化科学社、二〇〇六年【韓国語】
全州師範学校附属小学校研究部『皇国臣民体操精義』日韓書房、一九三七年
園田英弘「森有礼の思想体系における国家主義教育の成立過程―忠誠心の射程」『人文学報』三九号、一九七五年
宋建鎬（朴燦鎬訳）『日帝支配下の韓国現代史』風濤社、一九八四年
高岡裕之編『資料集　総力戦と文化第二巻　厚生運動・健民運動・読書運動』大月書店、二〇〇一年
朝鮮教育研究会『文教の朝鮮』一九三八年六月号、一九三八年
――『朝鮮総督府施政年報』朝鮮総督府、一九三八年
朝鮮総督府『朝鮮』二九一号、一九三九年
――『朝鮮総督府施政年報』朝鮮総督府、一九三八年
――『施政三十年史』朝鮮総督府、一九四〇年
――『朝鮮に於ける国民精神総動員』朝鮮総督府、一九四〇年
――『朝鮮社会教育要覧』朝鮮総督府学務局社会教育課、一九四一年

宮田節子『朝鮮民衆と「皇民化」政策』未来社、一九八五年
黄義龍・孫煥「日帝強占期のラジオ体操の普及と社会的影響」『韓国体育史学会誌』一四巻三号、二〇〇九年【韓国語】
日本放送協会編『日本放送協会史』日本放送協会、一九三九年
鄭根埴「植民地支配、身体規律、「健康」」水野直樹編『生活の中の植民地主義』人文書院、二〇〇四年
朝鮮総督府時局対策調査会『生活ノ刷新ニ関スル件』朝鮮総督府、一九三八年
――『朝鮮総督府施政三十年史』名著出版、一九七二年

第七章

天川晃・荒敬・竹前栄治・中村隆英・三和良一編（土持法一解説・訳）『GHQ日本占領史二〇　教育』日本図書センター、一九九六年
伊ケ崎暁生・吉原公一郎編『戦後教育の原典①　新教育指針』現代史出版会、一九七五年
入江克己『昭和スポーツ史論―明治神宮競技大会と国民精神総動員運動』不昧堂出版、一九九一年
――「近代の天皇制と明治神宮競技大会」吉見俊哉・白幡洋三郎・平田宗史・木村吉次・入江克己・紙透雅子『運動会と日本近代』青弓社、一九九九年
宇井延『日本の競馬I―法令等の変遷及び主要事項』近代文芸社、一九九九年
内海和雄『戦後スポーツ体制の確立』不昧堂出版、一九九三年
加賀秀雄「日本の総動員体制下の学校体育とスポーツ」世界教育史研究会編『世界教育史大系三一　体育史』講談社、一九七八年
学校体育研究同志会編『国民運動文化の創造』大修館書店、一九八九年
木村吉次「明治神宮大会から国体を考える」『体育の科学』三七号、一九八七年
京都新聞社編『検証　国体』京都新聞社、一九八八年
清瀬三郎「体育会の使命」『新体育』六巻七・八号、一九四六年
草深直臣「戦後日本体育政策史序説　その二―戦後体育の「民主化」過程」『立命館大学人文科学研究所紀要』二九号、一九七九年
厚生省編『第一二回明治神宮国民体育大会報告書』厚生省、一九四二年
国立教育研究所編『米国対日教育使節団に関する総合的研究』国立教育研究所、一九九一年
坂上康博『スポーツと政治』山川出版社、二〇〇一年
坂本孝次郎『象徴天皇制へのパフォーマンス―昭和期の天皇行幸の変遷』山川出版社、一九八九年
新修名古屋市史編集委員会『新修　名古屋市史第七巻』名古屋市、一九九八年

関春南「戦後日本のスポーツ政策―オリンピック体制の確立」『一橋大学研究年報　経済学研究』一四巻、一九七〇年
――「スポーツ政策論研究序説」『一橋大学研究年報　経済学研究』一九巻、一九七五年
――『戦後日本のスポーツ政策―その構造と展開』大修館書店、一九九七年
第二回国民体育大会石川県準備委員会編『第二回国民体育大会報告書』第二回国民体育大会石川県準備委員会、一九四七年
大日本体育会『昭和二十一年度事業概要報告書』大日本体育会、一九四七年
大日本体育協会『大日本体育協会史　上』大日本体育協会、一九三六年
高橋伸次・時本識資「国民体育大会における我が国の体育・スポーツの変遷について―文部大臣の挨拶にみるスポーツ振興の方向」『産業研究』三二巻一号、一九九六年
日本サッカー協会『財団法人日本サッカー協会七五年史―ありがとう。そして未来へ』日本サッカー協会・ベースボール・マガジン社、一九九六年
日本体育協会『体協評議会議事録』一九四九年二月一六日付
――『体協評議会議事録』一九四九年七月二七日付
――『体協時報』一巻五号、一九五一年
――『体協時報』一九七号、一九七〇年
――『オリンピック大会報告書 第一五回（一九五二年ヘルシンキ）』日本体育協会、一九五三年
――『日本体育協会五十年史』日本体育協会、一九六三年
――『国民体育大会五〇年のあゆみ』日本体育協会、一九九八年
藤原彰・荒川章二・林博史『新版　日本現代史』大月書店、一九九五年
宮原誠一・丸木政臣・伊ケ崎暁生・藤岡貞彦編『資料日本現代教育史　二』三省堂、一九七四年
山本徳郎「スポーツと天皇制の歴史」新崎盛暉・川満信一編『沖縄・天皇制への逆光』社会評論社、一九八八年
歴史学研究会・日本史研究会編『講座日本歴史一一　現代一』東京大学出版会、一九八五年

第八章

朝日新聞社編『朝日年鑑―一九六五年版』朝日新聞社、一九六五年
天野恵一編『君はオリンピックを見たか』社会評論社、一九九八年
池井優『オリンピックの政治学』丸善、一九九二年
石田博英「保守政党のビジョン」『中央公論』七八巻一号、一九六三年

今村嘉雄「東京オリンピック印象記」『体育科教育』一二巻一二号（一九六四年一二月号）、一九六四年
内海和雄『戦後スポーツ体制の確立』不昧堂出版、一九九三年
大志万準治「社会教育におけるオリンピック国民運動の推進について」『社会教育』一九巻六号、一九六四年
河川協会『河川』二〇一号、一九六三年
学校体育研究同志会『国民運動文化の創造』大修館書店、一九八九年
金田茂郎『戦後日本の児童政策批判』啓隆閣、一九六九年
厚生省『厚生白書（昭和三七年度版）』厚生省、一九六二年
――『厚生白書（昭和三九年度版）』厚生省、一九六四年
財団法人全日本社会教育連合会『社会教育』一九号、一九六四年
田中伸尚『日の丸・君が代の戦後史』岩波書店、二〇〇〇年
内閣総理大臣官房広報室『オリンピック東京大会・オリンピック国民運動に関する世論調査』内閣総理大臣官房広報室、一九六四年
中瀬寿一『戦後日本の経営理念史』法律文化社、一九六七年
日本体育協会『体協時報』一〇九号、一九六二年
日本放送協会放送世論調査所『東京オリンピック』日本放送協会放送世論調査所、一九六七年
ハート・デイヴィス、ダフ（岸本完司訳）『ヒトラーへの聖火―ベルリン・オリンピック』東京書籍、一九八八年
藤原彰『戦後史と日本軍国主義』新日本出版社、一九八二年
ブランデージ、アベリー（宮川毅訳）『近代オリンピックの遺産』ベースボール・マガジン社、一九七四年
宮本憲一『昭和の歴史―経済大国』小学館、一九八三年
文部省『オリンピック東京大会と政府機関等の協力』文部省、一九六五年
文部省調査局編『日本の成長と教育―教育の展開と経済の発達』帝国地方行政学会、一九六二年

第九章

青山一郎『孤高のランナー円谷幸吉物語』ベースボールマガジン社、二〇〇八年
朝雲新聞社『朝雲』一九六一年一月五日付
――『朝雲』一九六一年六月二二日付
――『朝雲』一九六一年一一月三〇日付
――『朝雲』一九六四年一〇月二九日付

朝雲新聞社編集総局編『防衛ハンドブック平成2年版』朝雲新聞社、一九九〇年
朝日新聞社編『朝日年鑑―一九六五年版』朝日新聞社、一九六五年
――編『自衛隊』朝日新聞社、一九六八年
天野恵一『情報社会の天皇制―続・天皇制イデオロギー論』社会評論社、一九八八年
今村嘉雄『日本体育史』不昧堂出版、一九七〇年
内海和雄「「スポーツ基本法」の研究（Ⅱ）―戦後スポーツの行政と法（二）」『一橋大学研究年報　自然科学研究』二八巻、一九九二年
――『戦後スポーツ体制の確立』不昧堂出版、一九九三年
大田克・城丸章夫・正木健雄・平井信義・船川幡夫・小倉学・木村吉次・三木安正『岩波講座　現代教育学一四　身体と教育』岩波書店、一九六二年
学校体育研究同志会編『国民運動文化の創造』大修館書店、一九八九年
清瀬三郎「体育会の使命」『新体育』六巻七・八号、一九四六年
権学俊『国民体育大会の研究―ナショナリズムとスポーツイベント』青木書店、二〇〇六年
埼玉県高等学校教職員組合編『埼玉国体白書―教育現場からの報告』労働旬報社、一九六八年
関春南「戦後日本のスポーツ政策―オリンピック体制の確立」『一橋大学研究年報　経済学研究』一四巻、一九七〇年
――『戦後日本のスポーツ政策―その構造と展開』大修館書店、一九九七年
第四二回国民体育大会沖縄県実行委員会事務局編『第四二回国民体育大会報告書』第四二回国民体育大会沖縄県実行委員会事務局、一九八八年
千葉稔「都市開催行事のバランスシート―国民体育大会のばあい」『都市問題』七一巻六号、一九八〇年
日本体育協会『体協時報』三八号、一九五五年
――『体協時報』四八号、一九五六年
――『体協時報』五二号、一九五五年
――『体協時報』六八号、一九五八年
――『東京オリンピック選手強化対策本部報告書』日本体育協会、一九六五年
防衛庁『第一八回オリンピック東京大会　運営協力の記録』防衛庁、一九六五年
三宅義信『バーベル人生』善本社、一九七三年
民族芸術研究所『自衛隊の〝祭り浸透作戦〟』民族芸術研究所、一九八一年

第十章

伊賀野明・和食昭夫「二〇周年を迎える新体連」『前衛』五一六号、一九八四年
乾彰夫『日本の教育と企業社会―一元的能力主義と現代の教育＝社会構造』大月書店、一九九〇年
イングルハート、ロナルド（村山皓・富沢克・武重雅文訳）『カルチャーシフトと政治変動』東洋経済新報社、一九九三年
――（三宅一郎・金丸輝夫・富沢克訳）『静かなる革命―政治意識と行動様式の変化』東洋経済新報社、一九七八年
内海和雄『戦後スポーツ体制の確立』不昧堂出版、一九九三年
島田豊「現代日本イデオロギー論」岡倉古志郎・林直道・島田豊編『講座現代日本資本主義四　イデオロギー』青木書店、一九七三年
清水幾太郎・辻村明・坂本二郎編『講座日本の将来五―余暇時代と人間』潮出版社、一九六九年
下山房雄「「余暇」をどうとらえるか」『経済』一九七二年六月号、一九七二年
新日本体育連盟編『民主スポーツの基礎理論』日本青年出版社、一九六六年
新日本体育連盟全国事務局編『新日本体育連盟全国総会決議集―第一回大会‐第一〇回総会まで（一九六五‐一九七五）国民スポーツの創造』新日本体育連盟全国事務局、一九七七年
統計数理研究所国民性調査委員会『第五日本人の国民性―戦後昭和期総集』出光書店、一九九二年
内閣総理大臣官房広報室『国民生活に関する世論調査』内閣総理大臣官房広報室、一九九三年
永井博「民主スポーツ運動の伝統と発展」『文化評論』一四三号、一九七三年
日本教職員組合編『国民体育大会の民主的改革をめざして―健全な国民スポーツの振興に寄与する国民体育大会実現のために』日本教職員組合、一九七五年
日本教職員組合・教育国民運動局「国体の原点を求めて（そのⅢ）―スポーツ・国体関係資料を中心に」一九八六年
日本放送協会放送世論調査所『現代日本人の意識構造』日本放送出版協会、一九七九年
日本労働者スポーツ協会『活動の記録―一九六三‐一九七六』一九七七年
日高六郎『戦後思想を考える』岩波書店、一九八〇年
見田宗介『価値意識の理論―欲望と道徳の社会学』弘文堂、一九六六年
宮本憲一『昭和の歴史一〇　経済大国』小学館、一九八三年
森川貞夫「スポーツ組織の体質と問題点」『婦人教師』一九七三年六月号、一九七三年
――「労働者体育・スポーツ運動の歩み」成田十次郎編『世界教育史大系三一　体育史』講談社、一九七五年

――――『スポーツ社会学』青木書店、一九八〇年
渡辺治『豊かな社会―日本の構造』労働旬報社、一九九〇年
渡辺義行「日本におけるスポーツの大衆化への道程」『教育医学』三一巻第四号、一九八六年

第十一章

阿部潔『彷徨えるナショナリズム―オリエンタリズム／ジャパン／グローバリゼーション』世界思想社、二〇〇一年
石坂友司・小澤考人編『オリンピックが生み出す愛国心―スポーツナショナリズムへの視点』かもがわ出版、二〇一五年
伊藤昌亮『フラッシュモブズ―儀礼と運動の交わるところ』NTT出版、二〇一一年
内海愛子・高橋哲哉・徐京植編『石原都知事「三国人」発言の何が問題なのか』影書房、二〇〇〇年
風見明『相撲、国技となる』大修館書店、二〇〇二年
加部究『忠成　生まれ育った日本のために』ゴマブックス、二〇〇八年
金明秀「日本における排外主義の規定要因―社会意識論のフレームを用いて」『フォーラム現代社会学』一四巻、二〇一五年
権学俊「戦後日本保守政治家の歴史認識と韓日関係」『国際文化研究紀要』七号、二〇〇一年
小林真生編『レイシズムと外国人嫌悪』明石書店、二〇一三年
近藤瑠漫・谷崎晃編『ネット右翼とサブカル民主主義』三一書房、二〇〇七年
瀬戸弘幸『ネットが変える日本の政治』コアラブックス、二〇〇七年
津田大介・香山リカ・安田浩一・中川淳一郎・下村健一・亀松太郎・高野孟・鈴木邦男・マエキタミヤコ『安倍政権のネット戦略』創出版、二〇一三年
中村一成『ルポ京都朝鮮学校襲撃事件―「ヘイトクライム」に抗して』岩波書店、二〇一四年
新田一郎『相撲の歴史』講談社、二〇一〇年
野間易通『「在日特権」の虚構―ネット空間が生み出したヘイト・スピーチ』河出書房新社、二〇一三年
朴一『「在日コリアン」ってなんでんねん？』講談社、二〇〇五年
樋口直人『日本型排外主義―在特会・外国人参政権・東アジア地政学』名古屋大学出版会、二〇一四年
『フットボールサミット』議会編『フットボールサミット第七回―サッカーと帰化とアイデンティティ』カンゼン、二〇一二年
堀幸雄『増補　戦後の右翼勢力』勁草書房、一九九三年
村上裕一『ネトウヨ化する日本―暴走する共感とネット時代の「新中間大衆」』KADOKAWA、二〇一四年
森田芳夫『数字が語る在日韓国・朝鮮人の歴史』明石書店、一九九六年

安田浩一『ネットと愛国―在特会の「闇」を追いかけて』講談社、二〇一二年
有元健「「夢の力」に抗する―二〇二〇年東京オリンピック・パラリンピックと都市のヘゲモニー」『スポーツ社会学研究』二三巻二号、二〇一五年

第十二章

石井正己編『一九六四年の東京オリンピック―「世紀の祭典」はいかに書かれ、語られたか』河出書房新社、二〇一四年
石山久男『日の丸・君が代―国旗・国歌を考える』学習の友社、一九九九年
内田博文『治安維持法と共謀罪』岩波書店、二〇一七年
小笠原博毅・山本敦久『やっぱりいらない東京オリンピック』岩波書店、二〇一九年
講談社編『東京オリンピック―文学者の見た世紀の祭典』講談社、二〇一四年
子どもと教科書全国ネット21編『とめよう！戦争への教育―教育基本法「改正」と教科書問題』学習の友社、二〇〇五年
桜井勝延「「復興五輪」が復興を阻んでいる」『月刊日本』二三巻一〇号、二〇一九年
上丸洋一『『諸君！』『正論』の研究―保守言論はどう変容してきたか』岩波書店、二〇一一年
高橋哲哉『「心」と戦争』晶文社、二〇〇三年
髙山佳奈子『共謀罪の何が問題か』岩波書店、二〇一七年
辻井喬・藤田英典・喜田明人編『なぜ変える？教育基本法』岩波書店、二〇〇六年
東京オリンピック基本構想懇談会編『東京オリンピックの実現に向けて』東京都知事本局東京オリンピック招致準備担当、二〇〇六年
東京都教育委員会「東京オリンピック・パラリンピック教育実施方針」東京都教育委員会、二〇一六年
西原博史『学校が「愛国心」を教えるとき―基本的人権からみた国旗・国歌と教育基本法改正』日本評論社、二〇〇三年
松宮孝明『「共謀罪を問う―法の解釈・運用をめぐる問題点」法律文化社、二〇一七年
三浦瑠麗・猪瀬直樹『国民国家のリアリズム』KADOKAWA、二〇一七年
山下幸夫編『共謀罪なんていらない?!―これってホントに「テロ対策」？』合同出版、二〇一六年
渡辺治『安倍政権論―新自由主義から新保守主義へ』旬報社、二〇〇七年
――『日本とはどういう国か どこへ向かって行くのか―「改革」の時代・日本の構造分析』教育史科出版会、一九九八年
渡辺治・二宮厚美・後藤道夫・中西新太郎・木下武男編『ポリティーク』八号、二〇〇四年

あとがき

新型コロナウイルス感染症の世界的流行を理由に、二〇二〇年東京オリンピック・パラリンピックが「一年延期」となり、二〇二一年七月二三日の開幕が決まった。二〇二一年二月現在、パンデミックが続く中で初の延期大会となった東京大会のあり方、つまり再び延期、無観客開催、中止をめぐって混迷が続いている。これまで一二四年の長いオリンピックの歴史の中で、夏季・冬季オリンピック合わせてオリンピックは戦争によって五回「中止」されたことはあっても、「延期」されたことは一度もない。史上初めてとなる「延期」は、安倍晋三元首相のアベノミクスや復興五輪への政治的執着とＩＯＣの放映権料やスポンサー料などオリンピックの理念よりも「利益」優先の開催を重視した政治的決着・妥協であった。

オリンピック開催が日本社会の構造に大きな影響と変化を与えるにもかかわらず、冷静に考えれば、オリンピック準備過程において発生した様々な社会問題や騒動、現在日本社会が直面している諸課題に対して、真剣な議論は行われなかった。問題は明らかとなる一方だったが、オリンピック開催の在り方はこのままで良いのか、オリンピックが今後の日本社会と国民に何を残すのか、オリンピック後日本社会は何を目指していくべきなのか、成熟な日本社会構築のためにはどんな努力が必要なのかなどに関する国民的議論と悩みもなかった。

国が主導する国威発揚のイベントと政治性、社会的弱者ともいわれる国民の犠牲と切り捨ての上に成り立っているオリンピック開催が持っている「暴力性」、「大規模」で「大量消費型」の開催が抱える問題に関する社会的議論もなかなかない。東日本大震災の復興五輪であると唱えていながらも、情勢に合わせて新型コロナウイルスに打ち勝つ「人類祭典五輪」として開催したいと簡単にその理念を変えられてしまう為政者たちに対する怒りも感じられない。在日外国人に対する制度的な差別・排除は解消に向かうどころか、よりいっそう強まっており、日本各地で様々な「外国人追放デモ」「抗議活動」、特に在日韓国・朝鮮人に対する排外主義とヘイトスピーチ・行動がさらに悪化しているにもかかわらず、開催国として共生社会・共存社会の在り方を悩む声は見当たらない。難民（選手団）や人種差別、排外主義など人類が抱える諸問題を一緒に考える努力は見えない。

ところで、筆者は長年、歴史社会学やスポーツ政策論の観点から、近現代日本におけるスポーツ・ナショナリズム、天皇制とスポーツ、植民地朝鮮における日本の「国民」づくりと身体・健康の規律化など、近現代日本社会における「国民化」と国民統合に関する研究を行ってきた。また、同時に戦後日本の国家主義、歴史修正主義と排外主義を研究してきた。これらの研究関心は、その後、太平洋戦争に関するアジアの主要戦跡や日本の戦跡史の検証に向けられた。戦争と戦跡は、国家のアイデンティティ形成や国際関係等が関わりながら作られるとともに、各国社会に大きな影響を及ぼしているからであった。

本書は筆者がこれまで行ってきた現代的な社会統合の一環を担うナショナリズムの機能、特にスポーツイベントを通じたナショナルな統合機能に関する論文を一冊にまとめたものである。学会誌などに掲載した論文を選別し、すべて大幅に加筆修正を加えたもので、第二章と第十二章は書き下ろしである。本書に収録した論考の初出は以下のとおりである。

はじめに　書き下ろし

第一章　「近代日本における「国民」形成と兵式体操に関する一考察」『日本語文学』四九輯、二〇一〇年

第二章　書き下ろし

第三章　「近代日本のラジオ体操と「身体」の政治」『日本語文学』四五輯、二〇〇九年

第四章　「戦時期日本における「幻の東京オリンピック」の祝祭性と政治性に関する考察」『日本学研究』二八巻、二〇〇九年

第五章「戦時体制下日本における国民体力の国家管理と厚生事業」『日本文化研究』四八輯、二〇一三年。「近代日本における身体の国民化と規律化」『立命館産業社会論集』五三巻四号、二〇一八年

第六章「戦時下植民地朝鮮における身体管理と規律化に関する一考察」有賀郁敏・山下高行編『現代スポーツ論の射程―歴史・理論・科学』文理閣、二〇一一年。

第七章「戦後初期における国民体育大会の機能と特徴」『日本学報』六五号、二〇〇五年

第八章「東京オリンピックの国民統合と政治性に関する一考察」『日本語文学』三〇輯、二〇〇五年

第九章「戦後自衛隊の国民宣伝活動に関する一考察」『日本語文学』五三輯、二〇一一年

第十章『国民体育大会の研究―ナショナリズムとスポーツイベント』青木書店、二〇〇六年

第十一章「日本社会における異質な他者の受容と抵抗に関する一考察」『日本語文学』六四輯、二〇一四年。「現代日本における排外主義と歴史修正主義―排外主義の拡散過程とネット・サブカルチャー」『日本文化研究』六八輯、二〇一八年

第十二章　書き下ろし

おわりに　書き下ろし

本書を作り上げるにあたって、実に多くの方々にお世話になった。すべての方のお名前を挙げることはできないが、大学院の指導教員である中西新太郎先生（横浜市立大学名誉教授、関東学院大学教授）には、大学院を卒業してからも暖かい目で見守られ、貴重な助言と励ましのお言葉をいただいた。心からの感謝の意を込めてここに記したい。本務校の業務や様々なご活動のため多忙にも拘わらず、今現在も現代日本社会への鋭い分析や批判的な立場を堅持した著作を次々と発刊している先生の研究活動には頭が下がるばかりであるが、本書はその刺激から始まっている。

また、福間良明先生（立命館大学）を中心とする科研の研究会の諸先生方とは、戦後日本における戦跡と戦争の記

憶、戦争認識に関する共同研究や昭和五十年代の大衆メディア文化に関する共通の関心に基づいて、研究上の情報交換、交流が続けられている。定期的に行われている研究会で学ぶことは実に多かった。研究会で受けてきた知的刺激と新たな発見は計り知れない。諸先生方に感謝の意を付け加えたい。現在朝鮮人特攻隊員の戦跡史や日韓の歴史認識に関する単著出版も進めているが、この研究会での研究を発展させた成果である。

本書の刊行を快諾してくださったナカニシヤ出版のみなさまと編集部の由浅啓吾さんには、ひとかたならぬお世話になった。由浅さんには構成上の問題や表現の不的確さなど、的確なコメントをいただいた。改めて、由浅さんに深く感謝を申し上げたい。足立祥行さん（セレッソ大阪）と信澤柚香さんは、本書の原稿の最初の読者として多大な協力を惜しまなかった。お礼を申し上げる。本書の出版にあたり、二〇二〇年度立命館大学産業社会学会の学術図書出版助成をいただいた。学会およびみなさまに深く謝意を表したい。

本書は筆者の力量不足のために必ずしも十分なものとはなっていないと考えられる。本書が近現代日本におけるスポーツとナショナリズムを読み解く手がかりになり、関連分野の研究進展に少しでも寄与するところがあれば、望外の喜びである。

二〇二一年二月

権　学俊

さ行

た行

人名索引

あ行

か行

た行

な行

は行

ま行

ら行

事項索引

あ行

か行

さ行

著者紹介

権　学俊（くおん・はくじゅん）

1972年韓国生まれ。立命館大学産業社会学部教授。横浜市立大学大学院国際文化研究科博士課程修了。博士（学術）。横浜市立大学国際文化学部共同研究員、日本学術振興会外国人特別研究員、立命館大学産業社会学部准教授を経て、現職。専門分野は歴史社会学、スポーツ政策論。主な著書に『国民体育大会の研究―ナショナリズムとスポーツ・イベント』（青木書店、2006年）、『朝鮮人特攻隊員の表象―歴史と記憶のはざまで』（法政大学出版局、2022年）、『現代スポーツ論の射程―歴史・理論・科学』（共著、文理閣、2011年）、『「知覧」の誕生―特攻の記憶はいかに創られてきたのか』（共著、柏書房、2015年）、『昭和五〇年代論―「戦後の終わり」と「終わらない戦後」の交錯』（共著、みずき書林、2022年）、『スポーツの近現代―その診断と批判』（共著、ナカニシヤ出版、2023年）など。

スポーツとナショナリズムの歴史社会学
戦前＝戦後日本における天皇制・身体・国民統合

2021年3月20日　初版第1刷発行
2024年3月31日　初版第2刷発行

著　者　権　学俊
発行者　中西　良
発行所　株式会社ナカニシヤ出版
〒606-8161　京都市左京区一乗寺木ノ本町15番地
Telephone　075-723-0111
Facsimile　075-723-0095
Website　http://www.nakanishiya.co.jp/
Email　iihon-ippai@nakanishiya.co.jp
郵便振替　01030-0-13128

印刷・製本＝創栄図書印刷／装幀＝白沢　正

ISBN978-4-7795-1558-3